W0071116

Pinnacle Studio 12
Studio 12 Plus
Studio 12 Ultimate

Unser Online-Tipp
für noch mehr Wissen ...

informit.de

Aktuelles Fachwissen rund um die Uhr
– zum Probelesen, Downloaden oder
auch auf Papier.

www.informit.de

Simon Gabathuler

Pinnacle Studio 12

Studio 12 Plus
Studio 12 Ultimate

Die große Filmwerkstatt

Markt+Technik Verlag

Bibliografische Information der Deutschen Nationalbibliothek
Die Deutsche Nationalbibliothek verzeichnet diese Publikation
in der Deutschen Nationalbibliografie; detaillierte bibliografische
Daten sind im Internet über http://dnb.d-nb.de abrufbar.

Die Informationen in diesem Produkt werden ohne Rücksicht auf einen
eventuellen Patentschutz veröffentlicht.
Warennamen werden ohne Gewährleistung der freien Verwendbarkeit benutzt.
Bei der Zusammenstellung von Texten und Abbildungen wurde mit größter
Sorgfalt vorgegangen.
Trotzdem können Fehler nicht vollständig ausgeschlossen werden.
Verlag, Herausgeber und Autoren können für fehlerhafte Angaben
und deren Folgen weder eine juristische Verantwortung noch
irgendeine Haftung übernehmen.
Für Verbesserungsvorschläge und Hinweise auf Fehler sind Verlag und
Herausgeber dankbar.

Alle Angaben in diesem Buch dienen ausschließlich der Information über
technische Fragen und Softwarefragen. Sie dienen nicht dem Zweck,
den Absatz von Waren oder Dienstleistungen zu fördern.

Alle Rechte vorbehalten, auch die der fotomechanischen
Wiedergabe und der Speicherung in elektronischen Medien.
Die gewerbliche Nutzung der in diesem Produkt gezeigten
Modelle und Arbeiten ist nicht zulässig.

Fast alle Hardware- und Softwarebezeichnungen und weitere Stichworte und sonstige Angaben,
die in diesem Buch verwendet werden, sind als eingetragene Marken geschützt.
Da es nicht möglich ist, in allen Fällen zeitnah zu ermitteln, ob ein Markenschutz besteht,
wird das ®-Symbol in diesem Buch nicht verwendet.

Umwelthinweis:
Dieses Buch wurde auf chlorfrei gebleichtem Papier gedruckt.
Um Rohstoffe zu sparen, haben wir auf die Folienverpackung verzichtet.

10 9 8 7 6 5 4 3 2 1

10 09 08

ISBN 978-3-8272-4422-2

© 2008 by Markt+Technik Verlag,
ein Imprint der Pearson Education Deutschland GmbH,
Martin-Kollar-Straße 10–12, D-81829 München/Germany
Alle Rechte vorbehalten
Lektorat: Birgit Ellissen, bellissen@pearson.de
Korrektorat: Marita Böhm
Herstellung: Elisabeth Prümm, epruemm@pearson.de
Covergestaltung: Marco Lindenbeck, webwo GmbH (mlindenbeck@webwo.de)
Satz: mediaService, Siegen (www.media-service.tv)
Druck und Verarbeitung: Bosch-Druck, Ergolding

Printed in Germany

Inhalts-
verzeichnis

Vorwort

Liebe Leserin, lieber Leser,

Blu-ray, High Definition, AVCHD und vieles mehr sind die Schlagworte für Pinnacle Studio 12. Mit den neuen Funktionen können Sie Ihre Videos noch einfacher und besser gestalten. Trotzdem ist Studio 12 ebenso leicht zu bedienen wie die Vorgängerversionen. Um den unterschiedlichen Bedürfnissen der Anwender gerecht zu werden, wird das Programm in drei Versionen ausgeliefert. Deren Möglichkeiten und Unterschiede sind natürlich ebenfalls Thema dieses Buches.

Ich habe die Entwicklung von Pinnacle Studio seit Version 7 intensiv mitverfolgt. Seit dieser Zeit biete ich Schulungen, Workshops und Kurse für Pinnacle Studio und Videoschnittsoftware im Allgemeinen an. Aufbauend auf meiner mehrjährigen Tätigkeit in der Videoindustrie, produziere ich inzwischen selbst professionell Videos. Um für Sie einen möglichst engen Praxisbezug herzustellen, habe ich in diesem Buch alle Funktionen aus meiner Sicht als Filmer beschrieben.

Die zum Teil etwas kompliziert anmutenden Funktionen beschreibe und erkläre ich immer so einfach wie möglich. Sie sollen mühelos in die Software einsteigen können. Das Buch dient Ihnen sowohl als Video-Workshop mit Schritt-für-Schritt-Anleitungen als auch als Nachschlagewerk.

Für die Arbeit mit diesem Buch sind keine besonderen Voraussetzungen nötig. Sie sollten nur gewisse Grundkenntnisse in Bezug auf Computer und Programmbedienung besitzen und beispielsweise wissen, was mit Drag&Drop gemeint ist, wie man die Maustasten bedient, den Windows-Explorer öffnet und ein neues Verzeichnis erstellt.

Auf lange Beschreibungen habe ich verzichtet. Sie können anhand der Abbildungen die jeweiligen Schritte genau nachvollziehen. Es gibt keine unnötigen technischen Tiefen, dafür wird jedem wichtigen Detail Beachtung geschenkt.

Damit Sie das Thema eines Kapitels nicht aus den Augen verlieren, erkläre ich nicht immer alle Varianten und Möglichkeiten eines Werkzeugs. Sobald Sie sich in Pinnacle Studio besser auskennen, können Sie meine Erklärungen auf Ihre Anwendung übertragen und die Tools selbst ausprobieren.

Ich empfehle Ihnen, zuerst mit einem Beispielprojekt zu arbeiten, damit Sie die Philosophie und Arbeitsweise von Pinnacle Studio kennenlernen. Es ist dann auch weniger schlimm, wenn Sie mal aus Versehen etwas löschen oder nicht mehr finden.

Wenn Sie Anregungen zum Buch haben, erreichen Sie mich unter der E-Mail-Adresse *info@mut.de*. Bitte geben Sie auch den Titel des Buches und die ISBN-Nummer an. Weitere Infos über den Autor finden Sie unter *www.godiz.ch*.

Nun wünsche ich Ihnen viel Spaß beim Lesen und vor allem weiterhin viel Freude am Filmen und Bearbeiten Ihrer Videos!

Simon Gabathuler

1

Einleitung

Die verschiedenen Programmversionen

In diesem Abschnitt werden die Versionen von Pinnacle Studio 12 mit ihren Unterschieden und Möglichkeiten vorgestellt.

Grundsätzlich existieren zwei verschiedene Softwareversionen: Studio Version 12 und Studio Plus Version 12. Darüber hinaus gibt es noch eine dritte Version, die Ultimate Version, bei der es sich um Studio Plus Version 12 und einen erweiterten Funktionsumfang mit Programmen von Drittherstellern handelt.

Abbildung 1.1: Pinnacle Studio Version 12

Abbildung 1.2: Pinnacle Studio Plus Version 12

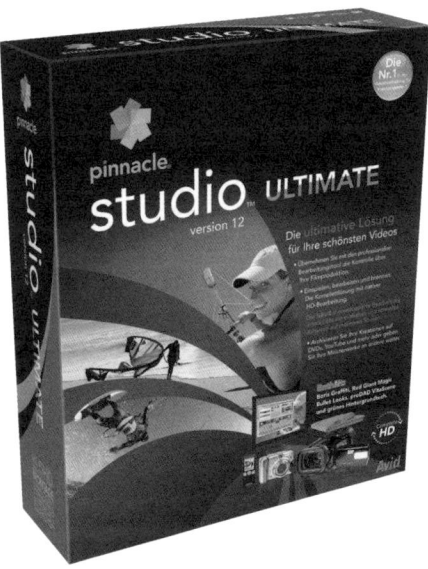

Abbildung 1.3: Pinnacle Studio Ultimate Version 12

Pinnacle Studio Version 12 richtet sich an die Anwender, die ihre Videos schnell und ohne weitere Effekte zusammenschneiden und auf DVD oder Band ausgeben möchten.

Pinnacle Studio Plus Version 12 enthält zusätzliche Funktionen, um ein Video interessanter zu gestalten, zu restaurieren usw.

Pinnacle Studio Ultimate Version 12 richtet sich an Anwender, die noch mehr aus der Software machen möchten, und beinhaltet sehr interessante Plug-Ins von Drittherstellern.

Die folgende Tabelle zeigt die Unterschiede auf.

Funktion	Studio	Studio Plus	Studio Ultimate
Skalierbare Bedieneroberfläche	Ja	Ja	Ja
Einspielen analoger und digitaler Quellen	Ja	Ja	Ja
SmartMovie für einfachste Filmerstellung	Ja	Ja	Ja
Hinzufügen von Markierungen auf der Timeline	Ja	Ja	Ja
Drehen von Videos/Fotos	Ja	Ja	Ja
Vorlagenbasiertes Compositing auf mehreren Spuren (Montage)	Ja	Ja	Ja
Timeline-Lautstärkeüberwachung und Master-Lautstärkekontrolle	Ja	Ja	Ja
Werkzeuge zum Verbessern von Video- und Audiomaterial	Ja	Ja	Ja
Pan und Zoom zur Animation von Stand-bildern	Ja	Ja	Ja
Echtzeiteffekte mit Vorschau	Ja	Ja	Ja
Läuft unter Vista und XP	Ja	Ja	Ja
Hi-Fi-Musikgenerator	Ja	Ja	Ja
Direktes Überspielen von Band auf DVD mit dem Instant DVD Recorder	Ja	Ja	Ja
Integriertes DVD-Authoring und Brennen	Ja	Ja	Ja
Direktes Hochladen auf Yahoo! Video und YouTube	Ja	Ja	Ja
Flash-Export	Ja	Ja	Ja
Erstellen von MP3-Dateien	Ja	Ja	Ja
3GP-Export	Ja	Ja	Ja
Exportieren der Videos auf iPod, Sony PSP oder als DivX	Ja	Ja	Ja
Native HDV- und AVCHD-Bearbeitung	Nein	Ja	Ja
Blu-ray-Authoring mit Motion-Menüs	Nein	Ja	Ja
HD-DVD auf herkömmlichen DVD-Discs	Nein	Ja	Ja
Bild-in-Bild- und Chroma-Key-Effekte	Nein	Ja	Ja
Effekte mit Key Frames	Nein	Ja	Ja
Dolby-5.1-Encoding	Nein	Nein	Ja
Leistungsstarke Film-Looks und Effekte	Nein	Nein	Ja
Textanimationspfade, 3D-Titel und Grafik-animationen	Nein	Nein	Ja
Effekt-Editor mit Blitzen, Glüheffekten, Lichtstrahlen und mehr	Nein	Nein	Ja
Grünes Hintergrundtuch	Nein	Nein	Ja

Tabelle 1.1: Funktionsvergleich der drei Studio 12-Versionen

In diesem Buch werden Pinnacle Studio, Pinnacle Studio Plus und Pinnacle Studio Ultimate in der Version 12 beschrieben. Wenn eine Funktion auftaucht, die nur in Pinnacle Studio Plus und Pinnacle Studio Ultimate enthalten ist, erscheint folgender Hinweis:

Plus &
Ultimate   Diese Funktion ist nur in Pinnacle Studio Plus und Pinnacle Studio Ultimate Version 12 verfügbar.

Wenn eine Funktion auftaucht, die nur in Pinnacle Studio Ultimate enthalten ist, erscheint folgender Hinweis:

Ultimate   Diese Funktion ist nur in Pinnacle Studio Ultimate Version 12 verfügbar.

Digital-Analog-Digital-Konverter

Für die Digitalisierung von einer analogen VHS- oder Super-VHS-Quelle bietet Pinnacle vier unterschiedliche Konverter mit unterschiedlichen Möglichkeiten an.

Es gibt je zwei Versionen, jeweils eine Variante kann in den PC eingebaut werden, die andere wird über USB angeschlossen.

Pinnacle Studio

Abbildung 1.4: Studio Movieboard PCI

Je ein VHS- und Super-VHS-Eingang und -Ausgang sowie ein FireWire-Anschluss. Das Audio wird über die Soundkarte des PCs angeschlossen.

Abbildung 1.5: Studio Moviebox USB

Die Box wird über USB an den PC angeschlossen und hat analoge Eingänge für VHS, Super-VHS und Stereo-Audio. Auf der Rückseite befindet sich zusätzlich ein FireWire-Anschluss.

Pinnacle Studio Plus

Abbildung 1.6:
Studio Movieboard Plus PCI

Je ein VHS- und Super-VHS-Eingang und -Ausgang an einer Box, die auf den Tisch gestellt werden kann. Die Karte verfügt über zwei FireWire-Anschlüsse. Das Audio wird direkt über die Anschlussbox angeschlossen.

Abbildung 1.7:
Studio Moviebox Plus USB

Die Box wird über USB 2.0 an den PC angeschlossen und verfügt über Ein- und Ausgänge für VHS, Super-VHS und Audio. Zusätzlich befindet sich an der Box ein FireWire-Anschluss.

Hardware und Optimierung

Für ein gutes Arbeiten mit Pinnacle Studio ist es wichtig, dass Ihr PC optimal konfiguriert ist. In diesem Kapitel erfahren Sie, welche Hardwarevoraussetzungen die Arbeit mit Pinnacle Studio stellt und wie die Software konfiguriert werden kann.

Ein Videoschnittprogramm verlangt von einem PC weitaus mehr Leistung als z.B. Word oder Excel. Darum kann es bei Systemen, deren Leistungsstärke gerade die Minimalvoraussetzungen erfüllt, zu Problemen kommen. Allerdings kann auch ein leistungsstarkes System nichts taugen, wenn es falsch konfiguriert oder eingesetzt wird. In den nächsten Abschnitten sollen Sie zu solchen Fragen Hilfe bekommen, damit Sie Ihren PC an die Erfordernisse von Pinnacle Studio anpassen können. Generell sollten Sie regelmäßig auf der Internetseite von Pinnacle Systems (*www.pinnaclesys.de*) nach neuen Versionen von Pinnacle Studio Ausschau halten und die neuesten Windows-Updates installieren.

Wenn Pinnacle Studio das erste Mal gestartet wird und eine Verbindung zum Internet besteht, kann das Programm auf der Website von Pinnacle Systems prüfen, ob bereits ein Update verfügbar ist. Weiteres dazu erfahren Sie im Verlauf dieses Kapitels.

PC-Grundvoraussetzungen

Um mit Pinnacle Studio 12 arbeiten zu können, muss die PC-Hardware die technischen Voraussetzungen erfüllen und schnell genug sein. Nachfolgende Liste zeigt Ihnen, welche Hardware notwendig ist. Grundsätzlich gilt: Eine höhere PC-Leistung bietet größeren Komfort bei der Videobearbeitung. Die Systemvoraussetzungen unterscheiden sich bei einem Windows XP- und einem Windows Vista-PC. Pinnacle Studio läuft nur unter diesen beiden Betriebssystemen, alle anderen werden nicht unterstützt.

- Windows® XP mit SP2 (SP3) oder Windows Vista™ (SP 1), für beide Betriebssysteme wird die 32-Bit Version empfohlen.
- Intel® Pentium® oder AMD Athlon™ 1,8 GHz oder höher (2,4 GHz wird empfohlen)
  Intel Pentium HT oder AMD Athlon 2,4 GHz oder 1,6 GHz Dual Core für Windows Vista erforderlich
  Intel® Core™2 Duo 2,4 GHz oder höher für 1440 x 1080-AVCHD-Bearbeitung erforderlich
  Intel® Core™2 Quad 2,66 GHz oder höher für 1920 x 1080-AVCHD-Bearbeitung erforderlich, 1 GB RAM empfohlen
- 2 GB RAM für AVCHD erforderlich
- DirectX® 9- oder 10-kompatible Grafikkarte mit 64 MB (128 MB oder höher empfohlen)
  128 MB für Windows Vista erforderlich (256 MB empfohlen), 256 MB für HD- und AVCHD-Bearbeitung erforderlich
- DirectX 9- oder höher kompatible Soundkarte
- 2 GB freier Festplattenspeicher zum Installieren der Software
- DVD-ROM-Laufwerk zur Installation der Software
- Optional: CD-Brenner zum Erstellen von Video-CDs oder Super-Video-CDs (S-VCDs)
- Optional: DVD-Brenner für die Erstellung von DVD, HD-DVD und AVCHD-Discs auf Standard-DVD-Medien
- Optional: Blu-ray-Brenner für die Erstellung von Blu-ray-Discs (kostenlose Produktaktivierung über das Internet erforderlich)
- Optional: Soundkarte mit Surround-Sound-Ausgabe erforderlich für Vorschau von Surround-Sound-Mischung (kostenpflichtige Produktaktivierung über das Internet erforderlich)

Grafikkarte

Die Grafikkarte ist bei Studio von großer Bedeutung. Bei der Echtzeitvorschau und Wiedergabe von Video spielen der Prozessor der Grafikkarte, die GPU, und die Softwaretreiberversion eine entscheidende Rolle. Beim ersten Start von Studio werden die installierte Grafikkarte und Treiberversion getestet. Es erscheint allenfalls eine Meldung, falls beides nicht ausreicht. Folgende Arbeitsspeicher werden von der Grafikkarte für ein problemloses Arbeiten benötigt.

Windows XP

- 64 MByte für Standard Definition – nur Video
- 128 MByte für High Definition bis zu 720 p
- 256 MByte für High Definition bis zu 1080 i/p und AVCHD

Windows Vista

- 128 MByte für Standard Definition – nur Video
- 256 MByte für High Definition bis zu 1080 i/p und AVCHD

Durch Einsatz einer Grafikkarte mit mehr Speicherkapazität als oben angegeben kann die Leistung in Kombination mit HD erhöht werden. Für beste Ergebnisse bei HD und bei Verwendung mehrerer Plug-Ins empfiehlt sich der Einsatz einer Grafikkarte mit 512 MB RAM.   **Hinweis**

Da einige Grafikkarten 16 MB der Speicherkapazität für den internen Gebrauch reservieren, können Videos unter Umständen nicht mit der erwarteten Auflösung bearbeitet werden. So kann beispielsweise die Grafikkarte NVIDIA Quadro mit 128 MB nur SD-Bearbeitung unterstützen oder eine Quadro mit 256 MB nur HD bis zu 720 p bearbeiten.

Shared Memory – Grafikkarten, die über keinen eigenen Speicher verfügen und stattdessen auf den Systemhauptspeicher zurückgreifen müssen, können HD nicht bearbeiten. Zu diesen Grafikkarten gehören die Intel Onboard-Grafikkarten i845, i860, i915, i940 und nVidia TurboCache-Grafikkarten.

Bearbeiten von High-Definition-Video AVCHD

Diese Funktion ist nur in Pinnacle Studio Plus und Pinnacle Studio Ultimate Version 12 verfügbar.   **Plus & Ultimate**

Bei AVCHD handelt es sich um das neueste High-Definition-Format für Consumer-Camcorder. Dieses Format basiert auf dem H.264-Codec und bietet neben einer hohen Kompressionsrate den Vorteil von nur minimalen Qualitätseinbußen. Das Ergebnis sind kleinvolumige, großartige HD-Videodateien, die allerdings für die Wiedergabe und Bearbeitung ein komplexeres Kompressionsschema aufweisen – aus diesem Grund wird für die Bearbeitung dieser Dateien ein entsprechend leistungsfähiger Computer benötigt. Bitte beachten Sie bei der Bearbeitung von AVCHD-Dateien die folgenden Punkte:

Mindestsystemvoraussetzungen

- Intel® Core™2 Duo 2,4 GHz oder höher, 2,66 GHz für das Format AVCHD 1920 x 1080
- 2 GB Systemspeicher
- DirectX® 9- oder 10-kompatible Grafikkarte mit 256 MB oder höher
- UDF-2.5-Treiber unter Windows XP zur Erkennung von AVCHD-DVDs (oder BD-Discs)

Bei AVCHD-Produktionen beeinflusst die Komplexität des Projekts direkt die Systemperformance, wobei unter Umständen folgende Situationen auftreten können:

▧ Wenn AVCHD-Clips in das Album importiert werden, kann es länger als bei SD-Material oder anderen HD-Codecs dauern, bis die Szenenbilder (Thumbnails) dargestellt werden.

▧ Bei der Integration von Überblendeffekten zwischen AVCHD-Videoclips kann möglicherweise erst nach dem vollständigen Hintergrund-Rendern eine Vorschau angezeigt werden.

▧ Bei Verwendung von Videothemen oder beim Hinzufügen eines Bild-in-Bild-Effekts (auf der Overlayspur) kann unter Umständen erst nach dem vollständigen Rendern eine Vorschau angezeigt werden. Im Vorschaufenster wird in diesen Fällen möglicherweise ein Ausrufezeichen angezeigt, das darauf hinweist, dass das Hintergrund-Rendern noch nicht abgeschlossen ist.

▧ Bei der DVD-Erstellung empfehlen wir Ihnen die Verwendung von DVD-Menüs OHNE bewegte Hintergründe (Motion Backgrounds) oder Kapitelminiaturen.

▧ Höhere Leistung bei Vorschau mit niedriger Auflösung und MPEG2-Vorschau-Rendering. Um diese Einstellung zu ändern, wählen Sie im Menü *Setup*, dann *Video- und Audio-Voreinstellungen* und unter *Vorschau bei voller Auflösung aktivieren* kein Häkchen. Die Option *Hintergrund-Rendern* auf *MPEG2-Vorschau* einstellen.

▧ Höhere Leistung bei deaktiviertem Hintergrund-Rendern: Möglicherweise aktivieren Sie diese Option nur dann, wenn Sie ein Projekt abschließen wollen. Wählen Sie *Setup*, dann *Video- und Audio-Voreinstellungen* und deaktivieren Sie die Option *Hintergrund-Rendern aktivieren*.

Wichtiger Hinweis für die Wiedergabe von AVCHD-Discs:

Bitte verwenden Sie niemals AVCHD-Discs in Geräten, die nicht den AVCHD-Standard unterstützen. Das Gerät wirft unter Umständen die Disc nicht mehr aus oder löscht nach Anzeige einer Nachricht, die zur Neuformatierung der Disc auffordert, auf der Disc vorhandene Daten.

Optimierung

Zusätzlich zur richtigen Hardware ist es wichtig, dass die Software optimal konfiguriert wird. Je weniger Software auf einem PC installiert ist und gleichzeitig läuft, desto schneller ist ein PC, und je schneller die Hardware, desto schneller rechnet das System.

Die Videobearbeitung erfordert viel mehr Ressourcen als andere Software. Wie Sie im vorherigen Abschnitt gesehen haben, sind die Hardwareanforderungen zum Teil recht hoch, vor allem für das Bearbeiten von High Definition und AVCHD. Wenn Sie regelmäßig Videos auf dem PC bearbeiten, ist es unter Umständen empfehlenswert, für die Videobearbeitung einen separaten PC zu verwenden, damit die volle Leistung ausgenutzt werden kann. Die folgende Liste zeigt, welche Software und Treiber für ein optimales Arbeiten notwendig sind:

▧ Windows XP oder Windows Vista (32-Bit-Version empfohlen) als Betriebssystem

▧ die neuesten Originaltreiber für die installierte Hardware

▧ Pinnacle Studio mit den neuesten Updates, Patches und Fixes

▧ evtl. ein Grafikbearbeitungsprogramm

▧ evtl. ein Audiobearbeitungsprogramm

▧ evtl. DVD- und Blu-ray-Abspielsoftware

Weitere Software wird für die Videobearbeitung eigentlich nicht benötigt. Im Gegenteil: Sie sollten so weit wie möglich auf zusätzliche Software verzichten. Folgende Programme verlangsamen das Arbeiten mit Pinnacle Studio 12:

- Antivirensoftware
- Software-Firewalls
- Internetzugang
- alle zusätzlich im Hintergrund laufenden Programme, die nicht dringend benötigt werden, z.B. Bildschirmschoner

Wenn Sie tatsächlich keine Antivirensoftware auf dem Videoschnitt-PC installiert haben, sollten Sie ihn auf keinen Fall mit dem Internet verbinden und alle Daten von Datenträgern wie CDs, DVDs und externen Laufwerken vor dem Kopieren mit einem anderen PC auf Viren und Würmer überprüfen. **Achtung**

Es ist sehr sinnvoll, die Videos auf einem „reinen" Videoschnitt-PC zu bearbeiten, der nicht ans Internet angeschlossen ist. Wenn Sie auf die oben erwähnten Programme nicht verzichten möchten oder können, rate ich Ihnen, ein Festplatten-Wechselrahmen-System einbauen zu lassen. **Tipp**

Dies gibt Ihnen die Möglichkeit, verschiedene Grundinstallationen physikalisch voneinander zu trennen. Die System-Festplatte C: mit der Videoinstallation wird in eine Schublade eingebaut, die in das PC-System eingeschoben werden kann. In einer anderen Schublade mit einer zweiten Festplatte für Office-Anwendungen sind noch einmal das Betriebssystem und alle anderen Programme installiert. Vor dem Einschalten des PCs legen Sie jeweils die benötigte Festplatte ein und können so befreit von allen nicht gebrauchten Programmen arbeiten. Ziehen Sie, falls Sie eine solche Installation erwägen, am besten einen Experten zurate.

Das Betriebssystem und alle anderen Programme werden auf die Festplatte C: installiert. Das ist eine Konvention in der Informatik. Man kann Programme zwar auch auf einer anderen Festplatte installieren, davon rate ich Ihnen jedoch dringend ab.

Bei einem neuen PC empfiehlt es sich, das System mittels einer Sicherungssoftware komplett zu sichern. Wenn eine Software Probleme beim Arbeiten bereitet, kann innerhalb kurzer Zeit auf eine funktionsfähige Sicherung zurückgegriffen werden. Dabei ist darauf zu achten, dass keine Daten auf das Laufwerk C: gespeichert werden. Das ist wichtig, denn wenn eine Sicherung zurückgespielt werden muss, würden alle Daten, die auf dem Laufwerk C: liegen, gelöscht. Unter „Daten" verstehe ich in diesem Fall alles, was auf Ihrem PC neu hinzugekommen ist: Fotos, Texte, Videos, Projekte usw.

Eigene Dateien

Der Inhalt des Ordners *Eigene Dateien* befindet sich standardmäßig immer auf der Festplatte C:. Wenn Sie den PC mit einem Sicherungsprogramm komplett sichern, sollten Sie das bei Daten und Betriebssystem getrennt voneinander tun. Beim Wiederherstellen des Betriebssystems würden sämtliche Daten auf dem Laufwerk C: gelöscht werden. Sie können den Speicherort von *Eigene Dateien* wie folgt manuell ändern (allerdings empfehle ich Ihnen, die Projekte so anzulegen, wie es in Kapitel *„Das erste Projekt"* beschrieben wird):

Beschreibung für Windows XP

1. Klicken Sie mit der rechten Maustaste auf *Eigene Dateien* auf dem Windows-Desktop und wählen Sie *Eigenschaften*.

Abbildung 1.8:
Der Desktopordner „Eigene Dateien"

2. Geben Sie unter *Ziel* einen Speicherort für die Daten auf einem anderen Laufwerk als C: an.

Beschreibung für Windows Vista

Bei Windows Vista gibt es leider den *Eigene Dateien*-Ordner nicht mehr. Damit alle Daten auf einem anderen Laufwerk gespeichert werden können, müssen sie den sogenannten *Dokumente*-Ordner verschieben, in dem gemeinsam genutzte Daten gespeichert werden. Falls Sie die Standardordner für Bilder, Musik, Videos usw. verschieben möchten, dann müssen Sie die Änderung für jeden Ordner vornehmen. Gehen Sie wie folgt vor, wenn Sie den Speicherort verändern möchten.

1. Wählen Sie *Start* und dann *Computer*, um den Arbeitsplatz anzeigen zu lassen.

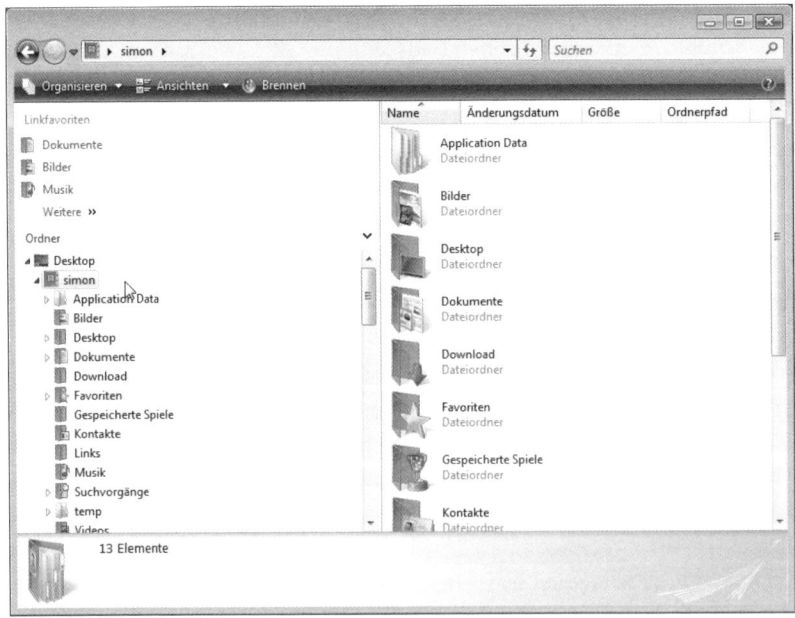

Abbildung 1.9: Arbeitsplatz in Windows Vista

2. Klicken Sie mit der rechten Maustaste auf den Ordner, dessen Speicherort Sie verändern möchten, und klicken Sie dann auf *Eigenschaften*.

3. Öffnen Sie das Register *Pfad*.

4. Wählen Sie *Ziel suchen …* und geben Sie einen anderen Speicherort für die Daten an.

Abbildung 1.10:
Ändern Sie den Speicherpfad des Ordners
durch Verändern des Zielspeicherorts

Die Daten werden auf das Ziellaufwerk bzw. den Zielordner verschoben.

Bildschirmschoner ausschalten

Sie sollten den Bildschirmschoner auf Ihrem PC ausschalten, da dies zu Störungen während des Digitalisierens oder Exportierens von Filmen führen kann. Zusätzlich können Sie Strom sparen, wenn Sie während des Renderns langer Videos den Monitor einfach abschalten, womit Sie auch ein Einbrennen des Monitors verhindern.

Beschreibung für Windows XP

1. Klicken Sie mit der rechten Maustaste auf den Windows-Desktop und wählen Sie im Popup-Menü den Punkt *Eigenschaften*.
2. Wählen Sie die Registerkarte *Bildschirmschoner* und dort den Eintrag *(Kein)*, um den Bildschirmschoner auszuschalten.

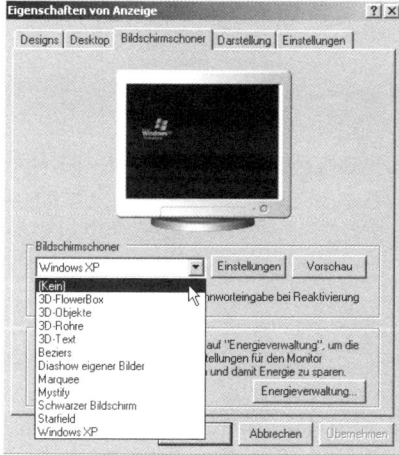

Abbildung 1.11:
Bildschirmschoner deaktivieren

3. Klicken Sie einmal auf die Schaltfläche *Übernehmen* und schließen Sie das Fenster mit einem Klick auf *OK*.

Beschreibung für Windows Vista

1. Wählen Sie *Start* und dann *Systemsteuerung*.

2. Wählen Sie nun aus den Einstellungen *Darstellung und Anpassung* und dann *Bildschirmschoner ändern*.

3. Wählen Sie die Registerkarte *Bildschirmschoner* und dort den Eintrag *(Kein)*, um den Bildschirmschoner auszuschalten.

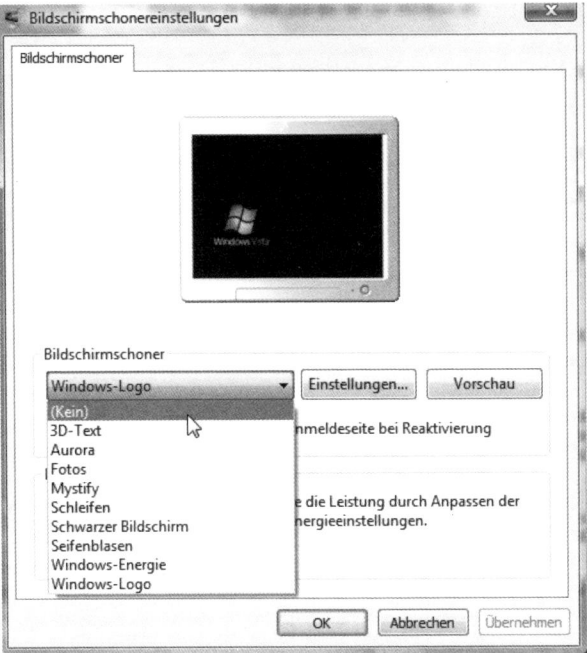

Abbildung 1.12: Bildschirmschoner deaktivieren

4. Klicken Sie einmal auf die Schaltfläche *Übernehmen* und schließen Sie das Fenster mit einem Klick auf *OK*.

Festplattenkonfiguration

Die folgenden Erklärungen richten sich eher an fortgeschrittene Anwender. Es ist nicht unbedingt notwendig, dass Sie die Festplatten in Ihrem PC anpassen. Falls Sie allerdings oft und viel mit Video arbeiten, kann es sehr hilfreich sein, die Festplatten anzupassen und zu optimieren. Sicher ist Ihr PC-Fachhändler bereit, Ihnen Unterstützung zu geben, falls Sie das nicht selbst ausführen können.

Standardmäßig sollte Pinnacle Studio auf der Festplatte C: installiert sein. Die Projektdateien können auf eine Partition der ersten Festplatte oder auf eine eigene Festplatte gespeichert werden. Hierfür reicht eine „kleine" Festplatte mit 40 bis 80 GByte.

Als Video-Festplatte wird eine größere Festplatte empfohlen. Je mehr Videos im PC gespeichert werden sollen, desto größer muss die Festplatte sein. Eine Stunde digitales Videomaterial von einer MiniDV-Kassette benötigt ca. 13 GByte Speicherplatz.

Achten Sie darauf, dass alle Festplatten im NTFS-Dateiformat formatiert sind und eine Geschwindigkeit von mindestens 7200 rpm, Drehungen pro Minute, aufweisen. NTFS bedeutet *New Technology File System* und wird unter Windows XP und Windows Vista eingesetzt. NTFS kann im Gegensatz zum FAT32-Dateisystem Daten verwalten, die größer sind als 4 GByte. Sonst könnte man keine längeren 13-GByte-Filme als einzelne Datei auf einer Festplatte speichern.

Ebenso ist es wichtig, dass die Festplatten genügend Daten pro Sekunde transferieren können. Die meisten Festplatten können die benötigten 4 MByte/Sek. verarbeiten. DV-Videomaterial benötigt beim Einspielen auf die Festplatte mindestens 3,6 MByte Speicherplatz, das ergibt für viereinhalb Minuten etwa 1 GByte. Pinnacle Studio testet eine Festplatte zuerst auf deren Geschwindigkeit und gibt an, ob sie schnell genug ist oder nicht:

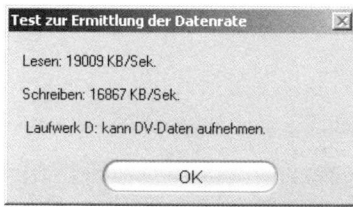

Abbildung 1.13:
Test zur Ermittlung der Datenrate

Dieser Test wird automatisch gestartet, wenn das erste Mal Video auf eine Festplatte aufgenommen wird. Ansonsten kann er nachträglich in Pinnacle Studio aufgerufen werden. Klicken Sie dazu im Menü auf *Setup* und dann auf *Aufnahmequelle*. Unter *Datenrate* klicken Sie anschließend auf *Test Datenrate*, um den Test zu starten.

Festplatten defragmentieren

Wenn Sie Daten auf einer Festplatte löschen, entstehen Lücken zwischen noch vorhandenen Daten. Wenn Ihr PC neue Daten (z.B. Render- oder Videodateien) speichert, werden solche Zwischenräume mit sogenannten Fragmenten von Daten gefüllt. Dies führt dazu, dass eine große Datei auf verschiedene solcher Lücken aufgeteilt wird. Sie haben auf das Speichern solcher Fragmente keinen Einfluss. Wenn eine Videodatei am PC abgespielt wird, müssen Windows und Pinnacle Studio die Datenfragmente zusammenhängen, was zu Leistungseinbußen führt. In Windows gibt es eine Funktion namens *Defragmentieren*, welche die Festplatte aufräumt und die Daten einer Datei wieder zusammenhängend neu speichert. Es empfiehlt sich, die Festplatten von Zeit zu Zeit zu defragmentieren, um die Leistung des Systems zu erhöhen. Sie sollten das Laufwerk C: und auch die Video- und Render-Festplatten defragmentieren.

Beim Defragmentieren werden Ihre Daten auf der Festplatte verschoben. Wenn Sie in   Achtung
dieser Zeit einen Stromausfall haben oder der Defragmentierungsvorgang durch ein anderes unvorhergesehenes Ereignis unterbrochen wird, kann es zu Datenverlusten kommen! Das Defragmentieren kann bei größeren Festplatten übrigens recht lange dauern.

Um eine Festplatte zu defragmentieren, gehen Sie wie folgt vor:

Beschreibung für Windows XP

1. Öffnen Sie mit einem Doppelklick den Arbeitsplatz auf dem Desktop.

2. Klicken Sie mit der rechten Maustaste auf das Laufwerk, das Sie defragmentieren wollen, und wählen Sie den Eintrag *Eigenschaften*.

3. Wechseln Sie in das Register *Extras* und klicken Sie auf *Jetzt defragmentieren*.

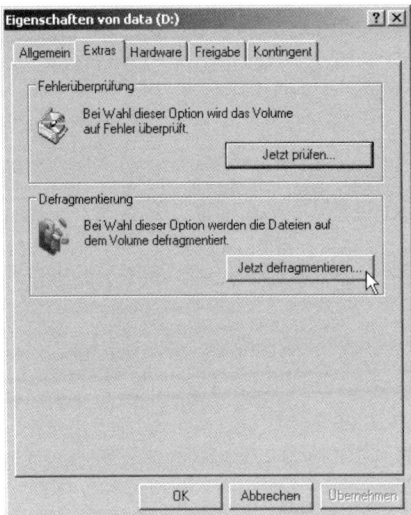

Abbildung 1.14:
Starten der Defragmentieren-Funktion
in Windows XP

Beschreibung für Windows Vista

1. Klicken Sie in Windows Vista auf *Start* und dann auf *Computer*.

2. Klicken Sie mit der rechten Maustaste auf das Laufwerk, das Sie defragmentieren wollen, und wählen Sie dann den Eintrag *Eigenschaften*.

3. Wechseln Sie in das Register *Tools* und klicken Sie auf *Jetzt defragmentieren*.

4. Klicken Sie evtl. auf *Fortsetzen*, wenn eine Bestätigung verlangt wird.

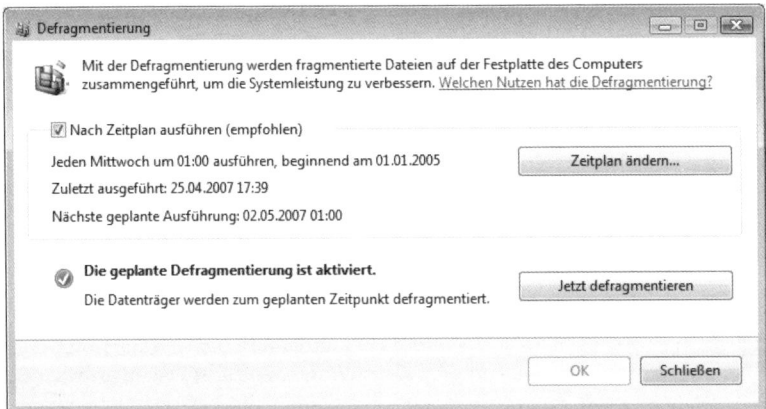

Abbildung 1.15: Defragmentierung in Windows Vista starten

5. Klicken Sie auf *Jetzt defragmentieren*, um den Vorgang zu starten.

Zuerst wird das Laufwerk überprüft und danach beginnt der eigentliche Vorgang. Dies kann je nachdem, wie groß ein Laufwerk ist und wie viel zu defragmentieren ist, ziemlich lange dauern. Warten Sie, bis der Vorgang beendet ist. Sie können ihn allerdings auch mit *Unterbrechen* oder *Anhalten* stoppen.

Die Installation

Pinnacle Studio 12 und Pinnacle Studio Plus 12 werden mit einem Datenträger ausgeliefert.

So führen Sie die Installation durch:

1. Legen Sie die *Install DVD* in ein DVD-Laufwerk ein. Nach dem Einlegen sollte die Installation automatisch starten und es erscheint das erste Dialogfenster.

   Sollte der Installationsvorgang bei Ihnen nicht von selbst starten, wechseln Sie in den *Arbeitsplatz*, öffnen mit einem Doppelklick das DVD-Laufwerk und führen einen Doppelklick auf die Datei *setup.exe* aus. Danach startet die Installation in jedem Fall.

Abbildung 1.16: Installationsprogramm von Studio 12

2. Starten Sie die Installation von Studio 12, indem Sie mit der linken Maustaste auf *Studio 12* klicken.

Abbildung 1.17:
Nach dem Starten des Installationsvorgangs können Sie eine Sprache wählen

3. Wählen Sie eine Sprache aus der Liste aus und klicken Sie auf *Weiter*.

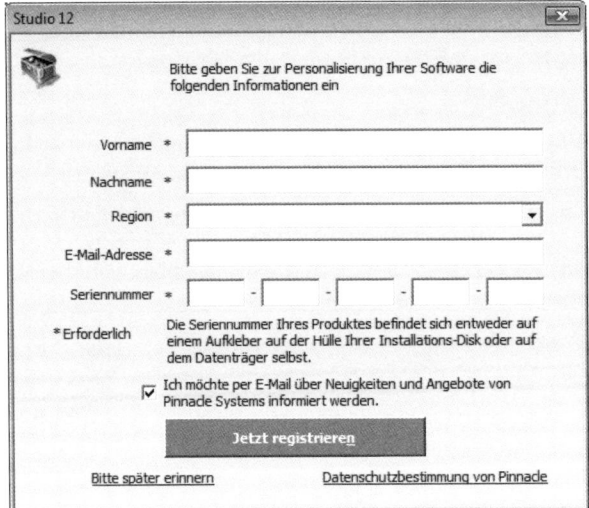

Abbildung 1.18: Geben Sie hier die erforderlichen Daten ein

4. Tragen Sie im nächsten Fenster die erforderlichen Daten ein. Wichtig ist die Seriennummer, die Sie mit dem Programm erhalten haben.

   Zusätzlich sollten Sie die Option *Ich möchte per E-Mail über Neuigkeiten und Angebote von Pinnacle Systems informiert werden* per Klick aktivieren, denn nur so gehören Sie zu dem ausgewählten Kreis, der aktuelle Informationen über Neuerungen von Pinnacle Studio ohne Umwege erhält.

5. Klicken Sie auf *Jetzt registrieren*, wenn Sie sich gleich bei Pinnacle registrieren möchten, oder auf *Bitte später erinnern*, wenn Sie dies später erledigen wollen. Für die Registrierung ist eine Internetverbindung notwendig.

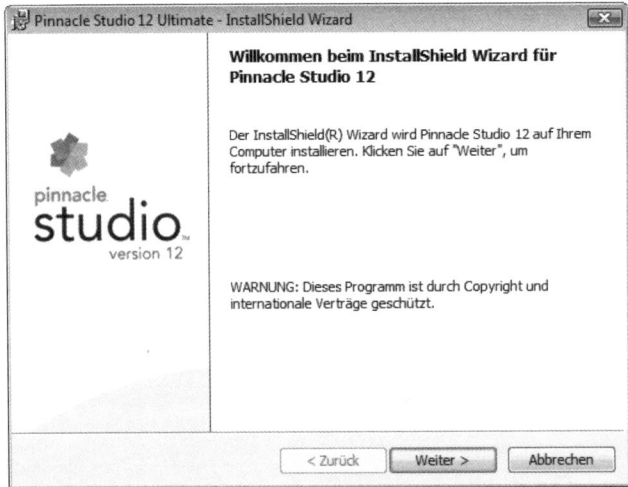

Abbildung 1.19: Starten Sie die Installation durch einen Klick auf „Weiter"

6. Klicken Sie mit der linken Maustaste auf *Weiter,* um die Installation zu starten.

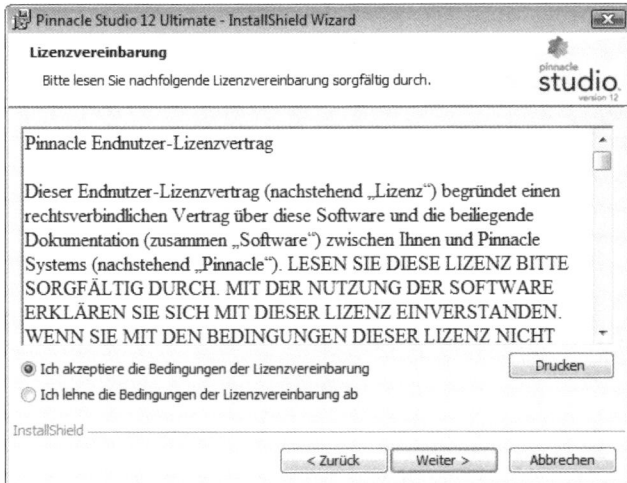

Abbildung 1.20: Nach Bestätigung der Lizenzvereinbarung kann die Installation fortgesetzt werden

7. Sie müssen der Lizenzvereinbarung zustimmen, damit die Installation fortgesetzt werden kann. Wählen Sie also *Ich bin mit den Bedingungen der Lizenzvereinbarung einverstanden* und klicken Sie dann auf *Weiter.*

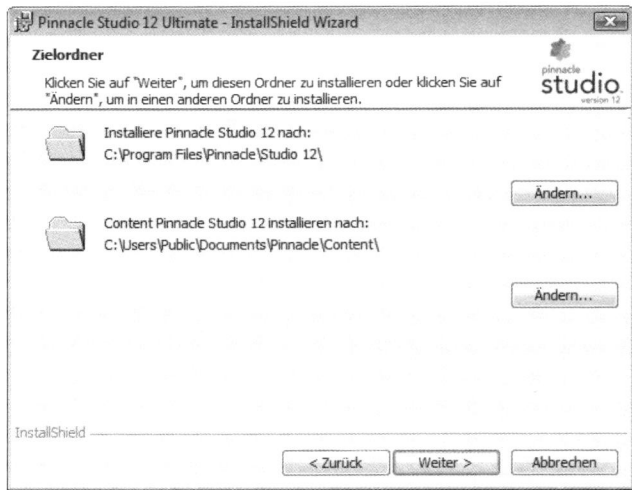

Abbildung 1.21: Wählen Sie die Zielverzeichnisse für die Installation

8. Belassen Sie die Installationspfade. Es ist am sinnvollsten, das Programm auf C:\ und in die vorgeschlagenen Ordner zu installieren. Klicken Sie auf *Weiter*.

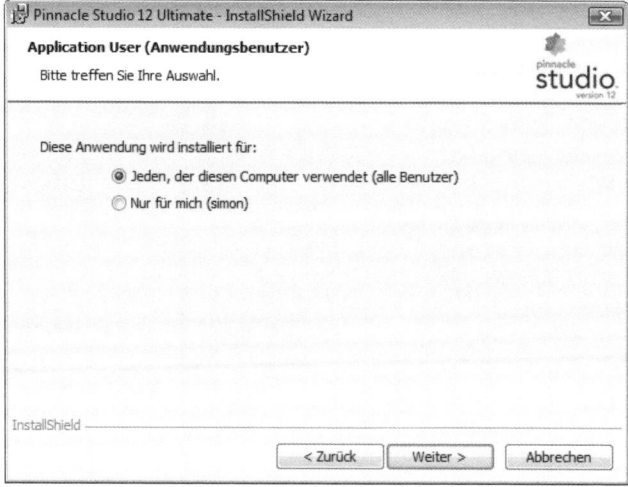

Abbildung 1.22: Wählen Sie, für welche PC-Benutzer die Software installiert werden soll

9. Wählen Sie, für wen Studio auf Ihrem PC installiert werden soll. In der Regel können Sie die Option *Jeden, der diesen Computer verwendet (alle Benutzer)* wählen. Klicken Sie auf *Weiter*.

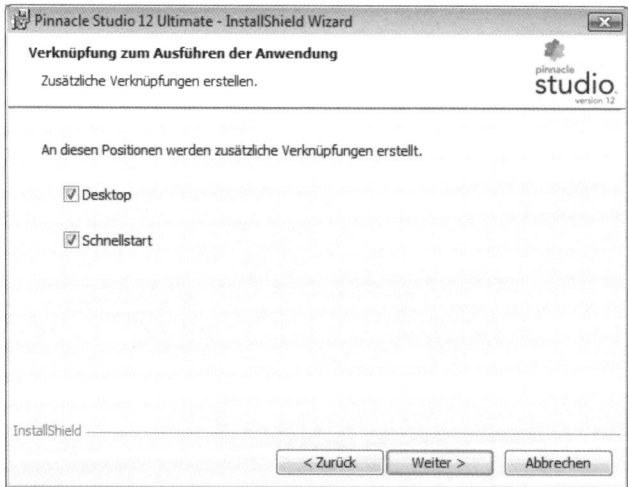

Abbildung 1.23: Erstellen von Verknüpfungen

10. Hier wird gefragt, wo Studio Verknüpfungen zum Starten der Software erstellen soll. In der Regel können Sie beide Optionen auswählen. Klicken Sie auf *Weiter*.

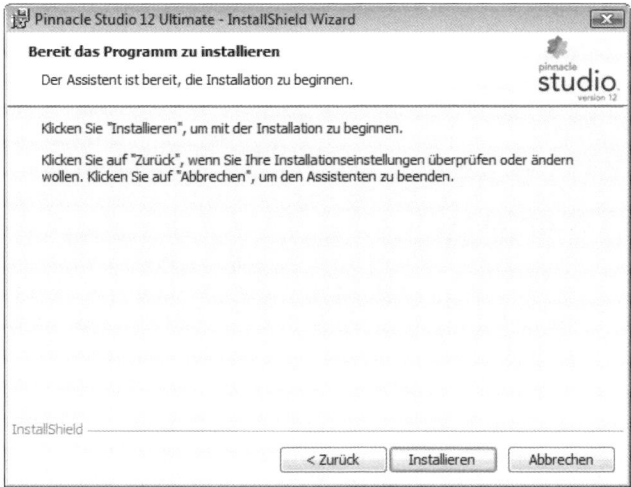

Abbildung 1.24: Starten Sie die Installation durch einen Klick auf „Installieren"

11. Sie können nun den Kopiervorgang der Dateien auf die Festplatte starten, indem Sie auf *Installieren* klicken. Warten Sie, bis die Installation beendet ist.

Pinnacle Studio starten

Nach der Installation befindet sich ein Icon auf Ihrem Desktop, mit dem Sie Pinnacle Studio starten können.

Abbildung 1.25:
Klicken Sie mit der Maus doppelt auf das Symbol, um Studio zu starten

Sie können Studio auch über das Startmenü von Windows aufrufen, klicken Sie dazu auf *Start/Programme/Pinnacle Studio 12/Pinnacle Studio 12*.

Einführung in Pinnacle Studio 12 und Studio Plus 12

Für das Arbeiten mit Pinnacle Studio 12 sind einige Grundsätze nennenswert, die Ihnen die Philosophie und Möglichkeiten des Programms näher bringen. Pinnacle Studio in den Versionen 12 und 12 Plus hat gegenüber den Vorgängerversionen Pinnacle Studio 9, Studio 9 Plus, Studio 10 und Studio 10 Plus sowie Studio 11 und Studio 11 Plus einige Veränderungen und Neuerungen erfahren, auf die im Folgenden kurz eingegangen wird.

Pinnacle Studio Version 10, 11 und nun die Version 12 haben eine komplett neue Basis im Programmcode erhalten, die auf das professionelle Videoschnittprogramm Liquid Edition von Avid gründet. Sie bringt eine Reihe von Veränderungen im Gegensatz zur Version 9 mit sich, die aber im Programm nicht sofort ersichtlich sind, da das Aussehen der Programmoberfläche nur wenig geändert wurde. Sie müssen sich nicht weiter darum kümmern, dass die Basis auf Avid Liquid aufgesetzt wurde, aber es interessiert Sie vielleicht, dass nun alle Funktionen, Effekte und Filter auf einer professionellen Videoschnittlösung beruhen, die auch in TV-Studios und Produktionsfirmen eingesetzt wird. Die neuen Funktionen werden im Verlauf dieses Kapitels beschrieben.

Pinnacle Studio 12-Updates

Allen, die Pinnacle Studio 12 erworben haben, bietet Pinnacle neue kostenlose Updates an, damit das Programm immer den aktuellsten Hardwareanforderungen entspricht. Schließlich kommt ständig neue Hardware auf den Markt, die unter Umständen mit Pinnacle Studio nicht kompatibel ist. Über die Website *http://www.pinnaclesys.de* stellt Pinnacle Updates zur Verfügung. Ebenso können Anpassungen in der Software nachgeliefert werden. Sie sollten also regelmäßig nach neuen Updates Ausschau halten. Pinnacle Studio 12 enthält eine Funktion, die selbst nach Updates suchen kann, dafür ist allerdings eine Verbindung zum Internet notwendig. Gehen Sie wie folgt vor:

1. Wählen Sie im Menü von Pinnacle Studio *Hilfe* und danach *Software-Updates* aus der Liste aus.

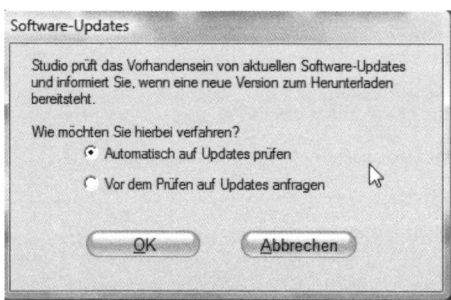

Abbildung 1.26:
Einstellung für die Software-Updates

2. Klicken Sie auf *OK*, um automatisch nach Updates suchen zu lassen.

3. Falls ein Update zur Verfügung steht, wird die Internetseite geöffnet. Laden Sie das Update auf Ihre Festplatte.

4. Doppelklicken Sie auf die neu heruntergeladene Datei, um das Update zu installieren.

Neue Funktionen von Pinnacle Studio 12

Im Folgenden finden Sie eine Übersicht über die neuen Funktionen in Pinnacle Studio 12, Pinnacle Studio 12 Plus und Pinnacle Studio Ultimate 12 gegenüber der Vorgängerversion Pinnacle Studio 11. Eine Auflistung der neuen Funktionen von Studio 11 gegenüber der noch älteren Version 10 finden Sie im nächsten Abschnitt.

Neben den nachfolgenden neuen Funktionen in Studio Version 12 wurde auch viel Wert auf die Leistung der Software gelegt. Diese läuft stabiler und benötigt im Allgemeinen etwas weniger PC-Ressourcen. Ebenfalls wurde die Bearbeitung von AVCHD verbessert.

Neue Funktionen in Studio 12, Studio Plus 12 und Studio Ultimate 12

▓ Die Montagethemen sind eine komplett neue Funktion von Studio 12. Mit dieser Funktion können Sie auf einfachste Weise mehrere Videos gleichzeitig anzeigen oder verblüffende Effekte erzielen. Mehr dazu lesen Sie in *Kapitel „Montagethemen"*.

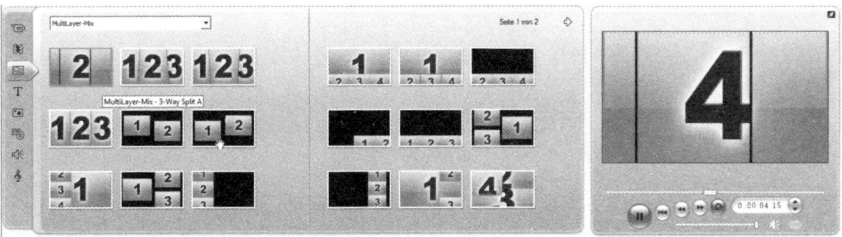

Abbildung 1.27: Montagethemen in Studio 12

▓ Mit Timeline-Markierungen können Sie eine Stelle im Film kennzeichnen, damit Sie diese schnell wiederfinden. Es ist auch möglich, Bilder und Videos taktgenau an ein Musikstück anzupassen.

▓ Ein neuer Audio-VU-Meter in der Timeline-Ansicht gibt einen schnellen Überblick über die Lautstärke des Films. Mehr dazu lesen Sie in *Kapitel „Audiobearbeitung"*.

▓ Neu ist auch die Möglichkeit, im Album schneller auf eine andere Seite zu navigieren. Praktisch ist dies, wenn Sie im Album mehrere Seiten haben, z.B. bei sehr vielen Fotos oder Videos mit vielen Szenen.

▓ Wenn Fotos oder Videos nicht das gleiche Bildverhältnis als das aktuelle Projekt haben, können Fotos und Videos mittels wenigen Mausklicks angepasst werden, damit oben und unten bzw. rechts und links keine schwarzen Balken mehr sichtbar sind.

▓ Neue Bildformate können in Studio importiert werden, so z.B. Photoshop-Dateien mit der Endung *.psd* und GIF-Bilder.

▓ Neue Videoformate können aus Studio exportiert werden, z.B. Flash-Videos für Webvideos, 3GP-Videos für mobile Endgeräte wie Mobiltelefone. Und jetzt können Videos auch direkt online auf YouTube geladen werden.

▓ Sobald ein Exportvorgang in eine Datei oder auf eine Disc abgeschlossen wurde, kann der PC ein Signalton ausgeben oder direkt den PC herunterfahren. Dies ist nützlich, wenn der PC z.B. längere Zeit Daten exportiert, danach aber nicht mehr unbedingt laufen muss.

▓ Zwei neue Videoeffekte in der Video-Toolbox wurden nun für alle drei Studio-Versionen freigegeben. Zum einen ist dies der Effekt *Drehen*, mit dem ein Video oder ein Foto um einen beliebigen Wert gedreht werden kann, zum anderen der *Pan & Zoom*-Effekt.

▓ Zusammen mit der Pinnacle Studio-Software erhalten Sie die ShureThing Label Printer-Software, mit der Sie Discetiketten und -hüllen bedrucken können.

Neue Funktionen für Pinnacle Studio Plus 12 und Ultimate 12

■ High-Definition-Filme können nun direkt in voller Auflösung auf Blu-ray gebrannt werden. Ebenso können diese Filme mit Disc-Menüs versehen werden, um sie auf einem Blu-ray-fähigen Abspielgerät zu betrachten.

■ Folgende neue Kameramodelle werden unterstützt: die Vixia-Serie von Canon, die Xacti-Serie von Sanyo und TOD-Dateien von JVC.

Neue Funktionen für Pinnacle Studio Ultimate 12

■ Die Ultimate-Version wurde um drei Plug-Ins erweitert: proDAD Vitascene für Videoeffekte und Filter, BorisFX Graffiti für animierte Titel und Movie Looks für Hollywood-reife Farbkorrekturen. Mehr Informationen zu diesen drei Plug-Ins finden Sie in Kapitel 14 „Ultimate-Plug-Ins".

Neue Funktionen in Studio 11 gegenüber Studio 10

Im Folgenden finden Sie eine Übersicht über die neuen Funktionen in Pinnacle Studio 11, Pinnacle Studio Plus 11 und Pinnacle Studio Ultimate 11 gegenüber der Version 10, welche auch Gültigkeit für die Version 12, Plus 12 und Ultimate haben. Wenn Sie bereits mit einer Vorgängerversion von Pinnacle Studio gearbeitet haben, erhalten Sie hier einen Eindruck von dem neuen Leistungsumfang.

Neue Funktionen für Studio 11, Studio Plus 11 und Studio Ultimate 11

■ Kompatibel mit Windows Vista – Als perfekter Begleiter für das neue Betriebssystem Windows Vista bietet Pinnacle Studio nicht nur vollständige Kompatibilität und eine schlanke Benutzeroberfläche, sondern stellt auch alle Videobearbeitungstools zur Verfügung, die mehr aus Ihren Videos machen.

■ Neue Bedieneroberfläche – Die Benutzeroberfläche von Pinnacle Studio ist skalierbar, sodass sie perfekt für die Arbeit auf Widescreen-Bildschirmen geeignet ist. Oder passen Sie die Größe der Fenster an, um an die vorliegende Aufgabe näher heranzukommen und gleichzeitig alle Tools griffbereit zu haben.

Die Oberfläche von Studio 11 passt sich der Bildschirmanzeige an. Wenn Sie über einen Widescreen-Bildschirm verfügen, kann das Vorschaufenster skaliert werden.

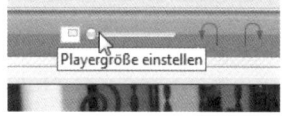

Abbildung 1.28:
Schieberegler zum Skalieren des Vorschaufensters

■ Vereinfachtes Web-Publishing – In Reaktion auf den Wunsch von Anwendern, ihre Videoproduktionen im Internet zu veröffentlichen, bietet Pinnacle Studio jetzt automatisches Web-Publishing. Anwender können ihre Filme mit wenigen Klicks ins Web stellen oder einer geschlossenen Benutzergruppe zugänglich machen.

Abbildung 1.29: Normalansicht bzw. kleines Vorschaufenster

Abbildung 1.30: Vergrößerte Ansicht bzw. großes Vorschaufenster

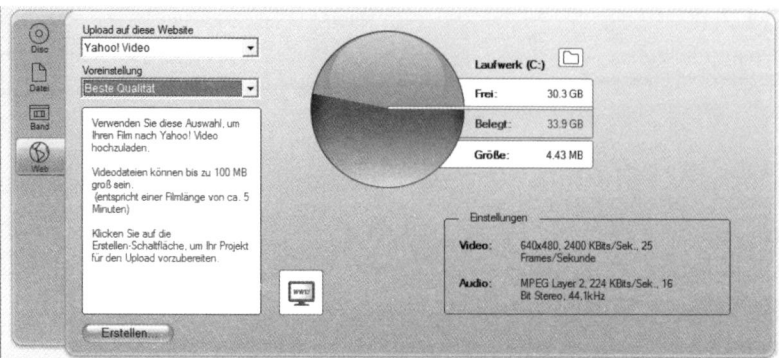

Abbildung 1.31: Videos können direkt aus Studio online gestellt werden

▨ Neuer Scorefitter™-Musikgenerator – Generieren Sie Ihren Soundtrack automatisch, jetzt mit mehr als 40 Quellstücken für größere Vielfalt und 48-kHz-Audiobeispielen für Higher Fidelity und höhere Genauigkeit als mit früheren Lösungen.

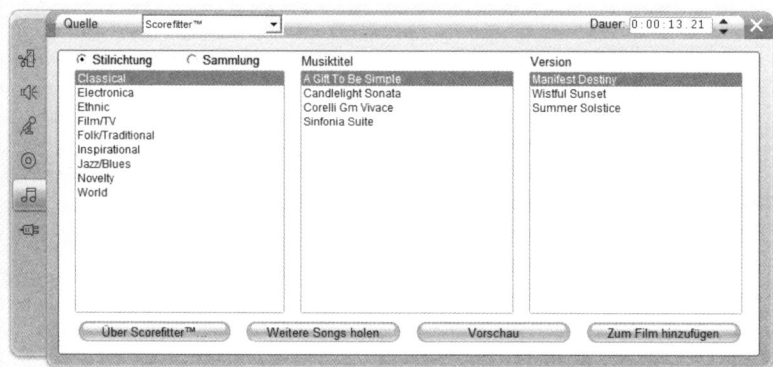

Abbildung 1.32: Mit dem neuen Scorefitter kann Musik in bester Qualität erstellt werden

▨ Optimierte Geschwindigkeit und Leistung – Pinnacle Studio Version 11 ist bei der Installation und dem Programmstart schneller als ihre Vorgänger. Auch der Export von Dateien verschiedenen Typs ist deutlich beschleunigt.

Neue Funktionen für Studio Plus 11 und Studio Ultimate 11

▨ Vom Einspielen über das Bearbeiten bis zum Brennen von Discs – ein vollständiger High-Definition-Workflow mit HD-DVD- und AVCHD-Authoring auf Standard-DVD-Medien – Pinnacle Studio Plus bearbeitet HDV- oder AVCHD-Material nativ und erstellt dann HD-DVD- und AVCHD-Discs auf Standard-DVDs, die auf den neuesten HD-Playern abgespielt werden können. Sie können sogar Projekte kombinieren, die SDV, HDV und Fotos beinhalten und dann auf HD-Auflösung „hochgerechnet" werden.

▨ Jetzt mit modernsten AVCHD-Funktionen – Pinnacle Studio Plus-Anwender können jetzt das neueste HD-Format importieren und bearbeiten, das Schätzungen zufolge zum primären HDV-Format für führende Camcorder-Hersteller wie Panasonic und Sony wird und mehr HDV-Inhalte auf halb so viel Speicher ermöglicht.

Neue Funktionen für Studio Ultimate 11

■ Die Kombination von Pinnacle Studio Plus Version 11 und viel beachteten professionellen Audio- und Videotools bietet die perfekte Lösung für Videoenthusiasten, die den Stil und die Qualität ihrer Filmkreationen vollständig kontrollieren wollen.

■ Die Tools der BIAS SoundSoap™ Pinnacle Edition für die Bereinigung von Audiostörungen und die vollständige Dolby® Digital 5.1-Audiocodierung stellen sicher, dass Ihre Filmkreationen ebenso gut klingen, wie sie aussehen.

■ proDAD© VitaScene bietet die Tools, mit denen Sie professionelle Effekte wie Lichtstrahlen, Verwischen und mehr hinzufügen, sodass Sie Ihren Filmen mehr Flair und einen gewissen Stil verleihen können.

■ Mit StageTools™ MovingPicture können Sie die gleichen Tools einsetzen, mit denen Profis präzise Schwenk- und Zoomeffekte – in hoher Auflösung – erzeugen, während Sie gleichzeitig die einfache Bedienung verblüffen wird.

Die wichtigsten Änderungen von Version 9 auf 10 – auch für Studio 12

■ Die Basis von Pinnacle Studio wurde beim Wechsel von der Version 9 auf 10 vollständig durch die leistungsstarke Engine von Pinnacles Liquid Edition ersetzt. Dadurch erhielt Pinnacle Studio ganz neue Funktionen und Möglichkeiten. Alle Filter und Effekte wurden in professioneller Weise gerechnet und erreichen damit eine professionelle Qualität.

■ Instant-Save-Funktion – Mit der Instant-Save-Funktion kann es Ihnen nicht mehr passieren, durch einen Absturz des PCs oder von Pinnacle Studio ein Projekt zu verlieren. Pinnacle Studio speichert jeden Ihrer Schritte ab, egal ob das Projekt schon einmal gespeichert wurde oder nicht.

■ Sollte Pinnacle Studio einmal abstürzen, weil das PC-System nicht stabil genug ist oder andere Software das Programm stört, werden sofort alle nötigen Informationen zusammengetragen und in einer Datei gespeichert, die direkt an den Support von Pinnacle gesendet werden kann.

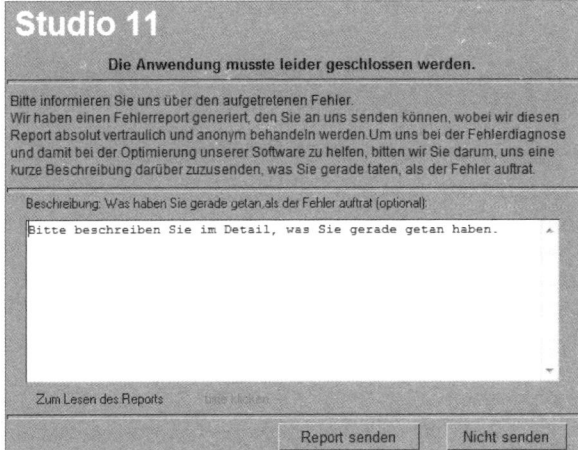

Abbildung 1.33: Pinnacle Studio trägt alle nötigen Informationen über Ihr PC-System zusammen und kann sie per Knopfdruck an Pinnacle senden

Geben Sie in das weiße Feld Ihre letzten Arbeitsschritte an, bevor Pinnacle Studio abstürzte, damit der Support von Pinnacle das Problem nachvollziehen kann. Sie müssen diese Informationen nicht senden, wenn Sie nicht möchten. Klicken Sie dann einfach auf *Nicht senden.* Wenn Sie sehen möchten, welche Daten übermittelt werden, klicken Sie auf den Link *Report senden.*

Nach dem Neustart von Pinnacle Studio werden Sie gefragt, ob Sie das letzte Projekt öffnen, ein neues erstellen oder ein bereits bestehendes Projekt öffnen möchten.

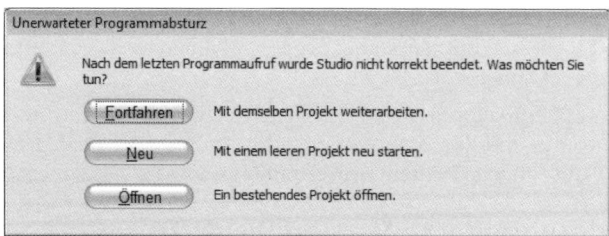

Abbildung 1.34: Wenn Pinnacle Studio nicht korrekt beendet werden konnte, werden Sie nach dem Neustart des Programms gefragt, welches Projekt Sie öffnen möchten

- Echtzeitvorschau in voller Auflösung – Wie bereits oben erwähnt, können Sie alle Effekte, Filter, Übergänge usw. in Echtzeit anzeigen lassen, ohne dass Pinnacle Studio Daten auf dem PC zwischenspeichern muss. Diese Funktion ist verfügbar, wenn Ihr PC-System über eine kompatible Grafikkarte mit mindestens 64 MByte Arbeitsspeicher verfügt.

- Echtzeitvorschau auf einem zweiten Monitor (nur in Pinnacle Studio Plus und Studio Ultimate) – Die meisten Grafikkarten, die heute auf dem Markt sind, besitzen bereits zwei Ausgänge, an die zwei PC-Monitore angeschlossen werden können. Pinnacle Studio kann nicht auf beide Monitore verteilt werden, allerdings können Sie auf dem einen Monitor Pinnacle Studio laufen lassen und den zweiten für die Echtzeitvorschau nutzen. Diese Funktion ist vor allem dann von Nutzen, wenn Sie mit High-Definition-Video arbeiten, da praktisch alle PC-Monitore eine weitaus größere Auflösung bieten als TV-Geräte. Sie können High-Definition-Video dann zwar nicht unbedingt in voller Auflösung genießen, aber besser als auf einem TV-Gerät allemal. Die Echtzeitvorschau lässt sich auch auf einen externen TV-Monitor leiten, wenn sich dieser über die Grafikkarte oder eine der Wandlerboxen von Pinnacle Studio anschließen lässt.

- Audio-Scrubben auf der Timeline (nur in Pinnacle Studio Plus und Studio Ultimate) – Jetzt können Sie beim Scrubben auf der Timeline das Audio mithören. Mit dieser Funktion können Sie noch präziser Audioclips bearbeiten und schneiden.

- Key-Frame-Animation (nur in Pinnacle Studio 11 Plus und Studio Ultimate) – Mit der Key-Frame-Animation haben Sie die Möglichkeit, Effekte animieren zu lassen. Z.B. können Sie ein Foto so animieren, dass der Betrachter das Gefühl bekommt, es wäre ebenfalls mit einer Videokamera aufgenommen. Sie verändern einfach den Start- und Endpunkt des Fotos und lassen es über den Bildschirm gleiten. Die Key-Frame-Animation ist in praktisch allen Effekten anzuwenden.

- Zeitlupen- und Zeitraffer-Funktion auf Audio in Echtzeit (nur in Pinnacle Studio Plus und Studio Ultimate) – Sie haben die Möglichkeit, einen Audioclip schneller oder langsamer laufen zu lassen. Bislang war das nur mit Videoclips möglich. Außerdem können Sie die Tonhöhe des Audioclips halten, damit der gesprochene Text gut zu hören ist.

- Videoclips rückwärtslaufen lassen (nur in Pinnacle Studio Plus und Studio Ultimate) – Mit dieser häufig gewünschten Funktion können Sie Videoclips rückwärtslaufen lassen, um so eine Szene im Film lustiger zu präsentieren oder eine Sportaufnahme präzise zu analysieren.

- Surround-Klang in 5.1 – Sie können nun den Ton Ihrer Videos in echtem 5.1-Klang abmischen und in einem Heimkino anhören.

- Blu-ray, DVD- und CD-Images – Wenn Sie einen Film zu einem späteren Zeitpunkt auf CD, DVD oder Blu-ray brennen möchten, können Sie eine Image-Datei erstellen, die den ganzen Film enthält, und diese an einen speziellen Ort speichern, damit sie immer zur Verfügung steht.

- Windows Media-Audiodateien – Sie können jetzt Windows Media-Audiodateien importieren und im Film bearbeiten.

Echtzeit und Rendern

Die Echtzeitvorschau ist eine wichtige Funktion von Studio 12. Nachfolgend wird kurz erklärt, was mit Echtzeit eigentlich gemeint ist.

Echtzeit

Der PC nimmt uns Arbeiten mit sehr rechenintensiven Aufgaben ab. Eine Textverarbeitung ist für den PC weniger aufwendig zu rechnen als z.B. ein Computerspiel oder eben die Videobearbeitung. Die Textverarbeitung arbeitet mit relativ kleinen Dateien, die Videobearbeitung hingegen mit sehr großen. Eine 60 Seiten umfassende Word-Datei benötigt ca. 280 KByte Speicherplatz, eine Stunde Video (MiniDV mit 720 x 576 Pixel) dagegen ca. 13 GByte, (13 000 000 KByte), also etwa 46 000-mal mehr Speicherplatz.

Da nun eine Videoschnittsoftware mit sehr großen Dateien und vielen Daten arbeitet, ist der Benutzer darauf angewiesen, dass z.B. eine Videosequenz in normaler Geschwindigkeit abgespielt wird. Wenn das der Fall ist, wird das Video in „Echtzeit" angezeigt. Sicherlich sagen Sie nun, das ist ja logisch.

Früher waren die PCs nicht leistungsstark genug, darum wurde das Videomaterial sehr stark komprimiert, damit es ruckelfrei abgespielt werden konnte. Das neue Videoformat HDTV (High Definition Television) arbeitet mit einer noch höheren Auflösung von bis zu 1980 x 1080 Pixel und erzeugt um ein Vielfaches größere Videodateien auf der Festplatte.

Der Begriff Echtzeit bekommt eine ganz andere Bedeutung, wenn das Video durch Effekte und Übergänge ergänzt wird. Wird z.B. bei einem einminütigen Videoclip eine Farbkorrektur durchgeführt, muss der PC das Video komplett neu rechnen, im Prinzip erhält jedes Pixel im Video eine neue Farbe: Für PAL wären das 720 x 576 Pixel (414 720) mal 25 Bilder in der Sekunde mal 60 in der Minute.

Die Videoschnittsoftware muss also 622 080 000 einzelnen Pixeln eine neue Farbe geben. Echtzeit heißt in diesem Fall, dass die Umrechnung eines jeden Pixels während des Abspielens des Videos erfolgt. Wird nun über diesen einminütigen Videoclip im Videoschnittprogramm ein Titel angezeigt, muss das Programm zusätzlich diesen Titel ins Bild rechnen. Es geht nun also um zwei Effekte. Je mehr Effekte, Übergänge, Videoclips, Audioclips usw. gleichzeitig angezeigt werden müssen, umso mehr muss auch gleichzeitig gerechnet werden.

Grundsätzlich stehen Ihnen zwei Möglichkeiten zur Verfügung, um diese aufwendigen Rechenaufgaben zu lösen.

Wenn Ihr PC über eine AGP- oder PCI-Express-Grafikkarte mit mindestens 64 MByte Arbeitsspeicher verfügt, die darüber hinaus kompatibel zu Pinnacle Studio ist (dies sind nur Grafikkarten der Herstellerfirmen ATI und NVIDIA), können diese Rechenaufgaben in Echtzeit über die Grafikkarte ausgeführt werden. Wenn Sie mit High-Definition-Video arbeiten, ist eine Grafikkarte mit mindestens 256 MByte Arbeitsspeicher notwendig. Weitere Infos zum Thema Kompatibilität finden Sie auf der Pinnacle-Homepage: *http:// www.pinnaclesys.de*.

Ihr PC verfügt nicht über die Echtzeitvorschau und muss alle Effekte zuerst rechnen und auf der Festplatte zwischenspeichern? Das ist kein Problem, dauert einfach nur etwas länger und Sie müssen warten, bis der Rechenvorgang beendet ist, damit Sie die Effekte ruckelfrei betrachten können.

Rendern

Unter Rendern versteht man eigentlich nichts anderes als Rechnen. Effekte, Übergänge usw. werden vom PC in neue Dateien zusammengerechnet.

Beim Rendern entstehen also neue, temporäre Daten (Render-Dateien), damit die ursprünglichen Daten unverändert bleiben. Im Grunde heißen diese Daten nur temporär, da sie jederzeit vom PC neu berechnet werden können. Sobald die Render-Dateien gelöscht werden, muss Pinnacle Studio sie neu erstellen.

Einführung in Pinnacle Studio

Grundsätzlich wird in jedem Videobearbeitungsprogramm immer gleich gearbeitet. Als Erstes muss das gefilmte Videomaterial von der Kamera auf den PC überspielt werden. Dann kann mit dem Bearbeiten begonnen werden. Unter Bearbeiten oder Schneiden versteht man die Herstellung des eigentlichen Films. Dazu gehören das Schneiden des Videomaterials, das Bearbeiten von Audio, Titeln, Effekten, Übergängen usw. – ja sogar das Hinzufügen von DVD-Menüs. Der letzte Schritt ist dann die Ausgabe auf ein Medium, das am Fernseher oder PC betrachtet werden kann.

Diese logische Reihenfolge wird auch in Pinnacle Studio eingehalten und entsprechend ist das Programm aufgebaut. Die Bearbeitung erfolgt in drei Schritten:

1. Aufnahme

2. Bearbeiten

3. Ausgabe

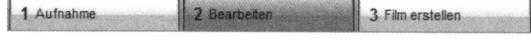

Abbildung 1.35: Die drei Arbeitsschritte in Pinnacle Studio 12

Klicken Sie auf den jeweiligen Knopf, um Pinnacle Studio in den entsprechenden Modus zu versetzen.

Statt sich gleich auf das Bearbeiten und Schneiden zu stürzen, sollten Sie Ihr Projekt unbedingt sauber beginnen und eine logische Datenstruktur auf der Festplatte erstellen, damit Sie später alle Daten zu einem Projekt eindeutig identifizieren können. So haben Sie einerseits Ordnung auf dem PC und andererseits können Sie Projekte einfacher löschen, sichern und kopieren.

Das erste Projekt

Verzeichnisstruktur auf der Festplatte

Beim Erstellen eines neuen Projekts ist es empfehlenswert, dieses von Anfang an gut zu organisieren. Das erleichtert das Auffinden des Projekts selbst und der entsprechenden Daten auf der Festplatte. Wenn Sie in Pinnacle Studio einen Film erstellen, werden Sie zusätzliche Bilder und Musikdateien darin integrieren wollen. Insofern gehören immer verschiedene Daten zu einem Projekt. Die Video-, Bild- und Musikdateien sollten daher logisch auf der Festplatte angeordnet werden. Am sinnvollsten wäre es, alle relevanten Daten zu einem Projekt in einem Unterordner zu speichern, dann werden Sie die Daten besser finden und auch wieder löschen können. Alles, was in Pinnacle Studio später bearbeitet wird, wird nicht in Pinnacle Studio gespeichert, sondern von der Festplatte aus in das Pinnacle Studio-Projekt referenziert. Das heißt, dass Pinnacle Studio ständig Zugriff auf alle Dateien haben muss. Wenn Sie also einen Videoclip in Pinnacle Studio bearbeiten und diesen Clip später von der Festplatte löschen oder verschieben, ist auch das Projekt nicht mehr bearbeitbar. Der Film kann nicht mehr abgespielt werden. Es ist also enorm wichtig, die Datenstruktur vor dem Arbeiten mit Pinnacle Studio zu überdenken.

Ich empfehle Ihnen, eine präzise Ordnerstruktur für jedes Projekt anzulegen. Als Überordner für alle Projekte wäre ein Ordner namens *Projekte* oder *Pinnacle Studio* sinnvoll. In diesem Ordner wird für jedes Projekt ein neuer Unterordner erzeugt, in dem alle dazugehörigen Daten gespeichert werden. Das können Bilder, Videos, Musik usw. sein.

Erstellen Sie als Beispiel die oben erwähnte Verzeichnisstruktur, am besten auf einer anderen Festplatte bzw. Partition als C:, da dort keine Daten gespeichert werden sollen.

Anleitung für Windows XP

1. Öffnen Sie den Windows-Explorer mit einem Rechtsklick auf den *Start*-Knopf und wählen Sie *Explorer*.

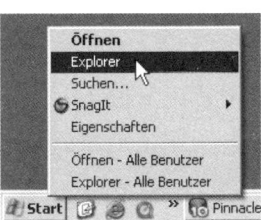

Abbildung 1.36:
Öffnen des Windows-Explorers

2. Klicken Sie einen Laufwerksbuchstaben an, unter dem Sie die Projekte speichern möchten, danach klicken Sie auf *Datei/Neu/Ordner*, um einen neuen Ordner zu erstellen.

Abbildung 1.37:
Neuer Ordner

3. Geben Sie dem neuen Ordner einen Namen, z.B. *Projekte*.

4. Doppelklicken Sie auf den soeben erstellten Ordner und erzeugen Sie, wie unter Schritt 2 beschrieben, einen neuen Unterordner für das erste Projekt.

5. Geben Sie dem neuen Ordner den Namen Ihres ersten Projekts.

Anleitung für Windows Vista

1. Lassen Sie sich die Festplatten des PCs anzeigen, indem Sie auf *Start* klicken und dann *Computer* auswählen.

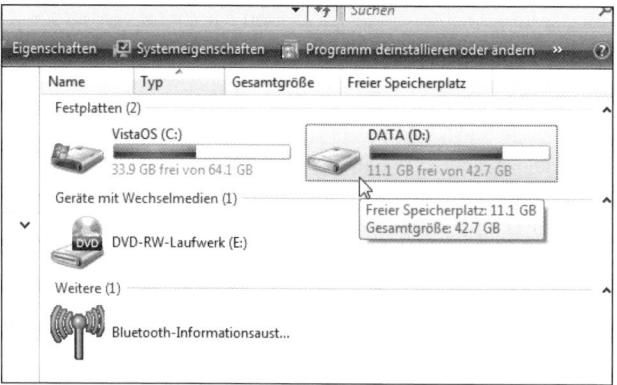

Abbildung 1.38: Doppelklicken Sie auf die Festplatte, auf der Sie das Projekt speichern möchten

2. Doppelklicken Sie auf die Festplatte oder Partition, auf der Sie das Projekt speichern möchten.

3. Klicken Sie mit der rechten Maustaste auf einen leeren Bereich und wählen Sie *Neu* und dann *Ordner*.

 *Abbildung 1.39:*
Neuer Ordner

4. Versehen Sie den soeben erstellten Ordner mit einem Namen, z.B. *Projekte*.

5. Erstellen Sie nun in diesem Ordner für jedes Projekt einen Unterordner und benennen Sie ihn nach dem zu erstellenden Projekt.

Für jedes neue Projekt sollten Sie einen neuen Unterordner in *Projekte* erstellen. Kopieren Sie alle relevanten Daten für das Projekt in diesen Unterordner. Sie können auch weitere Unterordner in diesem Projektordner erstellen, damit Sie einen besseren Überblick über Ihre Daten haben. Wenn Sie sich gleich von Anfang an an diese Ordnerstruktur gewöhnen, fällt es Ihnen leichter, die Daten wiederzufinden und später zu löschen, um Platz auf den Festplatten zu bekommen.

Projekt erstellen

Sobald Sie Pinnacle Studio gestartet haben, empfiehlt es sich, eigens ein neues Projekt zu erstellen, auch wenn in Pinnacle Studio im Prinzip ein neues leeres Projekt geöffnet wurde. So können Sie nämlich bereits jetzt selbst festlegen, wo die Projektdatei gespeichert wird. Ein Projekt ist die Umgebung, in der ein Film geschnitten wird. Alle Videoclips, Musikdateien, Photos usw. werden in das Projekt integriert (verknüpft bzw. refe-

renziert). Wenn Sie einen Videoclip in Pinnacle Studio bearbeiten und währenddessen auf der Festplatte löschen, so ist auch das Projekt nicht mehr brauchbar, da Pinnacle Studio lediglich die Referenz gespeichert hat. Seien Sie also vorsichtig, wenn Sie etwas auf der Festplatte löschen. Ebenfalls wird davon abgeraten, Daten auf einer Festplatte neu zu organisieren, während Sie mit Pinnacle Studio arbeiten.

Das erste Projekt

1. Wählen Sie aus dem Menü *Datei* und danach *Neues Projekt*. Pinnacle Studio erstellt ein neues leeres Projekt.

2. Speichern Sie das Projekt an einen bestimmten Ort, indem Sie aus dem Menü *Datei/ Projekt speichern* wählen.

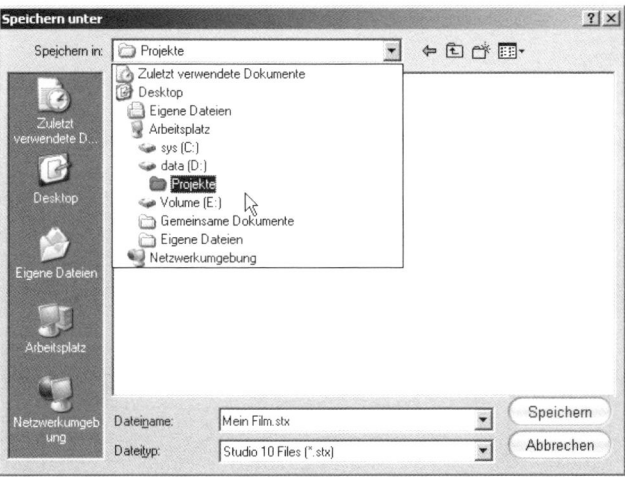

Abbildung 1.40: Der Dialog „Speichern unter" für Windows XP

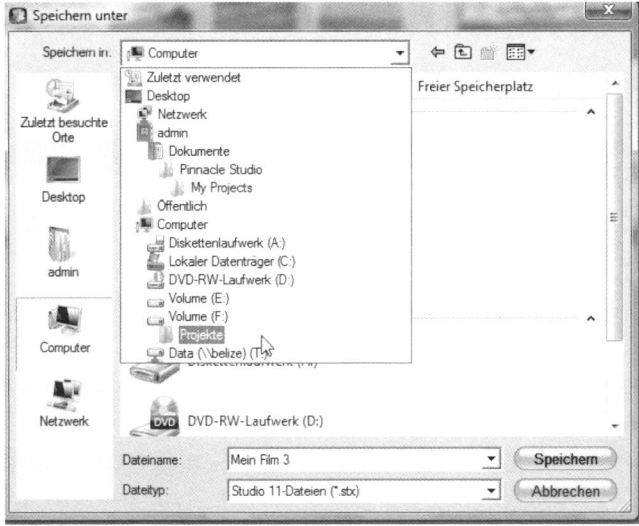

Abbildung 1.41: Der Dialog „Speichern unter" unter Windows Vista

3. Suchen Sie auf der Festplatte Ihren Projektordner und wählen Sie ihn als Speicherort für die Projekte aus.

4. Wählen Sie einen Namen für das Projekt und klicken Sie auf *Speichern*, um den Dialog zu schließen.

Achten Sie darauf, dass zu einem Projekt immer zwei Dinge gehören. Zum einen ist das eine Datei mit der Endung *STX*, zum anderen ein Ordner, der allerdings nicht geöffnet werden kann. Sie können das sehen, wenn Sie im Windows-Explorer den Inhalt des Projektordners anzeigen lassen. Da Pinnacle Studio 12 seit der Version 10 im Vergleich zu den Vorgängerversionen etwas anders arbeitet, wurden auch die Projekte anders aufgebaut. In diesem Ordner befinden sich alle projektrelevanten Daten für Pinnacle Studio 12, die vom Benutzer nicht verändert werden sollten.

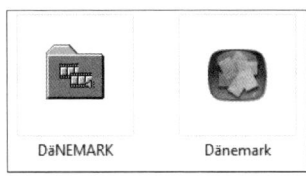

DäNEMARK   Dänemark

Abbildung 1.42:
Das erste Pinnacle Studio 12-Projekt auf der Festplatte betrachtet

Wenn Sie ein Projekt verschieben oder löschen möchten, so muss das immer gleichzeitig bei dem Ordner und der *STX*-Datei geschehen.

Versionen speichern

Wenn Sie große und komplexe Projekte bearbeiten, sollten Sie regelmäßig eine Version des Projekts abspeichern und eventuell auch auf einen anderen Datenträger sichern. Beim Speichern eines Projekts empfiehlt es sich, ebenfalls alle Clips (Video, Audio und Bilder) zu speichern, da das Projekt sonst nicht mehr verwendet werden kann. Wenn Sie sich an die oben beschriebene Projektverwaltung halten, können Sie einen ganzen Projektordner auf einen anderen Datenträger kopieren. So bleiben alle nötigen Daten zusammen.

Das Speichern von Versionen ist insofern nützlich, als Sie dann immer auf einen alten Stand Ihres Projekts zugreifen können.

So speichern Sie eine neue Version des Projekts ab:

1. Wählen Sie aus dem Menü *Datei* und danach *Projekt speichern als.*

2. In dem *Speichern*-Dialog wählen Sie einen Speicherort.

3. Wählen Sie einen neuen Namen für die zu speichernde Version, z.B. zuerst den Projektnamen und dann das Datum.

Projekt umbenennen

Wenn Sie ein Projekt nach dem Erstellen umbenennen möchten, so machen Sie das auf keinen Fall im Windows-Explorer, sondern (wie folgt) in Pinnacle Studio:

1. Öffnen Sie das Projekt, das umbenannt werden soll, mit *Datei/Projekt öffnen.*

2. Suchen Sie das Projekt auf der Festplatte und klicken Sie in dem Dialog auf *OK.*

3. Wählen Sie aus dem Menü *Datei/Projekt umbenennen*.

4. Geben Sie im Dialogfenster *Projekt umbenennen* in das Textfeld einen neuen Namen für das Projekt ein.

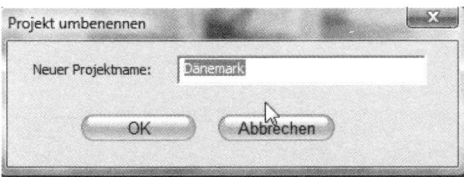

Abbildung 1.43: Projekt umbenennen

5. Klicken Sie auf *OK*, damit die Änderung übernommen wird.

Wichtige Einstellungen

Bevor Sie mit Pinnacle Studio zu arbeiten beginnen, empfiehlt es sich, einige Einstellungen vorzunehmen, damit bereits von Anfang an richtig und am richtigen Ort gearbeitet wird.

Temporäre Daten

Beim Bearbeiten von Video muss Pinnacle Studio ständig temporäre Daten auf der Festplatte speichern. Das können sehr große Datenmengen sein. Je nach Festplattenkonfiguration sollten Sie den Ort für diese Daten selbst bestimmen, um noch mehr Leistung aus Ihrem PC herauszuholen. Wie bereits im Abschnitt zur Festplattenkonfiguration beschrieben, könnten Sie ein eigenes Laufwerk nur für die temporären Daten verwenden. Das hätte den Vorteil, dass eine weitere Festplatte für die Arbeit mit Pinnacle Studio eingesetzt wird und somit noch mehr Leistung erzielt würde. Falls Sie den Speicherort für diese Daten nicht selbst definieren, werden diese auf dem Laufwerk C: abgespeichert, was nur selten sinnvoll ist.

Die Verwaltung der temporären Daten übernimmt Pinnacle Studio komplett, darum müssen Sie sich nicht kümmern. Alle temporären Daten werden darüber hinaus immer im gleichen Ordner gespeichert und nicht zusammen mit dem Projekt. Die temporären Dateien bzw. Render-Dateien können zu jeder Zeit auf der Festplatte gelöscht werden, ohne dass etwas vom Projekt verloren geht. Allerdings müssen sie neu gerechnet werden, falls der Film exportiert wird. Löschen Sie sie also erst, wenn Sie das Projekt komplett beendet und exportiert haben.

Wählen Sie den Speicherort für die Render-Dateien wie folgt:

1. Erstellen Sie auf der Festplatte einen neuen Ordner für die temporären Dateien bzw. Render-Dateien und nennen Sie ihn z.B. *Render*.

2. Wählen Sie aus dem Menü *Setup* die *Projekt-Voreinstellungen*.

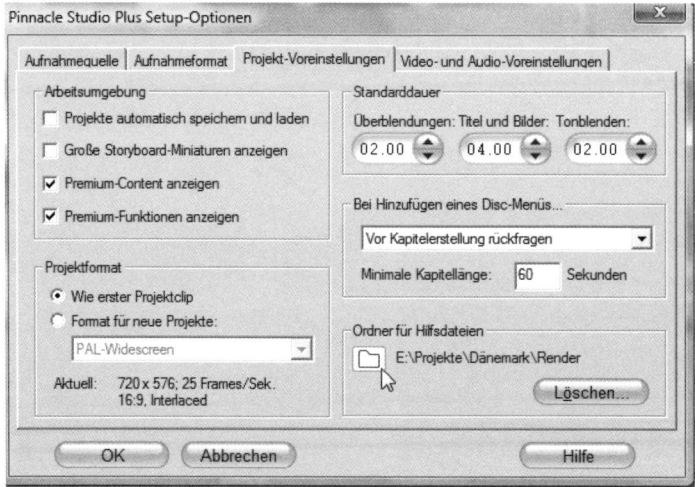

Abbildung 1.44: Projekt-Voreinstellungen

3. Klicken Sie unter *Ordner für Hilfsdateien* auf das kleine Ordnersymbol.

4. Wählen Sie aus der Liste den oben erstellten Ordner aus.

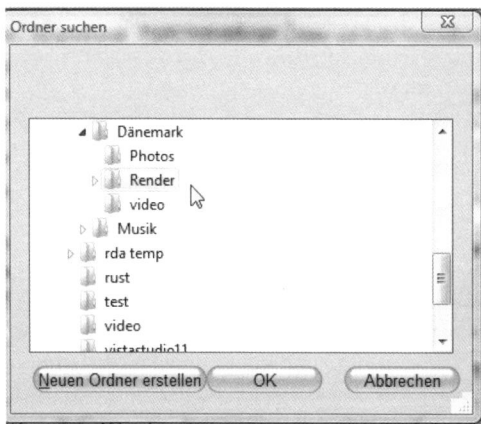

Abbildung 1.45: Ordner für temporäre Daten

5. Klicken Sie auf *OK*, um den Dialog zu beenden.

Projekt automatisch speichern

Eine wichtige Funktion von Pinnacle Studio 12 ist die *Instant-Save-Funktion*. Sie dient dazu, jeden Schritt in Pinnacle Studio automatisch zu speichern. So verlieren Sie nichts, auch wenn der PC einmal abstürzen sollte. Diese Funktion benötigt allerdings Ressourcen auf dem PC. Um sie zu aktivieren, gehen Sie wie folgt vor:

1. Wählen Sie aus dem Menü *Setup* die *Projekt-Voreinstellungen*.

2. Unter *Arbeitsumgebung* wählen Sie die Option *Projekte automatisch speichern und laden*.

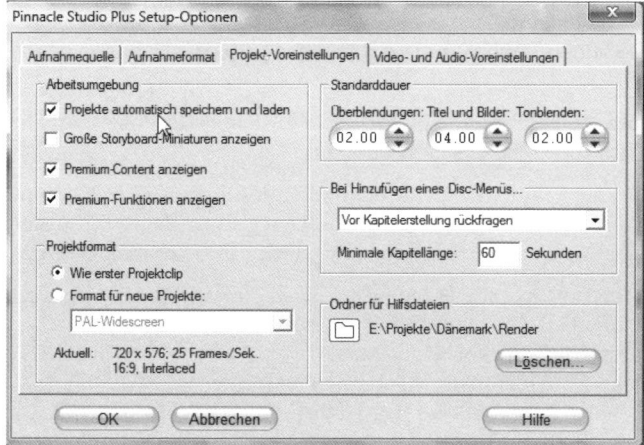

Abbildung 1.46: Projekte automatisch speichern und laden

3. Klicken Sie auf *OK*, um den Dialog zu beenden.

Premium-Content und Premium-Funktionen anzeigen

Premium-Content und Premium-Funktionen sind zusätzliche Pakete von Pinnacle Studio. Diese Pakete können Sie erst verwenden, nachdem Sie sie online über den Shop von Pinnacle Systems freigeschaltet haben. Wenn Sie diese Funktionen nicht erwerben möchten, können Sie sie ausschalten, sodass sie beim Arbeiten mit Pinnacle Studio nicht auftauchen. Um die Funktionen auszublenden, gehen Sie wie folgt vor:

1. Wählen Sie aus dem Menü *Setup* die *Projekt-Voreinstellungen*.

2. Entfernen Sie die beiden Häkchen bei *Premium-Content anzeigen* und *Premium-Funktionen anzeigen*.

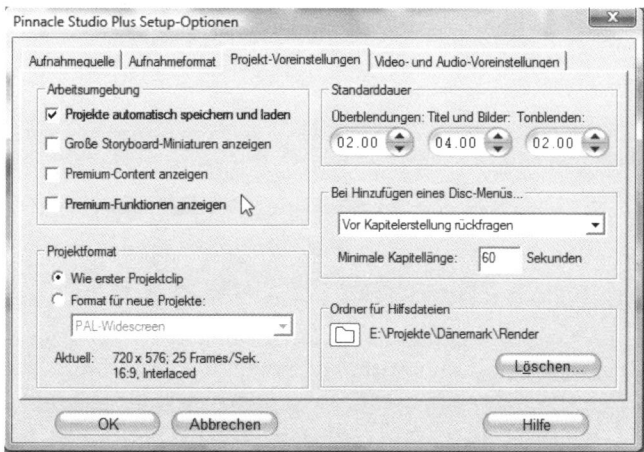

Abbildung 1.47: Premium-Content und Premium-Funktionen ausblenden

3. Schließen Sie das Fenster mit einem Klick auf *OK*.

Projektformat

In Pinnacle Studio 12 können Projekte in verschiedenen Videoauflösungen bearbeitet werden.

4:3 und 16:9 sind Seitenverhältnisse eines Videobildes. Die erste Zahl steht für die Breite und die zweite für die Höhe des Fernsehbildes.

Wählen Sie eine Projekteinstellung, wenn Sie ein definiertes Format verwenden möchten. Falls Sie nicht wissen, welche Einstellung Sie einsetzen müssen, wird die Einstellung automatisch vom ersten Clip übernommen, der in Pinnacle Studio bearbeitet wird.

Das Format sollte manuell angepasst werden, wenn Sie in Pinnacle Studio verschiedene Formate miteinander mischen möchten. Daher müssen Sie sich vor der Bearbeitung überlegen, welches Format der Film am Schluss haben wird. Wenn Sie z.B. in einen High-Definition-Film normales DV-Videomaterial integrieren möchten, wird das DV-Material viel schlechter oder kleiner dargestellt als das High-Definition-Videomaterial. Umgekehrt müsste das High-Definition-Videomaterial verkleinert oder abgeschnitten werden.

1. Wählen Sie aus dem Menü *Setup* die *Projekt-Voreinstellungen*.

2. Klicken Sie auf *Format für neue Projekte*.

3. Wählen Sie nun aus der Liste das gewünschte Format aus.

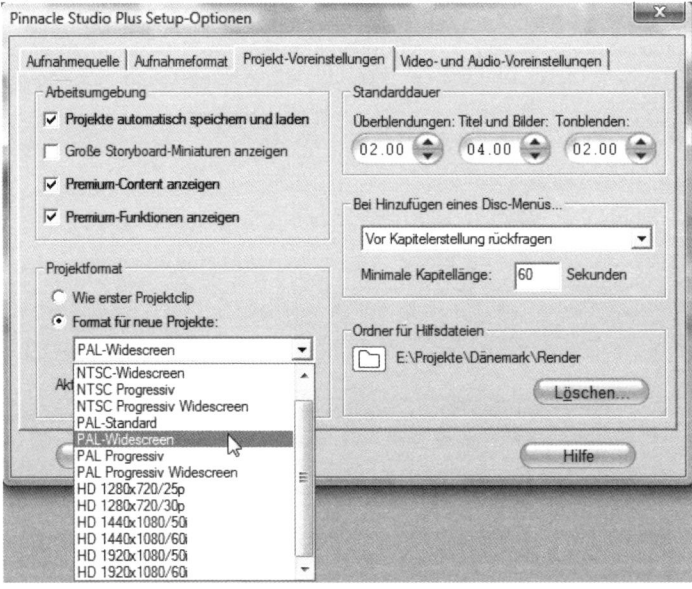

Abbildung 1.48: Projektformat für die Timeline

4. Schließen Sie den Dialog mit einem Klick auf *OK*.

Standarddauer für Übergänge, Titel und Bilder

Beim Einfügen eines Titels, Übergangseffekts oder Standbildes wird von Pinnacle Studio eine vordefinierte Länge verwendet. Wenn Sie bereits vor dem Einfügen wissen, wie lange ein Standbild später angezeigt werden soll, können Sie das vorher definieren. Die

Länge eines einzelnen Bildes kann jederzeit nachträglich auf der Timeline angepasst werden. Diese Funktion dient lediglich dazu, dass alle neu in die Timeline eingefügten Elemente eine bestimmte Länge haben.

Wenn Sie also eine lange Diaschau mit vielen Bildern erstellen möchten, definieren Sie die Standardlänge der Bilder vor dem Einfügen in die Timeline. Die Länge der Bilder, die bereits auf der Timeline sind, werden mit dieser Einstellung nicht verändert.

Verändern Sie die Voreinstellung wie folgt:

1. Wählen Sie aus dem Menü *Setup/Projekt-Voreinstellungen*.

2. Unter *Standarddauer* verändern Sie die Werte durch Klicken auf die Pfeile nach oben und unten oder geben mit der Tastatur einen anderen Wert ein.

3. Schließen Sie den Dialog mit einem Klick auf *OK*.

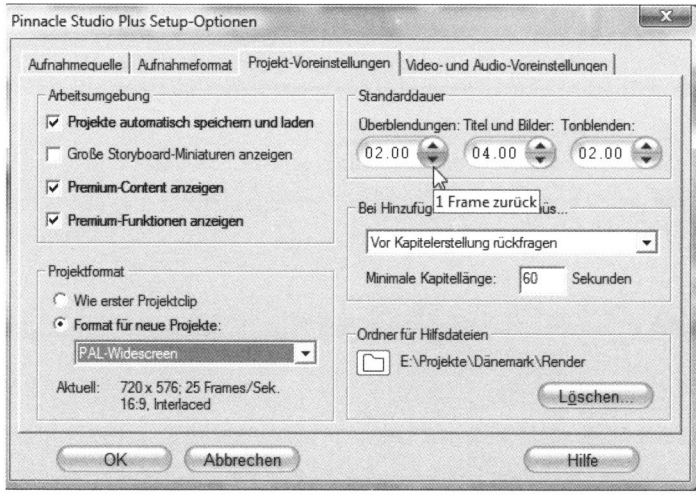

Abbildung 1.49: Anpassen der Standarddauer für Titel, Bilder und Standbilder

Videovorschau

Beim Bearbeiten von Videos ist es sehr praktisch, das Videobild auf einem externen Gerät oder einem zweiten Monitor zu betrachten. So können Sie bereits während der Bearbeitung sehen, wie das Ganze später aussehen wird. Je nachdem, über welche Hardware Sie verfügen oder ob Sie einen zweiten Monitor angeschlossen haben, sieht diese Einstellung etwas anders aus. Für das Arbeiten an einem Laptop kann der zweite Videoausgang auf einen Computermonitor umgeleitet werden, um das Videobild darauf in der Vorschau zu sehen. Allerdings muss der PC diese Funktion unterstützen.

Um die Videovorschau einzustellen, gehen Sie wie folgt vor:

1. Wählen Sie im Menü *Setup* die *Video- und Audio-Voreinstellungen.*

2. Wählen Sie die Option *Vorschau mit voller Auflösung,* wenn Sie sie so anzeigen möchten.

3. Unter *Vollbild* wählen Sie *Ausgabe auf zweiten VGA-Bildschirm*, falls Sie einen angeschlossen haben, oder wählen Sie unter *Extern* die angeschlossene Hardware aus.

4. Schließen Sie das Fenster mit einem Klick auf *OK*.

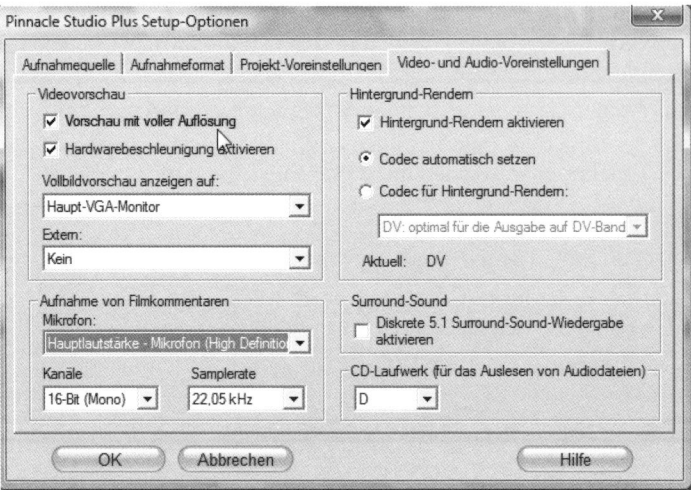

Abbildung 1.50: Einstellungen der Videovorschau

5. Um die Vorschau zu aktivieren, wechseln Sie zu Schritt *2 Bearbeiten*.

6. Klicken Sie auf den Vorschauknopf über dem Vorschaufenster, um die Vorschau anzuzeigen.

Abbildung 1.51: Vorschau aktivieren

Die Vorschau ist erst möglich, wenn mindestens ein Clip auf der Timeline liegt. Um die Vorschau zu beenden, klicken Sie auf [Esc].

Wenn Sie mit HDV-Videomaterial arbeiten und einen entsprechend großen Monitor angeschlossen haben, können Sie gleich die Qualität am Bildschirm betrachten.

Hintergrund-Rendering

Das Berechnen der Effekte und Übergänge in Pinnacle Studio ist abhängig von Ihrer Grafikkarte. Wenn diese von Pinnacle Studio unterstützt wird und über genügend Speicher verfügt, werden die Effekte während des Abspielens berechnet und angezeigt. Das wird Echtzeit-Rendering genannt, da die Effekte zuvor nicht speziell berechnet werden müssen. Wenn nun die Grafikkarte oder das PC-System nicht über die nötigen Hardwarevoraussetzungen bzw. die Mindestanforderungen verfügt, müssen Effekte zuerst geren-

dert und als neue Videoclips auf der Festplatte gespeichert werden. Erst dann ist es möglich, diese ruckelfrei anzuzeigen. Sie können selbst testen, ob Ihr PC über genügend Leistung verfügt, indem Sie zwei Clips auf die Timeline legen und dazwischen einen Übergangseffekt einfügen. Während des Abspielens des Films sollte er nun ruckelfrei angezeigt werden. Wenn das nicht der Fall ist, sollten Sie das Hintergrund-Rendering einschalten, damit alle Effekte sofort berechnet werden. Diese Berechnung geschieht, wie der Name schon sagt, im Hintergrund und Sie können dabei weiterarbeiten.

Um das Hintergrund-Rendering einzuschalten, gehen Sie wie folgt vor:

1. Wählen Sie im Menü *Setup/Video- und Audio-Voreinstellungen*.

Abbildung 1.52: Einstellung für das Hintergrund-Rendering

2. Wählen Sie unter *Hintergrund-Rendern* die Option *Hintergrund-Rendern aktivieren*.

3. Schließen Sie den Dialog mit einem Klick auf *OK*.

Die gerenderten Dateien werden in einem speziellen Format wie das Video auf der Timeline gespeichert. Im Beispiel wird DV-Videomaterial eingesetzt, das wiederum als DV gerechnet wird. Sie können den Codec auch manuell setzen, was aber dazu führen kann, dass die gerechneten Videos in schlechterer Qualität gespeichert werden als der Originalfilm.

Surround-Sound-Wiedergabe

Wenn Sie in Ihrem Film Surround-Sound bearbeiten und diesen während des Bearbeitens hören möchten, müssen Sie über ein angeschlossenes Surround-Sound-System mit 6 Lautsprechern verfügen. Die Lautsprecher müssen an einer Surround-Sound-fähigen Soundkarte angeschlossen werden. Diese Einstellung hat nichts damit zu tun, ob das Audio im Film auf Surround-Sound abgemischt wird oder nicht, es geht hier lediglich um das Mithören beim Bearbeiten.

Um diese Option einzustellen, gehen Sie wie folgt vor:

1. Wählen Sie im Menü *Setup/Video- und Audio-Voreinstellungen*.

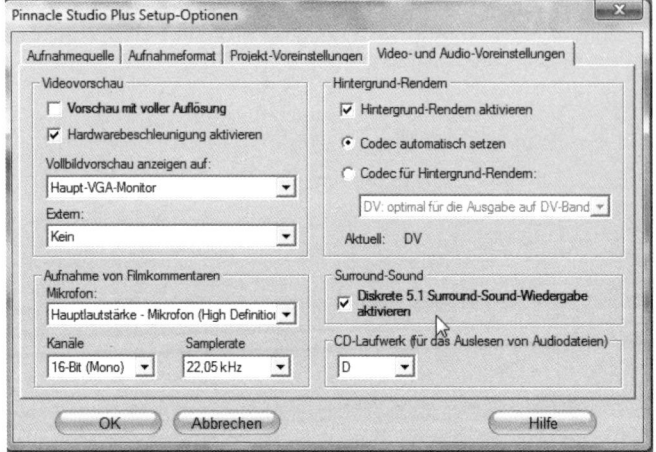

Abbildung 1.53: Surround-Sound-Wiedergabe aktivieren

2. Klicken Sie unter *Surround-Sound* die Option *Diskrete 5.1 Surround-Sound-Wiedergabe aktivieren* an.

3. Klicken Sie auf *OK*, um den Dialog zu beenden.

Musik von CD auslesen

Sie können in Pinnacle Studio Musik direkt von einer Audio-CD in das Projekt kopieren. Dazu müssen Sie unter Umständen in Pinnacle Studio zuerst einstellen, von welchem Laufwerk das geschehen soll. Diese Einstellung ist wichtig, falls Sie über mehrere CD- oder DVD-Laufwerke verfügen. Gehen Sie dazu wie folgt vor:

1. Wählen Sie im Menü *Setup/Video- und Audio-Voreinstellungen*.

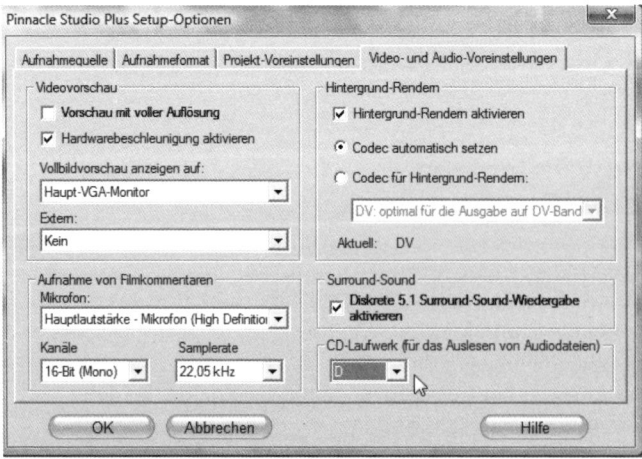

Abbildung 1.54: CD-Laufwerk einstellen

2. Unter *CD-Laufwerk (für das Auslesen von Audiodateien)* wählen Sie aus der Dropdown-Liste das gewünschte CD-Laufwerk aus.

3. Schließen Sie den Dialog mit einem Klick auf *OK*.

Wenn Sie in Pinnacle Studio später eine CD einlesen möchten, müssen Sie diese in das gewählte Laufwerk einlegen.

Mikrofoneinstellungen

Für das Nachvertonen von Filmen müssen Sie ein Mikrofon an die Soundkarte Ihres PCs anschließen. Falls Sie über verschiedene Anschlüsse verfügen, muss in Pinnacle Studio angegeben werden, an welchem Anschluss das Mikrofon ist. Wenn Sie nicht wissen, welcher Anschluss das ist, sollten Sie das Handbuch der Soundkarte oder Ihres PCs zu Hilfe nehmen. Die Anschlüsse der Soundkarte sind farbig codiert: grün für Lautsprecherausgabe, blau für Line-In und pink für Mikrofonanschluss.

Für die Einstellung in Pinnacle Studio gehen Sie wie folgt vor:

1. Wählen Sie im Menü *Setup/Video- und Audio-Voreinstellungen*.

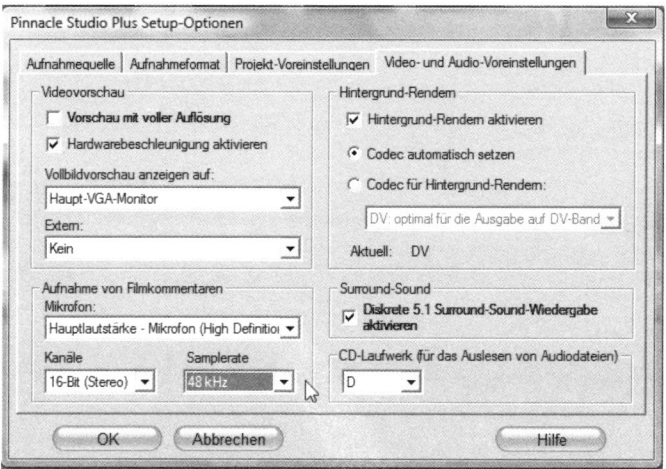

Abbildung 1.55: Mikrofoneinstellungen

2. Wählen Sie aus der Liste unter *Mikrofon* den richtigen Eingang.

3. Schließen Sie den Dialog mit einem Klick auf *OK*.

Erweiterungen mit Premium-Content

Pinnacle Studio 12 wird mit vielen Übergängen, Effekten und Funktionen ausgeliefert, die Ihnen gleich zur Verfügung stehen. Dieser bereits bestehende Funktionsumfang kann noch erweitert werden. Die zusätzlichen Erweiterungen sind kostenpflichtig und können online freigeschaltet werden. Sie werden Premium-Content genannt. Einige dieser Zusatzfunktionen sind bereits in Pinnacle Studio integriert, haben aber ein Wasserzeichen im Bild und müssen vor dem Anwenden freigeschaltet werden.

Um diesen Funktionsumfang auf einem PC, der am Internet angeschlossen ist, zu erweitern, gehen Sie wie folgt vor:

1. Klicken Sie auf das Symbol *Schatzkiste* in Pinnacle Studio, um zum Onlineshop von Pinnacle zu gelangen. Das Schatzkistensymbol erscheint automatisch immer dann, wenn Sie Effekte und Funktionen erwerben können, oder es ist oben rechts in Studio zu sehen.

Abbildung 1.56:
Das Schatzkistensymbol erscheint dann, wenn Sie Effekte und
Funktionen freischalten können

2. Wenn der PC am Internet angeschlossen ist, gelangen Sie auf eine Internetseite, von der Sie die Effekte und Plug-Ins freischalten können.

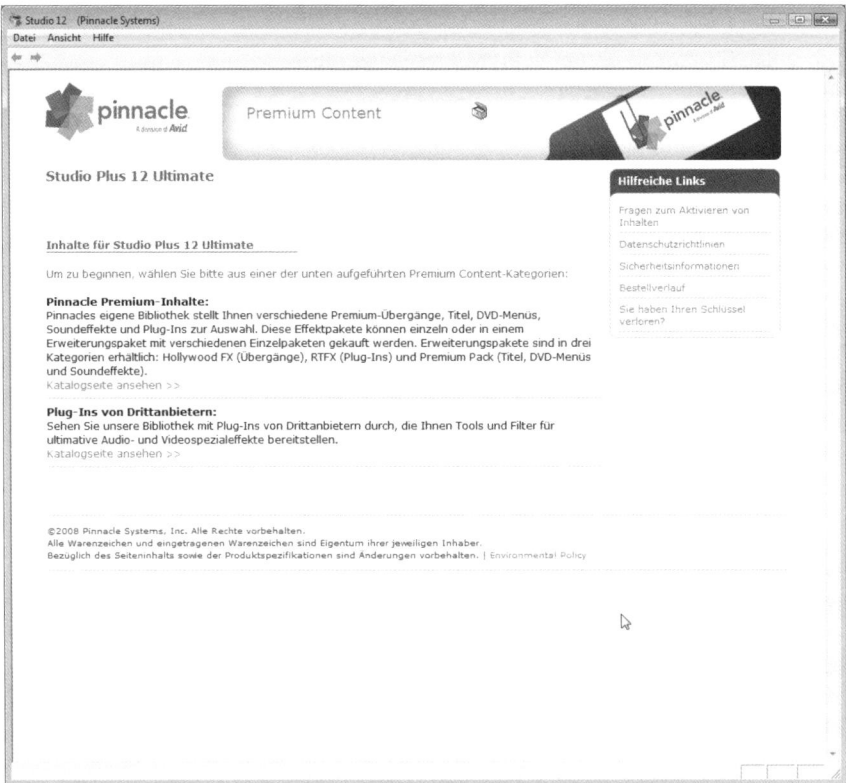

Abbildung 1.57: Internetseite für das Auswählen der Effekte und Plug-Ins

3. Wählen Sie die Effekte, die Sie kaufen und freischalten möchten, folgen Sie den Bildschirmanweisungen und geben Sie die geforderten Informationen ein. Für den Erwerb dieser Effekte ist eine Kreditkarte notwendig.

Falls Sie keine direkte Internetverbindung besitzen, können Sie die Effekte unter folgender Internetadresse freischalten lassen:

http://unlock.pinnaclesys.com

Geben Sie nun die gewünschten Angaben zu Ihrem Produkt ein. Die Seriennummer und den Passport können Sie sich in Studio unter *Hilfe* und dann *Passport anzeigen* anzeigen

lassen. Sobald Sie die Codes erworben haben, müssen Sie diese in Studio eingeben, damit die Funktionen freigeschaltet werden. Klicken Sie dazu unter *Hilfe* auf *Aktivierungscodes eingeben*.

Abbildung 1.58:
Geben Sie hier die erworbenen Codes ein,
um die Funktionen zu aktivieren

Es kann durchaus vorkommen, dass Sie Windows auf Ihrem PC neu installieren müssen. Danach müssen Sie natürlich auch Pinnacle Studio neu installieren. Nur bekommen Sie dabei leider einen neuen Passport und alle bereits erworbenen Effekte und Funktionen lassen sich nicht mehr aktivieren. Sie müssen also auf der Internetseite von Pinnacle Ihre Daten neu generieren lassen. Gehen Sie dazu auf folgende Internetseite: Achtung

http://unlock.pinnaclesys.com/premiumcontent/regenerate_keys.aspx?Langue_ID= 4&loc=lMen1810

Die Internetseite wird geöffnet und jetzt können Sie die nötigen Daten eingeben.

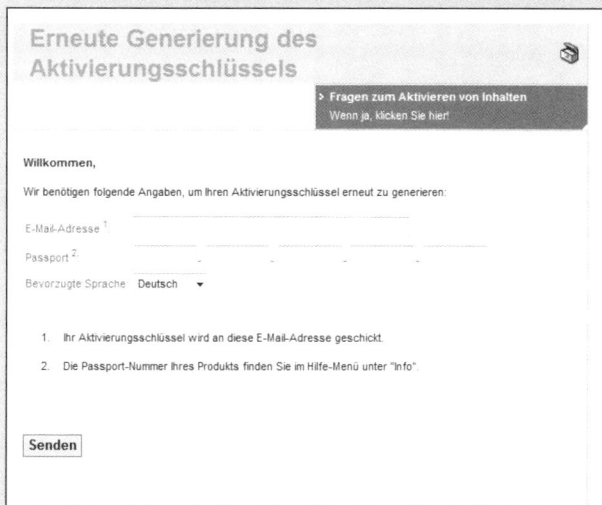

Abbildung 1.59: Geben Sie hier alle Informationen ein, um neue Aktivierungscodes zu generieren

Die neuen Codes werden Ihnen per E-Mail zugesandt.

2

Video aufnehmen

Beginnen Sie mit dem Aufnehmen des Videomaterials bzw. dem Überspielen Ihrer Bänder auf den PC. Grundsätzlich wird zwischen dem Aufnehmen von digitalem (DV, Digital 8) und analogem (VHS, S-VHS, Video-8 usw.) Videomaterial unterschieden. Aufnehmen bedeutet, dass die Videosequenzen in Echtzeit, d.h. in normaler Abspielgeschwindigkeit, von einem Videoband auf den PC überspielt werden. Befinden sich die Dateien bereits auf der Festplatte, z.B. einer Harddisk, Chip oder auf einem anderen Datenträger, können Sie diesen Schritt überspringen.

Aufnahmemodus – digital und analog

Der Aufnahmemodus für digitale und analoge Quellen sieht unterschiedlich aus. Die digitalen Kameras werden meistens über FireWire angeschlossen und können direkt aus Pinnacle Studio gesteuert werden. Das heißt, dass Sie die Kamera an den PC anschließen und danach nicht mehr berühren müssen, außer Sie wechseln das Band. Damit Ihre Kamera gesteuert werden kann, sieht Pinnacle Studio im digitalen Aufnahmemodus anders aus. Dabei wird Ihnen beim Arbeiten im digitalen Aufnahmemodus im unteren Bereich ein stilisierter DV-Camcorder gezeigt.

Bei analogen Quellen können Sie die Kamera oder den VHS-Recorder über ein Video-Cinchkabel (alternativ über ein Super-VHS-Kabel) und zwei Audio-Cinchkabel verbinden. Diese Geräte können vom PC nicht gesteuert werden, darum finden Sie auch keine Steuerungselemente. Arbeiten Sie im analogen Aufnahmemodus, wird Ihnen eine Bedienoberfläche mit Reglern im unteren Bereich auf der Registerkarte *Aufnahme* angezeigt.

Der analoge Aufnahmemodus kann nur angezeigt und gewählt werden, wenn ein analoges Gerät am PC angeschlossen und richtig konfiguriert ist. Wenn Sie analoges Videomaterial aufnehmen möchten, schließen Sie immer zuerst die analogen Geräte an. Weiteres zu den beiden Aufnahmemodi lesen Sie im Verlauf dieses Kapitels.

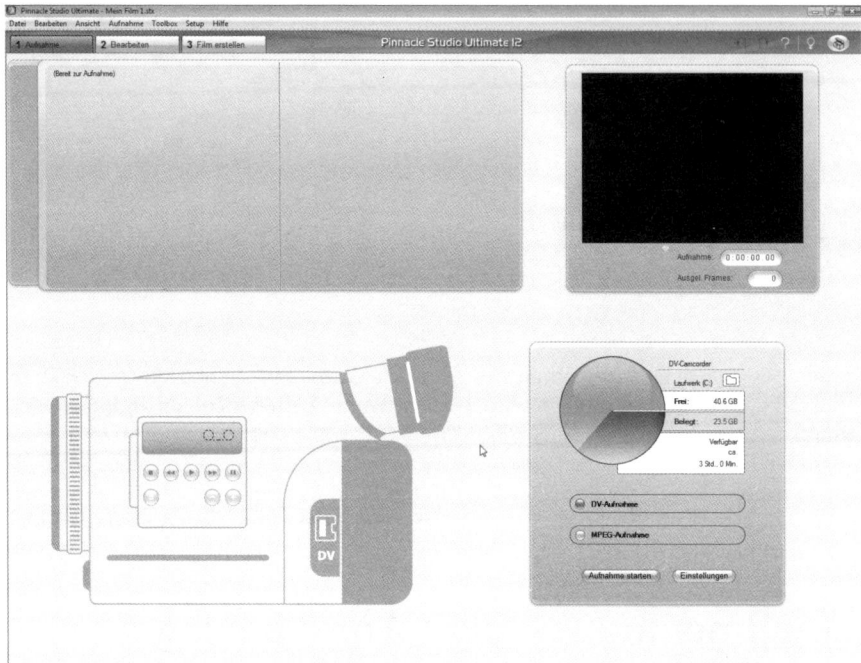

Abbildung 2.1: Die Bedienoberfläche des digitalen Aufnahmemodus

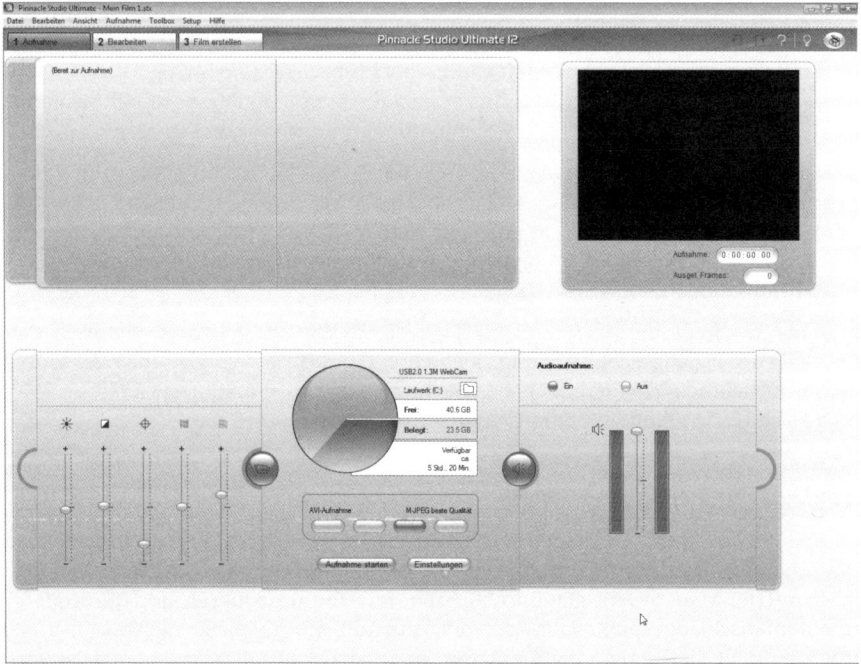

Abbildung 2.2: Die Bedienoberfläche des analogen Aufnahmemodus

Album

In beiden Aufnahmemodi finden Sie auf der Registerkarte *Aufnahme* im oberen Bereich das Album auf der linken Seite und das Vorschaufenster auf der rechten Seite.

Das Album ist zurzeit leer und wird sich später mit Ihren Filmszenen füllen.

Die einzelnen gefilmten Szenen können von Pinnacle Studio automatisch erkannt wer-den. Dabei stellt Pinnacle Studio auch fest, wann Sie beim Filmen die Kamera ein- und wieder ausgeschaltet haben. Je nachdem, ob es sich um analoge oder digitale Auf-nahmen handelt, wird die sogenannte *Szenenerkennung* anders durchgeführt. Die ein-zelnen Szenen können dann direkt in Ihren Film integriert und geschnitten werden.

Hinweis

Im Menü *Setup* unter *Aufnahmequelle* kann die Art und Weise, wie die Szenenerken-nung durchgeführt werden soll, verändert werden. Mehr dazu lesen Sie in *Kapitel „Sze-nenerkennung ändern"*.

Eine Szenenerkennung aus dem Beispielvideo *Dänemark* wird nach dem Einlesen wie in der folgenden Abbildung im Album angezeigt.

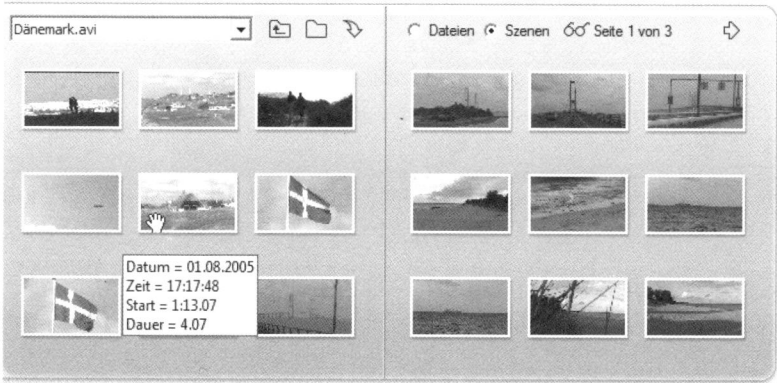

Abbildung 2.3: Szenenerkennung des Beispielvideos „Dänemark" im Album

Das Album kann mehrere Seiten umfassen, wobei alle Videosequenzen bzw. Szenen angezeigt werden. Dabei können Sie über das Pfeilsymbol in der rechten oberen Ecke des Albums weiterblättern.

Abbildung 2.4:
Angabe der Seitenzahl in einem Album, wenn das Video mehr Szenen enthält,
als Platz auf der ersten Seite vorhanden ist

Im Vorschaufenster rechts neben dem Album sehen Sie, was gerade von der Kamera oder dem Videorecorder abgespielt bzw. aufgenommen wird. Genauso können Sie sich im Vorschaufenster Szenen aus dem Album ansehen, dazu müssen Sie nur einen Dop-pelklick mit der Maus auf die gewünschte Szene im Album ausführen, und die Sequenz wird automatisch abgespielt. Falls das Vorschaubild beim Abspielen nicht sichtbar ist, wurde eventuell die Kamera nicht erkannt, das Signal kommt nicht an oder die Vor-schau wurde in den Einstellungen nicht aktiviert.

Um die Vorschau in Pinnacle Studio zu aktivieren, gehen Sie wie folgt vor:

1. Klicken Sie im Menü auf *Setup/Aufnahmequelle* oder auf den Knopf *Einstellungen* im Aufnahmemodus.

2. Auf der Registerkarte *Aufnahmequelle* wählen Sie im Bereich *Aufnahmegeräte* die Option *Aufnahmevorschau*, indem Sie den Markierungshaken setzen.

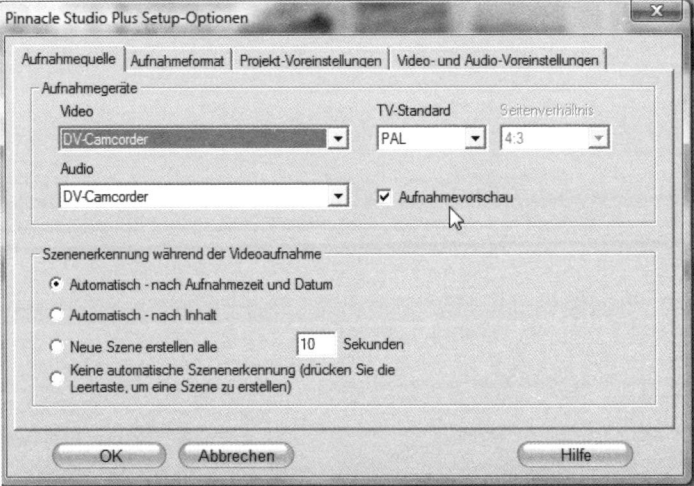

Abbildung 2.5: Die Einstellung der Videovorschau

Falls Sie das Videobild immer noch nicht sehen können und das Abspielgerät läuft, überprüfen Sie alle Kabel, Geräte und Einstellungen.

Sobald Sie später die Aufnahme gestartet haben, wird Ihnen unterhalb des Vorschaumonitors unter *Aufnahme* angezeigt, wie viele Minuten Video Sie bereits auf den PC überspielt haben. Die Aufnahmedauer wird Ihnen in folgendem Format angezeigt: Stunden:Minuten:Sekunden:Bilder. Für 1 Stunde, 10 Minuten, 15 Sekunden und 3 Bilder wäre dies *01:10:15:03*. Diese Angabe wird im Timecode-Format angezeigt.

Bei den ausgelassenen Frames handelt es sich um einzelne Bilder, die während der Aufnahme verloren gingen bzw. nicht auf den PC überspielt werden konnten. Das kommt dann vor, wenn Ihr PC an seine Leistungsgrenzen stößt oder eine Festplatte mit dem Speichern nicht mehr nachkommt. Hier hilft nur ein Optimieren des PCs.

Der Diskometer

Eine weitere Komponente, die Sie auf der Registerkarte *Aufnahme* finden, ist der Diskometer. Dieser zeigt Ihnen an, welches Laufwerk als Ziel für die Videodaten gewählt wurde und wie viel Platz darauf zur Verfügung steht. Der hellblaue Bereich zeigt an, wie viel freier Speicherplatz auf der gewählten Festplatte noch vorhanden ist, und der graue Bereich, wie viel bereits mit Daten belegt ist. Haben Sie sich für die Aufnahme von DV-Material entschieden, können Sie zwischen den Optionen *DV-Aufnahme* und *MPEG-Aufnahme* wählen. Dazu klicken Sie den gewünschten Eintrag mit der Maus an und aktivieren ihn, wenn die Schaltfläche davor grün angezeigt wird.

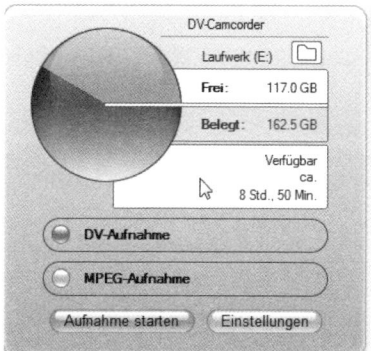

Abbildung 2.6: Der freie und belegte Festplattenplatz wird im Diskometer angezeigt, ebenso die verfügbare Aufnahmedauer des gewählten Videoformats

Der Diskometer unterscheidet sich im Aussehen, je nachdem, ob Sie digitales oder analoges Video aufnehmen möchten: Für analoges Videomaterial können Sie festlegen, mit welcher Qualität das Video in den PC überspielt werden soll. Je besser die Qualität des aufgenommenen Videos sein soll, umso mehr Speicherplatz wird auf der Festplatte benötigt. Pinnacle Studio errechnet automatisch, wie viel Videomaterial es sein wird, und gibt die verfügbare Länge in Minuten an.

Abbildung 2.7: Das Aussehen des Diskometers für analoges Video

Speicherort für Videodaten

Bevor Sie eine Aufnahme beginnen, sollten Sie die Festplatte im PC und den Speicherort für die Videodateien wählen. Wie bereits im Abschnitt zur Computerkonfiguration beschrieben, ist es sinnvoll, für die Videodaten eine eigene Festplatte zu benutzen. Sie sollten hier also diese Festplatte auswählen und, wenn möglich, die beschriebene Projektstrukturierung beibehalten. Speichern Sie die Videoclips in einen Unterordner des aktuellen Projekts, damit sie schneller auffindbar sind.

Alle Videoclips, die von der Kamera auf den PC übertragen werden, können später in verschiedenen Projekten benutzt werden. Entscheiden Sie selbst, wie Sie die Daten auf der Festplatte organisieren möchten, wenn das der Fall ist. Achten Sie unbedingt darauf, wie Sie die Videodateien benennen und wo sie abgespeichert sind, damit Sie stets den Überblick behalten und alte Projekte einfach und schnell löschen können.

Achtung Es ist wichtig, dass Sie sich bewusst sind, wohin die Videodateien gespeichert werden, damit Sie die Dateien einerseits wiederfinden und andererseits nicht auf eine falsche Festplatte aufnehmen.

Wenn Sie die Videodateien auf eine externe Festplatte aufnehmen möchten, so sollten Sie vorher wissen, welcher Laufwerksbuchstabe dieser Festplatte zugewiesen wurde. Wählen Sie in Pinnacle Studio diese Festplatte aus, wie weiter unten beschrieben.

Definieren Sie nun den Speicherort für alle folgenden Videoaufnahmen des Beispielprojekts.

1. Klicken Sie mit der Maus auf das Ordnersymbol.

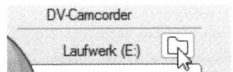

Abbildung 2.8:
Symbol für das Öffnen des „Speichern"-Dialogs

2. Wählen Sie den Speicherort für den Videoclip, indem Sie den entsprechenden Ordner auf der Festplatte suchen.

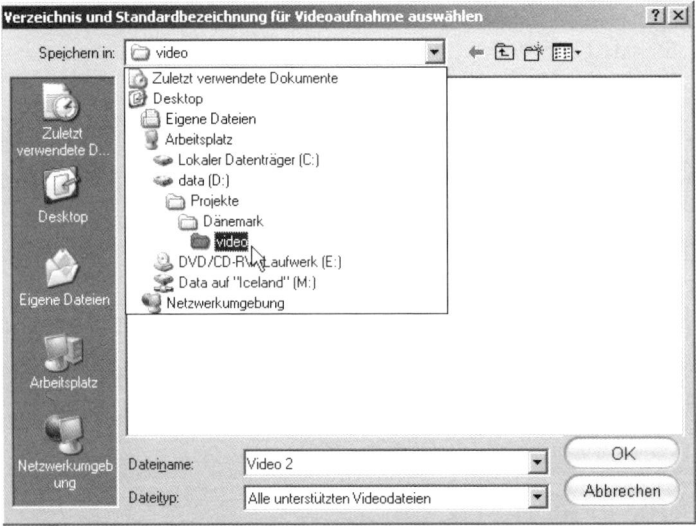

Abbildung 2.9: Den Speicherort wählen in Windows XP

3. Klicken Sie auf den Ordner auf der Festplatte, in dem die Videodaten gespeichert werden sollen. Im Beispiel ist dies der Ordner *E:\Projekte\Dänemark\Video*.

4. Geben Sie im Speichern-Dialog unter *Dateiname* einen Namen für die aufzunehmende Videosequenz ein.

5. Klicken Sie auf *OK*, um den Dialog zu beenden.

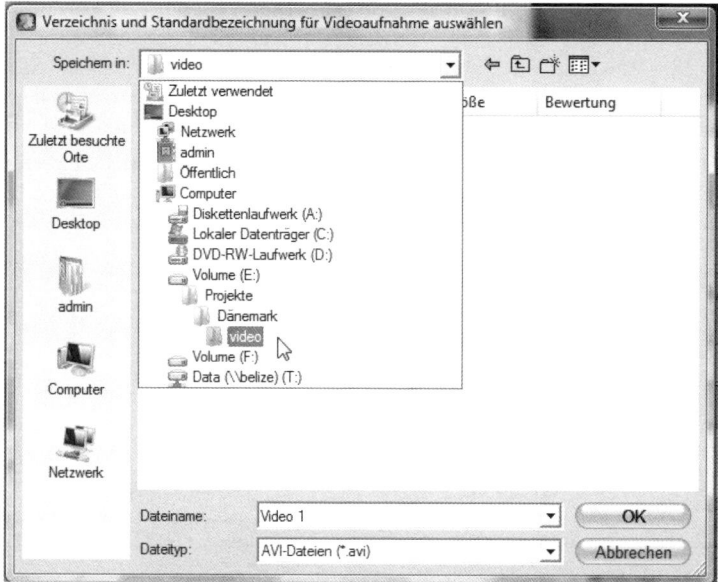

Abbildung 2.10: Den Speicherort wählen in Windows Vista

Falls Sie hier eine Festplatte zum ersten Mal auswählen, wird Pinnacle Studio deren Geschwindigkeit testen und angeben, ob eine Aufnahme möglich ist oder nicht. Wenn sie zu langsam ist, müssen Sie eine andere Festplatte wählen.

Pinnacle Studio passt gegebenenfalls den Diskometer an, falls Sie eine andere Festplatte auswählen, und zeigt Ihnen den freien und belegten Speicherplatz an.

Digitale Aufnahme

Eine digitale Aufnahme ist von Geräten möglich, die das Video digital aufgezeichnet haben und über FireWire an den PC angeschlossen werden. Ein digitales Gerät kann eine Videokamera, aber auch ein digitales Abspielgerät wie ein DV-Recorder sein.

FireWire

Abbildung 2.11:
Ein FireWire-Kabel mit kleinem
und großem Stecker

FireWire ist eine Schnittstelle für die Übertragung von Daten auf einen PC, sei dies von einer digitalen Videokamera oder einer externen Festplatte. FireWire wird auch *i.Link*, *DV* oder *IEEE 1394* genannt. Die Übertragungsrate von FireWire liegt bei 400 Mbit/s. Eine schnellere Datenübertragung kann mit FireWire 800 erreicht werden. Dabei liegt die Übertragungsrate bei 800 Mbit/s. Noch schnellere Übertragungen sind in Entwicklung.

Beim Übertragen von Videos über ein FireWire-Kabel werden verschiedene Informationen übertragen. Zum einen ist dies das Video und Audio, aber auch der Timecode mit sogenannten *Metainformationen*, Aufnahmezeit und Einstellungen an der Kamera.

Videobild	720 x 576 Pixel für DV-PAL
	1024 x 576 Pixel für DV Widescreen
	1280 x 720 Pixel für HDV 720 25p
	1440 x 720 Pixel für HDV 1080 50i
Originalton	(Audio) mit 16 Bit 48 kHz
Timecode	Zeitinformationen auf dem Band
Metainformationen	Metainformationen sind unter anderem die Aufnahmezeit der Videoaufnahmen

Tabelle 2.1: Informationen, die mit dem FireWire-Kabel zum PC transferiert werden

Der Vorteil liegt klar auf der Hand, da sämtliche Daten durch ein Kabel laufen.

FireWire-Geräte können sogar hintereinandergeschaltet werden, falls Sie nur einen Anschluss am PC haben. Externe Festplatten haben oft zwei FireWire-Anschlüsse. Jeder FireWire-Anschluss ist als Ein- und Ausgang nutzbar.

Alle FireWire-Geräte können während des Betriebs an ein PC-System angeschlossen werden. Windows XP erkennt diese Geräte und meldet den Anschluss mit einem Informationsfenster; es werden keine zusätzlichen Treiber benötigt.

Abbildung 2.12:
Eine DV-Kamera wird von Windows XP
automatisch erkannt

Abbildung 2.13:
Auch Windows Vista erkennt eine
DV-Kamera automatisch

Steuerung bei DV-Camcorder

Wenn eine DV-Kamera korrekt am PC angeschlossen ist, sind die Steuerungstasten an der virtuellen Kamera sichtbar.

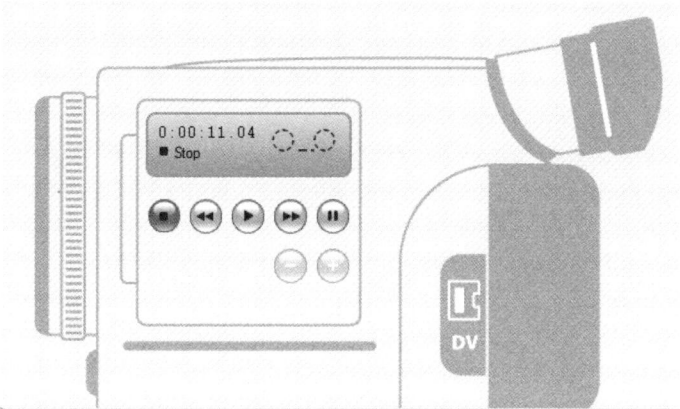

Abbildung 2.14: Wenn die Kamera korrekt angeschlossen ist, sind die Steuerungstasten aktiv

Sie können nun die Kamera über das Tastenfeld am Bildschirm mit der Maus steuern, ohne sie in die Hand nehmen zu müssen. Klicken Sie mit der Maus auf die entsprechenden Tasten auf der Steuerkonsole am Bildschirm.

Mit dem *Plus-* und *Minuszeichen* können Sie ein Bild vor- bzw. zurückspulen. Damit diese beiden Knöpfe wählbar sind, muss die Kamera auf *Pause* stehen.

Aufnahmequalität

Sie können bei der Aufnahme zwischen zwei Qualitätsstandards auswählen, DV- und MPEG-Qualität. Eine ausführliche Beschreibung der Formate lesen Sie in *Kapitel „Videoformate"*.

DV-Aufnahme

Eine Aufnahme in DV-Qualität heißt, dass die Videodaten von einem digitalen Camcorder über das FireWire-Kabel auf den PC übertragen werden, und zwar ohne Qualitätsverlust. Dabei entstehen auf der Festplatte sehr große Datenmengen, trotzdem sollten Sie Videos möglichst immer in voller Qualität aufnehmen und bearbeiten. Erst wenn dann der Film komplett fertig geschnitten ist, kann er komprimiert werden, z.B. für die Verwendung auf einer DVD. So können Sie die beste Qualität Ihres Films erreichen.

Für eine Aufnahme in DV-Qualität benötigen Sie 13 GByte freien Speicherplatz pro Stunde Film. Pinnacle Studio zeigt Ihnen immer an, wie viel Minuten Sie auf die Festplatte übernehmen können.

MPEG-Aufnahme

Mit dieser Option können Sie das aufgenommene Video vor dem Bearbeiten in MPEG-Qualität umwandeln lassen, allerdings sind MPEG-Daten komprimiert und entsprechen nicht der Qualität von Original-DV. Weitere Erläuterungen und Informationen zum MPEG-Dateiformat lesen Sie in *Kapitel „MPEG-Videoformat"*.

Sie sollten Videomaterial immer auf höchster Stufe bearbeiten – je besser die Ursprungs-qualität ist, umso besser wird das Endprodukt auf DVD oder Band.

Der Timecode

Sobald Sie den Camcorder starten, wird in der virtuellen Kamera ein Timecode angezeigt.

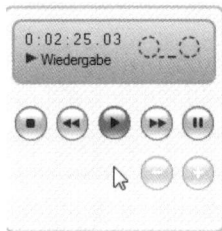

Abbildung 2.15:
Der Timecode wird beim Abspielen des Bands angezeigt

Im Beispiel ist das 0:02:25:03.

Leider sind sich viele Amateurfilmer nicht bewusst, wie wichtig der Timecode ist. Es kommt oft vor, dass der Timecode auf dem Band mehrere Male bei null beginnt. Das geschieht dann, wenn das Band in einen nicht bespielten Bereich gespult und die Auf-nahme gestartet wird. Wenn ein neues Band in die Kamera eingelegt wird, sollten Sie allerdings darauf achten, dass das Band bis zum Schluss mit einem durchgehenden Timecode bespielt wird. Wenn Sie sich beim Dreh entscheiden, die aufgenommenen Szenen zu betrachten, müssen Sie danach wieder ans Ende des aufgenommenen Videos spulen. Spulen Sie dabei etwas zu weit, nämlich in den Bereich, in dem noch nichts aufgenommen wurde, beginnt der Timecode wieder bei null zu zählen, das nennt man einen Timecode-Sprung.

Nach Möglichkeit sollten Sie solche Timecode-Sprünge vermeiden. Hierfür gibt es drei Vorgehensweisen.

Fachwort

Timecode

Der Timecode dient dazu, jedes Bild auf einem Videoband eindeutig zu identifi-zieren. Mithilfe des Timecodes ist es möglich, eine Verbindung zwischen dem Video-schnittprogramm und der Videoaufnahme herzustellen.

Der Timecode ist wie folgt aufgebaut: Stunden:Minuten:Sekunden: Bilder.

In Europa verwenden wir das PAL-System mit 25 Bildern pro Sekunde. Die Zählung beginnt bei 00 und endet bei 24. Das ergibt 25 Bilder. Somit hat jedes Bild einer DV-Aufnahme eine eindeutige Nummer.

Der Timecode wird auf einer speziellen Spur auf dem Videoband gespeichert. Egal, an welcher Position sich das Band beim Einlegen in der Kamera befindet, die Kamera weiß sofort die Timecode-Position, es sei denn, das Band wurde an dieser Stelle noch nicht bespielt.

Die Timecode-Informationen sind nur für digitale Aufzeichnungen von Bedeutung. Analoge Quellen wie VHS, S-VHS usw. verfügen nicht über einen Timecode.

Band vorcodieren

Legen Sie ein neues Band in die Kamera und starten Sie die Kamera im Aufnahmemodus. Starten Sie die Aufnahme (z.B. mit aufgesetztem Linsendeckel). Lassen Sie das ganze Band von vorne bis hinten durchlaufen. So erhält das Band einen durchgehenden Timecode. Spulen Sie jetzt das ganze Band zurück und beginnen Sie mit dem eigentlichen Filmen.

Vorteil: Sie können beim Filmen das Band beliebig spulen und erhalten nie einen Timecode-Sprung, da das Band bereits über einen Timecode verfügt.

Nachteil: Das Band wurde bereits schon einmal bespielt.

10-Sekunden-Regel

Sie legen ein neues Band in die Kamera und beginnen mit dem Filmen. Bevor Sie eine Szene begutachten möchten, starten Sie die Aufnahme erneut und lassen die Kamera für ca. 10 Sekunden laufen. Nun spulen Sie das Band zurück und schauen die entsprechende Szene an. Danach können Sie das Band an den Schluss spulen, allerdings sollten Sie den Spulvorgang stoppen, bevor Sie über die vorher aufgenommenen 10 Sekunden kommen. Wenn Sie nun weiterfilmen, wird die Kamera den Timecode sauber weiterführen.

Vorteil: Das Band wird nur einmal beschrieben.

Nachteil: Sie müssen daran denken, dass vor jedem Zurückspulen extra Material aufgenommen werden muss.

End Search

Gewisse Kameras verfügen über eine sogenannte End-Search-Funktion, mit der genau an das Ende der zuvor aufgenommenen Szene gespult werden kann. Ob Ihre Kamera mit einer solchen Funktion ausgestattet ist, lesen Sie in der Kamerabeschreibung nach.

Vorteil: Sie haben einen sauberen Anschluss und müssen nicht zusätzliches Video aufnehmen.

Nachteil: Diese Funktion ist oft recht mühsam zu bedienen und zeitraubend.

Die Aufnahme

Nachdem Sie nun die Registerkarte *Aufnahme* kennen, ist es an der Zeit, eine Videosequenz auf den PC aufzunehmen. Gehen Sie dazu wie folgt vor:

1. Verbinden Sie die DV-Kamera oder das Abspielgerät über ein FireWire-Kabel mit dem PC.
2. Schalten Sie die Kamera nach dem Anschließen an den PC ein und setzen Sie sie in den Abspiel- bzw. VCR-Modus.
3. Klicken Sie in Pinnacle Studio auf das Register *1 Aufnehmen*, falls der Aufnahmemodus noch nicht aktiviert wurde.

Sie sollten darauf achten, dass Sie die Videokamera an den PC anschließen, bevor   Hinweis
Pinnacle Studio gestartet wird. Es kann sein, dass Pinnacle Studio Ihre Kamera nicht
erkennen kann, wenn das Programm bereits gestartet ist. Eventuell reicht es auch,
einmal vom Schritt *Aufnehmen* zum Schritt *Bearbeiten* zu wechseln. Um sicherzugehen, empfehle ich Ihnen, die Kamera nach dem Start von Windows anzuschließen
und erst dann Pinnacle Studio zu starten.

Falls die Kamera immer noch nicht erkannt wird, lesen Sie weiter unten, wie dieses
Problem behoben werden kann, und wiederholen Sie die aufgeführten Schritte.

4. Wählen Sie die Aufnahmequalität *DV* oder *MPEG* aus.

5. Legen Sie den Speicherort für die Videodaten fest, indem Sie auf das Symbol *Verzeichnis wählen* in der Diskometer-Anzeige klicken.

6. Spulen Sie das Band mit der Maus über die virtuelle Kamera an den gewünschten Ort und starten Sie die Aufnahme über die Schaltfläche *Aufnahme starten*.

7. Geben Sie einen Namen für die aufzunehmende Videodatei ein.

8. Wählen Sie die Option *Nach Aufnahme autom. „SmartMovie" erstellen*, wenn Sie möchten, dass Pinnacle Studio Ihre Aufnahme automatisch bearbeitet bzw. schneidet. Mit der SmartMovie-Funktion kann Pinnacle Studio den Film komplett selbst schneiden. Lesen Sie dazu mehr in *Kapitel „SmartMovie-Funktion"*.

Pinnacle Studio gibt an, nach wie viel Minuten und Sekunden die Aufnahme automatisch gestoppt wird, da nach dieser Zeit das gewählte Laufwerk voll ist. Im Beispiel sind dies 524 Minuten und 21 Sekunden.

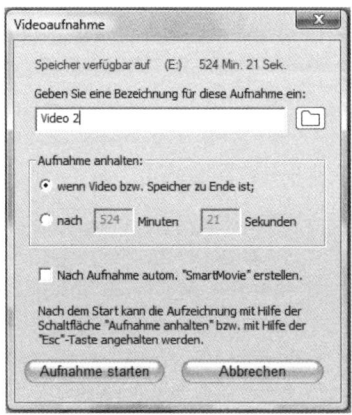

Abbildung 2.16: Nach dem Starten der Aufnahme können Sie nochmals einen Dateinamen und das Zielverzeichnis für die Videodaten wählen

9. Starten Sie die Aufnahme des Videos durch nochmaliges Klicken auf *Aufnahme starten*.

   Das Video wird auf den PC überspielt. Die einzelnen Szenen werden während der Aufnahme erstellt und direkt im Album angezeigt.

10. Sie können die Aufnahme jederzeit anhalten, indem Sie [Esc] drücken oder auf die Schaltfläche *Aufnahme anhalten* klicken.

Grundsätzlich können Sie ein ganzes Band in einem Durchgang auf den PC überspielen oder Sie speichern einzelne Szenen als neue Dateien ab. Entscheiden Sie selbst, welche Vorgangsweise für Ihr Projekt sinnvoller ist.

Wenn die Kamera nicht erkannt wird

Wenn die Kamera aus irgendeinem Grund von Pinnacle Studio nicht erkannt wird oder eine Aufnahme nicht möglich ist und eine Fehlermeldung angezeigt wird (siehe folgende Abbildung), dann gehen Sie wie folgt vor.

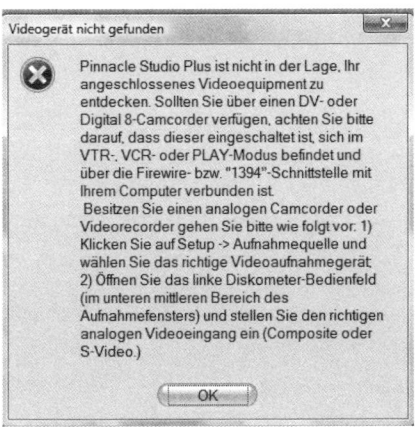

Abbildung 2.17: Fehlermeldung in Pinnacle Studio, falls die DV-Kamera oder ein Zuspielgerät nicht erkannt wurde

▦ Überprüfen Sie, ob die Kamera eingeschaltet ist und sich im Abspiel-, Play- bzw. VCR-Modus befindet.

▦ Überprüfen Sie die Kabelverbindung des FireWire-Kabels an der Kamera und am PC. Sitzt das Kabel gut in den Steckverbindungen?

▦ Wurde die Kamera korrekt von Windows erkannt? Das können Sie überprüfen, indem Sie den Windows-Explorer starten und den Eintrag der Kamera suchen (nur in Windows XP). Gehen Sie dazu wie folgt vor:

1. Klicken Sie mit der rechten Maustaste auf *Start* in der Windows-Taskleiste und wählen Sie aus der eingeblendeten Liste den Eintrag *Explorer* aus.

2. Im Explorer suchen Sie nach der Kamera wie in folgender Abbildung gezeigt:

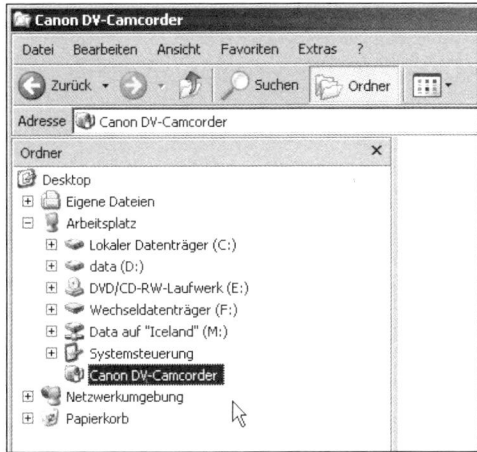

Abbildung 2.18: Ein DV-Camcorder wird im Windows-Explorer angezeigt. So können Sie die Verbindung überprüfen

▦ Falls die Kamera von Windows, nicht aber von Pinnacle Studio erkannt wurde, beenden Sie Pinnacle Studio und starten das Programm neu.

■ Es kann sein, dass Sie zuvor im analogen Aufnahmemodus gearbeitet haben und darum die Programmoberfläche für die digitale Aufnahme nicht zu sehen ist. In diesem Fall gehen Sie wie folgt vor:

1. Wählen Sie im Menü *Setup/Aufnahmequelle*.

2. Wählen Sie im Dialogfenster *Pinnacle Studio Plus Setup-Optionen* auf der Registerkarte *Aufnahmequelle* im Feld *Video* den *DV-Camcorder* bzw. das angeschlossene Gerät aus. Im Beispiel ist ein Canon-DV-Gerät angeschlossen, bei Ihnen kann natürlich auch ein anderes Gerät aufgelistet sein.

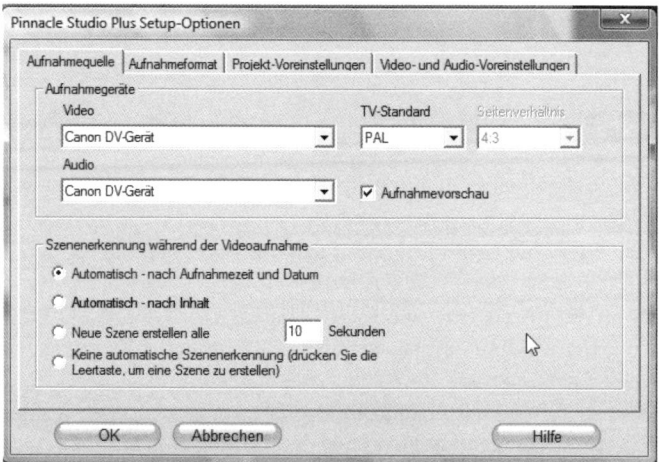

Abbildung 2.19: Wählen Sie Ihre DV-Kamera aus der Liste aus, sobald sie von Pinnacle Studio erkannt wurde

3. Falls Sie kein DV-Gerät wählen können, so ist entweder das Gerät nicht angeschlossen oder wurde von Windows und Pinnacle Studio nicht korrekt erkannt.

Sobald die Kamera von Pinnacle Studio erkannt wurde und sie gesteuert werden kann, ist eine Aufnahme möglich.

Achtung Falls Sie High-Definition-Videomaterial aufnehmen möchten, ist es wichtig, dass Ihr PC über genügend Leistung verfügt. Prozessor, Festplatten und Grafikkarte müssen über die notwendigen Mindestvoraussetzungen verfügen. Weitere Details entnehmen Sie *Abschnitt „PC-Grundvoraussetzungen"*.

Analoge Aufnahme

Als analoge Aufnahme wird alles bezeichnet, was nicht über ein FireWire-Kabel auf den PC überspielt wird. Genauer gesagt sind das Aufnahmen von Videokassetten oder Abspielgeräten in folgenden Formaten: VHS, VHS-C, S-VHS, S-VHS-C und Hi8, sowie von einer USB-Kamera und Webcam. Analog ist nicht etwa gleichzusetzen mit Zelluloid-Filmmaterial, obwohl das natürlich auch als analog bezeichnet wird. Zelluloidfilm kann mit Pinnacle Studio natürlich nicht direkt eingelesen werden, hierfür ist es notwendig, ihn zuerst auf ein digitales Medium aufzuzeichnen.

Voraussetzung für eine analoge Aufnahme ist, dass Sie ein Abspielgerät der genannten Formate an den PC anschließen können. Das funktioniert mit einer speziellen Hardware, die dafür ausgelegt ist, analoges Videomaterial in digitales umzuwandeln. Ein PC versteht nur *digital*. So ist eine analoge Aufnahme nach dem Einlesen in den PC immer in digitaler Form vorhanden. Solche Analog-Digital-Wandler, auch AD-Wandler genannt, können in einem PC bereits fest eingebaut oder als externe Box an einem FireWire- oder USB-Anschluss angeschlossen sein.

Grundsätzlich ist eine Aufnahme mit einem beliebigen Wandler möglich, falls dieses Gerät Direct-Show-kompatibel ist. Pinnacle bietet diverse Hardwarelösungen in Kombination mit Pinnacle Studio an, um die Umwandlung in bestmöglicher Weise vorzunehmen. Weitere Informationen finden Sie auf der Pinnacle-Homepage *http://www.pinnaclesys.com* oder in *Abschnitt „Die verschiedenen Programmversionen"*.

Die Abspielgeräte werden an der Wandlerbox entweder mit einem VHS-Kabel (gelbem Cinchstecker) oder einem Super-VHS-Kabel (schwarzem S-VHS-Stecker), um die Videoinformationen zu übertragen, und mit einem Stereokabel für das Audio (rot-weißem bzw. schwarz-weißem Cinchstecker) verbunden.

Abbildung 2.20:
Cinchstecker, gelb, weiß und rot

Aufnahmegerät wählen

1. Wechseln Sie in den Analogmodus.

2. Klicken Sie auf *Einstellungen* und wählen Sie aus dem Register *Aufnahmequelle* den im Eingabefeld *Video* aufgeführten AD-Wandler.

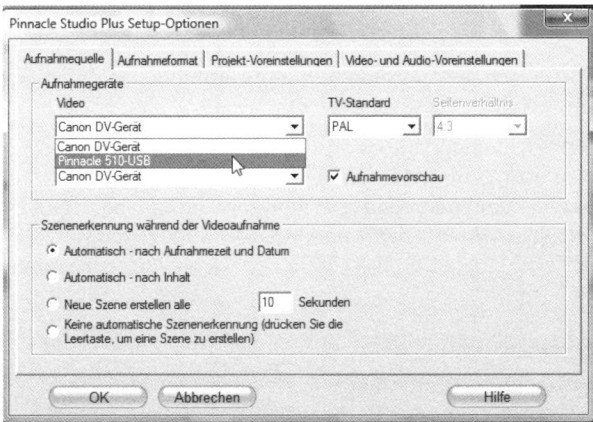

Abbildung 2.21: In den Einstellungen muss zuerst die Analogwandler-Hardware gewählt werden, bevor eine Aufnahme möglich ist

3. In diesem Beispiel wird die Hardwarebox *Pinnacle 510-USB* verwendet, die mit einem USB-Kabel an den PC angeschlossen wurde. Je nachdem, welche Hardware Sie zur Verfügung haben, können kleine Unterschiede auftreten.

4. Klicken Sie auf *OK*, um den Dialog zu beenden.

5. Öffnen Sie mit einem Klick das Video-Panel, um alle Einstellungen zu sehen.

Abbildung 2.22:
Dieser Knopf öffnet das Video-Panel für weitere Einstellungen

Das Video-Panel

Im Video-Panel entscheiden Sie zuerst, über welchen Anschluss Sie Video einlesen. Für ein VHS-Signal wählen Sie *Composite* und für ein Super-VHS-Signal *S-Video*.

Mit den vertikalen Schiebereglern können Sie bereits während der Aufnahme Farbkorrekturen an einem Video vornehmen.

Achtung

Seien Sie vorsichtig, wenn Sie während des Einlesens von Videomaterial die Farben korrigieren, weil sich diese Korrekturen auf das ganze Band und nicht auf einzelne Kameraeinstellungen beziehen werden. Sinnvoll ist es, diese Einstellungen zu verändern, wenn ein Videoband einen falschen Farbstich oder zu hell oder zu dunkel aufgenommen wurde. Ansonsten können die Farben später in Pinnacle Studio für jede einzelne Szene viel besser korrigiert werden. Wenn Sie versuchen, jede Szene während der Aufnahme zu korrigieren, dann führt das zu keiner stetigen Farbkorrektur.

6. Öffnen Sie mit einem Klick das Audio-Panel, um alle Einstellungen zu sehen.

Abbildung 2.23:
Dieser Knopf öffnet das Audio-Panel für weitere Einstellungen

Das Audio-Panel

Entscheiden Sie im Audio-Panel, ob Sie die Audioaufnahme mit durchführen möchten oder nicht. Dazu klicken Sie auf die Schaltfläche *Ein* bzw. *Aus*.

Sie können die Lautstärke der Aufnahme anpassen, indem Sie den vertikalen Schieberegler nach oben oder unten korrigieren. Achten Sie dabei auf den Ausschlagspegel, damit dieser nie zu laut bzw. übersteuert wird. Der horizontale Schieber dient dazu, die Stereoinformationen bereits während des Aufnehmens zu korrigieren; wenn Sie das Gefühl haben, der linke bzw. rechte Kanal sei zu leise bzw. zu laut, korrigieren Sie das mithilfe des Reglers.

Achtung

Seien Sie auch mit den Audioeinstellungen vorsichtig, die Lautstärke und Stereoinformationen können im Nachhinein in Pinnacle Studio bequem für jede einzelne Szene korrigiert werden. Wenn Sie das Audio während der Aufnahme korrigieren, kann keine stetige Korrektur erzielt werden.

Aufnahmequalität

Die Qualität ist bei analogen Aufnahmen nicht so einfach einzustellen wie bei digitalen. Es kommt sehr stark darauf an, in welchem Zustand sich die analogen Videobänder befinden. Grundsätzlich möchten Sie die Bänder in möglichst guter Qualität weiterverarbeiten. Ein S-VHS-Signal ist wesentlich besser als ein VHS-Signal. So sollten Sie nach Möglichkeit immer eine Übertragung mit einem S-Video-Kabel wählen. Das ist allerdings nur möglich, wenn alle Geräte S-Video unterstützen. Je nachdem, welche Hardware Sie für das Einlesen benutzen, können die Einstellungen etwas variieren. Nachfolgend werden die Einstellungen für eine USB-700 von Pinnacle beschrieben. Grundsätzlich können die Einstellungen für alle kompatiblen Geräte übernommen werden.

Die Qualität kann mittels der Knöpfe unterhalb des Diskometers eingestellt werden.

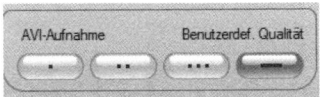

Abbildung 2.24:
Die Aufnahmequalität kann mit diesen
Knöpfen eingestellt werden

AVI-Aufnahme

Eine Aufnahme in eine AVI-Datei benötigt weitaus mehr Speicherplatz auf der Festplatte als eine Aufnahme im MPEG-Format, allerdings kann damit eine wesentlich höhere Qualität erzielt werden. In voller DV-Qualität wird das Video mit einer Datenrate wie für digitales Video übertragen. Hierfür wird am meisten Speicher auf der Festplatte benötigt, und zwar 13 GByte pro Stunde. Auch wenn die Qualität des Videos dadurch nicht besser wird, wird es nicht zusätzlich komprimiert und verliert beim Einlesen nicht an Qualität. Falls Sie über genügend Festplattenspeicher verfügen, ist es sicher am sinnvollsten, die DV-Qualität zu wählen. Sobald Sie die Aufnahmequalität verringern, erhalten Sie zwar kleinere Dateien auf der Festplatte, aber damit ist immer ein Qualitätsverlust verbunden.

Um die beste Videoqualität zu erzielen, gehen Sie wie folgt vor:

1. Klicken Sie im Menü auf *Setup/Aufnahmeformat*.
2. Unter *Videoeinstellungen* wählen Sie *AVI* und *Benutzerdefiniert*.

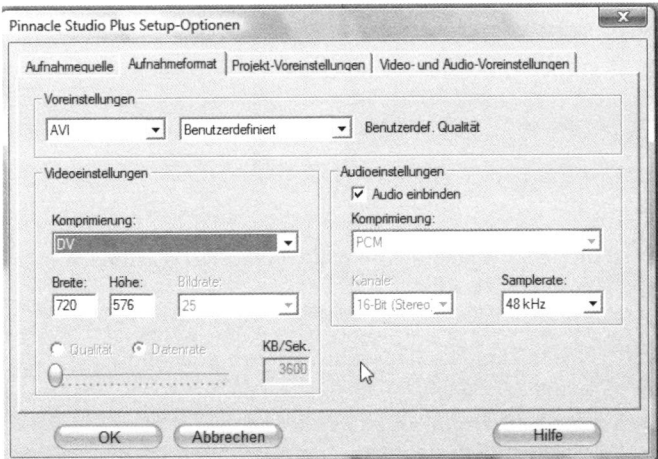

Abbildung 2.25: Übernehmen Sie diese Videoeinstellungen, um die bestmögliche
Qualität ohne Komprimierung zu erhalten

3. Unter *Komprimierung* wählen Sie *DV*. Weitere Einstellungen können nicht vorgenommen werden, da es sich hier um den DV-Videostandard handelt.

4. Schließen Sie das Fenster mit einem Klick auf *OK*.

Sie können die Videoqualität ändern, wenn Sie nicht so große Dateien auf der Festplatte speichern möchten. Sinnvollerweise wählen Sie dafür die MPEG-Kompression, die weiter unten beschrieben wird. Sie können ein Video im AVI-Format aufnehmen und während der Aufnahme komprimieren. Klicken Sie dazu auf einen der Knöpfe, wie in Abbildung 2.24 zu sehen ist.

MPEG-Aufnahme

Sie können bei der Aufnahme festlegen, ob die Daten im MPEG-Format aufgenommen werden sollen. Klicken Sie hierfür im Menü auf *Setup* und wählen Sie die Registerkarte *Aufnahmeformat*. Unter *Voreinstellungen* wählen Sie *MPEG*.

Mit dieser Option können Sie das aufgenommene Video vor dem Bearbeiten in MPEG-Qualität umwandeln lassen, allerdings sind MPEG-Daten komprimiert und entsprechen nicht der vollen DV-Qualität. Weitere Erläuterungen und Informationen lesen Sie in *Kapitel 13, Abschnitt „MPEG-Videoformat"*.

Sie sollten Videomaterial immer in höchster Qualität belassen, denn je besser die Ursprungsqualität ist, desto besser wird das Endprodukt auf DVD oder Band sein.

Die besten Ergebnisse erhalten Sie mit den in folgender Abbildung gezeigten Einstellungen.

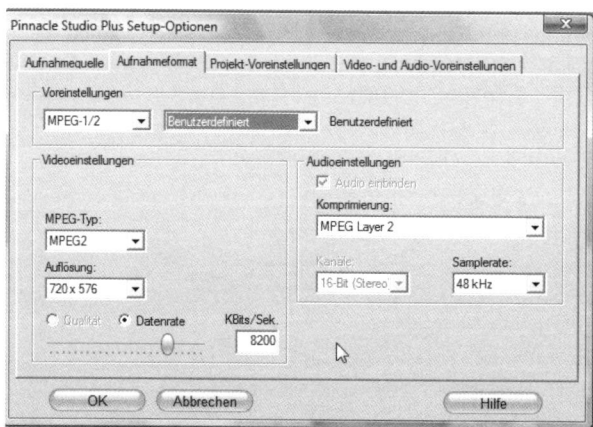

Abbildung 2.26:
Mit diesen Einstellungen
erzielen Sie die höchste
MPEG-Qualität

Die Aufnahme

Für die Aufnahme von digitalem Video müssen alle Geräte richtig miteinander verbunden werden. Gehen Sie dabei wie folgt vor:

1. Legen Sie ein Band, das Sie in Pinnacle Studio einlesen möchten, in das Abspielgerät ein. Z.B. legen Sie das VHS-Band in einen VHS-Recorder ein.

2. Schließen Sie den Ausgang des Abspielgeräts mit dem Eingang des AD-Wandlers zusammen. Meistens wird dies mittels Cinch- oder Euroscart-Stecker geschehen. So könnte es sein, dass Sie am VHS-Recorder einen Euroscart-Stecker anschließen, der auf der anderen Seite drei Cinchstecker besitzt. Schließen Sie diese z.B. an den Eingang der 700-USB-Box an.

Abbildung 2.27:
Scartstecker mit Cinchanschlüssen

Abbildung 2.28:
Die Pinnacle Moviebox Plus USB enthält
auf der linken Seite die Ausgänge und auf
der rechten Seite die Eingänge

Einige Euroscart-Stecker können nur als Ausgang oder Eingang benutzt werden. Falls Sie den Ausgang des Videorecorders mit einem Euroscart-Stecker verbinden, der nur als Eingang benutzt werden kann, so wird durch den Euroscart-Stecker kein Videosignal ausgegeben. Eine Aufnahme in Pinnacle Studio ist somit nicht möglich. Wenn Sie ohnehin einen neuen Euroscart-Stecker kaufen müssen, achten Sie darauf, dass dieser Ein- und Ausgänge besitzt. Viele Euroscart-Stecker verfügen über einen Schalter, damit dieser als Ein- bzw. Ausgang benutzt werden kann.   Achtung

3. Sie können Ihren Videorecorder auch über ein Supervideo-Kabel und das Audio über ein Cinchkabel anschließen. Das ist aber nur möglich, wenn Ihr Videorecorder über Super Video verfügt.

4. Schließen Sie die Wandlerbox mit dem USB-Kabel an den PC an und verbinden Sie sie ebenfalls mit dem Stromanschluss.

   Konsultieren Sie die Gebrauchsanleitung Ihres Videorecorders bzw. des Kamera-herstellers, falls Sie sich nicht sicher sind, welches die Ausgänge der entsprechenden Geräte sind.

Achten Sie darauf, dass alle Kabel und Steckverbindungen gut sitzen und kein Wackel-kontakt die Qualität der Übertragung beeinträchtigt. Sobald alle Geräte angeschlossen und von Pinnacle Studio erkannt sind, kann die Aufnahme beginnen.   Achtung

5. Wechseln Sie zu Schritt 1 *Aufnehmen*, falls dies noch nicht geschehen ist.

6. Wählen Sie in Pinnacle Studio die richtige Hardware aus, indem Sie im Menü *Setup* die *Aufnahmequelle* wählen. Unter *Aufnahmegeräte* wählen Sie in der Dropdown-Liste die Konverterbox aus und schließen das Fenster mit *OK*.

7. Im Video-Panel wählen Sie entweder *Composite*, wenn Sie den Videorecorder und die Konverterbox mit einem Composite-Kabel (gelbem Cinchstecker) verbunden haben. Oder wählen Sie *S-Video*, wenn Sie ein S-Video-Signal verwenden.

8. Im Audio-Panel wählen Sie unter *Audioaufnahme Ein* bzw. *Aus*, um das Audio auf-zunehmen bzw. stummzuschalten.

9. Legen Sie fest, wo das Video auf der Festplatte gespeichert werden soll, indem Sie auf das Ordnersymbol klicken und den Speicherort auswählen.

10. Definieren Sie die Aufnahmequalität unterhalb des Diskometers.

11. Starten Sie die Wiedergabe an Ihrem Abspielgerät, um zu überprüfen, ob das Signal in Pinnacle Studio ankommt. Falls das nicht der Fall ist, finden Sie weiter unten die Lösung.

12. Spulen Sie die Kassette an die Stelle, an der die Aufnahme beginnen soll. Spulen Sie etwas weiter nach vorne, da Sie etwas Zeit benötigen, um die Aufnahme am PC zu starten. Zu viel aufgenommenes Video können Sie ja jederzeit wieder herausschneiden. Starten Sie das Band.

13. Klicken Sie in Pinnacle Studio auf *Aufnahme starten*.

14. Geben Sie in das Eingabefeld einen Namen für die aufzunehmende Sequenz ein. Falls Sie den Speicherort für die Datei noch nicht festgelegt haben, so tun Sie das jetzt mit einem Klick auf das Ordnersymbol.

    Pinnacle Studio zeigt Ihnen an, nach wie vielen Minuten und Sekunden die Aufnahme automatisch gestoppt wird, da nach dieser Zeit das gewählte Laufwerk voll ist.

15. Wählen Sie die Option *Nach Aufnahme autom. „SmartMovie" erstellen*, wenn Sie möchten, dass Pinnacle Studio Ihre Aufnahme automatisch bearbeitet und schneidet. Lesen Sie dazu mehr in *Kapitel 10 „SmartMovie-Funktion"*.

16. Starten Sie die Aufnahme mit *Aufnahme starten*. Sie können die Aufnahme jederzeit mit einem Klick auf *Aufnahme anhalten* oder mit ⎋Esc⎤ anhalten.

Sie können ein ganzes Band in einem Rutsch auf den PC überspielen oder einzelne Szenen als neue Dateien abspeichern. Entscheiden Sie selbst, welche Vorgehensweise für Ihr Projekt sinnvoll ist.

Fehlersuche

▶ **Ist das Bild im Vorschaufenster nicht zu sehen?**

 ▷ Überprüfen Sie, ob die Vorschau in den Einstellungen aktiviert wurde:

 ▷ Klicken Sie im Menü auf *Setup* und wählen Sie *Aufnahmequelle*. Unter *Aufnahmegeräte* muss die Option *Aufnahmevorschau* aktiviert sein.

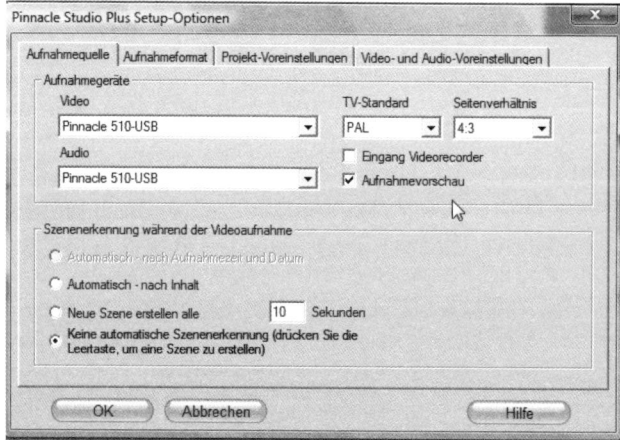

*Abbildung 2.29:
Die Vorschau ist
sichtbar, sobald die
Aufnahmevorschau
in den Einstellungen
aktiviert wurde*

▶ **Ist der angeschlossene Wandler mit Pinnacle Studio kompatibel und sind die nötigen Treiber installiert?**

    ▷ Falls es ein Gerät von Pinnacle Systems ist, wurden die nötigen Treiber mit dem Paket mitgeliefert und sollten während der Installation von Pinnacle Studio bereits installiert worden sein. Schauen Sie nach, ob die Treiber auf dem neuesten Stand sind und ob andere Komponenten im PC neue Treiber benötigen (Grafikkarte, Soundkarte usw.). Achten Sie auch darauf, dass die verwendeten PC-Komponenten mit Pinnacle Studio kompatibel sind.

▶ **Wurde am Abspielgerät der richtige Ausgang gewählt und ist er aktiv?**

    ▷ Konsultieren Sie gegebenenfalls das Handbuch zum Abspielgerät. Sie können versuchen, den Fehler einzugrenzen, indem Sie das Kabel an den Ausgang des Videorecorders statt an der Wandlerbox an ein TV-Gerät anschließen, um zu kontrollieren, ob ein Signal zu sehen ist.

▶ **Sind alle Kabel in einwandfreiem Zustand?**

    ▷ Überprüfen Sie die Kabel und deren Stecker. Ersetzen Sie ein Kabel durch eines, von dem Sie sicher sind, dass es funktioniert, oder schließen Sie das Kabel an ein TV-Gerät an, um zu sehen, ob das Signal zu sehen und zu hören ist.

▶ **Sind die Kabel an der Wandlerbox richtig eingesteckt?**

    ▷ Die 700-USB von Pinnacle verfügt über eine Ausgangs- und eine Eingangsseite, achten Sie daher generell darauf, dass die Kabel am Wandler bei den Eingängen und nicht bei den Ausgängen angeschlossen sind.

▶ **Sind in Pinnacle Studio die nötigen Einstellungen erfolgt und wurde der richtige Eingang gewählt?**

    ▷ Überprüfen Sie, ob im Video- oder Audio-Panel der richtige Eingang gewählt und ob dieser aktiv ist.

Falls das Problem trotzdem nicht zu lösen ist, sollten Sie eine Fachperson um Hilfe bitten, die die Einstellungen und Geräte überprüfen kann.

Weitere Aufnahmeeinstellungen

In den Einstellungen können Sie verschiedene Parameter zur Aufnahme verändern und gegebenenfalls anpassen. Die Einstellungsmöglichkeiten unterscheiden sich zum Teil je nachdem, ob Sie von einer analogen oder digitalen Quelle aufnehmen werden.

Klicken Sie mit der Maus auf den Knopf *Einstellungen,* um den Dialog zu öffnen.

Aufnahmequelle

TV-Standard

Hierbei handelt es sich um die TV-Norm. Die verschiedenen Normen unterscheiden sich in Bildgröße, Anzahl der Bilder pro Sekunde und Farbinformationen und sind daher nicht untereinander kompatibel. Sie können zwar entsprechend umgerechnet werden, dies aber nur mit Qualitätseinbußen.

In Europa verwenden wir die PAL- (D, A, CH) und die SECAM-Norm (F). Die NTSC-Norm wird in den meisten amerikanischen Ländern verwendet.

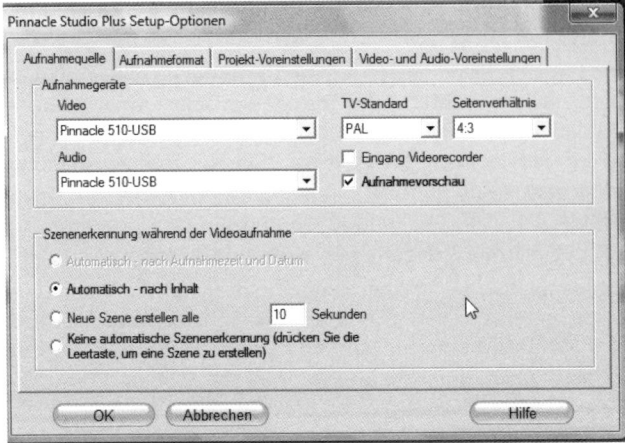

Abbildung 2.30:
Übersicht über die Auf-
nahmeeinstellungen

Seitenverhältnis

Dies wird in Pinnacle Studio automatisch erkannt, sobald von einem Gerät aufgenommen wird.

Die Seitenverhältnisse sind 4 : 3 für PAL-Standard und 16 : 9 für PAL Widescreen und High-Definition-Video (HDV).

Eingang Videorecorder

Diese Option ist nur bei analoger Aufnahme sichtbar und auch nur bei bestimmten Grafikkarten. Sie dient dazu, die analoge Vorschau etwas besser darzustellen. Deaktivieren Sie diese Funktion nur dann, wenn sie zu Problemen führt.

Aufnahmevorschau

Falls diese Option nicht aktiviert ist, wird das Video während der Aufnahme auch nicht im Vorschaufenster angezeigt.

Szenenerkennung

Beim Filmen wird die Kamera ständig an- und wieder abgeschaltet, um verschiedene Einstellungen aufzunehmen. Pinnacle Studio kann diese Szenen automatisch erkennen, sodass später ein Rohschnitt einfacher angefertigt werden kann. Hier können Sie nun einstellen, wie die Szenenerkennung während der Aufnahme erfolgen soll.

Automatisch – nach Aufnahmezeit und Datum

Diese Option ist nur bei digitalen Camcordern möglich, die Aufnahmezeit und Datum mit auf das Band aufzeichnen. Diese Szenenerkennung ist die zuverlässigste, da Pinnacle Studio das Bild nicht analysieren muss.

Automatisch – nach Inhalt

Diese Option wird verwendet, wenn die Option *Automatisch – nach Aufnahmezeit und Datum* nicht verfügbar ist. Pinnacle Studio analysiert den Inhalt des Bildes während der Aufnahme und entscheidet, wann eine neue Szene beginnt. Es kann zu Fehlern kommen, wenn z.B. die Linse während des Filmens ganz verdeckt oder ein Schwenk so schnell ausgeführt wurde, dass sich die Bildinformationen sehr rasch geändert haben. In solchen Situationen meint Pinnacle Studio aufgrund der starken Änderung der Bild-

inhalte, es sei eine neue Kameraeinstellung vorgenommen worden. Später ist das aber kein Problem, da die erkannten Szenen einfach hintereinandergelegt werden können.

Neue Szene erstellen alle XX Sekunden

Wählen Sie diese Option, wenn alle erkannten Szenen gleich lang sein sollen, und geben Sie im Eingabefenster eine entsprechende Dauer in Sekunden an.

Keine automatische Szenenerkennung

Mit dieser Option können Sie die Szenenerkennung komplett ausschalten und gegebenenfalls während der Aufnahme die Leertaste drücken, sobald eine neue Szene beginnen soll.

Datenrate

Pinnacle Studio hat zu Beginn das Laufwerk auf dessen Geschwindigkeit überprüft. Hier sehen Sie nochmals das Resultat. Falls Sie eine andere Festplatte manuell testen möchten, so wählen Sie diese mit einem Klick auf das Ordnersymbol.

Szenenerkennung ändern

Beim Aufnehmen oder Importieren der Videoclips in das Album hat Pinnacle Studio eine Szenenerkennung durchlaufen und das Video in einzelne Szenen aufgeteilt. Sie haben die Möglichkeit, diese Szenenerkennung im Nachhinein zu verändern, falls Sie mit dem Ergebnis nicht zufrieden sind. Die Videoclips, bei denen die Szenenerkennung geändert wird, müssen bereits im Album sichtbar sein. Falls Sie einen Videoclip ändern möchten, der nicht im Album angezeigt ist, öffnen Sie ihn zuerst im Album.

1. Klicken Sie mit der Maus auf eine Szene im Album.
2. Wählen Sie mit $\boxed{\text{Strg}}$+$\boxed{\text{A}}$ alle Clips aus.
3. Klicken Sie mit der rechten Maustaste auf eine Szene im Album.
4. Wählen Sie aus der Liste *Szenenerkennung über Videoinhalt*, falls der Videoclip importiert wurde, oder wählen Sie *Szenenerkennung über Aufnahmezeit und -Datum*, falls der Clip mittels einer DV-Kamera übertragen wurde.
5. Die Szenenerkennung wird neu durchlaufen und zeigt die neuen Szenen im Album an.

Aufnahmeformat

Unter *Voreinstellungen* können Sie nochmals wählen, ob Sie eine Aufnahme in DV-, AVI- oder MPEG-Qualität wünschen.

Bei DV können keine Parameter verändert werden, da es sich hierbei um einen vordefinierten Standard handelt. Das Video wird also in voller Qualität übertragen.

Anders sieht es bei MPEG und AVI aus. Hier müssen Sie entscheiden, in welcher Qualität ein Video aufgenommen werden soll.

Für MPEG wählen Sie eine der folgenden Voreinstellungen oder definieren sie manuell. Weitere Erläuterungen zu MPEG lesen Sie in *Kapitel 13 „Videoformate"*.

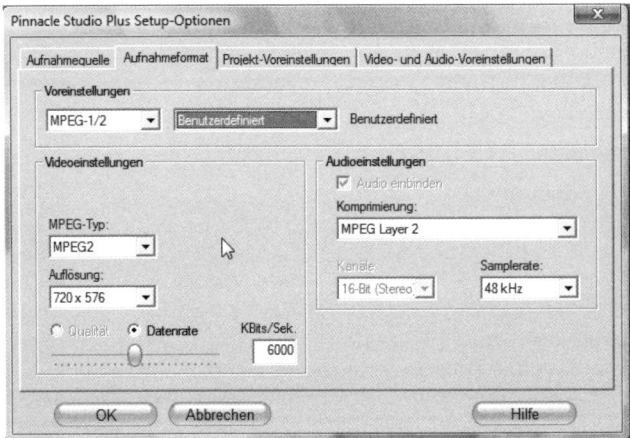

Abbildung 2.31:
Übersicht über die
Aufnahmeformat-
Einstellungen

Hohe Qualität (DVD)

Entspricht der Qualität einer DVD im MPEG2-Format mit voller Bildgröße (PAL 720 x 576) und einer Datenrate von 6 Mbit/s.

Mittlere Qualität (SVCD)

Entspricht der Supervideo-CD-Qualität im MPEG2-Format mit einer etwas kleineren Bildgröße und einer Datenrate von 2,4 Mbit/s.

Niedrige Qualität (VCD)

Entspricht der Video-CD-Qualität im MPEG1-Format mit einer Bildgröße von 352 x 288 und einer Datenrate von 1,15 Mbit/s.

Benutzerdefiniert

Hier können Sie die Einstellungen selbst anpassen.

MPEG-Typ: Wählen Sie hier *MPEG1* oder *MPEG2* aus.

Auflösung: Mit dieser Einstellung geben Sie an, in welcher Größe, und zwar in Pixel, das dargestellte Video erzeugt wird. Wenn Sie es sich am Fernseher ansehen möchten, sollten Sie die volle Auflösung wählen. Für PAL-Standard ist das 720 x 576.

Datenrate: Hier wird die eigentliche Bildqualität eingestellt, und zwar in Anzahl Daten pro Sekunde, Mbit/s. Je höher die Zahl ist, desto mehr Daten werden pro Sekunde gespeichert und desto größer wird die Datei auf der Festplatte.

Je nachdem, welches Format gewählt wird, kann das Audio eingestellt werden oder nicht.

Es hängt von der Leistung Ihres PCs ab, ob die MPEG-Datei bereits während des Einlesens erstellt werden kann. Ansonsten wird die Datei nach dem Einlesen in MPEG umgerechnet. Für die Echtzeitumwandlung ist ein PC-System mit genügend Leistung nötig, um diesen Prozess durchzuführen.

Hinweis Falls Sie für gewisse Formate keine Änderungen vornehmen können und die Einstellungen grau hinterlegt sind, dann handelt es sich um standardisierte Formate, die keine Änderungen zulassen. Standards sind wichtig, da sie die Kompatibilität zu anderen Geräten und zu Abspielsoftware gewährleisten.

3

Die Storyboard-Ansicht

Nachdem nun alle Videodateien auf der Festplatte gespeichert sind, können Sie mit dem eigentlichen Schneiden bzw. dem digitalen Bearbeiten des Videos beginnen. Alle Funktionen für das Bearbeiten des Films werden in diesem Kapitel beschrieben. Dazu gehören das Schneiden des Films, das Hinzufügen von Überblendeffekten, Musik- und Audioanpassungen, Einfügen von Standbildern und das Setzen von Filtern.

Die Bearbeiten-Oberfläche

Bevor Sie mit der Arbeit beginnen, sollten Sie die Programmoberfläche der Register-karte *Bearbeiten* kennenlernen. Pinnacle Studio ist so aufgebaut, dass Sie mit wenigen Mausklicks zum Ziel kommen. Alle benötigten Elemente werden im Album angezeigt und können dann dem Film hinzugefügt werden. Die einzelnen Elemente werden im Folgenden kurz beschrieben.

Die Menüleiste

Die Menüleiste ist beim Arbeiten mit Pinnacle Studio 12 immer zu sehen, egal welchen Arbeitsschritt Sie gerade ausführen.

Abbildung 3.1:
Die Menüleiste von Pinnacle Studio 12

In der Menüleiste sind fast alle Funktionen von Pinnacle Studio aufrufbar. Sie können aber auch über ein Symbol auf der Programmoberfläche, mit einem Tastenbefehl oder einem Rechtsklick mit der Maus aufgerufen werden.

Das erweiterte Album

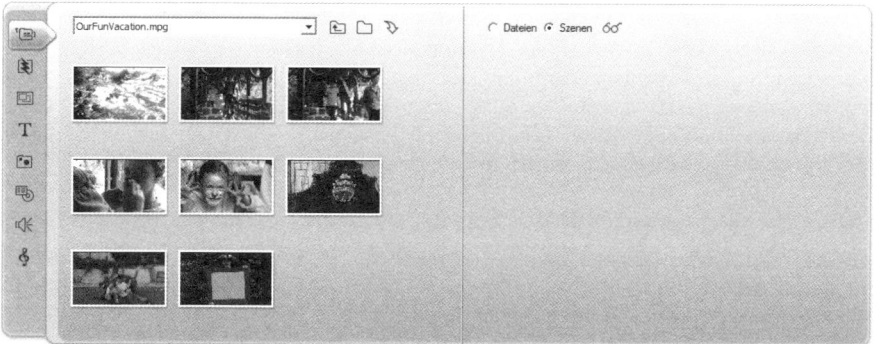

Abbildung 3.2: Das Album enthält sämtliche Videos, Titel, Bilder und Musikclips, die in Pinnacle Studio bearbeitet werden können

Das erweiterte Album auf der Registerkarte *Bearbeiten* ist das zentrale Element für alles, was im Film bearbeitet wird, und enthält sämtliche Elemente, die in den Film eingefügt werden können. Das Album ist in verschiedene Kapitel gegliedert und wechselt entsprechend die Oberfläche, sodass weitere Funktionen und Einstellungsmöglichkeiten sichtbar werden. Sämtliche Videoclips und Fotos, die in den Film eingefügt werden, müssen aus dem Album genommen werden.

Nachfolgend eine kurze Übersicht über alle Albumseinträge.

Abbildung 3.3:
Aufgenommene Videos

Hier erscheinen alle Videoclips und Szenen, die entweder von einem Camcorder auf den PC übertragen wurden oder von der Festplatte geladen sind. Es wird immer entweder eine Videodatei, unterteilt in verschiedene Szenen, angezeigt oder es können unterschiedliche Videodateien gleichzeitig in das Album geladen werden.

Abbildung 3.4:
Übergangseffekte

Dieser Eintrag zeigt alle Übergangseffekte an, die im Film verwendet werden können. Übergangseffekte werden immer zwischen zwei Videoclips oder Fotos eingesetzt, um deren Übergang schöner oder verständlicher zu gestalten. Eine weiche Blende ist ein typischer Übergang, der zwei Clips ineinanderblendet.

Abbildung 3.5:
Montagethemen

Diese Funktion ist neu in Studio 12. Mit den Montagethemen können Sie Ihre Filme noch interessanter gestalten, indem Sie mehrere Videoclips gleichzeitig darstellen, z.B. Bild-in-Bild oder wie ein Fotoalbum. Ebenso können Sie themenspezifische Effekte anwenden.

Abbildung 3.6:
Titelvorlagen

Für den Film können Sie mit Titelvorlagen arbeiten und diese nach Ihren Wünschen und Vorstellungen abändern. Ein Titel dient dazu, Ihre Filme zu beschriften und mit geschriebenen Kommentaren zu ergänzen. Sie können einen Titel komplett selbst erstellen oder eine Vorlage verwenden.

Abbildung 3.7:
Fotos und Standbilder

Wenn Sie mit Standbildern und Fotos arbeiten möchten, werden sie hier angezeigt. Diese Bilddateien müssen bereits auf Ihrem PC gespeichert sein, damit sie in das Album geladen werden können. Falls sich Ihre Bilddaten noch auf einem Memorystick oder einer Kamera befinden, können diese direkt über das Album auf den PC kopiert werden. Mit Bildern können Sie z.B. eine Diaschau erstellen.

Abbildung 3.8:
Disc-Menü-Vorlagen für DVD und Blu-ray-Discs

Für das Erstellen einer DVD oder Blu-ray kann ein Disc-Menü verwendet werden. Diese Menüs werden in diesem Register angezeigt und können nach dem Fertigstellen des Films verwendet werden.

 Abbildung 3.9:
Soundeffekte

Um Ihrem Film etwas mehr Schwung zu verleihen, können Sie Audio- und Soundeffekte einfügen. Pinnacle Studio bietet vordefinierte Geräusche, die Sie dem Film beliebig hinzufügen können.

 Abbildung 3.10:
Hintergrundmusik

In diesem Register können Sie auf Musikdateien auf Ihrer Festplatte zugreifen und dem Film hinzufügen. Wählen Sie die Musik aus Ihrer Sammlung aus und benutzen Sie sie als Hintergrundmusik.

Das Storyboard

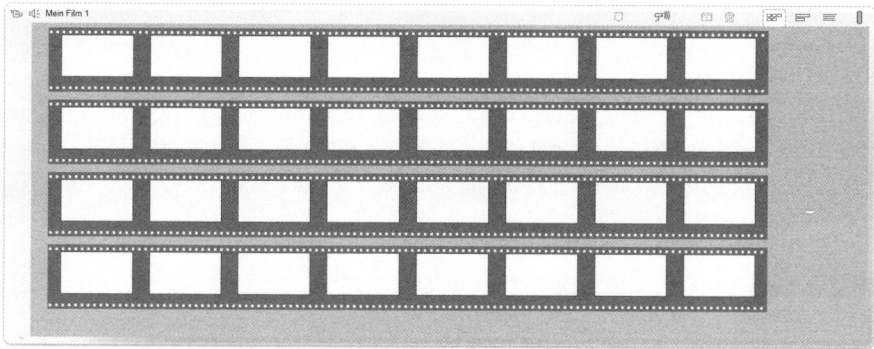

Abbildung 3.11: Die Storyboard-Ansicht dient zum Erstellen des Rohschnitts

Das Storyboard dient dazu, einen schnellen Rohschnitt zu erstellen. Der Film beginnt oben links und endet unten rechts. In der Storyboard-Ansicht werden Informationen wie die Länge des Films und weitere Spuren ausgeblendet, damit Sie schnell und einfach die benötigten Szenen anordnen können. So erhalten Sie einen Eindruck, wie der Film später aussehen wird. Sie können in dieser Ansicht mit dem Bearbeiten beginnen, sollten dann aber für die Feinarbeit in die Timeline-Ansicht wechseln.

Falls Sie das Storyboard nach dem Starten von Pinnacle Studio nicht sehen, so klicken Sie auf folgendes Symbol oder wählen aus dem Menü *Ansicht* den Eintrag *Storyboard*.

 Abbildung 3.12:
Symbol für die Storyboard-Ansicht

Die Timeline

Wechseln Sie in die Timeline, indem Sie folgendes Symbol anklicken oder aus dem Menü *Ansicht* den Eintrag *Timeline* wählen.

 Abbildung 3.13:
Symbol für die Timeline-Ansicht

In der Timeline-Ansicht wird der Rohschnitt verfeinert und es sind weitere Video- und Audiospuren sichtbar. Eine weitere Videospur kann angezeigt werden, diese ist aber

standardmäßig ausgeschaltet und kommt erst zum Zuge, wenn sie gebraucht wird. Beim Schneiden werden Sie die meiste Zeit in der Timeline-Ansicht verbringen.

Abbildung 3.14: Die Timeline-Ansicht für das präzise Bearbeiten

Listenansicht

Die Listenansicht gibt eine Übersicht über den geschnittenen Film in Textform. Hier können Sie weitere Details zu den einzelnen Clips und Übergängen erhalten.

Wechseln Sie in die Listenansicht mit folgendem Icon oder wählen Sie aus dem Menü *Ansicht* den Eintrag *Liste bearbeiten*.

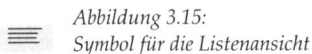

Abbildung 3.15:
Symbol für die Listenansicht

Abbildung 3.16: Die Listenansicht für weitere Textdetails

Das Vorschaufenster

Das Vorschaufenster haben Sie schon beim Aufnehmen kennengelernt.

Das Vorschaufenster sieht aus wie ein TV-Monitor und zeigt Ihnen eine Vorschau des geschnittenen Films, der Effekte und DVD-Menüs. Während des Bearbeitens von Video dient dieses Vorschaufenster als Anzeige und Kontrolle der Clips und Effekte.

Abbildung 3.17: Die Videovorschau wird im Vorschaufenster angezeigt

Wenn Sie einen Breitbildmonitor besitzen, erscheint oberhalb des Vorschaufensters ein Schieberegler, mit dem das Vorschaufenster skaliert werden kann. Bei einer Bildschirm- auflösung im Verhältnis von 4 : 3, z.B. 1024 x 768, erscheint dieser Schieberegler nicht.

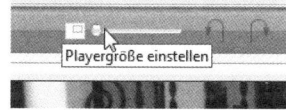

Abbildung 3.18:
Schieberegler, um das Vorschaufenster zu skalieren

Die Video-Toolbox

Abbildung 3.19: Die Video-Toolbox für weitere Funktionen und Effekte

Die Video-Toolbox gleicht dem Album und enthält eine Reihe von Funktionen. Mit einem Klick auf ihr Symbol wird sie geöffnet. Wenn die Video-Toolbox geöffnet ist, ist das Album nicht mehr sichtbar. Sie können sie jederzeit schließen, indem Sie auf das Kreuz oben rechts klicken.

Öffnen Sie die Video-Toolbox mit folgendem Symbol, das sich unmittelbar über der Timeline befindet.

Abbildung 3.20:
Symbol für die Video-Toolbox

Abbildung 3.21:
Trimm-Editor

Der Trimm-Editor hilft beim Kürzen und Verlängern von Clips auf der Timeline. Mit dieser Funktion können Sie bildgenau schneiden.

Abbildung 3.22:
Montagethemen

Mit dieser Funktion können Sie bereits angewendete Montagethemen auf der Timeline anpassen.

Abbildung 3.23:
Erstellen von Titeln

Wenn Sie keine Titelvorlage verwenden wollen, dann erstellen Sie mit dieser Funktion einen neuen Titel.

Abbildung 3.24:
Erstellen von DVD-Menüs

Hiermit können Sie DVD-Menüs ohne Vorlage erstellen. Lassen Sie Ihrer Kreativität freien Lauf!

Abbildung 3.25:
Standbilder aus dem Film oder von einem digitalen Camcorder erstellen

Mit dieser Funktion können Sie ein Standbild aus dem Film erzeugen und in den Film integrieren oder auf die Festplatte speichern. Sie können damit aber auch ein Standbild von einem Stück Film direkt vom Camcorder erzeugen.

Abbildung 3.26:
SmartMovie-Funktion

Über die SmartMovie-Funktion wird Ihr Film automatisch geschnitten und einem Musikstück taktgenau angepasst. So können Sie ein Musikvideo erstellen.

Abbildung 3.27:
Bild-in-Bild- und Chroma-Key-Effekte

Erzeugen Sie mit einer zweiten Videospur einen Bild-in-Bild-Effekt. Sie können damit zwei Bilder gleichzeitig anzeigen und abspielen lassen. Die Chroma-Key-Funktion dient dazu, von einem Video eine Farbe zu entfernen und transparent darzustellen, wie das in Hollywood-Filmen zur Erzeugung von Spezialeffekten gemacht wird, z.B. im Film *Superman*, wenn dieser durch die Luft schwebt.

Abbildung 3.28:
Videoeffekte-Sammlung

In der Videoeffekte-Sammlung befinden sich diverse Effekteditoren, mit denen Sie Ihren Film korrigieren und verändern können. Korrigieren Sie die Farben eines Clips oder verändern Sie den Film so, dass er z.B. aussieht, als wäre er auf Zelluloid aufgenommen worden.

Die Audio-Toolbox

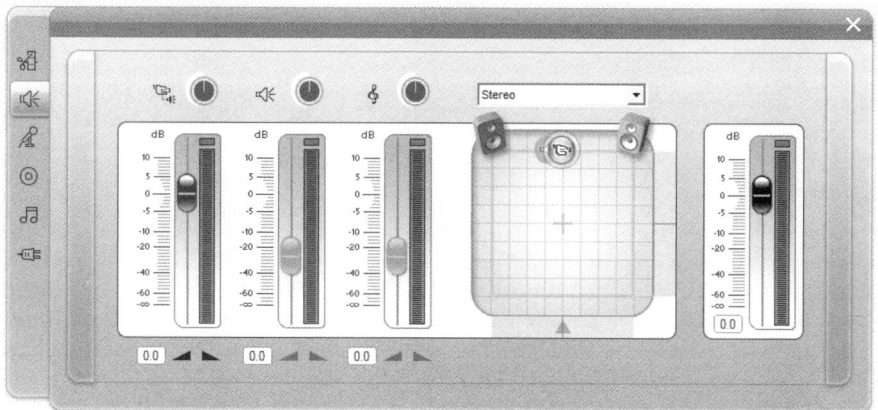

Abbildung 3.29: Die Audio-Toolbox enthält Funktionen und Effekte für die Audiobearbeitung

Im Gegensatz zur Video-Toolbox wird die Audio-Toolbox für alle Audiobearbeitungen verwendet. Übrigens wird die Audio-Toolbox über dem Album angezeigt und kann mit einem Klick auf folgendes Symbol geöffnet werden.

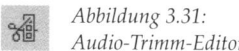

Abbildung 3.30:
Symbol zum Öffnen der Audio-Toolbox

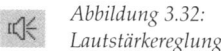

Abbildung 3.31:
Audio-Trimm-Editor

Dieser Editor dient dazu, einen Audioclip auf der Timeline zu verkürzen oder zu verlängern. Sie können ihn bildgenau schneiden und anpassen.

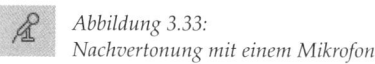

Abbildung 3.32:
Lautstärkeregelung

Verändern Sie hiermit die Lautstärken der Audioclips. Mithilfe von Schiebereglern können die einzelnen Audiospuren abgemischt werden.

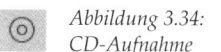

Abbildung 3.33:
Nachvertonung mit einem Mikrofon

Wenn Sie ein Mikrofon an den PC angeschlossen haben, können Sie mit dieser Funktion dem Film einen Audiokommentar hinzufügen.

Abbildung 3.34:
CD-Aufnahme

Mit dieser Funktion können Sie Musikstücke direkt von der CD in den Film integrieren. Sie wählen den gewünschten Titel aus und legen ihn auf die Timeline.

Abbildung 3.35:
Automatisch Hintergrundmusik erzeugen

Die Scorefitter-Funktion enthält bereits viele Musikstücke in Pinnacle Studio, die Sie nach Belieben verwenden können. Das Besondere daran ist die Länge der Musikstücke. Ein

Scorefitter-Musikstück hat im Prinzip kein definiertes Ende. Sie können diese Stücke also beliebig lang laufen lassen und Pinnacle Studio komponiert immer einen Schluss hinzu.

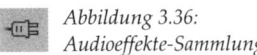

Abbildung 3.36:
Audioeffekte-Sammlung

Mit den Audioeffekten können Sie Ihre Audioclips nachträglich korrigieren und verändern. Z.B. kann ein Windgeräusch reduziert werden.

Speichern

Speichern Sie Ihre Projekte regelmäßig. Pinnacle Studio kann zwar sämtliche Arbeitsschritte automatisch speichern und nach einem Absturz das Projekt wieder öffnen, ohne dass Sie auch nur einen Schritt verloren haben. Dank der integrierten Instant-Save-Funktion müssen Sie das Projekt nicht ein einziges Mal selbst speichern. Trotzdem empfiehlt sich eine regelmäßige manuelle Speicherung. Definieren Sie zu Beginn Ihrer Arbeit, wo auf der Festplatte das Projekt gespeichert werden soll, damit Sie es später schnell finden. Weiteres dazu lesen Sie in *Kapitel 1 „Das erste Projekt"*

Projekte und Projektdaten

Ein Projekt in Studio besteht nicht nur aus einer Projektdatei, wie dies bis Version 9 funktionierte, sondern umfasst zwei Dateien, wobei die eine Datei eigentlich ein Unterordner ist, der aber nicht geöffnet werden kann. Zu einem Projekt gehören also immer eine Datei und dieser Ordner, die beide den gleichen Namen tragen. In diesem speziellen Ordner werden zusätzliche Informationen für das Projekt gespeichert, die von Ihnen nicht verändert werden können.

Rückgängig und Wiederherstellen

Beim Arbeiten kann es vorkommen, dass Sie einen falschen Clip gelöscht oder irgendeinen anderen Fehler gemacht haben. Sie haben die Möglichkeit, einzelne Befehle rückgängig zu machen bzw. wiederherzustellen. Klicken Sie hierfür auf eines der beiden Symbole mit dem gebogenen Pfeil.

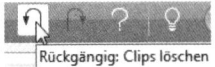

Abbildung 3.37:
Der linke gebogene Pfeil macht einen Befehl rückgängig,
der rechte stellt einen rückgängig gemachten Befehl wieder her

Alternativ dazu können Sie einen Arbeitsschritt mit der Tastenkombination $\boxed{\text{Strg}}$+$\boxed{\text{Z}}$ rückgängig machen bzw. mit $\boxed{\text{Strg}}$+$\boxed{\text{Y}}$ einen zuvor rückgängig gemachten Arbeitsschritt wiederholen.

Importieren von Videoclips

Das Importieren von bestehendem Videomaterial dient dazu, bereits digitalisierte Videodaten in ein Projekt zu integrieren. Hierbei kann es sich auch um Daten handeln, die von einer anderen Person stammen oder aus dem Internet heruntergeladen wurden. Grundsätzlich ist es also egal, woher die Videos kommen, Hauptsache, sie befinden sich auf einer Festplatte, die im oder am Computer angeschlossen ist, und die Daten sind mit Studio kompatibel.

Importieren von einer Festplatte

Sie können in Pinnacle Studio die gängigsten Formate wie AVI, MPEG und WMV importieren. Wie Sie Video von einer DVD importieren können, lesen Sie im nächsten Abschnitt.

Falls Sie Videodaten von einer Kamera importieren möchten, die auf eine Festplatte aufzeichnet, dann verfahren Sie, wie es in *Abschnitt „Importieren von Wechseldatenträger oder Harddiskkamera"* beschrieben wird.   Achtung

Für das Importieren eines Videoclips gehen Sie wie folgt vor:

1. Klicken Sie im Album auf das Register *Videos anzeigen* oder wählen Sie aus dem Menü *Album* den Eintrag *Videoaufnahmen*.

2. Klicken Sie im Album auf das Ordnersymbol.

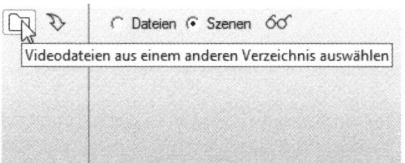

Abbildung 3.38:
Symbol zum Auswählen eines Verzeichnisses und Laden eines Films

3. Wählen Sie das Verzeichnis, in dem sich die Videodatei befindet. In diesem Beispiel liegt sie auf der Festplatte D: im Verzeichnis *Projekte\Dänemark*.

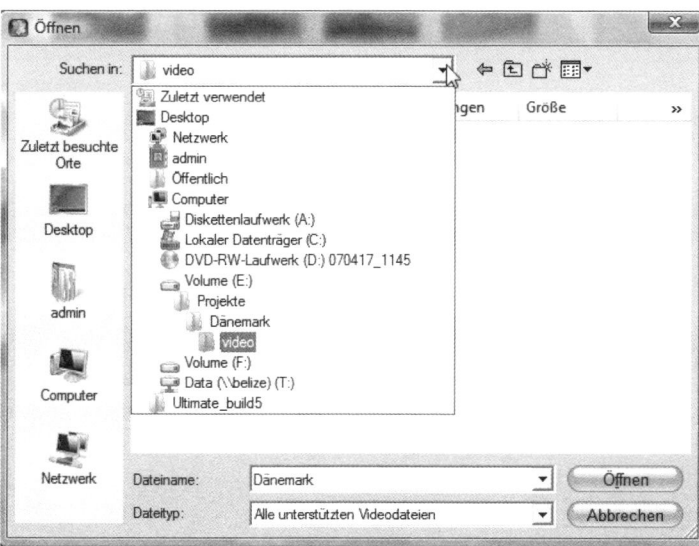

Abbildung 3.39: Wählen Sie das Verzeichnis, aus dem Sie eine Videodatei importieren möchten

4. Klicken Sie auf die Videodatei, die ins Album geladen werden soll. Sie können wahlweise mit der Maus auf die Datei doppelklicken, um sie zu öffnen, oder nach dem Anklicken auf den *Öffnen*-Knopf klicken.

   Die Datei *Dänemark.avi* wird ins Album geladen und alle erkannten Szenen werden angezeigt.

In der Beispielvideodatei befinden sich mehr als die dargestellten 18 Szenen, das Album enthält also weitere Seiten, hier sind es drei. Angezeigt wird die erste von drei Seiten.

Abbildung 3.40: Das Video wird ins Album geladen und in einzelne Szenen aufgeteilt angezeigt

1. Klicken Sie im Album auf den nach rechts zeigenden Pfeil, damit die weiteren Szenen gezeigt werden.

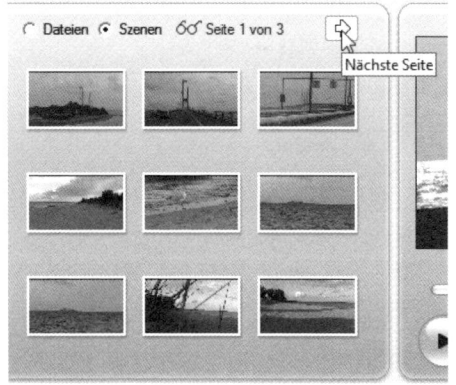

Abbildung 3.41:
Das Pfeilsymbol dient dazu, im
Album weiterzublättern

Um schnell auf eine andere Seite im Album zu gelangen, gehen Sie wie folgt vor:

2. Klicken Sie mit der rechten Maustaste in das Album zwischen ein Video.

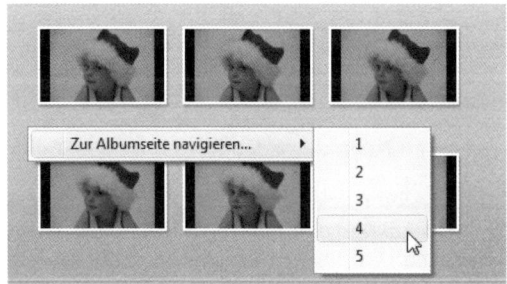

Abbildung 3.42:
Wählen Sie, welche Seite im
Album angezeigt werden soll

3. Wählen Sie nun aus der Liste die Seite aus, die im Album angezeigt werden soll.

Falls im aktuellen Verzeichnis auf der Festplatte weitere Videodateien gespeichert sind, können Sie mit der Maus auf die Dropdown-Liste klicken, um weitere Dateien aus dem gleichen Verzeichnis ins Album zu laden.

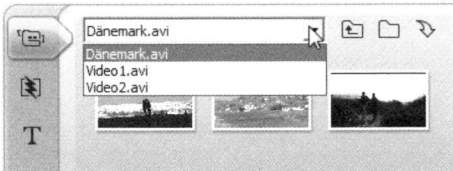

Abbildung 3.43:
Weitere Videoclips im gleichen Verzeichnis
können einfach über die Dropdown-Liste
geladen werden

Sobald die Datei in das Album geladen wurde, kann mit dem Bearbeiten begonnen werden. Wenn für die gewählte Datei noch keine Szenenerkennung gegeben ist, wird dieser Vorgang automatisch gestartet.

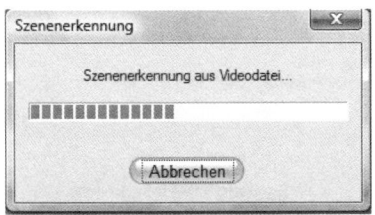

Abbildung 3.44:
Die Szenenerkennung wird automatisch vorgenommen,
falls sie für eine Videodatei noch nicht besteht

Befindet sich ein Stück Film im Album, ist die Rede von einer Szene, befindet sich das gleiche Stück Film in der Storyboard-Ansicht, spricht man von einem Clip. **Hinweis**

Importieren von Wechseldatenträger oder Harddiskkamera

Befinden sich die Video- und Fotodaten auf einer Harddiskkamera, einem digitalen Fotoapparat, einer CD, einer DVD, einem Memorystick oder einer Speicherkarte, dann können sie bequem mit dieser neuen Funktion in Studio 12 auf eine interne Festplatte des PCs kopiert und direkt in Studio importiert werden.

Bei dieser Art des Importierens geht es nicht um das Importieren eines Videos von einer Video-DVD, sondern darum, dass Sie Videodateien auf einem mobilen Speichergerät haben. Bevor diese Videos in Studio 12 importiert werden können, müssen sie auf eine interne Festplatte des PCs kopiert werden. Mit der nachfolgend beschriebenen Funktion wird gezeigt, wie Sie Videos auf eine Festplatte kopieren und gleichzeitig in Studio importieren können. **Achtung**

Wie Sie Videos von einer Video-DVD importieren können, lesen Sie in *Abschnitt „Importieren von Daten von einer Video-DVD".*

Schließen Sie das Medium an den PC an, von dem die Videodaten kopiert und importiert werden sollen. Falls es sich um eine CD oder DVD handelt, legen Sie den Datenträger in das entsprechende Laufwerk ein.

Eine Harddiskkamera mit interner Festplatte wird in der Regel über ein USB-Kabel an den PC angeschlossen.

1. Klicken Sie nun auf folgendes Symbol im Album oder wählen Sie aus dem Menü *Datei* den Eintrag *Importiere Medien von Gerät*.

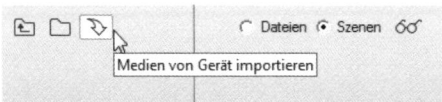

Abbildung 3.45:
Klicken Sie mit der Maus auf den Einfüge-pfeil, um Medien von einem Gerät zu importieren

2. Wählen Sie die Quelle aus, von der Sie importieren möchten.

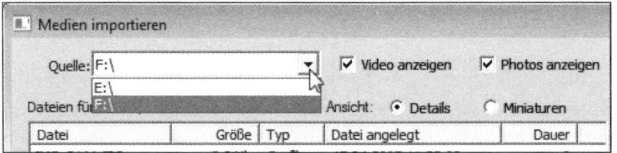

Abbildung 3.46:
Wählen Sie unter „Quelle" aus, von wo Sie importieren möchten

3. Studio listet nun alle Videos und Bilder auf, die auf dem gewählten Gerät gefunden wurden.

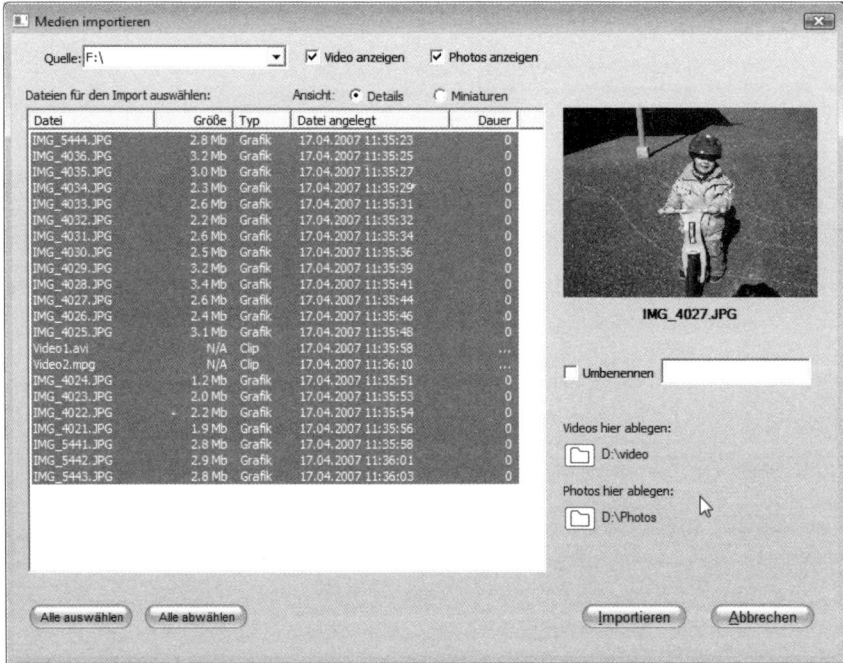

Abbildung 3.47: Studio 12 zeigt alle Videos und Bilder an, die auf dem gewählten Gerät gefunden wurden

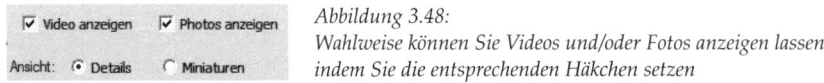

Abbildung 3.48:
Wahlweise können Sie Videos und/oder Fotos anzeigen lassen, indem Sie die entsprechenden Häkchen setzen

4. Wählen Sie mit der Maus alle Dateien aus, die Sie importieren möchten.

Falls Sie die Videos und Fotos in einen bestimmten Ordner kopieren möchten, passen Sie die Zielverzeichnisse an, indem Sie auf das Ordnersymbol klicken und einen Ordner auf der Festplatte auswählen.

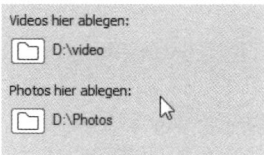

Abbildung 3.49:
Wählen Sie hier den Zielordner auf der Festplatte für
die zu kopierenden Videos und Fotos aus

5. Klicken Sie dann auf *Importieren*, um den Importvorgang zu starten.

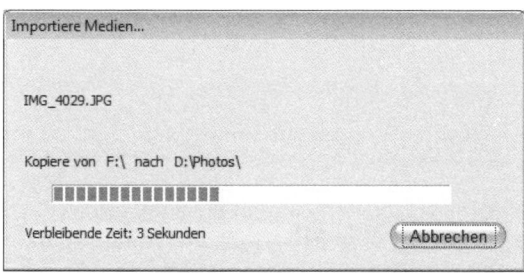

Abbildung 3.50: Die Videos und Fotos werden auf die Festplatte kopiert
und in das Album von Studio referenziert

Importieren von Daten von einer Video-DVD

Mit Pinnacle Studio können Sie Videodaten von einer DVD importieren, die als VOB-Daten gespeichert sind. Wenn Sie also eine Videokamera besitzen, die auf eine DVD aufzeichnet, oder Sie einen bereits erstellten Film nachbearbeiten möchten, können Sie die Videodaten mit dieser Funktion auf den PC kopieren und in Studio importieren. Beachten Sie, dass Sie Daten von geschützten DVDs nicht importieren können.

Und so importieren Sie die Daten:

1. Legen Sie eine DVD, von der Sie Videodaten importieren möchten, in das Laufwerk.

2. Wählen Sie aus dem Menü *Datei* den Eintrag *DVD-Titel importieren*.

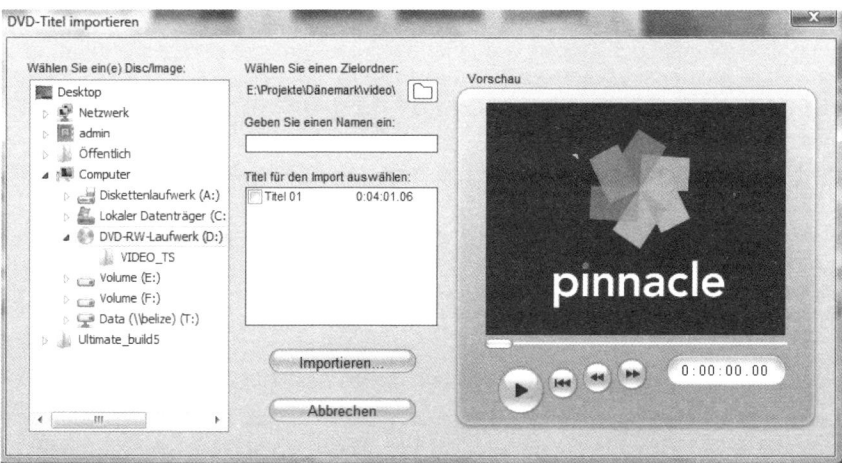

Abbildung 3.51: Mit dieser Funktion können Sie Videodateien von einer DVD importieren

3. Wählen Sie auf der linken Seite das Laufwerk aus, in dem sich die DVD befindet.

4. Wählen Sie einen Zielordner auf der Festplatte, in den die Videodateien gespeichert werden sollen.

5. In der Titelliste können Sie angeben, welche DVD-Kapitel Sie importieren möchten. Sie können die einzelnen Kapitel mit dem Vorschaufenster auf der rechten Seite vor dem Importieren überprüfen.

6. Wählen Sie einen Zielordner auf der Festplatte aus, in den die Videodateien gespeichert werden sollen. Am besten speichern Sie die Videodateien in das gleiche Verzeichnis, in dem das Projekt liegt.

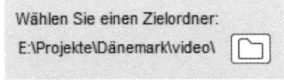

Abbildung 3.52:
Wählen Sie hier einen Speicherort für die zu importierenden Videos aus

7. Klicken Sie auf *Importieren*, um die Videodaten auf den PC zu übertragen. Dabei werden die VOB-Dateien in MPEG-Daten umgewandelt und können danach in Pinnacle Studio weiterverarbeitet werden.

Falls es sich bei der DVD um eine geschützte Disc handelt, erscheint eine Fehlermeldung, dass die Videodaten nicht importiert werden können.

Albumansicht ändern

Im Album von Studio kann entweder eine Videodatei, unterteilt in verschiedene Szenen, oder es können mehrere Videodateien aus dem gleichen Festplattenordner angezeigt werden.

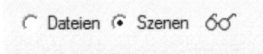

Abbildung 3.53:
Buttons zur Einstellung der Albumansicht

Szenen

Hierbei wird eine Videodatei, aufgetrennt in die einzelnen Szenen, im Album dargestellt. Eine solche Videodatei stammt von einer Videokassette, die den ganzen Film in einer Videodatei auf der Festplatte speichert. Falls Sie Videos von einer MiniDV, VHS, Super-VHS oder Hi8-Kassette eingelesen haben, sollten Sie diese Funktion benutzen.

Dateien

Hierbei werden unterschiedliche Videoclips bzw. Dateien im Album angezeigt. Diese Videoclips stammen von Kameras, die jedes Mal eine neue Datei speichern, sobald die Kamera ein und wieder ausgeschaltet wurde. Falls Sie Videoclips von einer Kamera haben, die auf eine Festplatte oder einen Speicherchip aufnimmt, sollten Sie diese Funktion benutzen.

Die Rohmontage

Sobald Sie ein Video aufgenommen oder importiert haben, können Sie mit dem Aneinanderreihen der einzelnen Szenen beginnen, was als *Rohmontage* bezeichnet wird. Hierfür bietet Pinnacle Studio die sogenannte Storyboard-Ansicht an.

Der Begriff *Storyboard* stammt aus der Spielfilmindustrie und dient der Vorbereitung eines Films. Vor dem Drehen des Films wird von jeder späteren Kameraeinstellung ein Bild, ähnlich einem Comic, gezeichnet. Das Storyboard dient der Filmcrew und den Schauspielern dazu, sich einen Überblick über die einzelnen Szenen zu verschaffen. Der Film kann so als eine Art Diaschau schon vor dem Dreh betrachtet werden.

Hinweis

Die Storyboard-Funktion in Videoschnittprogrammen hat einen anderen Nutzen. Das aufgenommene Video wird beim Einlesen oder Kopieren auf den Computer einer Szenenerkennung unterzogen. Jede gefilmte Szene wird als Vorschauclip dargestellt und bietet einen Überblick über das gefilmte Videomaterial. So kann im Bearbeitungsprozess schnell ein Rohschnitt des Videomaterials erstellt werden.

Erstellen der Rohmontage

Die Storyboard-Ansicht sieht aus wie der Negativstreifen in einem analogen Fotoapparat. In diesen Streifen können Sie nun die gefilmten Szenen ziehen. Gehen Sie dazu wie folgt vor:

1. Wechseln Sie in die Storyboard-Ansicht, indem Sie im Menü *Ansicht* den Eintrag *Storyboard* wählen oder auf das Symbol für die Storyboard-Ansicht klicken.

Abbildung 3.54:
Klicken Sie auf dieses Symbol, um in die
Storyboard-Ansicht zu wechseln

2. Ziehen Sie nun alle Clips bzw. Szenen des Films per Drag&Drop in die Storyboard-Ansicht.

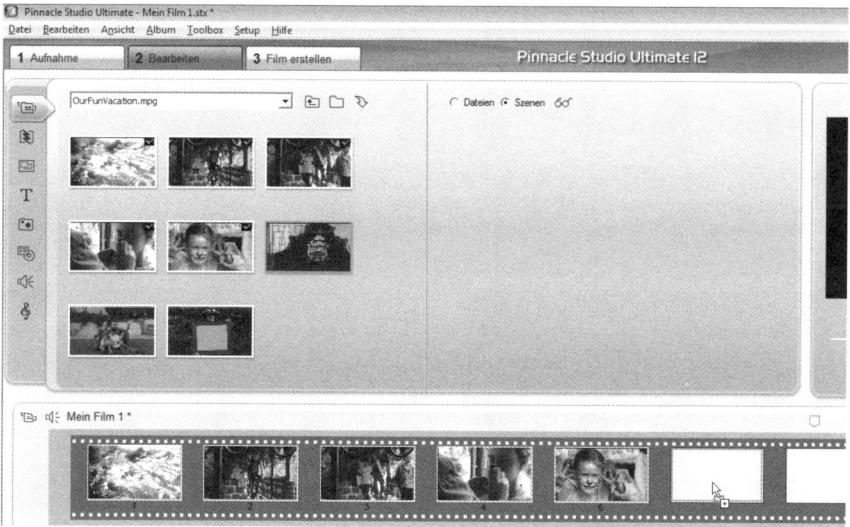

Abbildung 3.55: Die einzelnen Clips werden einfach mit der Maus in die Storyboard-Ansicht gezogen und dort platziert

Reihenfolge der Szenen ändern

Sie können die Reihenfolge der Szenen im Storyboard ganz einfach ändern, indem Sie die einzelnen Szenen mit der Maus an die gewünschte Position verschieben.

1. Klicken Sie mit der Maus auf den gewünschten Clip, um diesen zu markieren, und halten Sie die linke Maustaste gedrückt.

2. Ziehen Sie ihn an die neue Position in der Storyboard-Ansicht. Als Hilfe zum Einfügen wird Ihnen die grüne Linie als Markierung angezeigt.

Abbildung 3.56: Ziehen Sie den Clip mit der Maus an den neuen Platz

3. Lassen Sie die linke Maustaste an der Stelle im Storyboard los, an die der markierte Clip eingefügt werden soll.

   Im Beispiel wird der fünfte Clip zwischen den zweiten und dritten geschoben.

Verwendete Szenen anzeigen

Alle bereits verwendeten Szenen erhalten im Album ein kleines Häkchen, damit Sie nicht den Überblick verlieren.

Abbildung 3.57: Die Häkchen zeigen an, dass diese Clips bereits im Storyboard verwendet wurden

So verändern Sie die Größe der Storyboard-Ansicht: Tipp

1. Öffnen Sie dazu die Projekteinstellungen im Menü *Setup* und wählen Sie *Projekt-Voreinstellungen*.

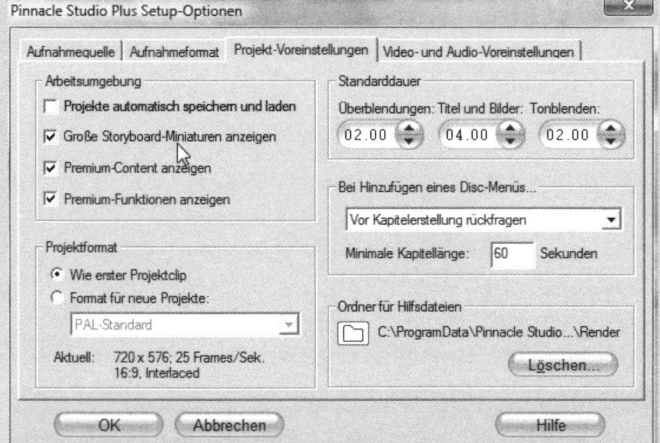

Abbildung 3.58: Wählen Sie die Option „Große Storyboard-Miniaturen anzeigen", um die Ansicht zu vergrößern

2. Markieren Sie die Einstellung *Große Storyboard-Miniaturen anzeigen*, damit die Ansicht vergrößert wird.

3. Schließen Sie die Einstellungen mit einem Klick auf *OK*.

Abbildung 3.59: Die Storyboard-Ansicht wird jetzt größer dargestellt

Szenen mehrmals verwenden

Es ist möglich, die gleiche Szene mehrmals in einem Film zu verwenden. Auf diese Weise können Sie eine Wiederholung im Film erzeugen oder eine Zusammenfassung des Films zeigen. Dazu ziehen Sie einfach den Clip in die Timeline jeweils an die gewünschten Stellen.

Mehrere Szenen auf einmal in die Storyboard-Ansicht laden

Sie haben die Möglichkeit, mehrere Szenen auf einmal in die Storyboard-Ansicht zu laden. Gehen Sie wie folgt vor:

Alle Szenen aus dem Album

1. Klicken Sie eine Szene im Album an und wählen Sie aus dem Menü *Bearbeiten* den Eintrag *Alles auswählen* oder verwenden Sie die Tasten `Strg`+`A`.

2. Alle Szenen sind nun markiert und können zusammen in die Storyboard-Ansicht gezogen werden, indem Sie eine anklicken und in die Storyboard-Ansicht ziehen.

Hintereinanderliegende Szenen

1. Klicken Sie die erste Szene mit der Maus an.

2. Drücken Sie die Taste `⇧` und halten Sie sie gedrückt.

3. Klicken Sie mit der Maus auf die letzte gewünschte Szene.

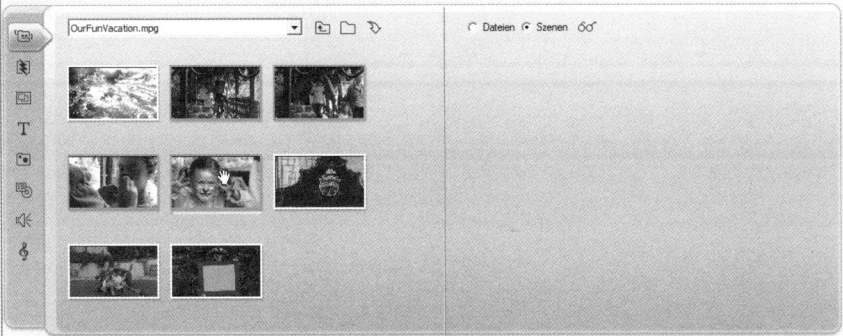

Abbildung 3.60: Im Beispiel wurde auf der rechten Seite im Album zuerst der obere linke Clip und danach der mittlere angeklickt, dabei wurde `⇧` gedrückt

4. Klicken Sie eine der Szenen mit der Maus an und ziehen Sie alle in die Storyboard-Ansicht.

Einzelne Szenen aus dem Album

1. Klicken Sie mit der Maus auf den ersten Clip, der in die Storyboard-Ansicht soll.

2. Halten Sie nun immer die Taste `Strg` gedrückt.

3. Klicken Sie jeden Clip an, den Sie in die Storyboard-Ansicht übernehmen möchten.

Abbildung 3.61: Im Beispiel sind vier Clips ausgewählt, die im Film nicht hintereinanderliegen

4. Sobald Sie alle Clips gewählt haben, ziehen Sie sie in das Storyboard.

Löschen eines Clips

Sie können die Clips im Storyboard jederzeit wieder löschen. Durch das Löschen verschwinden die Clips aus der Storyboard-Ansicht, was aber keinen Einfluss auf die Videodatei auf der Festplatte hat. Sie arbeiten stets mit Verweisen und somit nicht mit dem eigentlichen Videoclip. So bleibt also die Videodatei auch erhalten, wenn Sie einen Clip aus dem Storyboard löschen.

1. Klicken Sie den zu löschenden Clip mit der Maus an.
2. Klicken Sie auf das Papierkorbsymbol.

Abbildung 3.62:
Mithilfe des Papierkorbsymbols wird ein Clip aus
dem Storyboard gelöscht

Der Clip verschwindet von der Storyboard-Ansicht, bleibt allerdings im Album vorhanden. Das nennt man *non-destruktives* Bearbeiten. Das heißt, nicht die eigentliche Videodatei auf der Festplatte wurde gelöscht, sondern nur deren Referenz.

Es ist nicht möglich, einen Clip oder eine Szene aus dem Album zu löschen, um Daten   Achtung
von der Festplatte zu entfernen. Ein Videoclip muss immer als Ganzes auf der Festplatte
im Windows-Explorer gelöscht werden. Denken Sie daran, dass eine Videodatei, die
noch in einem Projekt benötigt wird, auf keinen Fall gelöscht werden darf, da sonst das
Projekt nicht mehr vollständig bearbeitet werden kann. Alle Videodaten, die in einem
Projekt verwendet werden, müssen als Originaldateien auf der Festplatte bleiben.

Die Größe des Storyboards

Ist das ganze Storyboard voller Clips und werden weitere Zeilen benötigt, erscheint im rechten Bereich des Storyboards eine Bildlaufleiste, mit der nach unten bzw. nach oben gescrollt werden kann:

Abbildung 3.63:
Die Bildlaufleiste zeigt an, dass noch weitere Zeilen vorhanden sind

Wie geht es weiter?

Es ist im Prinzip möglich, bereits in der Storyboard-Ansicht mit dem Feinschnitt zu beginnen. Ich empfehle allerdings, in eine andere Ansicht zu wechseln, sobald der Rohschnitt fertig gestellt ist. In der Storyboard-Ansicht sehen Sie keinerlei Informationen über die Dauer eines Clips und dessen Audio. Lesen Sie dazu mehr im folgenden Kapitel.

4

Der Feinschnitt auf der Timeline

In diesem Kapitel erfahren Sie, wie ein Film auf der sogenannten Timeline bearbeitet wird. Es sind nicht viele Funktionen, die Sie beherrschen müssen, aber diese paar vereinfachen das Arbeiten enorm. Die Timeline bietet Ihnen nähere Informationen und einen besseren Überblick als die Storyboard-Ansicht. So, wie die Storyboard-Ansicht für den Grobschnitt dient, findet die Timeline Anwendung für den Feinschnitt.

Der Aufbau der Timeline

Die Timeline zeigt alle verwendeten Video- und Audiospuren sowie die Effekte, Übergänge, Titel usw. Lassen Sie sich die Timeline anzeigen, indem Sie aus dem Menü *Ansicht* den Eintrag *Timeline* wählen oder auf das Symbol *Timeline-Ansicht* klicken.

Abbildung 4.1:
Über dieses Symbol wechseln Sie in die Timeline-Ansicht

Abbildung 4.2: Die Timeline-Ansicht zeigt alle nötigen Spuren und weitere Details zu den einzelnen Szenen an

Die Timeline ist ein wenig komplexer als die Storyboard-Ansicht. Es kann jederzeit zwischen diesen beiden Ansichten hin- und hergewechselt werden, ohne dass dies Einfluss auf den bereits geschnittenen Film hat. Im Folgenden ist der Aufbau der Timeline beschrieben.

Die Zeitleiste

Zuoberst sehen Sie eine Art Lineal, die sogenannte Zeitleiste, die die Filmlänge anzeigt.

Abbildung 4.3: Die Zeitleiste zeigt die Dauer eines geschnittenen Films an

Der Timeline Scrubber

In der Zeitleiste befindet sich der sogenannte *Timeline Scrubber*. Dieser zeigt Ihnen stets die jeweilige Position auf der Timeline bzw. im Film an. Mit dem Scrubber ist es möglich, den Film schneller oder langsamer laufen zu lassen oder eine exakte Position zu finden.

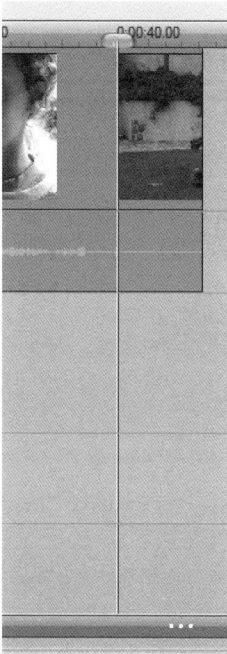

Abbildung 4.4:
Der Timeline Scrubber zeigt immer die aktuelle Position im Film an

Zur Kontrolle sehen Sie im Vorschaufenster das Bild des Videos, auf dem der Timeline Scrubber gerade positioniert ist.

Die Spuren

Darunter folgt der eigentliche Arbeitsbereich: die Videospur und die dazugehörende Originalaudiospur. In Pinnacle Studio Plus 12 ist zusätzlich eine zweite Videospur enthalten, die aber standardmäßig erst angezeigt wird, wenn sie benötigt wird.

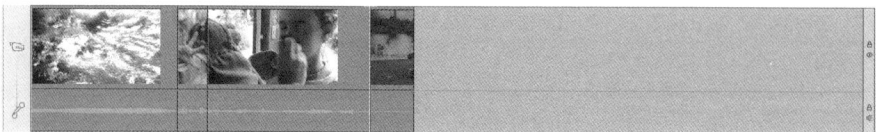

Abbildung 4.5: Die obersten beiden Spuren sind die Video- und die Originaltonspur

Die Titelspur

Abbildung 4.6: Die Titelspur enthält alle Titel für den Film, Stand-, Roll- und Lauftitel

Audiospuren

Zuunterst werden zwei Audiospuren für Musikeffekte/Audiokommentar und Film-musik dargestellt.

Abbildung 4.7: Auf den beiden Tonspuren können Sie Musik, Filmkommentar und Audioeffekte abmischen

Spuren sperren oder ausschalten

Rechts von jeder Spur haben Sie die Möglichkeit, die Spuren aus- oder einzublenden oder zu sperren. Klicken Sie auf das Schlosssymbol, um die Spur zu sperren, oder auf das Lautsprechersymbol, um die Spur stummzuschalten. Das Sperren einer Spur führt dazu, dass sämtliche Elemente darauf nicht mehr bearbeitet werden können. Diese Funktion kann eingesetzt werden, wenn Audio und Video voneinander getrennt oder eine bestimmte Spur nicht mehr verändert werden soll. Darauf werde ich weiter unten noch ausführlicher eingehen.

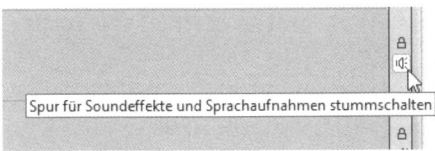

Abbildung 4.8:
Spuren können mit dem Lautsprecher stumm-geschaltet bzw. mit dem Schloss gesperrt werden

Scrubben

Einer von vielen Vorteilen bei der Videobearbeitung am PC besteht darin, dass Sie wäh-rend der Arbeit nicht ständig Bänder spulen müssen, da deren Inhalt ja auf dem PC gespei-chert ist. Wenn Sie bei einem Videoband den Schluss sehen möchten, muss das Band gespult werden und dies dauert seine Zeit. Mit dem Timeline Scrubber haben Sie die Mög-lichkeit, auf der Timeline das Video zu spulen, und zwar viel genauer und bequemer als mit einem Videorecorder oder Bandgerät.

Je langsamer Sie scrubben, umso genauer wird die Position im Film angezeigt. Das Scrub-ben dient im Grunde dem Auffinden einer bestimmten Szene im Film bzw. dem Erreichen einer bestimmten Position für weitere Bearbeitungen.

Sie können den Film spulen bzw. scrubben, indem Sie mit der Maus auf den Kopf des Scrubbers klicken und die linke Maustaste gedrückt halten. Nun können Sie den Scrub-ber nach links oder rechts bewegen und sehen dabei im Vorschaufenster immer das Bild von der jeweiligen Position.

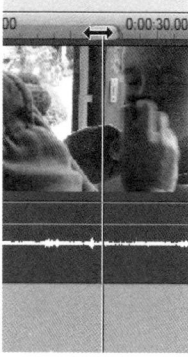

Abbildung 4.9:
Scrubben Sie auf der Timeline, indem Sie mit der Maus
den Scrubber nach rechts oder links bewegen

Je nachdem, wie groß die Ansicht ist, kann es sehr mühsam sein, eine gewisse Stelle im Film zu finden; das Scrubben kann auch viel zu ungenau sein, um ein einzelnes Bild in der Timeline zu lokalisieren. Sie können für Abhilfe sorgen, indem Sie die Timeline vergrößern bzw. verkleinern, wie es im Folgenden beschrieben wird.

Achtung

Achten Sie darauf, dass Sie nicht die vertikale Linie mit der Maus anfassen, bevor Sie scrubben, sondern klicken Sie auf das kleine Oval in der Zeitleiste.

Wenn Sie mit der Maus neben das kleine Oval klicken und dann mit der Maus ziehen, wird die Timeline skaliert und nicht gescrubbt. Weiteres dazu erfahren Sie im Verlauf des Kapitels.

Timeline-Ansicht vergrößern und verkleinern

Um die Ansicht der Timeline zu vergrößern oder zu verkleinern, haben Sie zwei Möglichkeiten:

▨ Durch Ziehen mit der Maus in der Zeitleiste

1. Klicken Sie mit der Maus irgendwo in die Zeitleiste, aber nicht auf den Timeline Scrubber.

2. Sobald das Symbol mit der Uhr und den zwei Pfeilen erscheint, klicken Sie mit der Maus und ziehen sie nach links oder nach rechts. Ziehen nach links verkleinert die Timeline, Ziehen nach rechts vergrößert die Timeline.

Abbildung 4.10:
Der Mauszeiger verwandelt sich in eine Uhr mit zwei Pfeilen,
damit die Timeline-Ansicht vergrößert bzw. verkleinert werden kann

Wenn Sie beim Skalieren der Timeline-Ansicht mit der Maus am Bildschirmrand angekommen sind, müssen Sie die Maus neu positionieren und weiterziehen, damit weiterskaliert werden kann.

■ Durch Klicken auf die Symbole *Lineal vergrößern* oder *Lineal verkleinern*

1. Klicken Sie mit der Maus im unteren linken Bereich der Timeline auf das Lupensymbol mit dem Plus für *Lineal vergrößern* bzw. auf das Minus für *Lineal verkleinern*, um die Timeline zu skalieren.

Abbildung 4.11:
Mit diesen beiden Symbolen wird die Timeline-Ansicht skaliert

Das Skalieren bzw. Vergrößern/Verkleinern ist nicht zu verwechseln mit der Zeitlupen-/Zeitraffer-Funktion. Das Skalieren hat auf den Film keinen Einfluss, sondern dient nur der besseren Ansicht der Timeline. Beim Bearbeiten von Videos muss der Zoom ständig verändert werden. Je genauer geschnitten werden soll, umso größer muss gezoomt werden. Es gibt also keinen Standardzoom. Beachten Sie auch, dass die Skala der Zeitleiste ebenfalls gezoomt wird und der Film seine Länge behält.

Wenn Sie den Zoom so groß wie möglich einstellen, sind die einzelnen Bilder des Films sichtbar. Das sehen Sie auch daran, dass sich der Timeline Scrubber nur ruckartig verschieben lässt, und zwar Bild für Bild.

Vordefinierte Zoomwerte einstellen

Sie haben die Möglichkeit, sich die Timeline in vordefinierten Werten anzeigen zu lassen. Damit ist gemeint, dass Sie einen bestimmten Wert für die Skala angeben können. Hierfür klicken Sie mit der rechten Maustaste in die Zeitleiste und wählen eine der vordefinierten Skalierungen.

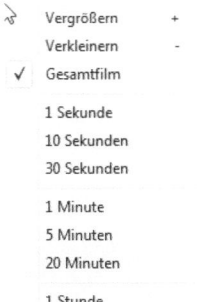

Abbildung 4.12:
Klicken Sie mit der rechten Maustaste auf die Zeitleiste,
um diese Auswahlleiste zu erhalten

Clips auf die Timeline legen

Wie Sie bereits gelesen haben, können einzelne Filmszenen aus dem Album direkt in die Storyboard-Ansicht geladen werden. Das ist ebenfalls in der Timeline-Ansicht möglich. Ziehen Sie die Clips aus dem Album direkt an die gewünschte Stelle auf der Timeline.

Ein neuer Clip kann immer vor oder nach einem bestehenden Clip auf die Timeline platziert werden, es sei denn, Sie arbeiten mit zwei Videospuren.

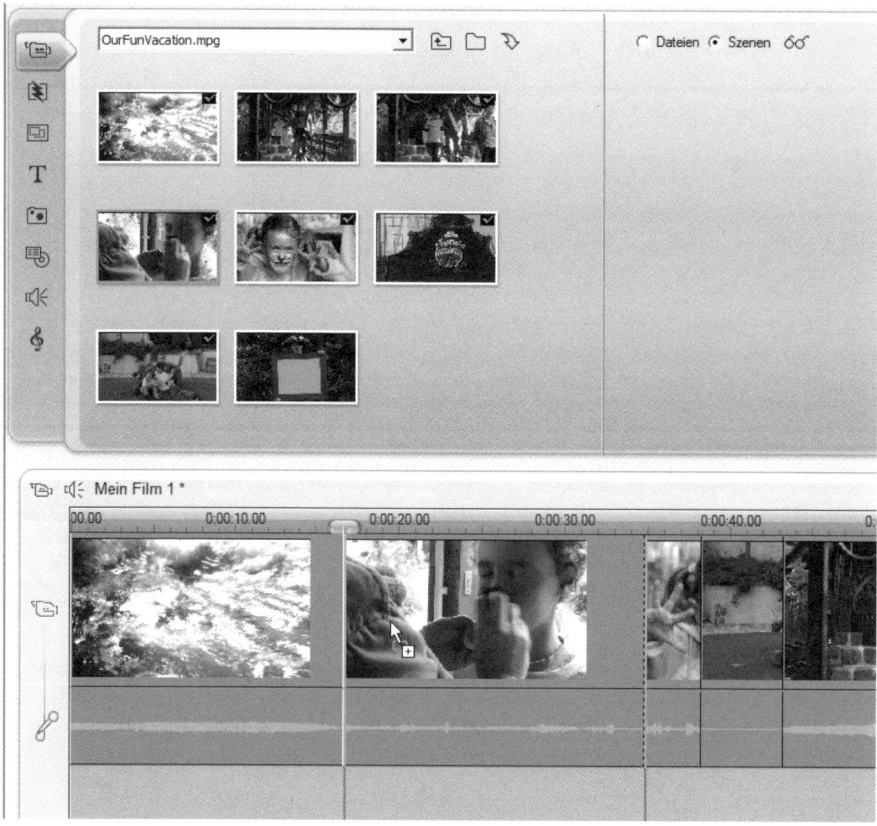

Abbildung 4.13: Clips können Sie per Drag&Drop aus dem Album in die Timeline legen

Werden zwei Clips aus dem Album auf die Timeline gelegt, die im Album hinterein-anderliegen, so wird dies auf der Timeline durch eine gestrichelte Linie angezeigt.

Abbildung 4.14:
Zwei Clips, die nacheinander gefilmt wurden, werden auf
der Timeline durch eine gestrichelte Linie angezeigt

Achten Sie auf die Darstellung der Clips auf der Timeline: Der Clip beginnt immer links vom kleinen Vorschaubild und endet je nach Zoom nicht am rechten Rand des Vorschaubildes, sondern dort, wo ein neuer Clip beginnt. Wenn also ein Clip etwas kürzer ist, als Platz für das Vorschaubild vorhanden ist, wird er nicht ganz dargestellt.

Wenn Sie den Zoomfaktor allerdings verändern, können Sie das ganze Vorschaubild sichtbar machen.

Tipp

Vorschaubild verändern

Sie haben die Möglichkeit, das Vorschaubild eines Clips in der Timeline zu verändern, wenn Ihnen das erste Bild des Clips nicht gefällt. Scrubben Sie an die Stelle, an der sich das neue Bild befindet, klicken Sie mit der rechten Maustaste auf den Clip und wählen Sie *Miniatur einrichten.*

Der Clip erhält ein neues Bild.

Die zweite Videospur

Plus & Ultimate

Diese Funktion ist nur in Pinnacle Studio Plus Version 12 und Ultimate Version 12 verfügbar.

Die zweite Videospur wird dann sichtbar, wenn Sie einen Videoclip aus dem Album auf die Titelspur legen. Der Videoclip bleibt dann nicht auf der Titelspur, sondern es wird eine zweite Videospur eingefügt und angezeigt.

Der Videoclip auf der unteren Spur überdeckt immer den auf der oberen Spur. Dies ist der Fall, wenn Sie entweder mit zwei Kameras gearbeitet haben oder einen sogenannten *Insert-Schnitt* erstellen möchten.

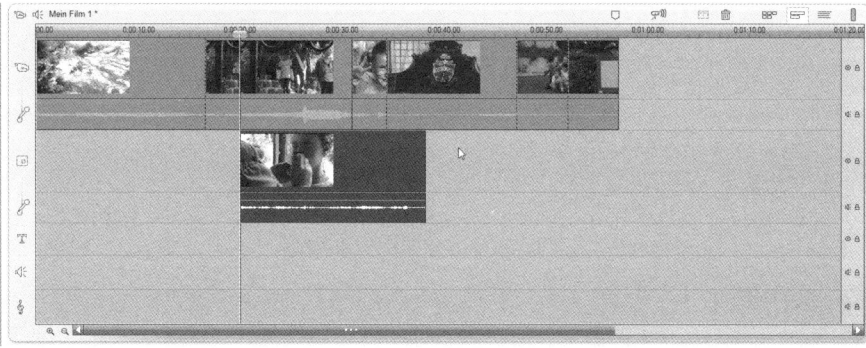

Abbildung 4.15: Die untere Spur verdeckt die obere Spur

Fachwort

Insert-Schnitt

Der Insert-Schnitt wird gebraucht, wenn Sie über ein bestehendes Video einen anderen Clip legen möchten, sodass im Hintergrund der Originalton der ersten Spur weiterhin zu hören ist. Am einfachsten ist es, wenn die erste Spur so bleiben kann, wie sie ist. Am besten vorstellbar ist dies am Beispiel eines Interviews, bei dem der Interviewte von einer Sache erzählt, die gleichzeitig zu sehen sein soll, während der Ton weiter zu hören ist.

Ähnlich wie der Insert-Schnitt funktionieren auch der L- und der J-Schnitt. Lesen Sie dazu mehr im Verlauf dieses Kapitels.

Ändern der Clipreihenfolge

Sie können die Reihenfolge der einzelnen Clips auf der Timeline beliebig verändern. Klicken Sie den zu verschiebenden Clip an und ziehen Sie ihn per Drag&Drop an den gewünschten Ort auf der Timeline. Sie können Clips zwischen zwei Clips auf der Timeline ziehen bzw. an den Anfang oder das Ende der Timeline.

Abbildung 4.16:
Ein Clip kann auf der Timeline nach vorne oder
nach hinten verschoben werden

Der Schnitt

Mit digitalem Schneiden von Videos ist die gesamte Bearbeitung eines Videos gemeint. Unter Schneiden wird im engeren Sinn das Zertrennen von Videoclips verstanden. Der Begriff Schneiden kommt daher, dass die Zelluloid-Filmstreifen zerschnitten werden mussten, um Stücke aus dem Film zu entfernen oder die Reihenfolge zu verändern. Im Prinzip funktioniert die Videobearbeitung am PC ähnlich. In Pinnacle Studio wird meist nicht herausgeschnitten, sondern die Clips werden entsprechend angeordnet. Was nicht gebraucht wird, muss gar nicht erst auf die Timeline. Trotzdem ist es wichtig, dass die Clips zertrennt werden können.

Wo im Film geschnitten wird, entscheiden Sie selbst, für das Schneiden stehen die im Folgenden beschriebenen Möglichkeiten zur Verfügung.

Einen Clip auftrennen und den Anfang oder den Schluss löschen

1. Scrubben Sie in einem Clip an die Position, an der geschnitten werden soll. Um die genaue Position zu finden, ist es evtl. notwendig, die Timeline etwas größer zu zoomen.

2. Sobald Sie die Position gefunden haben, klicken Sie auf der Timeline auf das Rasierklingensymbol, um den Clip in zwei Teile zu trennen.

    Der Clip wird in zwei Teile geteilt. Entscheiden Sie nun, ob das linke oder rechte Teil entfernt werden soll.

3. Klicken Sie das zu löschende Clipteil mit der Maus an und klicken Sie dann auf das Papierkorbsymbol. Alternativ zum Papierkorb können Sie auch Entf drücken.

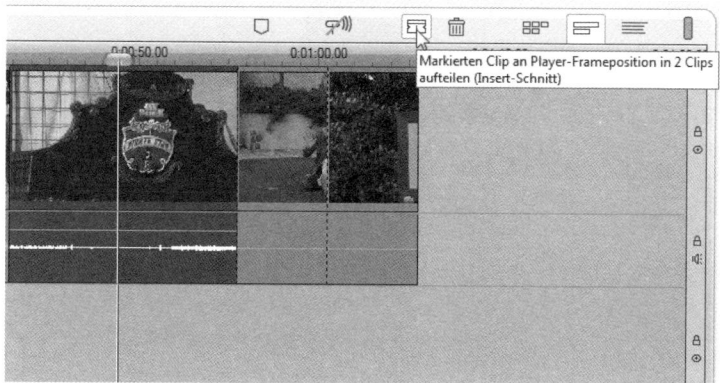

Abbildung 4.17: Rasierklingensymbol für das Teilen eines Clips

Einem Clip ein Mittelstück entfernen

Hierfür ist es notwendig, einen Clip in drei Teile zu teilen.

1. Scrubben Sie an die Position des ersten Schnitts und klicken Sie auf das Rasierklingensymbol.

2. Scrubben Sie an die zweite Position und schneiden Sie nochmals mit der Rasierklinge.

3. Klicken Sie mit der Maus auf das Mittelstück und löschen Sie es mit einem Klick auf das Papierkorbsymbol oder mit [Entf].

Abbildung 4.18: Im Beispiel wird der Clip in drei Teile geteilt und danach der mittlere Teil gelöscht

Bei beiden Varianten wird der hintere Teil des Films lückenlos nach vorne, also nach links gezogen, damit keine Unterbrechung entsteht.

Falls ein Schnitt nicht optimal gelungen ist, haben Sie die Möglichkeit, ihn jederzeit rückgängig zu machen oder im Nachhinein mit der Trimm-Funktion zu korrigieren.

> Beachten Sie, dass das Rasierklingensymbol nicht angewendet werden kann, wenn sich der Scrubber direkt auf einem Schnitt befindet, da an dieser Position ja bereits geschnitten wurde.
>
> Mit dem Rasierklingensymbol wird immer der aktuell markierte Clip geschnitten.

Achtung

Audio-Scrubbing

Plus &
Ultimate

Diese Funktion ist nur in Pinnacle Studio Plus Version 12 und Ultimate Version 12 verfügbar.

Mit der Audio-Srubber-Funktion kann während des Scrubbens das Audio hörbar gemacht werden. Dadurch lässt sich eine Stelle auf einer Audiospur besser finden. Um das Audio-Scrubbing einzuschalten, klicken Sie auf folgendes Symbol:

Abbildung 4.19:
Symbol für das Einschalten der Audio-Scrubber-Funktion

Schwarze Ränder entfernen

Wenn im Vorschaufenster oben und unten oder links und rechts Schwarze Ränder angezeigt werden, dann entspricht der Videoclip nicht genau dem Seitenverhältnis des Projekts. Sie können diese aber schnell und einfach entfernen, indem Sie den Videoclip ein wenig vergrößern. Allerdings wird dann entweder oben und unten oder links und rechts ein kleiner Teil abgeschnitten.

1. Klicken Sie mit der rechten Maustaste auf den Clip.
2. Wählen Sie dann den Eintrag *Bild auf Framegröße hochzoomen*.

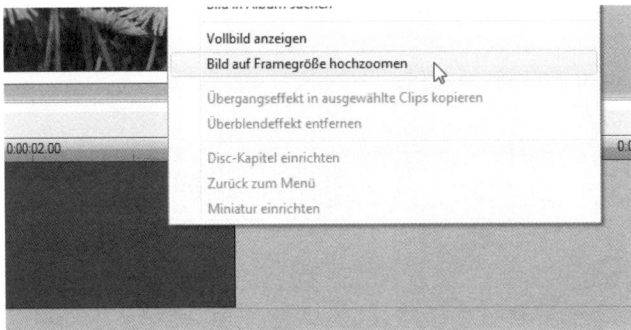

Abbildung 4.20: Wählen Sie „Bild auf Framegröße hochzoomen", um schwarze Balken zu entfernen

Wenn Sie mehrere Clips gleichzeitig anpassen möchten, dann wählen Sie diese zuerst mit der Maus aus und wiederholen die Funktion für alle gleichzeitig.

Schnitttechniken

Im Film werden oft Originalton und Bild unabhängig voneinander verwendet. Denken Sie an ein Interview, in dem der Sprecher von einer Sache spricht, die im Bild gezeigt wird, oder wenn der Originalton früher zu hören ist als das dazugehörige Bild oder umgekehrt.

L-Schnitt

Hier wird das Audio des ersten Clips über dessen Länge hinaus verlängert, sodass der erste Clip aussieht wie ein „L", daher die Bezeichnung *L-Schnitt*. Das Audio des ersten Clips ist länger zu hören.

Abbildung 4.21: Der L-Schnitt verlängert das Audio über den ersten Clip hinaus

J-Schnitt

Im Gegensatz zum L-Schnitt ist hier das Audio des zweiten Clips etwas früher zu hören.

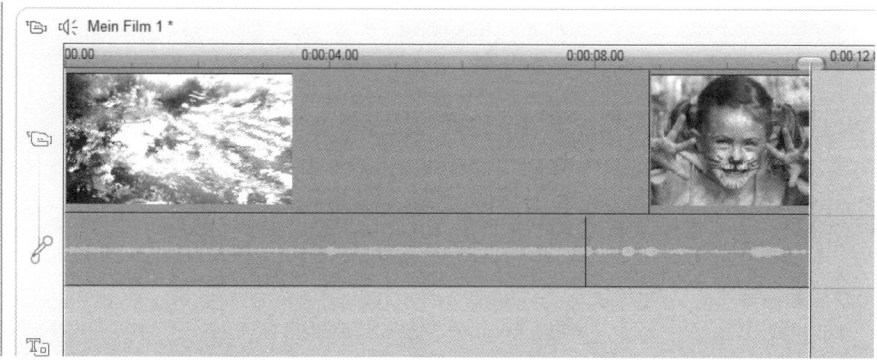

Abbildung 4.22: Der J-Schnitt verlängert das Audio des zweiten Clips

In Spielfilmen wird oft mit dem Ton eine neue Szene eingeleitet. Bevor Sie aber einen L- bzw. J-Schnitt vornehmen, müssen Sie sich darüber im Klaren sein, was bleiben und was sich ändern soll. Wenn also das Audio weiterlaufen soll und das Videobild an derselben Stelle durch etwas anderes ersetzt wird, muss die Audiospur gesperrt werden, bevor Sie den Clip auseinanderschneiden. Wenn das Videobild bleiben soll, muss analog dazu die Videospur gesperrt werden.

Ton bleibt

1. Sperren Sie zuerst die Hauptaudiospur (Originaltonspur), indem Sie auf das Schlosssymbol am rechten Rand der Originaltonspur klicken.

Abbildung 4.23: Sperren Sie die Audiospur mit einem Klick auf das Schlosssymbol

Eine gesperrte Audiospur wird grau schraffiert dargestellt. Jetzt können Clips auf dieser Spur erst wieder bearbeitet werden, nachdem die Sperrung aufgehoben wurde. Zum Entsperren klicken Sie nochmals auf das Schlosssymbol am Ende der Timeline-Spur.

2. Schneiden Sie nun einen Clip mit der Rasierklinge auseinander.

Abbildung 4.24: Das Bild wurde geschnitten, Audio bleibt, wie es ist

Wie Sie sehen, ist das Video zertrennt worden, während der Inhalt der Audiospur so geblieben ist, wie er war.

3. Löschen Sie nun den linken oder rechten Teil des Clips und heben Sie dann die Sperrung durch nochmaliges Anklicken des Schlosssymbols wieder auf.

Abbildung 4.25: Die entstandene Lücke kann mit einem anderen Clip aufgefüllt werden

Die soeben entstandene Lücke auf der Videospur wird im Vorschaufenster schwarz dargestellt und kann nun mit einem anderen Videoclip gefüllt werden.

Trimmen

Das Trimmen dient dazu, einen bereits geschnittenen oder rohen Clip etwas präziser zu verkürzen bzw. einen geschnittenen oder getrimmten Clip wieder zu verlängern.

Kaum jemals hat ein Clip auf der Timeline ohne Bearbeitung die richtige Länge oder soll in voller Länge dargestellt werden. Es ist empfehlenswert, beim Filmen immer etwas mehr aufzunehmen, als später im Film wirklich gebraucht wird, denn Sie können ja nicht schon im Voraus wissen, wie die Szene im fertigen Film wirkt und ob sie nicht länger dargestellt werden soll. Daher ist es ganz normal, dass von jedem Clip am Anfang und am Schluss etwas Videomaterial weggenommen werden soll. Das ist mit der Rasierklinge möglich. Pinnacle Studio ist ein non-destruktives Videobearbeitungsprogramm, das heißt, dass die eigentliche Videodatei auf der Festplatte beim Löschen eines Clips nicht verändert wird. Wenn Sie also einen Clip in der Hälfte teilen und einen dieser Teile löschen, können Sie den gelöschten Teil mit der Trimm-Funktion wiederherstellen, ohne dass Sie den Originalclip nochmals auf die Timeline legen müssen. Sie können aber auch auf das Schneiden mit der Rasierklinge verzichten, wenn Sie einen Clip einfach trimmen, statt ihn zu schneiden.

Hierzu gibt es grundsätzlich zwei Variasnten, die beide ihre Vor- und Nachteile haben. Die erste Variante empfehle ich Einsteigern, die zweite ist etwas schneller. Finden Sie selbst heraus, welche Variante Sie bevorzugen.

Trimmen mittels der Clipeigenschaft

Sie können den Trimm-Modus wie folgt öffnen:

1. Doppelklicken Sie mit der Maus auf den zu bearbeitenden Clip oder selektieren Sie den Clip und wählen Sie aus dem Menü *Toolbox* den Eintrag *Clipeigenschaften ändern*.

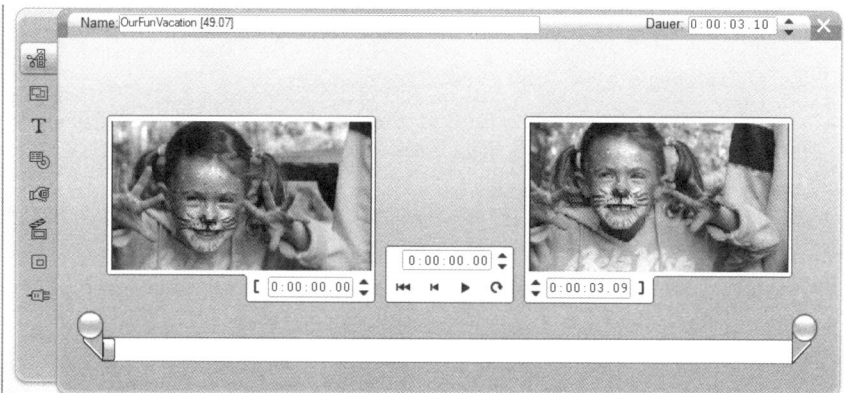

Abbildung 4.26: In der Clipeigenschaft kann der Clip präzise geschnitten werden

Ein Fenster wird geöffnet, in dem der aktuelle Clip angezeigt wird. Im linken Fenster ist das erste Bild und im rechten Fenster das letzte Bild des Clips sichtbar. Sie haben nun die Möglichkeit, mithilfe der beiden Schieber den Anfang bzw. den Schluss des Clips oder bildgenau mit Anfangs- und Endpunkt zu trimmen.

Beginnen wir mit dem groben Trimmen eines Clips:

2. Bewegen Sie den Mauszeiger auf den linken Schieber, klicken Sie mit der linken Maustaste und fahren Sie nach rechts. Beobachten Sie dabei die Timeline und sehen Sie, wie der Clip links verkürzt wird. Je weiter Sie nach rechts fahren, desto mehr wird vom Clip abgeschnitten.

Abbildung 4.27: Der Clip wird auf der Timeline verkürzt

3. Sobald Sie den Schieber loslassen, wird die Lücke auf der Timeline geschlossen. Analog dazu können Sie den Schluss des Clips trimmen.

   Genauer geht es, wenn Sie Bild für Bild trimmen, indem Sie den Pfeil nach oben oder unten anklicken und so den Schieber bewegen bzw. den Clip trimmen.

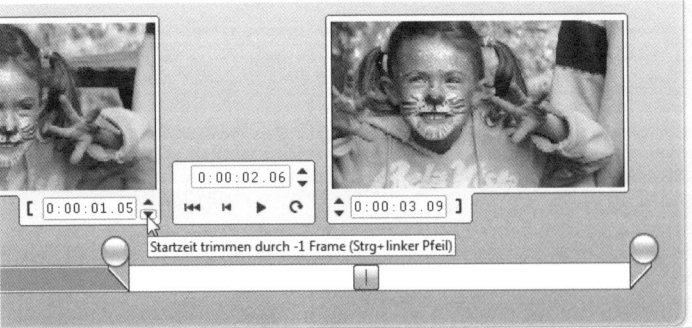

Abbildung 4.28: Klicken Sie auf die Pfeilsymbole, um den Clip Bild für Bild zu trimmen

Wenn Sie einen bereits getrimmten bzw. geschnittenen Clip im Trimm-Modus öffnen, dann befinden sich die Schieber nicht am Anfang und am Ende, sondern bereits an der getrimmten Position. Zur Übung können Sie einen Clip auf der Timeline in zwei Teile schneiden und diese danach im Trimm-Modus öffnen. Sie sehen, dass vom linken Stück der rechte Schieber verändert ist (Schluss ist getrimmt) und vom rechten Stück der linke Schieber verändert ist (Anfang ist getrimmt). Das jeweils getrimmte Stück ist eben auch das geschnittene Stück. Sobald Sie bei beiden Clips die Schieber ganz nach außen zurücktrimmen, werden Sie den gleichen Clip zweimal auf der Timeline haben.

Trimmen auf der Timeline

Sie können Clips auch direkt auf der Timeline trimmen, ohne in den Trimm-Modus zu wechseln. Sie können also direkt auf der Timeline die gewünschten Clips verkürzen bzw. wieder verlängern.

1. Klicken Sie auf den zu trimmenden Clip auf der Timeline.

2. Bewegen Sie die Maus an den Anfang oder den Schluss des Clips.

3. Der Mauszeiger ändert sich in ein Pfeilsymbol. Ziehen Sie nun den Anfang bzw. den Schluss des Clips nach links bzw. rechts, um den Clip zu trimmen.

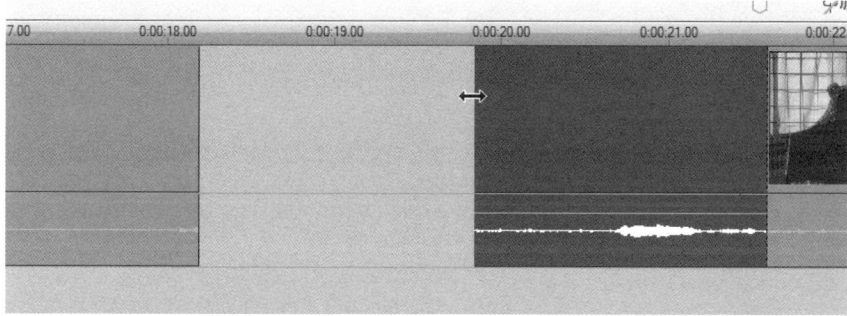

Abbildung 4.29: Der Clip wird getrimmt

Das Maussymbol ändert sich in einen kleinen blauen Pfeil, der am Schluss eines Clips nach links und am Anfang eines Clips nach rechts zeigt. Beachten Sie, dass Pinnacle Studio immer den selektierten, also blau markierten Clip als den zu trimmenden behandelt. (Für unser Beispiel heißt das, dass der mittlere Clip und nicht der rechte getrimmt wird.)

4. Halten Sie nun die linke Maustaste gedrückt und fahren Sie nach rechts, um den Clip zu trimmen bzw. zu kürzen.

Sie können nicht nach links fahren (verlängern), da ein Clip zuerst gekürzt werden muss und dieser Clip nicht länger ist. Die nachfolgenden Clips werden automatisch nachgezogen, damit keine Lücke auf der Timeline entsteht. Sie werden bemerken, dass bei einem nochmaligen Trimmen am Ende dieses Clips der Mauszeiger zu einem Doppelpfeil wird, da der Clip ja nun um das Getrimmte wieder verlängert oder weiter verkürzt werden kann.

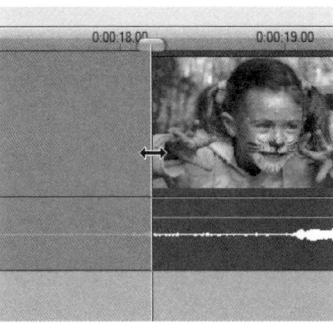

Abbildung 4.30:
Wurde ein Clip bereits getrimmt, erscheint
der Mauszeiger als Doppelpfeil

Wie viel getrimmt wird, hängt davon ab, wie weit Sie mit der Maus fahren. Um bildgenau zu trimmen, ist es also notwendig, vorher auf der Timeline zu zoomen und die Ansicht zu vergrößern.

Zur Übung können Sie die Timeline-Ansicht ganz groß zoomen und mit der Maus einen Clip Bild für Bild trimmen.

Im Prinzip könnten Sie komplett auf das Schneiden eines Clips mit der Rasierklinge verzichten, indem Sie die Clips trimmen. Falls ein Teil in der Mitte entfernt werden muss, können Sie einfach den Clip zweimal in die Timeline ziehen und jeweils den Anfang und den Schluss über die Mitte trimmen. Entscheiden Sie selbst, welche Variante Sie bevorzugen.

Markierungen

Neu in Studio 12 ist die Möglichkeit, Markierungen auf Clips zu setzen. Diese Markierungen dienen dazu, Positionen im Film wiederzufinden bzw. andere Clips wie Fotos oder Musik an eine bestimmte Position zu setzen.

Sie können Markierungen wie folgt auf einen Clip setzen:

1. Wählen Sie mit der linken Maustaste einen Clip auf der Timeline aus.
2. Positionieren Sie den Timeline-Scrubber an die gewünschte Position.
3. Klicken Sie auf *Marker an Scrubberposition hinzufügen*, um einen Marker zu setzen.

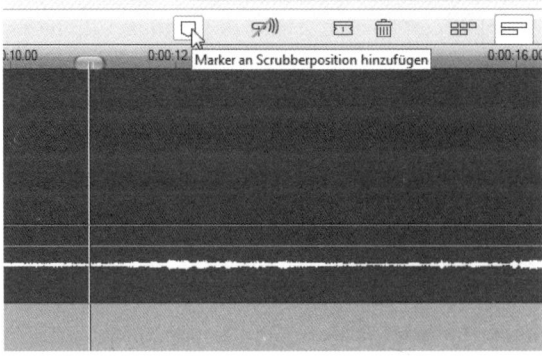

Abbildung 4.31:
Klicken Sie auf „Marker an
Scrubberposition hinzufügen"

Eine andere Möglichkeit besteht darin, die Taste $\boxed{M}$ auf der Tastatur zu drücken, um direkt einen Marker zu setzen.

Zum nächsten Marker springen

Wenn Sie mehrere Marker gesetzt haben, dann können Sie mit den Pfeilsymbolen zum vorigen bzw. nächsten Marker springen.

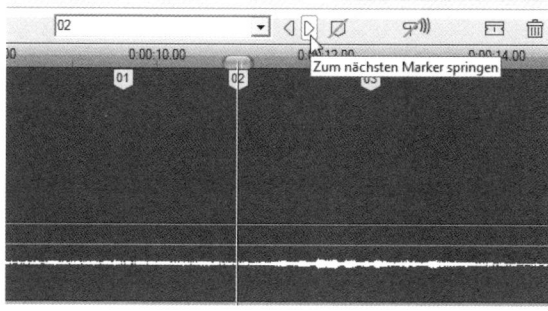

Abbildung 4.32:
Zum nächsten Marker springen

Marker benennen

Geben Sie in das kleine Eingabefeld neben der Marker-Nummerierung einen beliebigen Text ein, damit Sie später die Position schneller finden können.

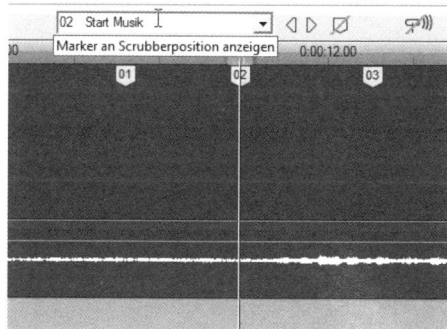

Abbildung 4.33:
Marker benennen

Sie können alle Marker anzeigen lassen, indem Sie die Dropdown-Liste anzeigen. Klicken Sie einfach auf einen Marker und der Timeline-Scrubber springt an die gewünschte Position.

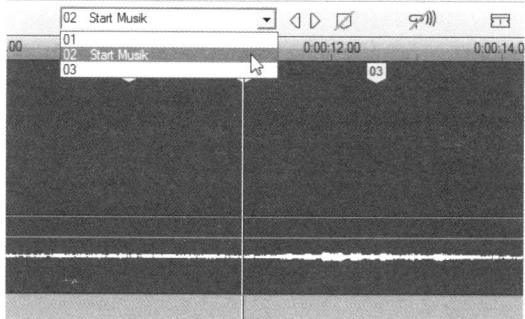

Abbildung 4.34:
Zu Marker springen

Löschen von Markierungen

Positionieren Sie den Timeline-Scrubber auf eine Marker-Position und klicken Sie mit der linken Maustaste auf *Marker an Scrubberposition löschen*:

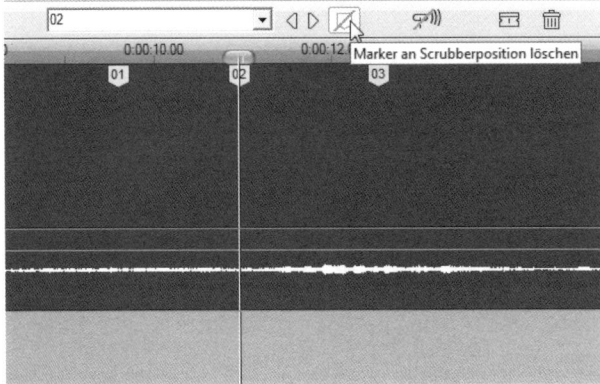

Abbildung 4.35: Klicken Sie auf „Marker an Scrubberposition löschen"

Löschen eines Clips

Klicken Sie mit der Maus den zu löschenden Clip an und klicken Sie danach auf das Papierkorbsymbol oder drücken Sie [Entf].

Abbildung 4.36: Einen Clip über das Papierkorbsymbol löschen

Wenn ein Clip mitten im Film gelöscht wird, entsteht im Prinzip eine Lücke. Damit das nicht passiert, schiebt Pinnacle Studio alles, was dahinter liegt, nach vorne, sodass die Synchronizität gewährleistet ist. Möchten Sie aber eine solche Lücke lassen, dann drücken Sie gleichzeitig [Entf] und [Strg] oder wählen im Menü *Bearbeiten* den Eintrag *Löschen (Lücke lassen)*.

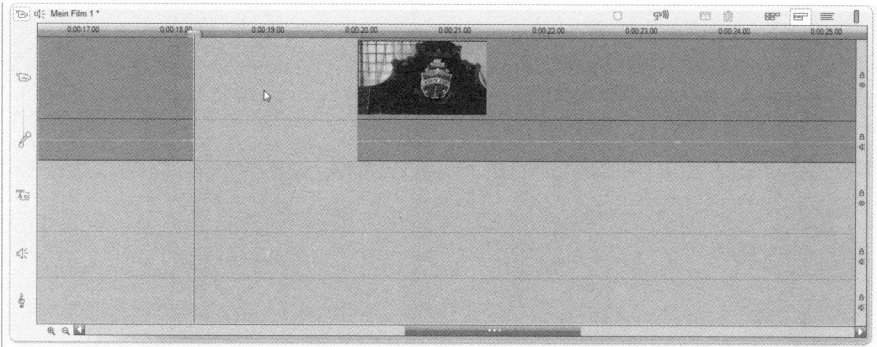

Abbildung 4.37: Nach dem Löschen bleibt eine Lücke

Mehrere Clips auf einmal löschen

Um mehrere hintereinanderliegende Clips auf der Timeline zu löschen, klicken Sie in der Timeline auf einen leeren Bereich unterhalb eines zu löschenden Clips. Ziehen Sie dann mit der Maus ein Auswahlrechteck über die zu löschenden Clips.

Abbildung 4.38: Mit der Auswahlfunktion mehrere Clips auswählen

Die Clips werden selektiert. Sobald alle Clips selektiert sind, können Sie sie über das Papierkorbsymbol löschen.

Alles auf der Timeline löschen

Wenn Sie die ganze Timeline leeren wollen und kein neues Projekt erstellen möchten, wählen Sie aus dem Menü *Bearbeiten*, dann *Alles auswählen* bzw. drücken Sie ⌷Strg⌷+⌷A⌷. Mit einem Klick auf den Papierkorb wird alles gelöscht.

5

Übergangs-
effekte

Übergänge nennt man alles, was sich von einem Clip zum nächsten abspielt. Einen Übergang zwischen zwei Clips ohne Effekt nennt man einen harten Übergang oder harten Schnitt. Wenn Sie also bereits einen Rohschnitt erstellt haben, befindet sich zwischen jedem der Clips auf der Timeline ein harter Übergang bzw. harter Schnitt. Dieser Übergang wird auch in den meisten Spiel- und Dokumentarfilmen bei ca. 98 % der Schnitte angewendet. Das fällt einem beim Betrachten eines Films nicht unbedingt auf. Achten Sie doch das nächste Mal, wenn Sie einen Film ansehen, darauf und analysieren Sie die Art der Übergänge.

Nachfolgend lernen Sie, wie Sie Übergänge mit einem Effekt kombinieren können. Wechseln Sie auf der Registerkarte *Bearbeiten* ins Album und wählen Sie am linken Rand das Register *Übergangseffekte*.

Abbildung 5.1:
Albumseite für die Übergangseffekte

Das Album öffnet die Übergangseffekte und listet Ihnen alle möglichen Übergänge in Pinnacle Studio auf.

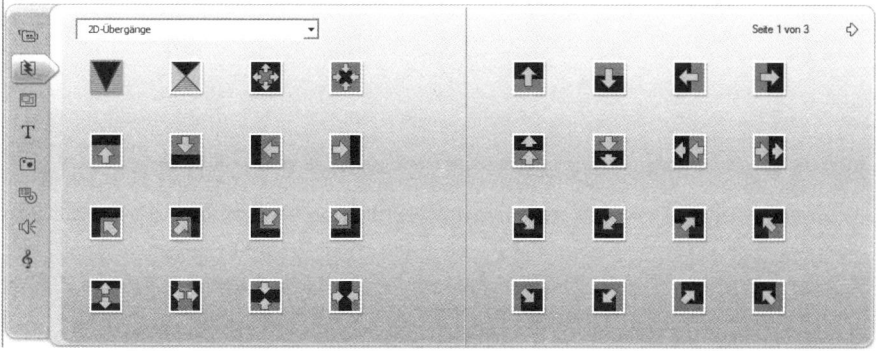

Abbildung 5.2: Im Album sind die Effekte als Vorschau sichtbar

Das Album zeigt die Übergangseffekte an, die Sie über die Kategorie im linken oberen Bereich des Albums gewählt haben. Wollen Sie eine andere Kategorie wählen, öffnen Sie die Dropdown-Liste und wählen die gewünschte Übergangskategorie. Pinnacle stellt Ihnen eine große Anzahl zur Verfügung.

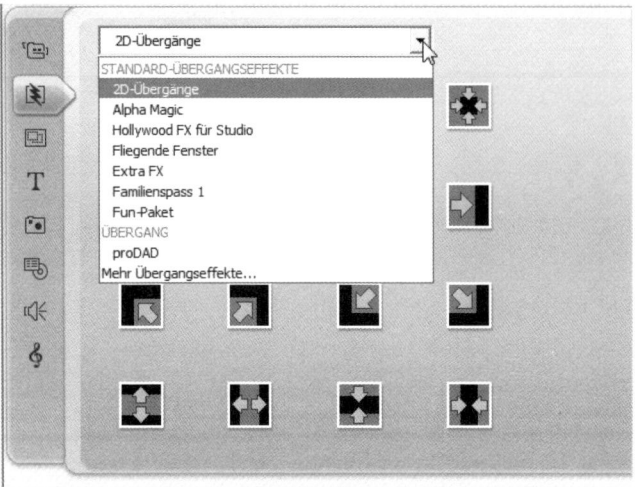

Abbildung 5.3: Wählen Sie Effekte aus weiteren Kategorien aus

Hinweis   Wenn Sie die Bonus-DVD installiert haben, sehen Sie mehr Übergänge in Unterkapiteln angeordnet.

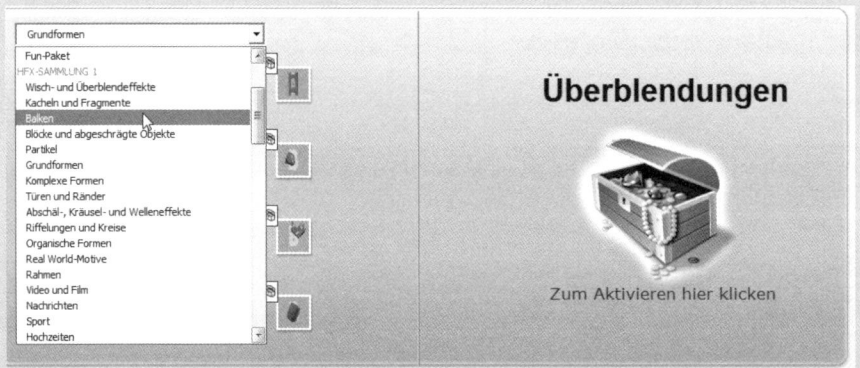

Abbildung 5.4: Die Übergänge mit einem Schloss müssen zuerst freigeschaltet werden, was kostenpflichtig ist

Diese Übergänge müssen Sie freisschalten, damit das Wasserzeichen verschwindet. Klicken Sie dazu auf die Schatzkiste.

Unter *2D-Übergänge* sind die Standardeffekte gespeichert. Sie können aus den Untergruppen den gewünschten Effekt aussuchen und in Pinnacle Studio benutzen. Wenn Sie auf *Mehr Übergangseffekte* klicken, öffnet Pinnacle Studio eine Internetseite, auf der Sie weitere Effekte kaufen können.

Sobald Sie einen Effekt mit der Maus anwählen, sehen Sie im Vorschaufenster, wie der Effekt aufgebaut ist, bzw. es wird Ihnen gleich eine Demo abgespielt, die den Ablauf des Übergangs zeigt. Dabei steht der Buchstabe A für den ersten Clip und der Buchstabe B für den zweiten Clip, die Sie mit dem gewählten Übergangseffekt ineinander überblenden lassen möchten.

Ein Übergangseffekt wird wie folgt angewendet:

1. Wechseln Sie im Album über die Register zu den Übergängen.

2. Wählen Sie eine Kategorie und aus dieser Kategorie einen Übergangseffekt.

3. Ziehen Sie den gewünschten Übergangseffekt per Drag&Drop aus dem Album in die Timeline zwischen die beiden Clips, die Sie überblenden wollen.

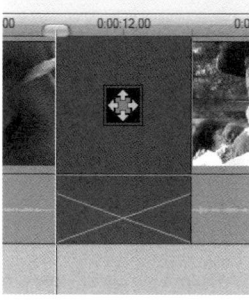

Abbildung 5.5:
Der Effekt wird zwischen zwei Clips gesetzt
und kann gleich überprüft werden

Dazu halten Sie den Blendeffekt nur über den ersten oder den zweiten Clip und lassen dann die Maustaste wieder los. Der Übergang wird automatisch zwischen die beiden Clips positioniert. Sie sehen zwei grüne Hilfslinien, zwischen die der Effekt eingefügt wird.

Gegebenenfalls müssen Sie die Timeline etwas näher heranzoomen, damit der Effekt besser zu sehen ist. Natürlich können Sie einen Übergangseffekt auch in der Storyboard-Ansicht einsetzen; dazu gehen Sie wie folgt vor.

1. Wechseln Sie in die Storyboard-Ansicht.

2. Öffnen Sie im Album das Register für die Übergänge.

3. Ziehen Sie einen Effekt zwischen zwei Clips auf den grauen Balken.

Abbildung 5.6:
Übergangseffekte können auch in der
Storyboard-Ansicht eingefügt werden

Sie können so immer zwischen zwei Clips einen Übergang setzen. Das ist auch am Anfang und Schluss des Films möglich.

Länge eines Übergangs verändern

Die Länge bzw. die Dauer eines Übergangseffekts können Sie nur in der Timeline-Ansicht anpassen, da die Länge des Übergangs in der Storyboard-Ansicht nicht sichtbar ist und auch nicht ohne Weiteres verändert werden kann.

Die Länge des Effekts können Sie verändern, indem Sie den Effekt auf der Timeline mit der Maus trimmen. Klicken Sie ihn an und bewegen Sie die Maus an den Anfang bzw. an das Ende des Effekts, bis sich der Mauszeiger in einen blauen Doppelpfeil verwandelt.

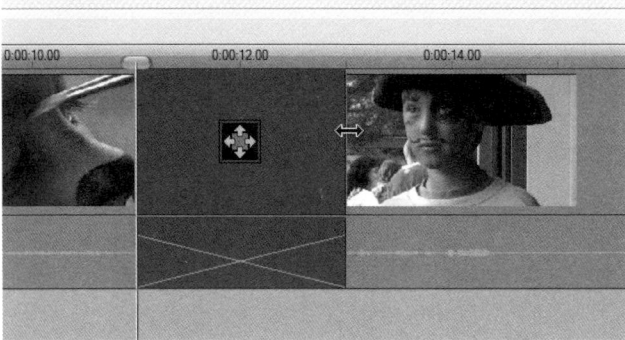

Abbildung 5.7: Ein Übergangseffekt kann genau wie ein Clip verlängert bzw. verkürzt werden

Fahren Sie mit gedrückter Maustaste nach links oder rechts, um den Effekt zu verkürzen oder zu verlängern.

Beachten Sie dabei, dass bei einem Übergangseffekt zwei Clips für die Dauer des Effekts miteinander verschmolzen werden. Das führt dazu, dass Pinnacle Studio den Film um diese Länge kürzen muss. Das wird verständlich, wenn Sie folgendes Beispiel nachvollziehen:

1. Legen Sie zwei Clips auf die Timeline und trimmen Sie sie zu einer Länge von je fünf Sekunden, sodass der Film eine Länge von 10 Sekunden hat.

2. Zoomen Sie die Timeline auf die Länge des ganzen Films, fügen Sie nun irgendeinen Effekt hinzu und beobachten Sie das Ende des Films.

   Der Film wird um ein kleines Stück verkürzt, und zwar genau um die halbe Länge des Effekts. Wenn Sie nun den Effekt verlängern, verkürzt sich der Film entsprechend.

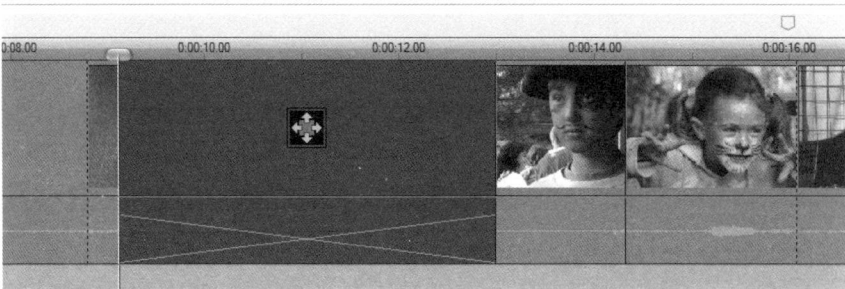

Abbildung 5.8: Der Film wird im Ganzen kürzer, je länger ein Übergangseffekt ist

Hinweis Sie können den Effekt nicht länger als den kürzeren der beiden Clips machen. Beim Verkürzen des Effekts wird der Film wieder verlängert.

Ein Übergangseffekt braucht Zeit, da zwei Clips miteinander verschmolzen werden. Das ist kein Problem, achten Sie einfach beim Filmen darauf, dass Sie von jeder Einstellung genügend Material aufgenommen haben.

Ein Übergangseffekt kann durch einen Doppelklick auch im Trimm-Editor verändert werden, doppelklicken Sie auf den Effekt, um den Editor zu öffnen.

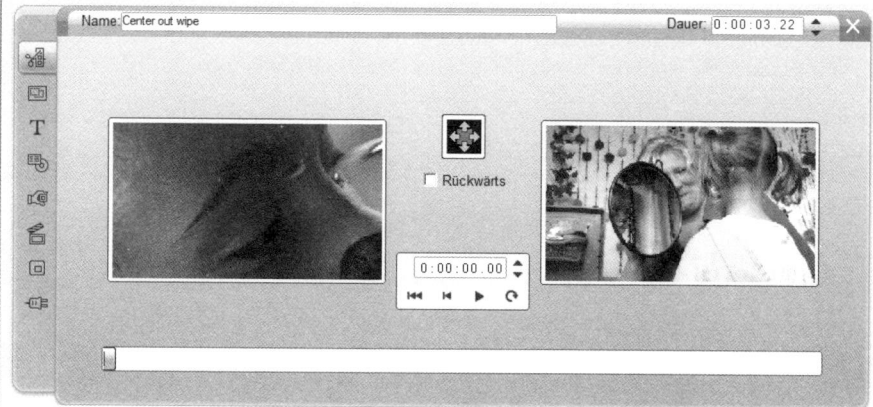

Abbildung 5.9: Nach einem Doppelklick auf einen Effekt kann dieser bearbeitet werden

In der oberen rechten Ecke des Trimm-Editors wird die *Dauer* des Übergangseffekts ange-zeigt. Durch Anklicken der jeweiligen Anzeigeposition und durch Erhöhen oder Verrin-gern der gezeigten Werte können Sie die Länge des Effekts verändern. Übergänge können auch in der Storyboard-Ansicht mit dem Trimm-Editor verändert werden.

Standardlänge eines Übergangs

Wenn Sie einen Übergangseffekt auf der Timeline anwenden, hat dieser eine Standard-länge. Diese Standardlänge ist in den Optionen von Pinnacle Studio festgelegt worden. Sie haben allerdings die Möglichkeit, die Standarddauer für alle neu hinzugefügten Über-gänge zu ändern. Die Änderungen beziehen sich allerdings nur auf die neu hinzugefüg-ten Effekte und nicht auf diejenigen, die schon im Film angewendet wurden.

Um die Standarddauer zu ändern, gehen Sie wie folgt vor:

1. Wählen Sie im Menü *Setup/Projekt-Voreinstellungen*.

    Es öffnet sich das Dialogfenster *Pinnacle Studio Plus Setup-Optionen*.

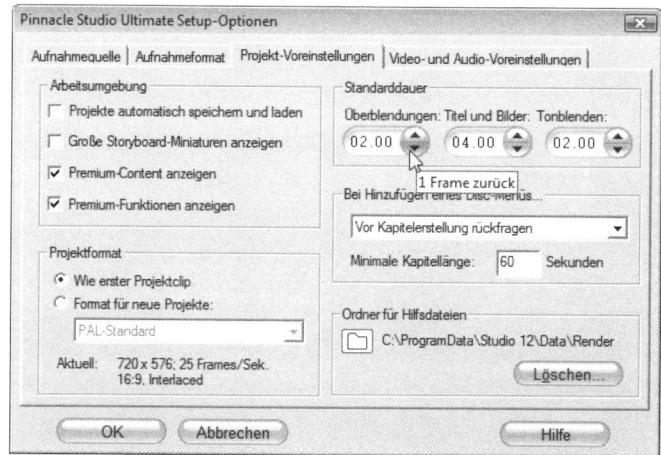

Abbildung 5.10: Hier kann die Standarddauer eines Effekts verändert werden

2. Unter *Standarddauer* können Sie die Länge für alle Übergangseffekte verändern. Das erste Zahlenpaar sind Sekunden, das zweite sind Bilder. Diese Veränderung betrifft nur Effekte, die nach der Einstellung neu in die Timeline gelegt werden. Die bereits bestehenden Effekte auf der Timeline behalten ihre Länge.

3. Geben Sie eine gewünschte Dauer ein und schließen Sie das Fenster mit einem Klick auf *OK*.

Hinweis

Übergangseffekte werden in der Filmsprache gezielt eingesetzt. Natürlich können Sie zwischen jeden Clip einen Effekt legen und somit ein recht buntes Resultat erhalten. Es hat sich allerdings gezeigt, dass weniger oft mehr ist.

Der wohl am häufigsten eingesetzte Effekt ist der sogenannte *weiche Übergang* oder die *weiche Blende*. Diese Blende dient z.B. dazu, dem Zuschauer mitzuteilen, dass im Film ein Orts- oder Zeitwechsel erfolgt. Wenn Sie also im Film eine Geschichte erzählen und den Ort wechseln, dann ist es sicherlich eine gute Lösung, dies mit der weichen Blende anzuzeigen.

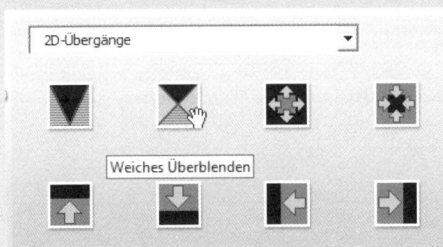

Abbildung 5.11:
Die weiche Blende wird für Orts-
und Zeitwechsel eingesetzt

Sie können diesen Effekt mit dem Effekt *Ein-/Ausblenden* noch verstärken, der kurz in Schwarz blendet, statt die Clips ineinander zu überblenden.

Alle anderen Effekte wenden Sie am besten dort an, wo sie abgestimmt auf den Filminhalt sinnvoll sind. Eine allgemeingültige Regel gibt es nicht, außer dass Sie Ihr Publikum nicht mit zu vielen Effekten verwirren oder langweilen sollten.

Übergänge können natürlich auch am Anfang und Ende eines Films angewendet werden, um ihn ein- oder auszublenden. Ziehen Sie dazu den Effekt einfach an den Anfang oder den Schluss des Films.

Abbildung 5.12: Übergangseffekte können auch am Anfang und am Schluss angewendet werden

Übergänge lassen sich auf allen Videospuren und der Titelspur anwenden. Hierfür gehen Sie wie folgt vor:

1. Setzen Sie einen Titel auf die Timeline.

2. Öffnen Sie im Album das Register für die Übergänge.

3. Ziehen Sie mit der Maus per Drag&Drop einen Effekt an den linken oder rechten Rand eines Titels.

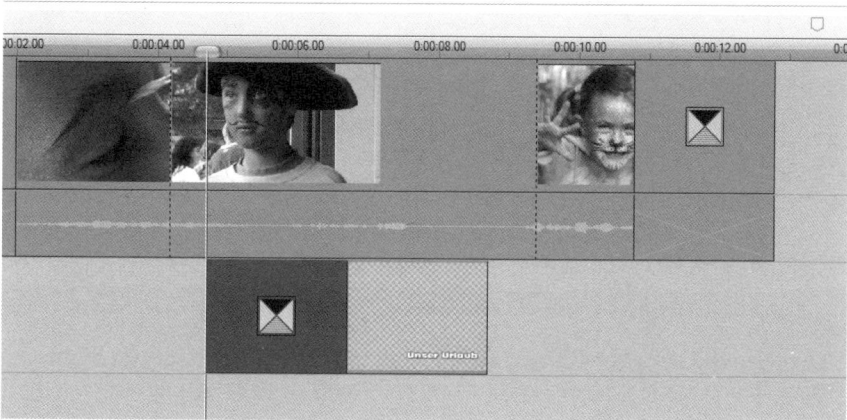

Abbildung 5.13: Einen Übergang auf einen Titel anwenden

Die Länge des Übergangs kann ebenfalls verändert werden.

Effekt ersetzen

Falls ein bestehender Effekt auf der Timeline durch einen anderen mit derselben Länge ersetzt werden soll, ziehen Sie den neuen einfach mit der Maus auf den bestehenden. Der vorherige Effekt wird automatisch gelöscht und durch den neuen ersetzt.

Effekt auf mehrere Clips gleichzeitig anwenden

Sie haben in Pinnacle Studio die Möglichkeit, einen Effekt auf mehrere aufeinanderfolgende Clips gleichzeitig anzuwenden. Gehen Sie dazu wie folgt vor:

1. Setzen Sie mehrere Clips auf die Timeline und legen Sie zwischen den ersten und zweiten Clip einen Übergangseffekt.

2. Markieren Sie mit der Maus rechts davon alle Clips, auf die der Übergangseffekt angewendet werden soll.

3. Klicken Sie mit der rechten Maustaste auf den ersten markierten Clip und wählen Sie aus der Liste *Übergangseffekt in ausgewählte Clips kopieren*.

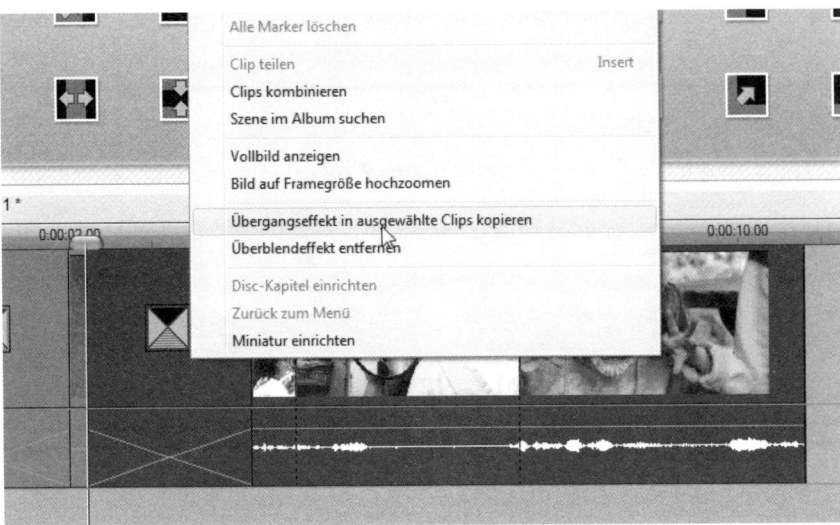

Alle Marker löschen

Clip teilen   Insert

Clips kombinieren
Szene im Album suchen

Vollbild anzeigen
Bild auf Framegröße hochzoomen

Übergangseffekt in ausgewählte Clips kopieren
Überblendeffekt entfernen

Disc-Kapitel einrichten
Zurück zum Menü
Miniatur einrichten

Abbildung 5.14: Ein Effekt kann auf mehrere Clips mit einem Befehl kopiert werden

Der Effekt wird auf alle selektierten Clips kopiert. So können Sie sich eine Menge Arbeit sparen, denn auf diese Weise brauchen Sie nicht jeden Übergang manuell zu setzen.

6

Montagethemen

Bei *Montagethemen* handelt es sich um eine komplett neue Funktion in Studio 12, Studio Plus 12 und Studio Ultimate 12. Mit dieser Funktion bzw. den Vorlagen können Sie mehrere Videoclips gleichzeitig abspielen oder interessante Effekte erzielen. Grundsätzlich funktionieren die Themen immer nach dem gleichen Prinzip.

Um ein Montagethema anzuwenden, gehen Sie wie folgt vor:

1. Wählen Sie im Album die Montagethemen mit einem Klick auf das folgende Symbol:

    Abbildung 6.1:
    Montagethemen in Studio 12

    Die verschiedenen Vorlagen sind in Kategorien zusammengefasst, die Sie im Album auswählen können.

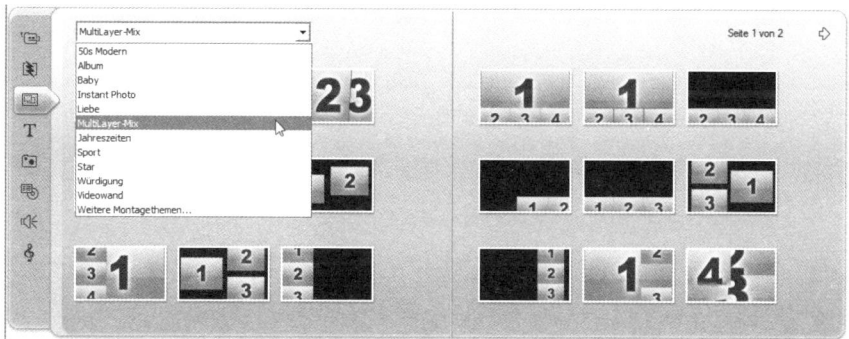

Abbildung 6.2: Wählen Sie eine gewünschte Kategorie

2. Wählen Sie nun eine Vorlage aus dem Album aus und legen Sie diese auf die Timeline an einen beliebigen Ort zwischen zwei Clips, an den Anfang oder den Schluss des Films.

    Im Beispiel wird aus der Kategorie *MultiLayer-Mix* auf der zweiten Albumseite die Vorlage oben links gewählt.

Abbildung 6.3: In der Video-Toolbox sind die erweiterten Einstellungen für das gewählte Thema zu sehen

Nun haben Sie die Möglichkeit, in die sogenannten *Drop Zonen* ein Video oder ein Foto zu legen. Die Drop Zonen entsprechen den Nummerierungen der Vorlage. Im Beispiel werden vier Clips gleichzeitig dargestellt. Drop Zone 1 ist der Hintergrund, die Drop Zonen 2 bis 4 sind die kleinen Bilder am unteren Rand des Videos.

3. Ziehen Sie nun entweder einen Videoclip oder ein Foto per Drag&Drop in die Drop Zonen.

Abbildung 6.4: Ziehen Sie die Clips in die Drop Zonen, um den Effekt anzuwenden

4. Mit dem Schieberegler *Position* können Sie die Position der drei kleinen Bilder nach oben oder unten verschieben.

5. Spielen Sie nun den Film auf der Timeline ab und Sie sehen im Vorschaufenster sofort das Resultat.

Abbildung 6.5: Sehen Sie das Resultat in der Vorschau

Auf einfachste Weise laufen vier Videos gleichzeitig ab. Andere Videoschnittprogramme würden für diesen Effekt mindestens vier Spuren belegen und jedes der Videos müsste mit einem speziellen Effekt versehen werden.

6. Um wieder zur Themenübersicht zu gelangen, klicken Sie mit der linken Maustaste auf das Kreuzsymbol.

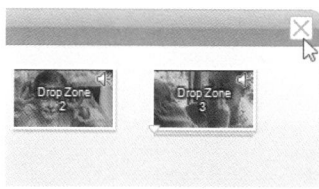

Abbildung 6.6:
Schließen der Ansicht

Falls Ihnen das Montagethema nicht gefällt und Sie lieber ein anderes haben möchten, können Sie dieses wie einen normalen Clip von der Timeline entfernen. Ebenfalls können Sie das Thema mittels der Trimm-Funktion verkürzen bzw. verlängern. Tipp

Videos oder Fotos

Sie können für die Montagethemen entweder Videos oder Fotos verwenden. Im Album bzw. den Montagethemeneinstellungen wählen Sie einfach das entsprechende Register aus.

Abbildung 6.7: Wählen Sie aus, ob Sie das Thema mit Videos und/oder Fotos verwenden möchten

Erweiterte Einstellungen

Bei manchen Themen haben Sie die Möglichkeit, weitere Einstellungen vorzunehmen. Diese variieren je nach Vorlage. Wählen Sie z.B. ein Thema aus der Kategorie *Album*, können Sie zusätzlich zu den Drop Zonen einen Text für die Beschriftung des Albums festlegen:

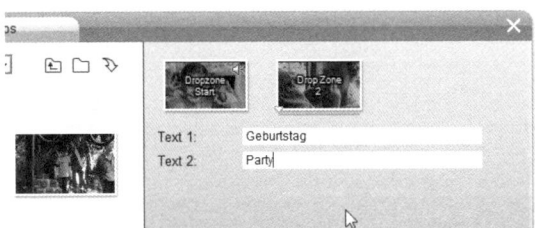

Abbildung 6.8: Zusätzliche Einstellungen für das Thema „Album"

In der Vorschau sieht das dann wie folgt aus:

*Abbildung 6.9:
Der Text ist in der Animation zu sehen*

7

Titel

Titel dienen dazu, einen Film mit Textkommentaren zu ergänzen. Ein Film beginnt sinnvollerweise immer mit einem Titel. Dieser Titel kann über das Video gelegt werden, sodass rund um die Schrift der bewegte Film zu sehen ist. Ein Titel kann aber auch vor einem neutralen Hintergrund oder Standbild stehen, ohne dass ein Video im Hintergrund zu sehen ist. In Filmen wird oft am Schluss ein Rolltitel verwendet, in dem alle Mitwirkenden am Film aufgeführt werden. Oftmals werden Titel auch verwendet, um ein Datum oder den Namen eines Ortes einzublenden. Lassen Sie Ihrer Kreativität freien Lauf.

Titel von Vorlage verwenden

Wechseln Sie im Album auf der Registerkarte *Bearbeiten* ins Register *Titel*, wenn Sie einen Vorlagen-Titel verwenden wollen. Diesen Titel können Sie nach Ihren Wünschen anpassen. Es stehen zwei Möglichkeiten zur Verfügung, einen Titel für ein Video zu erstellen. Für Einsteiger ist es empfehlenswert, einen Vorlagen-Titel zu verwenden und diesen anzupassen. Die zweite Möglichkeit besteht darin, einen Titel komplett neu zu erstellen, wie dies in *Kapitel 3, Abschnitt „Video-Toolbox"*, beschrieben ist.

Klicken Sie nun im Album auf die Titel, um diese anzuzeigen.

Abbildung 7.1:
Mit diesem Symbol werden die Titel im Album angezeigt

Angezeigt werden einige Standardtitel, die Sie direkt übernehmen können. Am einfachsten ist es, eine dieser Vorlagen zu verwenden und individuell anzupassen.

Ziehen Sie per Drag&Drop einen beliebigen Titel aus dem Album in die Titelspur an der gewünschten Stelle im Film.

Ein Titel kann sowohl auf die Titelspur als auch auf die Videospur gelegt werden, wobei zwischen beiden ein Unterschied besteht.

Auf der Titelspur: Der Titel kann über bzw. vor dem Videobild dargestellt werden. Im Hintergrund ist das Video zu sehen. Ein solcher Titel wird als *Overlaytitel* bezeichnet, weil er über das Videobild gelegt wird.

Auf der Videospur: Der Titel ist allein, also ohne Video im Hintergrund zu sehen. Der Titel wird auf die Videospur gelegt, wenn er einen neutralen Hintergrund oder ein Standbild als Hintergrund hat. Dieser Titel wird *Vollbildtitel* genannt.

Tipp

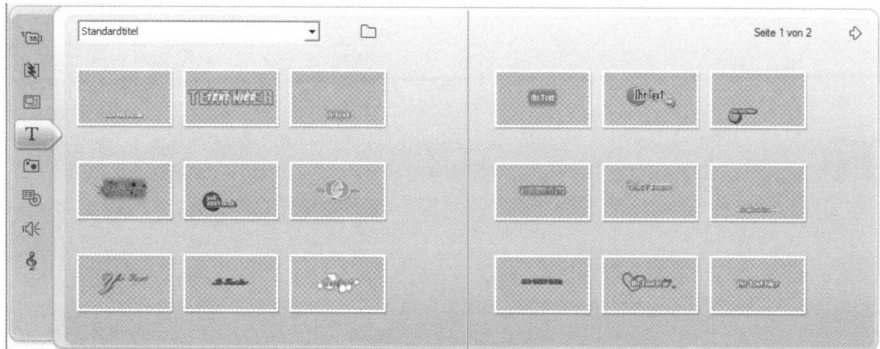

Abbildung 7.2: Im Album werden die Vorlagen-Titel angezeigt

Im folgenden Beispiel wird ein Titel in die Titelspur eingefügt.

Abbildung 7.3: Ein Titel wird auf die Titelspur gelegt, wenn das Video im Hintergrund zu sehen sein soll

Damit klar ist, was transparent dargestellt wird, zeigt Pinnacle Studio als Hintergrund des Titels ein Schachbrettmuster an. Der Titel sieht in unserem Beispiel im Vorschaufenster wie folgt aus:

Abbildung 7.4:
Ein Titel wird vor dem Video dargestellt.
Im Hintergrund ist das Video zu sehen

Sie können einen Titel wie einen Videoclip mit der Trimm-Funktion verlängern oder verkürzen. Der Titel kann im Nachhinein mit der Maus an eine andere Position geschoben werden.

Titel anpassen

Die Standardtitel können entweder so verwendet werden, wie sie sind, oder besser noch Ihren Wünschen entsprechend angepasst werden. Doppelklicken Sie mit der Maus auf den Titel in der Timeline, um den Titelgenerator zu öffnen.

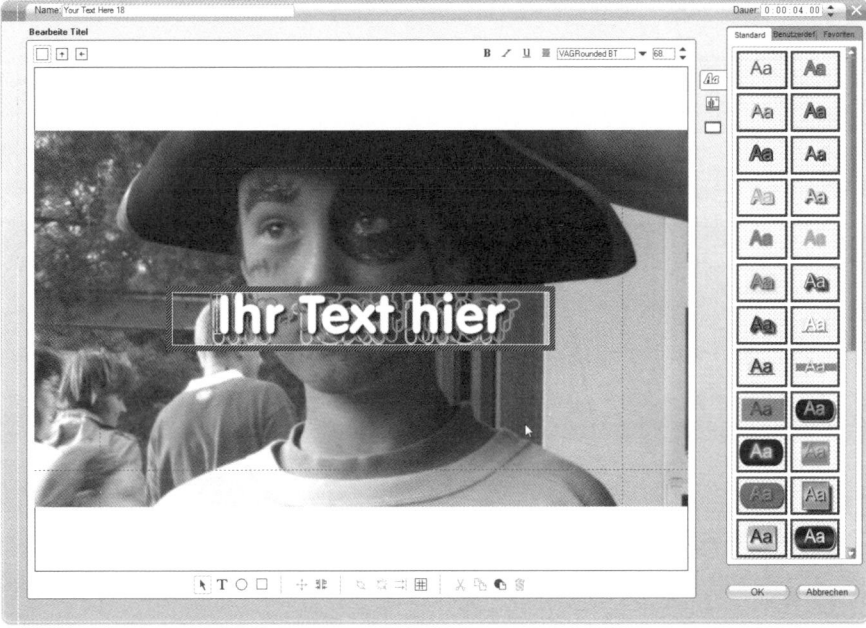

Abbildung 7.5: Der Titelgenerator kann mit Doppelklick auf einen Titel in der Timeline geöffnet werden

Im mittleren Bereich des Titelgenerators lässt sich der Text eingeben und verändern. Im rechten Bereich stehen verschiedene Layoutvorlagen zur Verfügung, die individuell angepasst und modifiziert werden können.

Klicken Sie mit der Maus auf den Text des Titels. Dabei wird ein Textcursor gesetzt. Schreiben Sie jetzt den neuen Titeltext. Das Layout werden wir später anpassen.

Abbildung 7.6:
Ersetzen Sie den bestehenden
Text durch einen eigenen

Um das Layout zu verändern, müssen Sie den Text selektieren bzw. auswählen. Wählen Sie dazu aus dem Menü *Bearbeiten* und dann *Alles auswählen* oder drücken Sie `Strg`+`A`.

Sie haben die Möglichkeit, aus bestehenden Layoutvorlagen Schriftart, Farbe, Schatten usw. auszuwählen oder die Einstellungen manuell vorzunehmen.

Layout aus einer Vorlage

Bewegen Sie die Maus auf eine der Vorlagen im rechten Bereich, ohne zu klicken. Ein neues Fenster mit weiteren acht Varianten wird geöffnet. Sobald Sie auf eine Variante klicken, passt sich der Titel diesem Layout an.

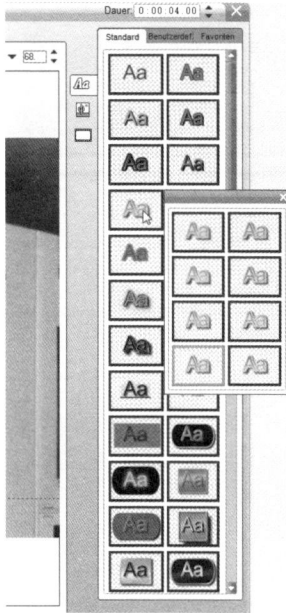

Abbildung 7.7:
Wählen Sie aus den Vorlagen ein Layout aus

Verändert wird das Erscheinungsbild des Textes. Schriftart und Größen bleiben bestehen.

Titelschrift verändern

Mit den nachfolgenden Symbolen können Sie die Schrift verändern. Die Symbole kennen Sie vielleicht schon von einer Textverarbeitung her. *B* steht für Fett, *I* für Kursiv und *U* für Unterstrichen.

Abbildung 7.8:
Verändern Sie die Schrift und die Anordnung des Textes

Mit dem Textblock können Sie den Text links- oder rechtsbündig oder mittig darstellen, ihn in der Höhe verkleinern oder vergrößern und den Zeilenumbruch ein- oder ausschalten. Der Zeilenumbruch sollte bei Rolltiteln ausgeschaltet werden.

Daneben können die Schriftart und -größe angepasst werden. Die Schriftarten, die auf Ihrem PC installiert sind, werden in der Dropdown-Liste angezeigt:

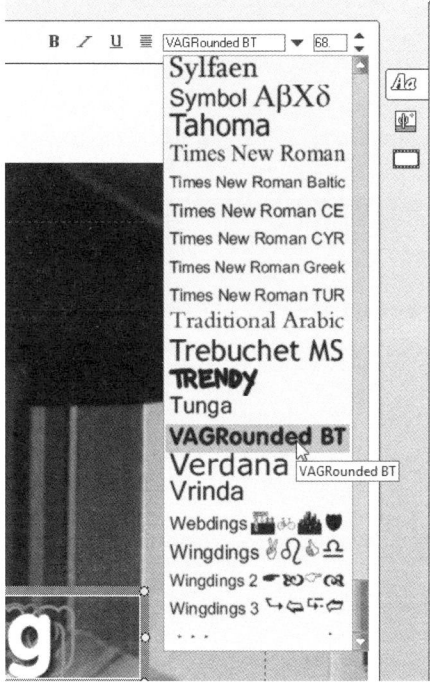

Abbildung 7.9:
Alle installierten Schriftarten werden
in der Liste angezeigt

Jeder geschriebene Text wird in einem Textrahmen dargestellt, der eine bestimmte Größe hat. Damit Ihr Titel das ganze Bild füllt, ist es notwendig, diesen Textrahmen anzupassen. Sie können den Textrahmen verändern, indem Sie ihn am Rand mit der Maus anklicken. Im Editor werden nun gelbe Punkte sichtbar, sogenannte Kontrollpunkte, mit deren Hilfe die Anpassung durchgeführt wird.

Abbildung 7.10: Ein Textrahmen kann mithilfe der gelben Punkte skaliert werden

Klicken Sie mit der Maus auf einen der Kontrollpunkte und ziehen Sie ihn bei gedrückter Maustaste in die gewünschte Richtung. Der Rahmen wird komplett neu skaliert.

Falls der Textrahmen lediglich verschoben werden muss, können Sie den Rahmen mit dem Vier-Pfeil-Symbol verschieben. Dieses Symbol erscheint, sobald Sie mit der Maus auf den Textrahmen fahren.

Achtung

Beachten Sie die rot gestrichelte Linie am Rand des Titelfelds. Sie zeigt Ihnen den bildsicheren Bereich an. Das heißt, dass alles, was innerhalb dieser Linien geschrieben ist, auch tatsächlich auf jedem TV-Gerät angezeigt wird. Nicht alle TV-Geräte haben die gleiche angezeigte Bildfläche, und es kann vorkommen, dass bis zu 10 % des Bildes einfach abgeschnitten werden. Bei Videoprojektoren und Präsentationen auf einem PC wird der ganze Bildbereich angezeigt.

Wenn Sie also innerhalb der roten Linien schreiben, sind Sie auf der sicheren Seite.

Abbildung 7.11: Ein Titel wird an dem obersten grünen Punkt gedreht

Der oberste Punkt, der als Einziger grün erscheint, dient dazu, den Text im Bild zu drehen. Fahren Sie mit der Maus auf diesen Punkt, damit der Mauszeiger als Kreispfeil-Symbol erscheint. Nun können Sie den Titel drehen, indem Sie mit der Maus klicken, die Maustaste gedrückt halten und den Text nach links oder rechts bewegen.

Layout manuell anpassen

Sie haben die Möglichkeit, das Layout des Titels individuell anzupassen. Das heißt, Sie können Textfarbe, Umrandung und Schattierung selbst definieren. Gehen Sie dazu wie folgt vor:

1. Markieren Sie den Text mit einem Mausklick und wechseln Sie in das Register *Benutzerdefiniert* oben rechts im Titelgenerator.

2. Wenn Sie zuvor ein Layout gewählt haben, das nicht verändert werden kann, sind alle Funktionen grau hinterlegt und nicht einstellbar. In diesem Fall wählen Sie ein anderes Layout aus dem Standardregister; das obere linke kann immer manuell angepasst werden.

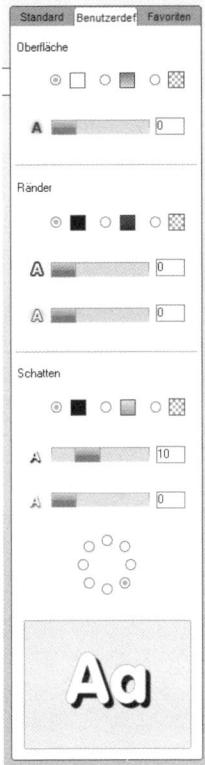

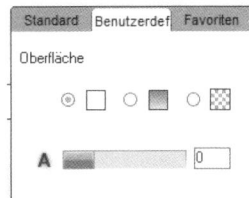

Abbildung 7.12: Nicht alle Layouts können manuell verändert werden. In diesem Fall wählen Sie ein anderes Layout für Ihren Titel aus

3. Verändern Sie nun Oberfläche, Umrandung und Schattierung des Textes. Im unteren Bereich erscheint jeweils eine Vorschau des geänderten Textes.

Oberfläche

Hier können Sie die Oberflächenfarbe des Textes und den Weichzeichnungsgrad der Schrift anpassen.

Abbildung 7.13: Einstellung der Oberflächenfarbe eines Textes

Wählen Sie durch einen Klick die Art der Oberflächenfarbe: *einheitliche Farbe, Farbverlauf* oder *transparent*. Transparenz wird durch das Schachbrettmuster dargestellt. Wenn Sie *transparent* wählen, verschwindet allerdings der Text, was wenig sinnvoll ist. Deshalb müssen Sie der Schrift eine Umrandung hinzufügen. Lesen Sie hierzu mehr im folgenden Abschnitt.

Um die Farbe zu verändern, gehen Sie wie folgt vor:

1. Markieren Sie den Text Ihres Titels, den Sie verändern möchten.

2. Klicken Sie auf das linke der drei Vierecke im Bereich *Oberfläche*.

3. Nun erscheint das Farbauswahlfenster. Wählen Sie im Farbfeld die gewünschte Farbe aus oder geben Sie die Werte unter *Rot*, *Grün* und *Blau* ein.

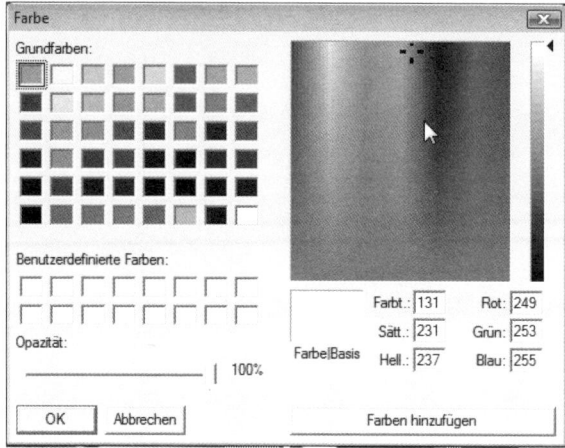

Abbildung 7.14: Über das Windows-Standardfenster „Farbe" wird die Farbe ausgewählt

4. Wenn Sie die Farbe für die Oberfläche übernehmen wollen, klicken Sie auf *OK*.

Farbverlauf hinzufügen

Wenn Sie die Oberflächenfarbe der Schrift mit einem Farbverlauf versehen möchten, gehen Sie wie folgt vor:

1. Klicken Sie auf das mittlere der drei Vierecke im Bereich *Oberfläche*.

2. Nun wird nicht direkt die Farbauswahl angezeigt, sondern ein kleines Fenster mit vier Farbvierecken. Klicken Sie auf jedes dieser Vierecke, um den Farbverlauf zu definieren.

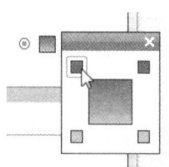

Abbildung 7.15:
Klicken Sie auf jedes der vier Vierecke, um dessen
Farbe im Farbverlauf zu definieren

Transparenz

Wenn Sie das Viereck mit dem Schachbrettmuster rechts außen anklicken, wird die Textfarbe transparent dargestellt. Wenn noch keine Umrandung zugewiesen wurde, verschwindet die Schrift; sobald eine Umrandung zugewiesen wurde, wird sie wieder sichtbar.

Verwischungsgrad

Mit dem Schieberegler können Sie die Schrift verschwommen darstellen. Wenn Sie dies wünschen, wählen Sie hier einen Wert zwischen 0 für scharf und 30 für unscharf. Sinnvoll sind solche Veränderungen in der Kombination von Umrandung und Schattierung.

Umrandung

Auch hier haben Sie die Möglichkeit, zwischen drei Darstellungsformen zu wählen, sie beziehen sich jedoch auf die Umrandung des Textes und nicht auf die Textfarbe. Sie weisen mit dem oberen der beiden Schieberegler eine Umrandung zu, die dadurch sichtbar wird. Wünschen Sie keine Umrandung, dann wählen Sie das Schachbrettmuster, also transparent.

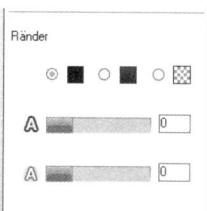

Abbildung 7.16:
Mit dieser Funktion können Sie einem Text eine
Umrandung zuweisen

Mit dem oberen Schieberegler wählen Sie die Dicke der Umrandungslinie mit Werten zwischen 0 und 10. Mit dem unteren wird der Verwischungsgrad der Umrandung eingestellt.

Schatten

Mit dieser Funktion können Sie Text einen Schatten zuweisen. Wiederum gelten die beschriebenen Einstellungsmöglichkeiten. Die Farbauswahl bezieht sich hier auf die Farbe des Schattens, der hinter den Text gesetzt wird.

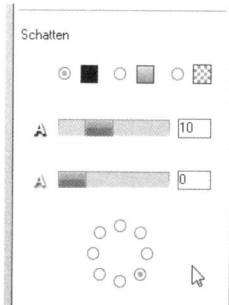

Abbildung 7.17:
Fügen Sie hiermit dem Text einen Schatten hinzu

Der erste Schieberegler verändert die Größe des Schattens mit Werten von 0 bis 30 und der zweite Schieber verändert den Verwischungsgrad.

Im Kreis können Sie angeben, wo hinter dem Text der Schatten zu liegen kommen soll. Klicken Sie mit der Maus einen Punkt an, um die Richtung zuzuweisen.

Favoriten

Im Register *Favoriten* sehen Sie, welche Layouts Sie zuletzt gebraucht haben, und können so schnell auf den gleichen Stil zugreifen.

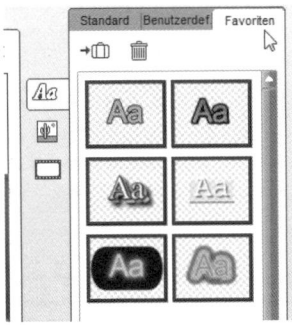

Abbildung 7.18:
Im Register „Favoriten" werden die zuletzt
verwendeten Layouts gespeichert

Mit dem Koffersymbol können Sie das aktuelle Layout in die Favoritenliste übernehmen, sodass Sie später immer wieder darauf zugreifen können, ohne sämtliche Einstellungen erneut vornehmen zu müssen. Wollen Sie ein Layout wieder löschen, verwenden Sie das Papierkorbsymbol.

Hintergrund eines Titels

Wie Sie bereits wissen, kann ein Titel über das Video gelegt werden. Die Videosequenz wird hinter dem Titel sichtbar dargestellt. Sie können einem Titel aber auch einen festen Hintergrund zuweisen, sodass dieser nicht mehr transparent dargestellt wird. Ein Hintergrund ist bei einem Overlaytitel nicht wirklich sinnvoll, denn dann wird das Video im Hintergrund durch den Titelhintergrund verdeckt. Sinnvoller wäre es, den Titel auf die Videospur zu legen und mit einem festen Hintergrund zu versehen. Diese Variante wird für die bessere Übersicht auf der Timeline empfohlen. Sie können allerdings auch ein Standbild auf die Videospur legen und darüber einen Titel mit Transparenz setzen, dies würde zum selben Resultat führen. Wenn Sie sich für einen Hintergrund im Titel entscheiden, so wird dieser immer dieselbe Länge haben wie der Titel selbst. Dazu ein kurzes Beispiel für beide Varianten.

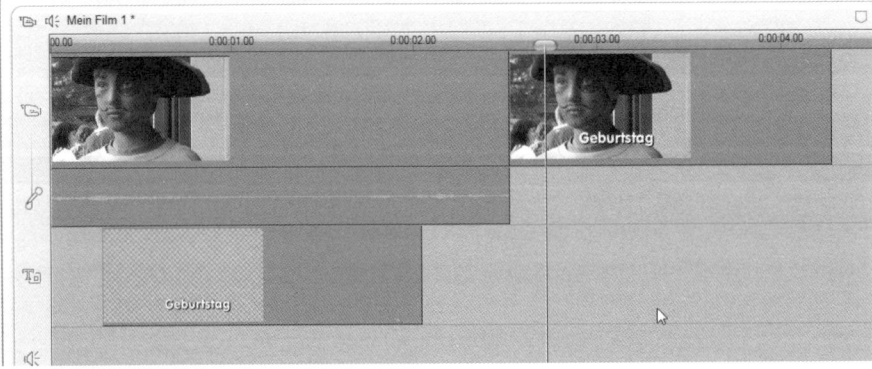

Abbildung 7.19: Dasselbe Resultat auf verschiedene Weise erreicht

Links befinden sich ein Standbild auf der Videospur und ein Titel auf der Titelspur. Rechts sehen Sie einen Titel mit integriertem Hintergrundbild. Beide Varianten liefern genau das gleiche Bild, allerdings sehen Sie schnell, dass die linke Variante viel flexibler ist. Sie können den Titel ein- bzw. ausblenden, ohne dass sich das Hintergrundbild dabei verändert.

Für das Verwenden eines Standbildes als Titelhintergrund wechseln Sie in das *Hintergrund*-Menü, indem Sie auf das entsprechende Symbol klicken.

Abbildung 7.20:
Symbol für das Hinzufügen eines Hintergrundbildes

Es wird eine Liste von Beispielbildern angezeigt, die in Pinnacle Studio bereits enthalten sind.

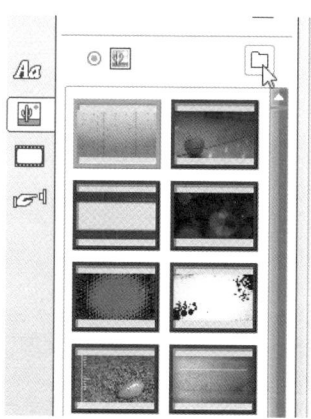

Abbildung 7.21:
Standbilder können als Hintergrund für Titel verwendet werden.
Klicken Sie sie einfach in der Liste an

Entsprechend dem Layout der Schrift kann der Hintergrund einfarbig, mit einem Farbverlauf oder eben transparent dargestellt werden. Wenn *transparent* gewählt wird, sprechen wir nicht von einem Hintergrund, weil dann ja wieder das Video zu sehen ist.

Zusätzlich können Sie für den Hintergrund ein Standbild aus den Vorlagen in Pinnacle Studio oder aus dem Fundus von Fotos oder Grafiken auf Ihrer Festplatte wählen. Wenn Sie eine Hintergrundvorlage wählen wollen, klicken Sie sie einfach in der Liste an. Sie wird sofort übernommen.

Achten Sie beim Verwenden von Grafiken als Hintergrund auf deren Größenverhält- **Achtung**
nisse bzw. auf die Anzahl der Pixel. Je nachdem, mit welchem Videomaterial Sie arbeiten, hat das Videobild eine andere Anzahl von Pixel und somit ein anderes Seitenverhältnis. Wenn Sie mit einer Videokamera im Verhältnis 4:3 gefilmt haben und sie dem PAL-Standard entspricht, sollte das Bild für den Hintergrund mindestens 720 x 576 Pixel aufweisen. Wenn das Bild größer ist, spielt das keine Rolle, da Pinnacle Studio das Bild entsprechend verkleinert anzeigt. Wichtig hierbei ist, dass das Bild das Seitenverhältnis von 4:3 hat, da sonst Ränder an den Seiten bzw. oben und unten zu sehen sind.

Die Standardvorlagen in Pinnacle Studio liegen im Verhältnis 4:3 und 16:9 vor. Standardmäßig sind die 4:3-Vorlagen sichtbar. Sie können aber die 16:9-Vorlagen anzeigen lassen, wie es im Folgenden beschrieben wird.

Um eigene Bilder als Hintergrund zu wählen, führen Sie folgende Schritte aus:

1. Klicken Sie mit der Maus auf das kleine Ordnersymbol, um auf die Dateiebene zu gelangen. Das Dialogfenster *Öffnen* wird angezeigt.

2. Wechseln Sie in das Verzeichnis, in dem sich Ihre Bilder befinden.

3. Klicken Sie eines der Bilder an und klicken Sie dann auf die Schaltfläche *Öffnen*. Es ist völlig egal, welches Bild Sie anklicken, da alle Bilder in die Vorschau übernommen werden.

Wenn Sie 16:9-Vorlagen verwenden wollen, wechseln Sie in den entsprechenden Ordner auf der Festplatte.

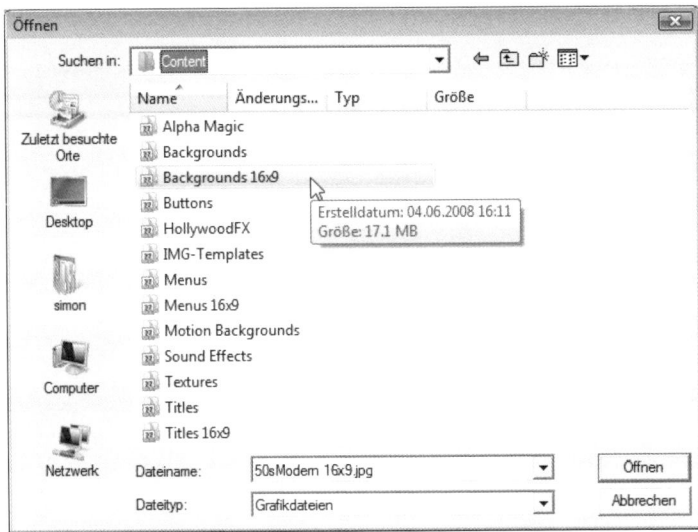

Abbildung 7.22: Wurde Pinnacle Studio auf Laufwerk C: installiert, befinden sich hier die Standardvorlagen für Hintergründe

Foto als Logo einfügen

Sie können zusätzlich zu einem Titel ein Foto oder Standbild einfügen. Das ist nicht zu verwechseln mit einem Hintergrundbild. Ein Foto kann wie ein Text im Titel positioniert werden. Diese Funktion können Sie einsetzen, wenn Sie ein Logo im Film verwenden möchten, das z.B. immer oben links im Bild zu sehen sein soll.

Klicken Sie auf das Negativstreifen-Symbol, um ein Bild in den Titel zu laden.

Abbildung 7.23:
Symbol für das Verwenden von Standbildern in Titeln

1. Wählen Sie über das Ordnersymbol einen Ordner auf der Festplatte aus, in dem sich die Bilder befinden.

2. Doppelklicken Sie mit der Maus auf eines der Bilder oder wählen Sie *Öffnen*, um die Bilder in die Vorschau zu laden.

3. Ziehen Sie nun das gewünschte Bild per Drag&Drop in den Titel.

Abbildung 7.24: Ein Foto oder Standbild kann einfach per Drag&Drop in den Titel gezogen werden

Die Grafik kann nun mit der Maus beliebig positioniert und skaliert werden, indem Sie sie an einem der gelben Punkte ziehen. Sie können in einem Titel auch mehrere Fotos verwenden, ziehen Sie einfach die gewünschten Bilder in den Titel.

Mit dieser Funktion können Sie auch über die gesamte Länge eines Films ein Logo   Tipp
einblenden lassen. Anwender von Pinnacle Studio Plus 12 können das auch mit der
zweiten Videospur und der Bild-in-Bild-Funktion erreichen. Wenn Sie die zweite
Videospur nicht für ein Logo verwenden möchten, ist es wiederum hilfreich, das
Logo in einem Titel zu positionieren. Dazu folgender Tipp:

Erstellen Sie einen leeren Titel mit transparentem Hintergrund. Positionieren Sie das
Logo an der gewünschten Stelle und verlängern Sie den Titel auf der Timeline über die
gewünschte Dauer. Wenn Sie an einer bestimmten Stelle zusätzlich einen Text im Titel
stehen haben möchten, zerschneiden Sie den Titel mit der Rasierklinge am Anfang und
am Schluss. Öffnen Sie nun diesen separierten Teil im Titelgenerator und geben Sie
einen Text ein. Belassen Sie aber das Logo im Bild, damit dieses immer angezeigt wird.

Erweiterte Funktionen

Reihenfolge

Vielleicht haben Sie bemerkt, dass der geschriebene Text durch das Foto verdeckt wurde. Unter Umständen möchten Sie die angezeigte Reihenfolge ändern, sodass das Foto hinter dem Text dargestellt wird. Verfahren Sie dazu wie folgt:

1. Klicken Sie das Element an, das in den Vordergrund bzw. in den Hintergrund kommen soll.

2. Wählen Sie aus dem Menü *Titel*, *Ebene* und danach wahlweise *In den Vordergrund* oder *In den Hintergrund*, um die Anzeige anzupassen.

   Die einzelnen Optionen bedeuten:

   ▪ *In den Vordergrund*: Das gewählte Element wird als das am weitesten vorne liegende angezeigt.

   ▪ *In den Hintergrund*: Das gewählte Element wird als das am weitesten hinten liegende angezeigt.

■ *Eine Ebene nach vorne*: Das gewählte Element wird eine Ebene nach vorne angezeigt.

■ *Eine Ebene nach hinten*: Das gewählte Element wird eine Ebene nach hinten angezeigt.

Die beiden letzten Funktionen sind natürlich nur dann sinnvoll einzusetzen, wenn Sie mehr als zwei Elemente wie Texte oder Fotos in den Titel eingefügt haben.

Weiteren Text einfügen

Sie können in einen Titel mehr als nur ein Textelement platzieren. Um ein neues Textelement zu erzeugen, gehen Sie wie folgt vor:

1. Klicken Sie mit der Maus auf das *T* im unteren Bereich des Titelgenerators.

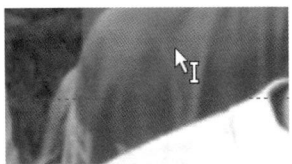

Abbildung 7.25:
Über das T-Symbol wird weiterer Text in den Titel eingefügt

2. Platzieren Sie die Maus im Titel an die Stelle, an der Sie einen neuen Text schreiben möchten, und klicken Sie einmal mit der linken Maustaste – ein neues Textfeld wird erzeugt.

3. Geben Sie den neuen Text ein.

Zeichnen

Sie können im Titelgenerator Kreise, Ellipsen und Vierecke zeichnen, indem Sie wahlweise auf das Kreis- oder das Vierecksymbol klicken. Ziehen Sie dann mit der Maus an eine beliebige Stelle im Titel, um das Element zu zeichnen.

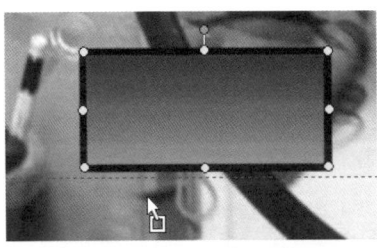

Abbildung 7.26:
Ergänzen Sie einen Titel mit Vierecken und Kreisen

Das Layout des Elements kann entsprechend dem Text angepasst werden.

Tipp

Mit einem Balken können Sie z.B. einen Text hervorheben. Sie haben einen Text in einer ähnlichen Farbe wie der des Hintergrunds geschrieben und möchten ihn nun etwas deutlicher machen. Zeichnen Sie ein Viereck und platzieren Sie es hinter den Text. So etwas sieht man oft in Nachrichten oder TV-Shows, wenn der Name einer Person in den Vordergrund geblendet wird. Dies wird auch *Bauchbinde* genannt.

Abbildung 7.27: Mit einem farbigen Balken als Hintergrund Text hervorheben

Text oder Elemente verschieben

Sie können bestehende Textelemente im Titel bzw. Bilder und Objekte verschieben, indem Sie auf das *Verschieben, Skalieren und Drehen*-Symbol klicken.

1. Klicken Sie mit der linken Maustaste auf das *Verschieben, Skalieren und Drehen*-Symbol.

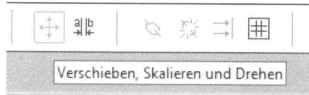

Abbildung 7.28:
Das „Verschieben, Skalieren und Drehen"-Symbol

2. Wählen Sie dann das Element aus, das verschoben werden soll. Handelt es sich um ein Textelement, muss es mit der Maus am Rand angefasst werden.

Abbildung 7.29:
Halten Sie die linke Maustaste gedrückt und verschieben Sie so die Elemente im Titel

Buchstaben- und Zeilenabstand und Neigung

Sie können einen Text noch weiter verändern und anpassen, um ihn lesbarer oder schöner darzustellen. Wählen Sie dazu mit der Maus das Textelement aus, das Sie verändern möchten, und klicken Sie auf folgendes Symbol:

Abbildung 7.30: Verändern Sie über dieses Symbol den Abstand von Buchstaben, Zeilen und deren Neigung

Das Textelement erhält fünf gelbe Kontrollpunkte, die folgende Möglichkeiten bieten: Die beiden Punkte am linken und rechten Rand dienen dazu, den Abstand zwischen den einzelnen Buchstaben anzupassen. Ziehen Sie den Punkt am linken Rand nach links, vergrößert sich der Abstand zwischen den Buchstaben, nach rechts verkleinert er sich. Die beiden Punkte oben und unten am Rand verändern den Zeilenabstand. Der fünfte gelbe Punkt oben rechts dient dazu, den Text schräg darzustellen. Klicken Sie den Punkt an, halten Sie die linke Maustaste gedrückt und ziehen Sie ihn nach rechts bzw. links.

Abbildung 7.31: Dieser Text wurde etwas schräg gestellt und der Abstand zwischen den Buchstaben vergrößert

Gruppieren und Verketten

Sie können mehrere Elemente in einem Titel miteinander verketten, um sie dann zusammen zu verschieben. Das ist dann hilfreich, wenn Sie viele Elemente in einem Titel verwenden. Bei den zu verbindenden Elementen kann es sich um Texte und Grafiken handeln. Gehen Sie dazu wie folgt vor:

1. Markieren Sie die Elemente, die Sie miteinander verketten bzw. gruppieren möchten.

    Wenn Sie sämtliche Elemente miteinander verketten möchten, wählen Sie aus dem Menü *Bearbeiten* und dann *Alles auswählen*. Wenn Sie nur einzelne Elemente miteinander verketten möchten, klicken Sie das erste mit der Maus an und dann mit gedrückter `Strg`-Taste alle weiteren Elemente.

2. Klicken Sie nun auf das Verkettungssymbol, um alle ausgewählten Elemente miteinander zu verbinden.

Abbildung 7.32:
Dieses Symbol dient zum Verketten mehrerer Elemente

3. Klicken Sie nun mit der Maus eines der verketteten Elemente an und verschieben Sie es: Alle anderen Elemente werden mit verschoben.

Um die Verkettung wieder aufzulösen, klicken Sie auf das Symbol *Kette sprengen*; es befindet sich rechts neben dem Verkettungssymbol.

Ausrichten

Sie können mehrere Elemente im Titel aneinander ausrichten, um eine schönere Darstellung zu erzielen. Wählen Sie alle Elemente bei gedrückter ⌈Strg⌉-Taste der Reihe nach mit der Maus aus und klicken Sie auf das *Ausrichten*-Symbol.

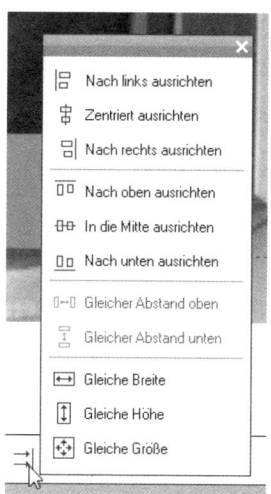

Abbildung 7.33:
Klicken Sie zum Ausrichten mehrerer Elemente auf das
Symbol mit den zwei übereinanderliegenden Pfeilen

Eine Liste mit allen Möglichkeiten wird angezeigt. Wählen Sie die gewünschte Ausrichtung und klicken Sie auf das jeweilige Symbol.

Positionieren

Zusätzlich können die Elemente im Titel positioniert werden. Das ist nützlich, wenn man die Mitte der Bildfläche herausfinden will. Wählen Sie mit der Maus das zu positionierende Element aus und klicken Sie danach auf das Positionieren-Symbol am unteren Rand des Titelgenerators.

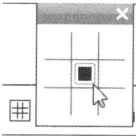

Abbildung 7.34:
Über das Positionieren-Symbol können Elemente im Titel genau platziert werden

Fahren Sie mit der Maus auf die gewünschte Position in der eingeblendeten Tabelle, um das Element zu positionieren. Wenn der Text im Titel mittig dargestellt werden soll, klicken Sie mit der Maus in die Mitte der eingeblendeten Tabelle.

Kopieren, einfügen und löschen

Sie können Elemente kopieren, um in einem Titel immer wieder den gleichen Text und das gleiche Layout zu verwenden. Dazu dienen folgende Symbole:

Abbildung 7.35: Diese Symbole werden für das Ausschneiden, Kopieren, Einfügen und Löschen verwendet

Das Scherensymbol schneidet ein markiertes Element aus. Es kann danach an eine andere Stelle im Titel mit dem Einfügen-Symbol wieder eingefügt werden.

Das Kopieren-Symbol kopiert ein Element, sodass es ein weiteres Mal im Titel verwendet werden kann. Fügen Sie es mit dem Einfügen-Symbol wieder in den Titel ein.

Das Papierkorbsymbol löscht alle ausgewählten Elemente und entfernt sie aus dem Titel. Sie können ein Element auch selektieren und mit [Entf] löschen.

Alle diese Befehle können Sie auch über das Menü *Bearbeiten* wählen.

Lauf- und Rolltitel

Sicher kennen Sie aus Spielfilmen und TV-Shows die bewegten Titel. Sie haben mehrere Möglichkeiten, einen Titel im Film zu bewegen.

Die beliebtesten Varianten sind bereits im Titelgenerator eingebunden. Der Abspann, auch Rolltitel genannt, lässt den Text von unten nach oben laufen und der Kriech- oder auch Lauftitel von rechts nach links oder umgekehrt.

Standardmäßig ist der Standtitel ausgewählt.

Abbildung 7.36:
Stellen Sie mit diesen Schaltflächen die Titelart ein:
Standtitel, Rolltitel und Kriechtitel

Tipp Achten Sie beim Verwenden des Rolltitels darauf, dass Sie nach dem Text mit [↵] genügend Leerzeilen einfügen, da der Titel sonst nicht sauber aus dem Bild rollt. Der Text verschwindet dann mitten im Bild, wenn er nach oben rollt.

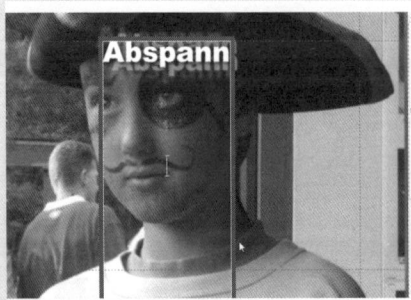

Abbildung 7.37:
Fügen Sie nach einem Rolltitel immer Leerzeilen ein, damit dieser sauber aus dem Bild rollt

Fertige Titel speichern oder öffnen

Wenn Sie mit der Titelgestaltung fertig sind, reicht ein Klick auf *OK* aus, um den Titelgenerator zu beenden und den Titel in den Film zu übernehmen. Wenn Sie einen Titel allerdings außerhalb des Projekts speichern möchten, um ihn später in ein anderes Projekt zu importieren, sollten Sie den Titel wie folgt auf die Festplatte speichern:

1. Wählen Sie aus dem Menü *Datei/Speichern als*.
2. Wählen Sie auf der Festplatte den gewünschten Speicherort für den Titel aus. Auf der Festplatte wird eine sogenannte *Title-Deko*-Datei mit der Endung **.dtl* gespeichert.
3. Einen bestehenden Titel öffnen Sie, indem Sie *Datei* und *Titel öffnen* wählen und den Titel auf der Festplatte suchen.

Übergänge in Titelspur

Wie bereits erwähnt, können Sie die Übergangseffekte auch auf die Titelspur legen. Verfahren Sie dazu genau so wie bei einem Übergangseffekt auf einem Videoclip.

Abbildung 7.38:
Übergänge lassen sich auch auf Titel anwenden, um diese ein- bzw. auszublenden

Standardlänge eines Titels anpassen

Die Standardlänge für einen Titel können Sie im Menü unter *Setup* und *Projekt-Voreinstellungen* ändern. Standardlänge heißt, dass neu hinzugefügte Titel bereits eine bestimmte Länge auf der Timeline haben, ohne dass diese zuerst angepasst werden muss.

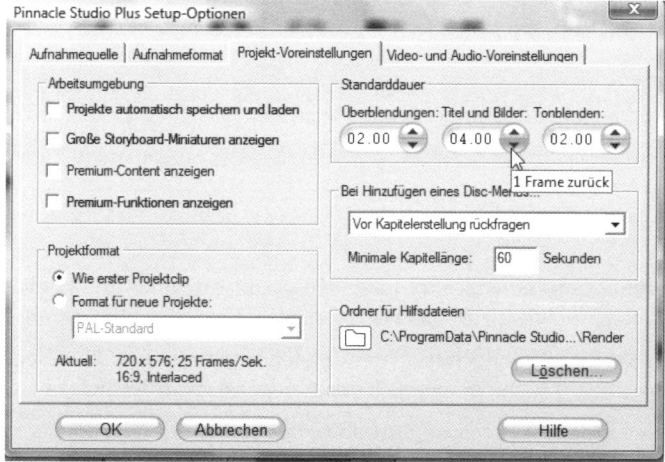

Abbildung 7.39: Verändern Sie die Standardlänge für Titel

Geben Sie in das Feld *Titel und Bilder* ein, wie lange ein neuer Titel in der Timeline dargestellt werden soll. Das gilt nur für Titel, die nach der Veränderung in die Timeline gezogen werden, und nicht für bereits bestehende.

Weitere Vorlagen erwerben

Sie können in der Dropdown-Liste im Album unter *Mehr Titel …* weitere Vorlagen käuflich erwerben. Dazu benötigen Sie eine Internetverbindung.

Titel neu erstellen

Sie können einen Titel komplett neu erstellen. Klicken Sie in der Video-Toolbox auf folgendes Symbol, um einen Titel neu zu erstellen oder einen bestehenden zu bearbeiten.

> T *Abbildung 7.40:*
> *Über dieses Symbol können Sie Titel neu erstellen*

Sie haben grundsätzlich zwei Möglichkeiten, einen Titel neu zu erstellen.

Abbildung 7.41: Mit der Titel-Funktion können Sie einen neuen Titel auf der Timeline erstellen

Overlaytitel

Der Overlaytitel wird auf der Titelspur erzeugt, ein dahinter liegendes Video kann mit der Transparenz sichtbar gemacht werden. Das ist sinnvoll, wenn Sie einen Titel über ein bewegtes Video legen möchten.

Vollbildtitel

Der Titel wird auf der Videospur erzeugt und hat einen statischen Hintergrund, eine Farbe oder ein Bild. Benutzen Sie diese Art Titel bei einem nicht bewegten Hintergrund.

Grundsätzlich können Sie einen Titel noch nach dem Erstellen beliebig auf die Videospur oder die Titelspur ziehen und ihn in einen Overlay- oder Vollbildtitel ändern.

Sobald Sie eine der beiden Möglichkeiten gewählt haben, öffnet sich der Titelgenerator.

Titel bearbeiten mit der Video-Toolbox

Einen Titel können Sie mit einem Doppelklick in den Titelgenerator laden. Eine andere Möglichkeit besteht darin, die Video-Toolbox zu öffnen und mit dem Scrubber auf einen Titel zu scrubben. Nun können Sie mit der Schaltfläche *Titel bearbeiten* den Titelgenerator öffnen.

Abbildung 7.42: Klicken Sie auf die Schaltfläche „Titel bearbeiten", um den aktuellen Titel in den Titelgenerator zu laden

8

Standbilder und Diaschau

Standbilder sind Fotos von einer Digitalkamera oder Grafiken, die Sie auf dem PC gespeichert haben. Sie können mit diesen Bildern und Fotos eine Diaschau zusammenstellen, indem Sie sie aneinanderreihen, wie Sie das bereits mit Videoclips gemacht haben. Eine solche Diaschau können Sie auf einem normalen TV-Gerät anzeigen lassen. Mit Pinnacle Studio erstellte Diaschauen können auch durch Musik und Übergänge ergänzt werden; die Bilder lassen sich darüber hinaus auf der Timeline animieren.

In Pinnacle Studio können zwar die Farben von Fotos verändert werden, allerdings sollten der Bildausschnitt und die weitere Bildbearbeitung in einem Grafikprogramm vorgenommen werden. Pinnacle Studio lässt sich dagegen hervorragend dazu einsetzen, Fotos und Bilder aneinanderzureihen und mit Übergangseffekten zu versehen.

Einfügen von Standbildern

In Pinnacle Studio ist es möglich, einen Film durch Standbilder und Fotos zu ergänzen oder nur mit Bildern zu arbeiten. Sämtliche Bearbeitungsmöglichkeiten, die Sie für Videoclips kennengelernt haben, gelten auch für Fotos und Bilder auf der Timeline.

Wählen Sie das Register *Photos* im Album auf der Registerkarte *Bearbeiten* aus, um Ihre Fotos ins Album zu laden.

In Pinnacle Studio können folgende Bildformate importiert werden: GIF, JPG/JPEG, BMP, TGA, TIF, PCX, PNG, WMF und das Photoshop-Format PSD.

Abbildung 8.1:
Mit diesem Symbol im Album lassen sich Fotos und Bilder anzeigen

Wenn Sie eine Diaschau mit Bildern erstellen wollen, gehen Sie wie folgt vor:

1. Wechseln Sie im Album in den Photo-Modus oder wählen Sie aus dem Menü *Album* den Eintrag *Photos*.

2. Wählen Sie über das Ordnersymbol den Speicherort auf Ihrer Festplatte aus, an dem sich die Fotos befinden.

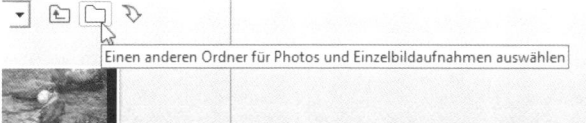

Abbildung 8.2:
Klicken Sie auf das Ordnersymbol, um Ihre Fotos ins Album zu laden

3. Suchen Sie den Ordner auf Ihrer Festplatte, in dem sich Ihre Bilder befinden.

4. Doppelklicken Sie auf eine Grafik bzw. ein Foto im Verzeichnis. Es kommt nicht darauf an, welches Bild Sie hier auswählen, da alle Bilder aus demselben Ordner ins Album von Pinnacle Studio geladen werden.

Abbildung 8.3: Alle Fotos in einem Ordner werden ins Album geladen

Achtung   Laden Sie nie Fotos oder Bilder direkt von einer CD oder DVD in das Album, sondern kopieren Sie sie immer zuerst auf die Festplatte. Diese Bilder verschwinden nämlich aus Pinnacle Studio, wenn die CD oder DVD aus dem Laufwerk genommen wird.

Mit *Datei/Importiere Medien von Gerät …* können Sie die Fotos direkt von einer Kamera oder einem Speicherchip auf die PC-Festplatte kopieren. Die Fotos werden danach sofort in das Album importiert.

Alle Fotos im gewählten Ordner werden dargestellt. Sie können die Bilder einzeln oder zu mehreren in die Timeline legen. Das funktioniert genauso wie das Einfügen einzelner Videoclips, Pinnacle Studio macht hier keinen Unterschied.

Wenn Sie in eine leere Timeline ein Bild einfügen möchten, so erscheint folgendes Fenster:

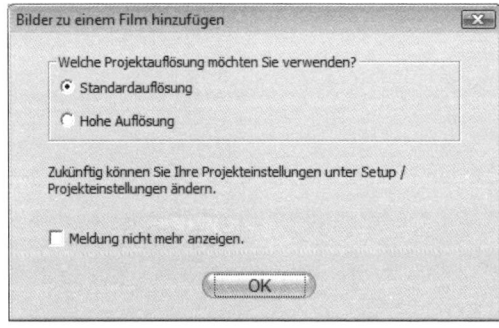

Abbildung 8.4:
Einem neuen Film Bilder hinzufügen

Studio fragt danach, ob die Timeline in der Standardauflösung 720 x 576 oder in der High-Definition-Auflösung 1440 x 1080 erstellt werden soll. Entsprechend werden die Bilder dann in die gewählte Auflösung skaliert.

Standbilder sind im Gegensatz zu Videoclips Bilder, die eine bestimmte Zeit stehen bleiben. Wenn also ein Foto auf der Timeline über eine Sekunde dargestellt werden soll, so

wird das Bild 25-mal hintereinander angezeigt, da im PAL-System geschnitten wird (wo eine Sekunde 25 Bilder hat). Das übernimmt Pinnacle Studio für Sie. Sie können die Länge eines Fotos auf der Timeline im Prinzip bis ins Unendliche ziehen. Trimmen und Schneiden funktionieren wie bei einem Videoclip.

Pinnacle Studio passt die Größe eines Bildes auf der Timeline immer der Größe des Videobildes an. Wenn ein Foto aber nicht das gleiche Seitenverhältnis wie die Video-einstellung hat, kann es vorkommen, dass zu beiden Seiten des Bildes schwarze Ränder entstehen.

Abbildung 8.5:
Hier wurde ein Bild mit dem Seitenverhältnis 4:3
in ein Projekt mit 16:9-Einstellungen eingefügt.
Dadurch entstehen links und rechts schwarze Ränder

Standardlänge

Wenn Sie für eine Reihe von Fotos eine bestimmte Länge auf der Timeline wünschen, ist es sehr mühsam, auf der Timeline jedes Einzelne länger oder kurzer zu machen. Um eine Standardlänge vorzugeben, gehen Sie in die Einstellungen mit *Setup/Projekt-Voreinstellungen*. Wählen Sie eine beliebige Standardlänge für die Standbilder. Hierbei handelt es sich um die gleiche Einstellung wie für die Standardlänge eines Titels, da dieser im Prinzip wie ein Standbild behandelt wird.

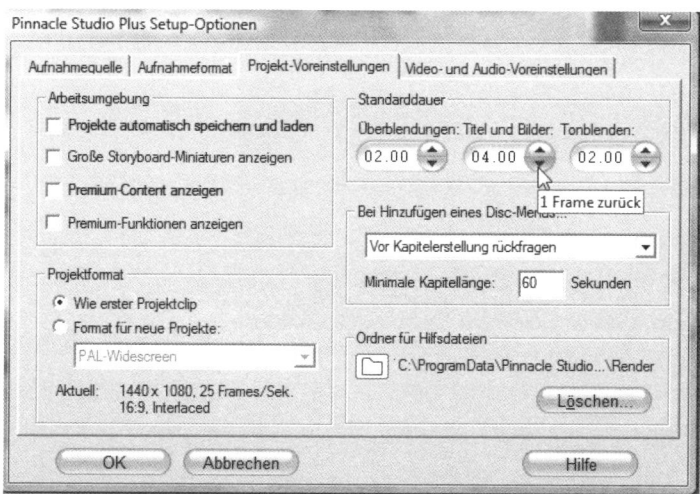

Abbildung 8.6: Einstellen der Länge eines Fotos oder Standbildes, das neu in die Timeline eingefügt wird

Diese Änderung bezieht sich nur auf Fotos, die neu auf die Timeline gezogen werden, und nicht auf bereits bearbeitete Bilder, die dort schon liegen.

Foto animieren

Um einen Film noch interessanter zu gestalten, bietet Ihnen Pinnacle Studio die Möglichkeit, ein Foto auf der Timeline zu animieren. Animation heißt, dass Sie ein Foto so bewegen können, als hätten Sie eine Kamerafahrt oder einen Zoom in das Bild eingebaut. Um diesen Effekt zu erzielen, müssen die Fotos vergrößert und bewegt werden. Ein Beispiel dazu folgt weiter unten.

Natürlich bewegt sich der Inhalt eines Fotos nicht. Je nachdem, wie das Foto animiert wird, kann es sein, dass es digital vergrößert, also gezoomt werden muss, was einen Qualitätsverlust nach sich zieht. Jedes Foto besteht aus Bildpunkten, sogenannten *Pixeln*, die verschiedene Farben haben. Beim Zoomen eines Bildes werden diese einzelnen Bildpunkte vergrößert. Dadurch verliert das Bild an Qualität. Wie Sie wissen, hat ein Standardvideobild in der PAL-Auflösung 720 x 576 Bildpunkte bei 4:3 (das wird auch Standard Definition genannt) bzw. 1024 x 576 bei 16:9. Die meisten mit einer Digitalkamera aufgenommenen Fotos haben allerdings weitaus mehr Pixel als ein Videobild.

Wenn eine Grafik in einer Animation vergrößert wird, muss sie mehr Bildpunkte aufweisen als das Videobild. Sobald ein Pixel einer Grafik größer als ein Pixel im Video dargestellt wird, entsteht ein Qualitätsverlust. Die folgenden Grafiken sollen das veranschaulichen.

Abbildung 8.7: Die meisten Fotos haben eine höhere Auflösung als die Videoauflösung

Hier sehen Sie, dass das Originalbild gegenüber der Videoauflösung viel größer ist. Je nach Anzahl der Pixel bei Ihrer Kamera ist dieses Verhältnis entsprechend anders.

Abbildung 8.8:
Die Fotos werden von Pinnacle Studio verkleinert
dargestellt, sodass sie ins Vorschaufenster passen

Pinnacle Studio verkleinert alle Grafiken so, dass sie in die Videoauflösung passen.

Abbildung 8.9: So würde ein Foto aussehen, das digital gezoomt wird, bis die einzelnen Pixel zu sehen sind

Hier sehen Sie die stark vergrößerte Ansicht eines gezoomten Bildes. Die einzelnen Pixel, die als Artefakte erscheinen, sind sichtbar geworden.

Beachten Sie beim Erstellen einer Diaschau Folgendes: Jede Grafik, sei sie ursprünglich auch noch so gut, wird immer auf die Größe der Videoauflösung verkleinert. Je höher die Videoauflösung ist, umso besser ist die Qualität der Diaschau. Die Bilder werden in Pinnacle Studio aber in einen Film mit einer niedrigeren Auflösung umgewandelt und verlieren dabei an Schärfe und Qualität.

Wenn Sie im Besitz von Pinnacle Studio Plus 11 Ultimate sind, haben Sie die Möglich-　Tipp
keit, Bilder in einer viel besseren Qualität zu animieren, und zwar mit dem zusätzlichen Plug-In StageTools. Weiteres dazu lesen Sie in *Kapitel 15.*

Um eine Animation zu erstellen, gehen Sie wie folgt vor:

1. Doppelklicken Sie auf ein Standbild auf der Timeline, um den Animationseditor zu öffnen.

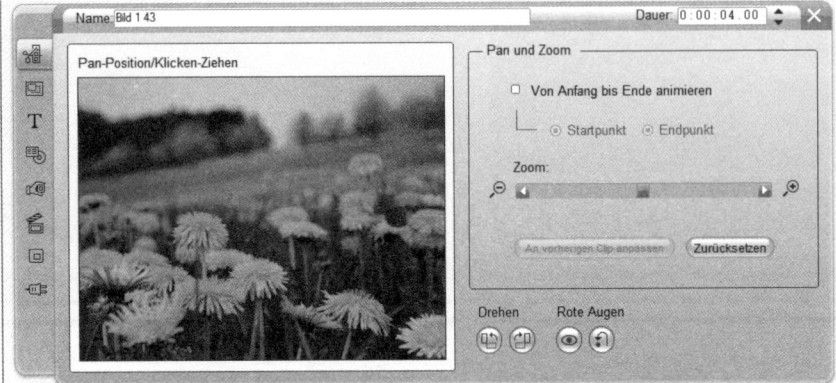

Abbildung 8.10: Mit einem Doppelklick auf ein Bild in der Timeline wird der Animationseditor geöffnet

Sie können sich grundsätzlich entscheiden, ob Sie das Bild vergrößern bzw. verkleinern möchten oder ob sich das Bild von Anfang bis Ende animiert bewegen soll. Von einer Animation spricht man, wenn sich das Bild während des Abspielens bewegt.

2. Um das Foto zu animieren, aktivieren Sie im Editor die Option *Von Anfang bis Ende animieren*.

Schwarze Ränder entfernen

Wenn im Vorschaufenster oben und unten oder links und rechts schwarze Ränder angezeigt werden, dann entspricht das Bild nicht genau dem Seitenverhältnis des Projekts. Sie können diese aber schnell und einfach entfernen, indem Sie das Foto ein wenig vergrößern. Allerdings wird dann entweder oben und unten oder links und rechts vom Foto ein kleiner Teil abgeschnitten.

1. Klicken Sie mit der rechten Maustaste auf ein Foto.

2. Wählen Sie dann den Eintrag *Bild auf Framegröße hochzoomen.*

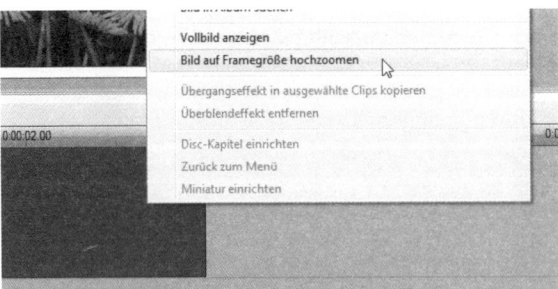

Abbildung 8.11: Wählen Sie „Bild auf Framegröße hochzoomen", um schwarze Balken zu entfernen

Wenn Sie mehrere Fotos gleichzeitig anpassen möchten, wählen Sie diese zuerst mit der Maus aus und wiederholen die Funktion für alle gleichzeitig.

Zoom

Mit dem Schieberegler unter *Zoom* können Sie die Grafik vergrößern und verkleinern.

Pan

Pan bedeutet, dass der gezeigte Ausschnitt im Bild verschoben werden kann. Um den Ausschnitt zu wählen, klicken Sie mit der Maus in das linke Vorschaufenster und ziehen das Bild in die gewünschte Richtung.

Das Foto ist jetzt zwar verändert worden, aber das ist noch lange keine Animation, da sich das Bild beim Abspielen des Films nicht bewegt. Um daraus eine Animation zu machen, wählen Sie die Option *Von Anfang bis Ende animieren*. Verändern Sie nun nacheinander die Position des Fotos am Anfang und am Schluss der Animation, indem Sie zuerst die Option *Startpunkt* wählen und die Einstellungen vornehmen und danach die Option *Endpunkt* und ebenfalls die Parameter einstellen. Pinnacle Studio passt nun die Bilder zwischen Start- und Endpunkt automatisch an.

Wenn Ihnen die Animation nicht gefällt, können Sie durch einen Klick auf *Zurücksetzen* die Einstellungen löschen.

Wenn Sie auf der Timeline zweimal hintereinander die gleiche Grafik haben, können Sie die Einstellungen für den Startpunkt der zweiten Grafik an den Endpunkt der ersten Grafik anpassen, um so eine erweiterte Animation zu erhalten.

Sobald einer Grafik eine Animation zugewiesen wird, erhält sie unten links ein Sternsymbol.

Abbildung 8.12:
Das Sternsymbol zeigt an, dass auf diesen Clip ein Effekt angewendet wurde

Bild drehen

Sie können die Ausrichtung des Bildes verändern, indem Sie dieses entweder nach links oder nach rechts drehen. Eine Grafik kann immer um 90 Grad nach links oder rechts gedreht werden, um das Bild im Video richtig zu stellen. Wenn Sie eine Grafik schräg darstellen möchten, laden Sie sie in einen leeren Titel und verändern deren Lage wie in *Kapitel 7* beschrieben.

Zum Drehen benutzen Sie die beiden unten gezeigten Symbole.

Abbildung 8.13: Mithilfe dieser beiden Symbole können Sie Bilder drehen oder auf den Kopf stellen

Rote Augen entfernen

Bei manchen Porträts sehen die Augen der fotografierten Person rot aus. Sie können solche roten Augen direkt in Pinnacle Studio korrigieren. Gehen Sie dazu wie folgt vor:

1. Legen Sie das entsprechende Foto auf die Timeline.
2. Doppelklicken Sie auf das Bild, um den Editor zu laden.
3. Klicken Sie auf das Augensymbol im unteren Bereich des Editors.
4. Ziehen Sie mit der Maus ein Rechteck über das Auge. Achten Sie darauf, dass das Rechteck nicht nur über die Pupille gezogen wird, sondern auch darüber hinaus. Pinnacle Studio braucht eine Referenz zu anderen Farben, um den Effekt anzuwenden.

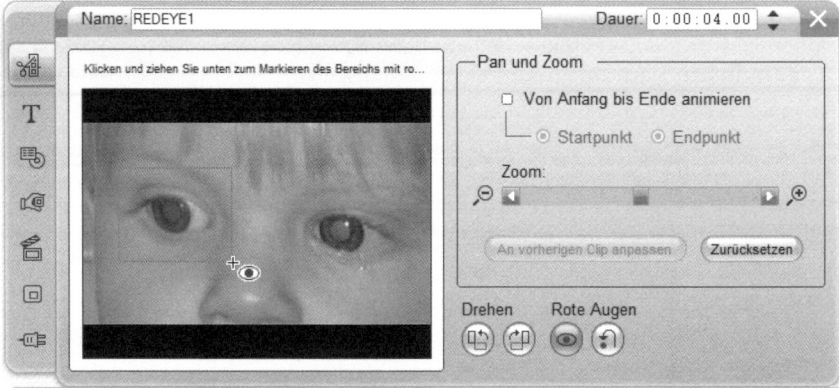

Abbildung 8.14: Ziehen Sie mit der Maus ein Rechteck um das Auge, um den Effekt anzuwenden

5. Sie können den Effekt wieder rückgängig machen, indem Sie auf das Symbol mit dem gebogenen Pfeil rechts neben dem Augensymbol klicken.

9

Musik und Audio-bearbeitung

Videos leben nicht allein von Bildern, auch der Ton spielt eine wichtige Rolle. Sie können einzelne Videoszenen mit Musik und Sounds hervorheben oder auch bestimmte Eindrücke beim Zuschauen erzeugen. Dazu können Sie in Pinnacle Studio Soundeffekte, Musik und Kommentare als Audioeinspielungen verwenden.

Soundeffekte

Soundeffekte sind kurze Audiostücke mit Geräuschen oder Klängen aus der Alltagswelt. Diese Effekte lassen sich beliebig in den Filmablauf einfügen, falls einmal Applaus oder das Brummen eines vorbeifahrenden Autos fehlt. Pinnacle Studio bietet Ihnen eine große Palette von Sounds an und zusätzlich die Möglichkeit, weitere Soundeffekte über das Internet zu erwerben.

Klicken Sie auf das Soundeffekte-Symbol, um die Bibliothek im Album auf der Registerkarte *Bearbeiten* zu öffnen.

Abbildung 9.1:
Mit diesem Symbol wechseln Sie im Album zu den Soundeffekten

Sobald das Symbol gewählt wird, öffnet Pinnacle Studio die vorinstallierten Soundeffekte und lädt sie ins Album. Die Soundeffekte sind in verschiedenen Kategorien zusammengefasst.

Wählen Sie eine Kategorie bzw. einen Ordner mit einem Doppelklick aus. In unserem Beispielfilm mit Videosequenzen aus Dänemark wäre sicher das Geschrei von Möwen zu gebrauchen. Öffnen Sie den Ordner *Tiere* und suchen Sie nach dem Soundeffekt namens *Möwen*. Um den Effekt vor dem Einfügen anzuhören, klicken Sie mit der Maus darauf.

Falls Sie Effekte aus einer anderen Kategorie anhören möchten, klicken Sie einmal auf das Symbol *Eine Ebene nach oben* und schon sind Sie wieder in der Übersicht.

Abbildung 9.2: Wählen Sie eine der Kategorien aus, um deren Inhalt anzuzeigen

Sie können auch eigene Effekte von Ihrer Festplatte in das Album laden, indem Sie das Ordnersymbol anklicken und eine Datei auf Ihrer Festplatte wählen. Soundeffekte sind Musikdateien, die Sie von einer Audio-CD auf den PC kopiert oder mit einem Mikrofon aufgenommen haben. Soundeffekte sind ganz normale Musikstücke im MP3- und WAV-Format.

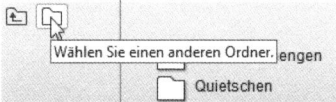

Abbildung 9.3:
Mit dem linken Symbol können Sie zur Übersicht zurückkehren, mit dem rechten Audiodateien aus einem anderen Verzeichnis wählen

Effekt anwenden

Ziehen Sie den gewünschten Soundeffekt aus der Bibliothek im Album per Drag&Drop auf die Soundeffekte-Spur in der Timeline. Der Effekt kann wie ein Titel noch im Nachhinein verschoben und getrimmt werden. Es ist auch möglich, den Effekt auf die Musikspur zu legen bzw. gleichzeitig einen zweiten Effekt auf dieser Spur zu verwenden. Sie haben zusätzlich zu den Originaltonspuren zwei Musikspuren zur Verwendung für Ihren Film.

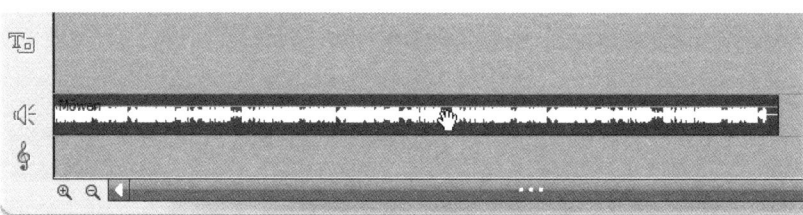

Abbildung 9.4: Der Soundeffekt wird auf die entsprechende Spur gelegt

Der Effekt kann auf der Timeline mit dem Handsymbol verschoben, wie üblich auf der Timeline geschnitten und getrimmt oder in den Trimm-Editor geladen werden.

Haben Sie den Soundeffekt *Möwen* in die Timeline gezogen, erscheint der Effekt etwas lauter als der Originalton. Wir möchten die Möwen lediglich im Hintergrund hören, um dem Zuschauer zu verstehen zu geben, dass wir uns am Strand befinden. Wie Sie das machen, erfahren Sie im nächsten Abschnitt; die Vorgehensweise ist bei Musik und Effekten gleich.

Musik

Musik dient im Film als Hintergrundkulisse oder in einem Musikvideo als primäres Element. In Pinnacle Studio ist es möglich, Musik von der Festplatte oder einer CD zu verwenden.

Klicken Sie im Album auf folgendes Symbol, um das Musik *Register* zu öffnen.

Abbildung 9.5:
Dieses Symbol öffnet das Register für Musik im Album

Sie können alle Musikdateien ins Album laden, die bereits auf Ihrer Festplatte gespeichert sind, greifen also auf ein möglicherweise bereits bestehendes Archiv zu. Folgende Formate lassen sich im Album anzeigen: Wave-Dateien (WAV), MP3-, MPA- und Windows Media-Audiodateien (WMA).

Darüber hinaus können Sie nur die Audiospur eines bereits bestehenden Videos (z.B. im AVI-Format) in das Album laden. Das kann nützlich sein, wenn Sie z.B. einen Kommentar in die Kamera gesprochen haben, das dazugehörende Video aber nicht verwenden.

Abbildung 9.6: Sie können Ihre Musikdateien im Album anzeigen lassen

Öffnen Sie einen Ordner mit Musikdateien über das Ordnersymbol. Sie können die Musikdateien entsprechend den Soundeffekten per Drag&Drop in die Timeline legen und positionieren. Setzen Sie die Musik auf die Musik- oder Soundeffekte-Spur.

Wollen Sie ein Musikstück vor dem Einfügen anhören, klicken Sie mit der Maus darauf.

Wenn Sie sich den Film anhören, sind möglicherweise bestimmte Audiospuren im Verhältnis viel zu laut oder zu leise. Um das zu regulieren, können Sie einen sogenannten Audiomix erstellen.

Audiobearbeitung

Die Lautstärke eines Musikclips kann entweder in der Timeline direkt auf dem Clip oder im Audiobearbeitungs-Modus geändert werden.

Sie haben vielleicht schon bemerkt, dass ein Audioclip überall dort in der Timeline, wo etwas zu hören ist, einen Wellenlinienverlauf bekommen hat. Hohe Wellen bedeuten laute Töne, kleine Wellen leise Töne.

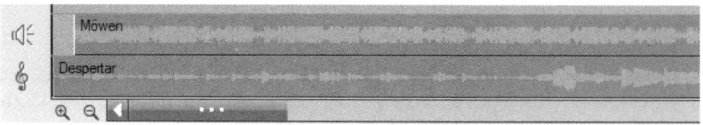

Abbildung 9.7: Die Wellenlinien stehen für leise und laute Töne

Damit können Sie bereits vor dem Hören eines Clips dessen Lautstärke *sehen*. Nun können Sie die Lautstärke anpassen, denn das Brüllen eines Löwen unmittelbar vor der Kamera sollte lauter sein als das eines brüllenden Löwen, der in einer Entfernung von hundert Metern aufgenommen wurde.

Lautstärke anpassen

Klicken Sie mit der Maus auf den zu verändernden Clip. Sobald der Clip blau markiert ist, sehen Sie eine dunkelblaue horizontale Linie, welche die relative Lautstärke anzeigt. Wenn die Lautstärke noch nicht verändert wurde, ist diese blaue Linie auf etwa 75 % eingestellt. Bewegen Sie die Maus auf diese Linie, sehen Sie, dass der Mauszeiger zu einem Pfeilsymbol mit Lautsprecher wird.

Abbildung 9.8:
Der Mauszeiger wird zu einem Lautsprechersymbol,
sobald er über die blaue Linie bewegt wird

Klicken Sie nun mit der Maus auf die Linie, halten Sie die linke Maustaste gedrückt und ziehen Sie diese Linie nach oben, um die Lautstärke an diesem Punkt lauter zu machen; wenn Sie die Linie nach unten ziehen, wird der Ton leiser.

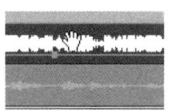

Abbildung 9.9:
Die Lautstärke kann einfach verändert werden, indem die
Lautstärkenlinie nach oben bzw. unten gezogen wird

Pinnacle Studio erzeugt einen sogenannten Justierungsziehpunkt, das ist ein Viereck auf der blauen Linie, und passt die Linie horizontal an, da es annimmt, dass Sie den ganzen Clip leiser machen möchten. Wenn der Clip an einer bestimmten Stelle wieder lauter sein soll, erzeugen Sie mit der Maus an dieser Stelle einen neuen Ziehpunkt.

Abbildung 9.10:
Erstellen Sie für jede Veränderung der Lautstärke
einen neuen Justierungsziehpunkt

Diese Ziehpunkte können im Nachhinein wieder gelöscht oder verändert werden. Fahren Sie mit der Maus auf einen der Punkte. Das Symbol des Mauszeigers sieht nun etwas anders aus als vorher. Der Pfeil und das Lautsprechersymbol erhalten einen weißen Rand. Klicken und ziehen Sie, um die Lautstärke zu verändern. Um den Ziehpunkt zu löschen, ziehen Sie ihn über den Clip hinaus nach unten, bis er verschwindet.

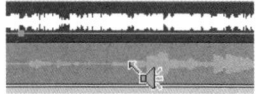

Abbildung 9.11:
Ein Justierungsziehpunkt kann gelöscht werden,
indem er über den Clip hinausgezogen wird

Jede Veränderung der Audiolautstärke sollte kurz angehört und kontrolliert werden, was dazu führt, dass das Mischen von Audio für einen ganzen Film recht viel Zeit in Anspruch nimmt.

Wenn Sie alle Justierungsziehpunkte eines Clips auf einmal löschen möchten, klicken Sie mit der rechten Maustaste auf den Clip und wählen *Lautstärke-Änderungen entfernen*.

Balance und Stereoeffekt

Sie können auch die Informationen eines Audioclips für den linken und den rechten Ausgabekanal verändern, um so eine Stereomischung zu erreichen. Klicken Sie mit der rechten Maustaste auf den zu verändernden Clip und wählen Sie *Auswahl Balance-Anzeige*.

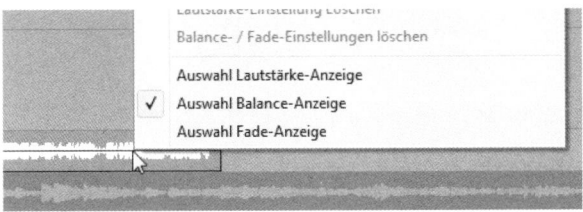

Abbildung 9.12: Klicken Sie mit der rechten Maustaste auf einen Clip,
um dessen Balance bzw. Stereoinformationen anzuzeigen

Der Clip wird grün und mit einer Linie in der Mitte dargestellt. Die Linie muss sich in der Mitte befinden, da der Clip im linken und rechten Lautsprecher gleich laut zu hören ist. Erzeugen Sie nun Justierungsziehpunkte, wie Sie es für die Lautstärke getan haben. Ein Ziehpunkt unterhalb der Mitte bedeutet, dass der Ton stärker auf dem rechten Lautsprecher ausgegeben wird, bei einem Ziehpunkt über der Mitte wird der Ton stärker aus dem linken Lautsprecher ausgegeben.

Um alle Justierungsziehpunkte von einem Audioclip zu löschen, klicken Sie mit der rechten Maustaste auf den Clip und wählen *Balance-/Fade-Änderungen entfernen*.

Die Audio-Toolbox

Weitere Audiobearbeitungen und -einstellungen können Sie in der Audio-Toolbox vornehmen. Klicken Sie auf das Lautsprechersymbol in der linken oberen Ecke der Timeline, um sie zu öffnen.

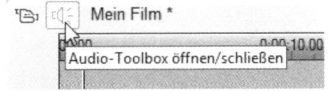

Abbildung 9.13:
Mit der Audio-Toolbox stehen weitere Funktionen
zur Audiobearbeitung zur Verfügung

Sie können die Audio-Toolbox auch über die Menüleiste mit *Toolbox/Lautstärke ändern* öffnen.

Über dem Album wird nun die Audio-Toolbox geöffnet. Im linken Bildbereich erscheinen weitere Funktionen für die Bearbeitung, die nachfolgend erklärt werden.

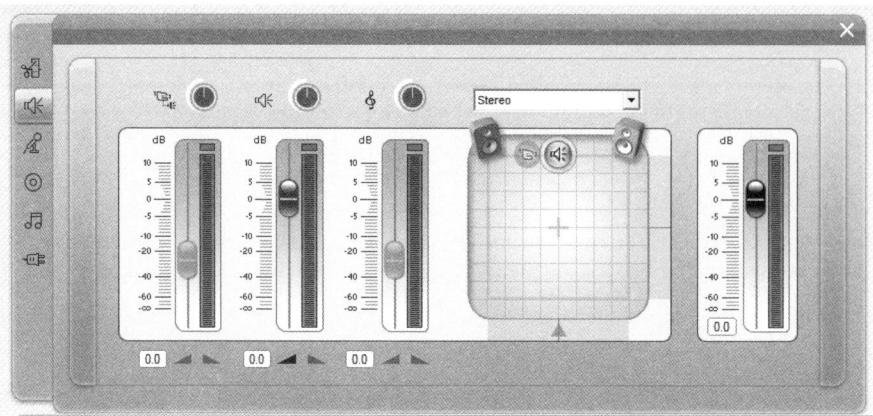

Abbildung 9.14: In der Audio-Toolbox stehen weitere Funktionen für das Bearbeiten von Musik und Effekten zur Verfügung

Lautstärke

Wie Sie bereits gesehen haben, kann die Lautstärke mit der Maus direkt in der Timeline angepasst werden. Sie können diese Anpassungen allerdings auch mithilfe der Lautstärkeregler in der Audio-Toolbox vornehmen, ähnlich wie an einem Audio-Mischpult.

Für jede Audiospur auf der Timeline wird ein separater Regler angezeigt, zuzuordnen am kleinen Symbol über jedem Regler.

Beim Abspielen des Films sehen Sie zudem die Lautstärke der Audioclips in der Pegelanzeige. Falls sich ein Clip im grünen und gelben Bereich befindet, ist die Lautstärke in Ordnung. Versuchen Sie, nicht in den roten Bereich zu gelangen, da der Ton dann übersteuert wird. Schieben Sie den Regler nur so weit nach oben, bis der Pegel etwa bis 0 dB ausschlägt.

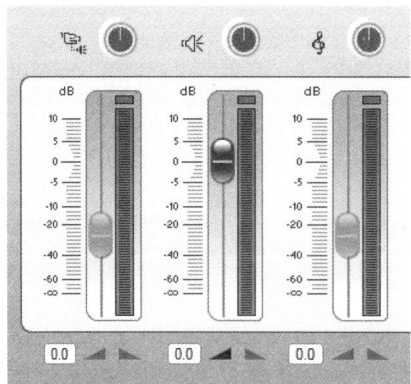

Abbildung 9.15:
Die Pegelanzeige wird neben jedem der Regler angezeigt. Die Lautstärken sollten sich bei 0 dB einpegeln

Scrubben Sie im Film an die Position, an der das Audio korrigiert werden soll, und verschieben Sie danach den Lautstärkeregler nach oben oder unten.

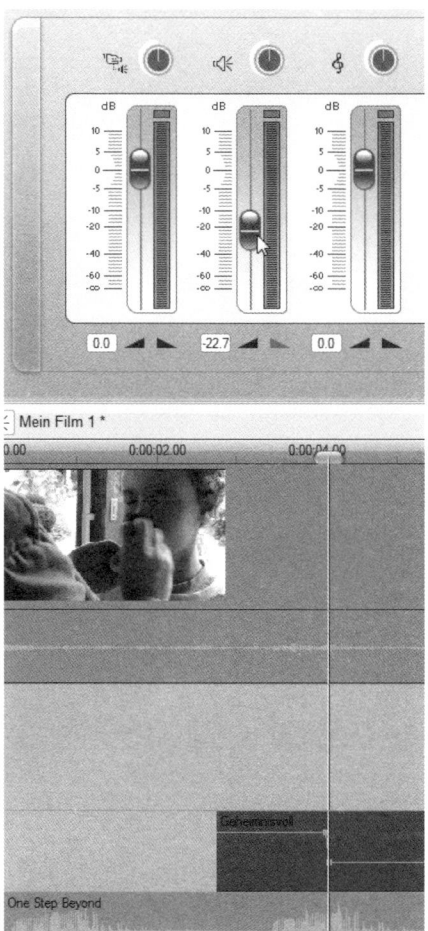

Abbildung 9.16:
Beim Verschieben eines Reglers mit der Maus erhält
der entsprechende Clip zwei Justierungsziehpunkte

Wie Sie sehen, erzeugt Pinnacle Studio bei dieser Variante zwei Ziehpunkte, was zu einer abrupten Lautstärkeänderung führt. Falls Sie das nicht wünschen, verändern Sie die Lautstärke direkt im Clip auf der Timeline.

Sie können die Lautstärke auch beim Abspielen des Films mit dem Regler korrigieren.

Eine andere Möglichkeit, die Lautstärke zu verändern, ist, in das Zahlenfeld einen Wert einzugeben, um den ein Audioclip lauter bzw. leiser eingestellt werden soll.

Abbildung 9.17:
Verändern Sie die Lautstärke um einen
bestimmten dB-Wert

Fade-in und Fade-out

Am Anfang oder Ende eines Audioclips kann der Ton ein- bzw. ausgeblendet werden. Dies lässt sich erreichen, indem am Anfang des Clips ein Ziehpunkt gesetzt wird, der ganz unten am Clip positioniert wird. Ein zweiter Ziehpunkt wird etwas später positioniert, und zwar an der Stelle, an der das Audio die normale Lautstärke erreichen soll. Etwas einfacher geht das wie folgt.

1. Scrubben Sie auf der Timeline an die Stelle, an der das Audio die normale Lautstärke hat.

2. Klicken Sie auf eines der folgenden Symbole der entsprechenden Audiospur.

Abbildung 9.18:
Das linke Dreiecksymbol blendet das Audio in der entsprechenden Spur ein, das rechte blendet es aus

3. Korrigieren Sie gegebenenfalls die gesetzten Ziehpunkte, um das Resultat zu verfeinern.

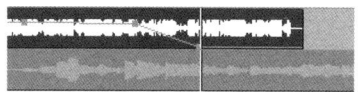

Abbildung 9.19:
Auf dem Audioclip werden zwei Ziehpunkte erzeugt und das Audio wird ausgeblendet

Master-Volume

Falls Sie nach Beendigung der Arbeit an einem Soundmix das Gefühl haben, eine bestimmte Spur sei etwas zu laut oder zu leise geraten, können Sie die Lautstärke einer ganzen Spur im Nachhinein verändern. Dazu dienen die folgenden Drehknöpfe:

Abbildung 9.20:
Drehen Sie an einem dieser Knöpfe, um die Lautstärke einer Spur insgesamt zu verändern

Klicken Sie mit der Maus und „drehen" Sie am Knopf, um die Lautstärke einer Spur zu verändern.

Wenn Sie das Gefühl haben, der ganze Film sei zu laut oder zu leise, dann müssten Sie jeden einzelnen Clip bzw. jede einzelne Spur nachkorrigieren. Dies wäre sehr viel Arbeit. Neu in Pinnacle Studio 12 ist der Gesamtlautstärke-Regler auf der rechten Seite. Mit ihm können Sie die Lautstärke des ganzen Films, also aller Clips und aller Spuren, gleichzeitig regeln. Beim Verändern der Gesamtlautstärke werden auf den Audioclips keine weiteren Ziehpunkte gesetzt.

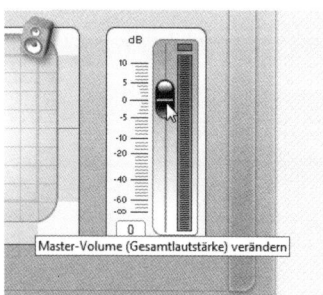

Abbildung 9.21:
Um die Lautstärke des ganzen Films zu verändern, können Sie diesen Schieberegler manipulieren

Stereo und Surround

Im rechten Bereich sehen Sie einen von oben gezeigten virtuellen Raum mit zwei Lautsprechern vorne links und rechts sowie einem Kreuz in der Mitte. Das Kreuz steht für die Position des Betrachters des Films. Das bedeutet, dass das Audio von vorne links und rechts zu hören ist. Für jede Audiospur erscheint zwischen den beiden Lautsprechern ein runder Punkt mit einem entsprechenden Symbol, je nachdem, welcher Clip auf der Timeline gewählt ist. Das Symbol ist in der Mitte der beiden Lautsprecher und bedeutet, dass das Audio im Raum aus beiden Lautsprechern gleich laut zu hören ist. Sie können nun mit der Maus dieses Symbol nach links oder rechts bewegen, um die Stereoinformation im Raum zu verändern.

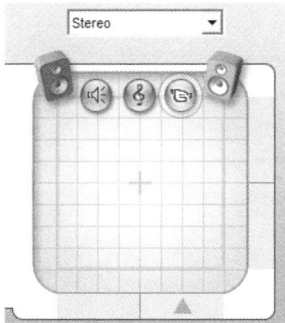

Abbildung 9.22:
Für jede der benutzten Spuren erscheint im
virtuellen Raum ein rundes Symbol

Im Beispiel wurde die Originaltonspur nach rechts verschoben und die Soundeffekte-Spur nach links. Diese Symbole sind nur dann alle sichtbar, wenn an der Stelle des Audio-Scrubbers auch alle Spuren belegt sind. Auf der Timeline sind die Änderungen ebenfalls an der veränderten Balance-Anzeige zu erkennen. Für das obige Beispiel sieht die Timeline wie folgt aus:

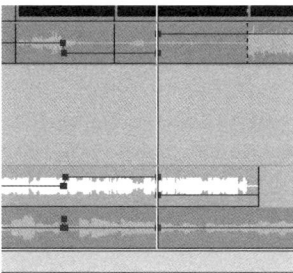

Abbildung 9.23:
Analog zur obigen Grafik wurde die Balance
der drei Spuren geändert

Damit eine Balance-Änderung nicht zu abrupt ist, sollte zwischen den beiden Ziehpunkten am Anfang oder am Schluss etwas Abstand eingehalten werden, sodass die Flanke etwas schräg wird.

Surround

Wählen Sie aus der Dropdown-Liste über dem virtuellen Raum *Surround* aus, um das Audio im ganzen Raum hörbar zu machen:

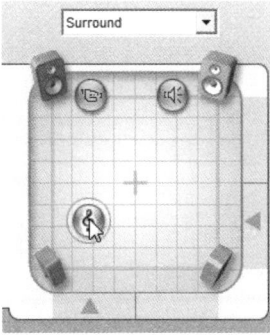

Abbildung 9.24:
Wenn Surround gewählt wurde, können Sie den Audioclip im ganzen Raum hörbar machen

Ziehen Sie dazu das Symbol beliebig umher. Beachten Sie, dass Sie für jede einzelne Spur *Surround* einschalten müssen, klicken Sie also der Reihe nach alle Spuren an und schalten Sie sie auf *Surround*.

Fachwort

Surround

Voraussetzung zum Hören von Surround ist, dass auf dem Abspielgerät, dem DVD-Player oder dem PC, ein sogenanntes Surround-Sound- oder Home-Cinema-System vorhanden ist. Dadurch erhalten Sie als Betrachter den Eindruck, mitten im Geschehen zu sein, wie man das in einem Kino erleben kann. Sie können also selbst bestimmen, von wo ein Audioclip zu hören ist. Allerdings bräuchte es für eine richtige Surround-Mischung weitaus mehr Audiospuren, als sie Pinnacle Studio zur Verfügung stellt, denn für jeden der Lautsprecher sollten mehrere Audioeffekte zu hören sein. Empfehlenswert ist das Pinnacle-Surround aber dennoch.

Beim Bearbeiten von Surround muss jeder Audioclip zusätzliche Informationen erhalten. Sie haben bereits die Lautstärke und die Stereoinformation kennengelernt. Nun braucht es aber noch eine weitere Information für vorne und hinten, nämlich die *Fade-Funktion*. Um sie in einem Clip anzeigen zu lassen, klicken Sie mit der rechten Maustaste auf den Clip und wählen *Auswahl Fade-Anzeige*.

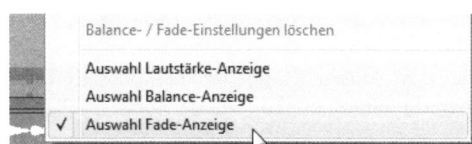

Abbildung 9.25:
Zusätzlich zur Lautstärke und Balance kann auch die Fade-Anzeige genutzt werden

Wie Sie sehen, können Sie die Fade-Informationen mittels der Ziehpunkte oder im virtuellen Raum direkt bearbeiten.

Wenn Sie Fade-Informationen löschen möchten, klicken Sie mit der rechten Maustaste auf den Clip und wählen *Balance-/Fade-Änderungen entfernen*.

Für Sprache optimiert

Diese Option, die Sie ebenfalls in der Ansicht des virtuellen Raums auswählen können, fügt einen fünften Lautsprecher zwischen die beiden vorderen ein. Das ist das eigentliche 5.1-Surround. Der Punkt mit der Ziffer 1 bei 5.1 steht für den sechsten Lautsprecher, den Bass, der nur die tiefen Töne des Films ausgibt.

Der zusätzliche Lautsprecher in der Mitte wird auch *Center* genannt und dient zum Ausgeben von Sprache.

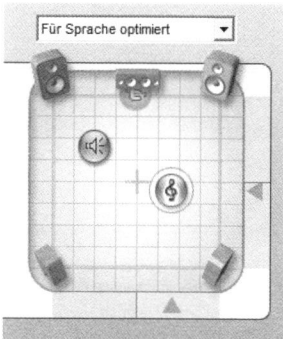

Abbildung 9.26:
Der fünfte Lautsprecher in der Mitte
dient zur Ausgabe der Sprache

Mikrofonaufnahme

Sie haben in Pinnacle Studio die Möglichkeit, im Nachhinein einen Kommentar auf Ihren Film zu sprechen oder durch eine andere Person sprechen zu lassen. Hierfür benötigen Sie ein Mikrofon, das sich am Mikrofoneingang des Computers anschließen lässt.

Konfigurieren eines Mikrofons

Zum korrekten Konfigurieren eines Mikrofons gehen Sie wie folgt vor:

Variante für Windows XP

1. Schließen Sie das Mikrofon über die Soundkarte an den Mikrofoneingang an.

2. Wählen Sie in Windows XP *Start/Einstellungen/Systemsteuerung*.

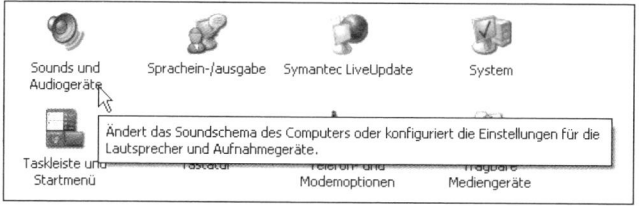

Abbildung 9.27: Das Lautsprechersymbol öffnet den Dialog zum Einstellen der
Sounds und Audiogeräte

3. In den Eigenschaften wählen Sie im Register *Lautstärke* die Schaltfläche *Erweitert*.

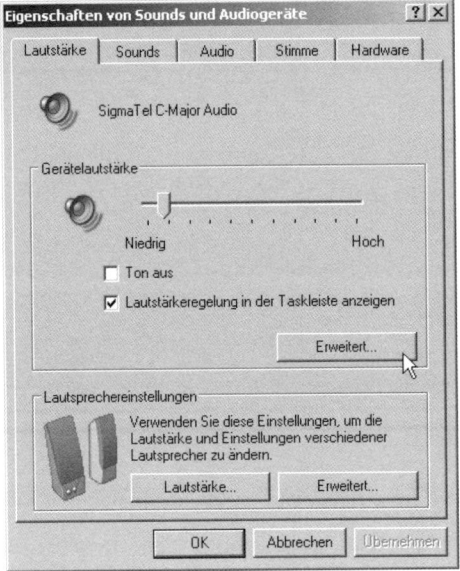

Abbildung 9.28:
Über die Schaltfläche „Erweitert" lassen
sich weitere Einstellungen vornehmen

4. Im Bereich *Lautstärke regeln für* wählen Sie *Aufnahme*.

5. Setzen Sie ein Häkchen bei *Mikrofon* und bestätigen Sie mit *OK*. Nun ist das Mikrofon aktiviert.

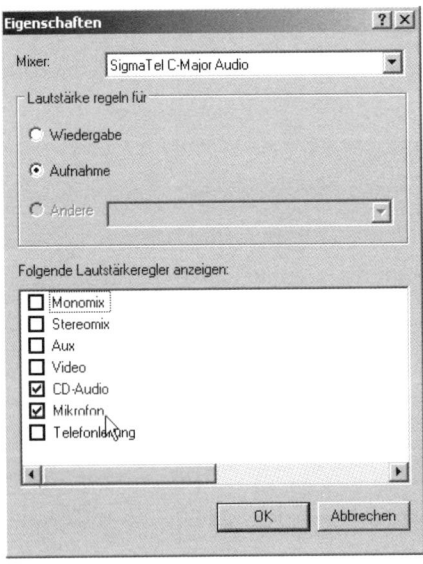

Abbildung 9.29:
Setzen Sie ein Häkchen bei „Mikrofon",
um diesen Eingang einzuschalten

6. Schließen Sie das Aufnahmefenster mit *OK*.

Variante für Windows Vista

1. Schließen Sie das Mikrofon über die Soundkarte an den Mikrofoneingang an.

2. Wählen Sie in Windows Vista *Start/Systemsteuerung/Hardware und Sound/Audiogeräte verwalten*.

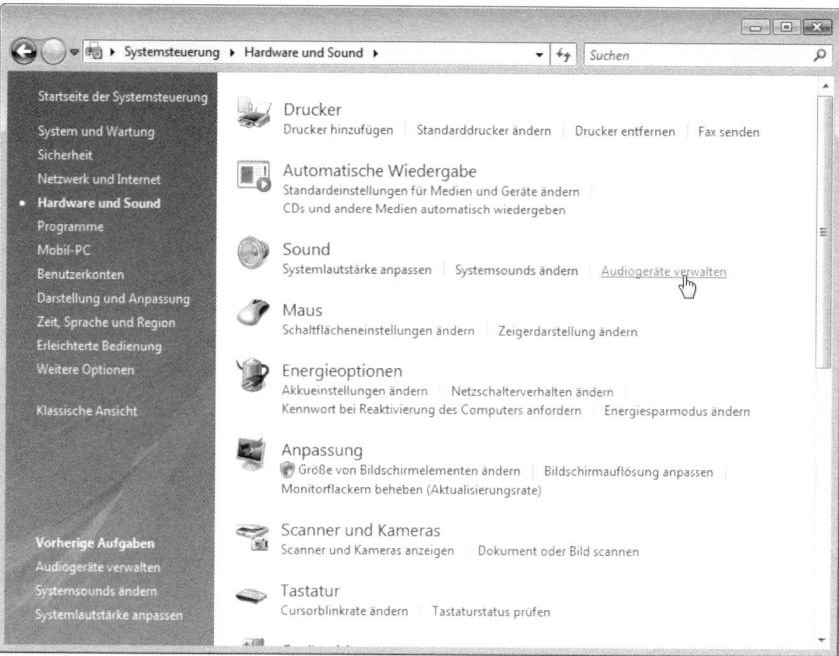

Abbildung 9.30: Hier gelangen Sie zum Dialog zum Einstellen der Sounds und Audiogeräte

3. Im Register *Aufnahme* wählen Sie das angeschlossene Mikrofon aus.

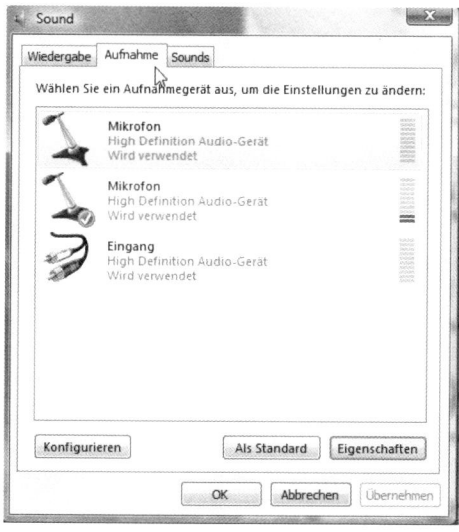

Abbildung 9.31:
Wählen Sie das zu konfigurierende
Mikrofon aus

4. Klicken Sie auf *Eigenschaften*, um die Einstellungen anzupassen.

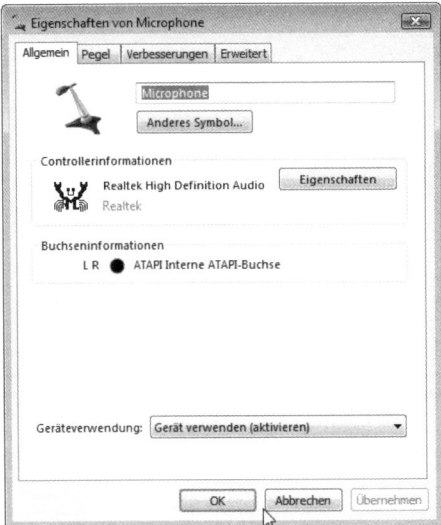

Abbildung 9.32:
In den Eigenschaften werden alle Mikrofon-
einstellungen vorgenommen

Je nach Soundkarte und Treiberversion variieren die Angaben und Einstellungs-möglichkeiten der Eigenschaften.

5. Achten Sie darauf, dass die Geräteverwendung des Mikrofons eingeschaltet ist.

6. Im Register *Pegel* kann die Lautstärke des Mikrofonpegels eingestellt werden. Eventuell müssen Sie diese Einstellungen erst korrigieren, wenn der Audiopegel in Pinnacle Studio zu schwach ist.

7. Schließen Sie das Aufnahmefenster mit einem Klick auf *OK*.

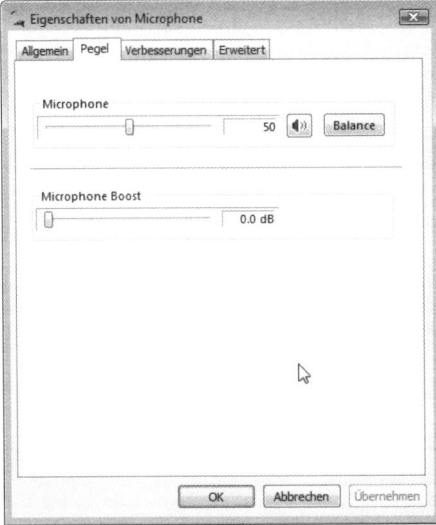

Abbildung 9.33:
Verändern Sie wenn nötig den Audiopegel
und „Microphone" und „Microphone Boost"

Audioaufnahme

1. Öffnen Sie in Pinnacle Studio die Audio-Toolbox und dann die Funktion für die Aufnahme mit einem Mikrofon.

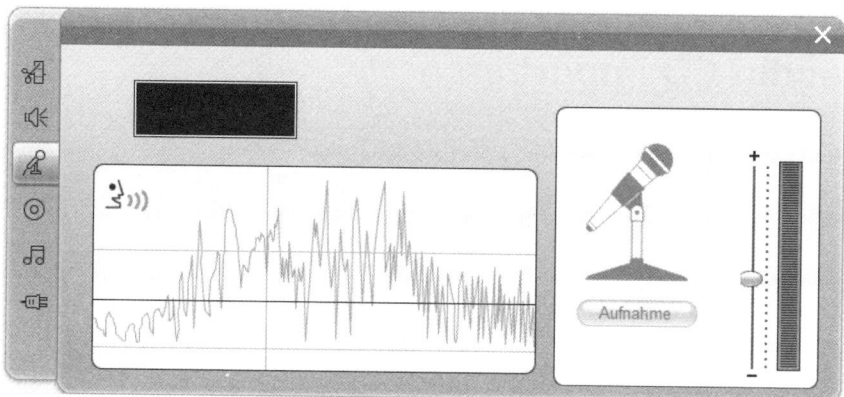

Abbildung 9.34: Modus für das Nachvertonen von Filmen mit einem Mikrofon

Wenn Sie in das Mikrofon sprechen, sollte in der Anzeige die Lautstärke auf der rechten Seite zu sehen sein. Korrigieren Sie allenfalls die Eingangslautstärke durch das Verschieben des Reglers neben der Pegelanzeige.   Tipp

Eine Aufnahme in Pinnacle Studio ist nur möglich, wenn sich der Timeline-Scrubber an einer Position befindet, an der die Audiokommentar-Spur nicht schon mit einem anderen Clip gefüllt ist, da Sie lediglich zwei Audiospuren zur Verfügung haben. Sie können den aufgenommenen Kommentar natürlich jederzeit im Film neu positionieren. Der Vorteil dieser Vorgehensweise ist, dass Sie Ihren Kommentar synchron zum Film abgeben können.

Die Aufnahme eines Kommentars mit Mikrofon ist nicht immer ganz einfach. Es kommt sehr stark auf die Qualität des Mikrofons an, darauf, für welchen Zweck das Mikrofon ausgelegt ist, und auf die Nebengeräusche während der Aufzeichnung.

So gibt es für den Einsatz mit Video sogenannte Richtmikrofone, die über eine gewisse Distanz in eine bestimmte Richtung aufnehmen, und es gibt die Nieren- oder Kugelmikrofone, die das Audio im Bereich des Mikrofons aufzeichnen. Falls Sie bereits ein Mikrofon besitzen, machen Sie doch eine kurze Testaufnahme und entscheiden, ob Sie mit der Qualität zufrieden sind. Ansonsten lassen Sie sich von einer Fachperson beraten, um ein optimales Ergebnis zu erzielen.

Nebengeräusche sollten wenn möglich eliminiert werden, auch das Brummen eines PCs kann in einem Film sehr nervend wirken.

2. Starten Sie die Aufnahme mit einem Klick auf die Schaltfläche *Aufnahme*. Warten Sie, bis das Aufnahme-Schild blinkt und der Film zu laufen beginnt. Sprechen Sie nun Ihren Kommentar ein.

3. Sobald Sie fertig sind, können Sie den Vorgang mit einem Klick auf *Stop* beenden.

   Der aufgezeichnete Kommentar ist in der Timeline zu sehen und kann nun beliebig weiterverarbeitet werden.

4. Sollte die Aufnahme nicht zu gebrauchen sein, dann löschen Sie den Audioclip von der Timeline und wiederholen die Aufnahme.

5. Sie können den Kommentar auch in mehreren Abschnitten aufnehmen oder ein Stück in der Mitte neu aufzeichnen, wenn das notwendig ist.

Audio-CD importieren

Sie haben die Möglichkeit, Musik oder Geräusche direkt von einer Audio-CD in Pinnacle Studio zu importieren, ohne sie auf der Festplatte zwischenzuspeichern. Empfehlenswert ist es trotzdem, diese Audiodateien mit einem externen Programm auf die Festplatte zu kopieren, da sie dann immer – auch für andere Projekte – zur Verfügung stehen.

Achtung Praktisch alle Musik-CDs sind nicht für den öffentlichen oder kommerziellen Gebrauch lizenziert. Sie dürfen die Musik also nicht mit Ihren Filmen weiterverkaufen oder diese öffentlich vorführen, außer Sie erwerben entsprechende Lizenzen für sehr viel Geld. Andernfalls (und das ist die Regel bei Hobbyfilmern) müssen Sie spezielle Musik erwerben, die GEMA- bzw. SUISA-frei sind. Wenn Sie ein Musikarchiv erworben haben, für das Sie die Rechte besitzen, dürfen Sie es auch kommerziell nutzen.

Aufnehmen von einer Audio-CD

Falls Sie mehrere CD- oder DVD-Laufwerke in Ihrem PC installiert haben, müssen Sie Pinnacle Studio zuerst mitteilen, von welchem Laufwerk Sie Audio aufnehmen möchten. Gehen Sie dazu wie folgt vor:

1. Öffnen Sie die Einstellungen im Menü mit *Setup/Video- und Audio-Einstellungen*.

2. Unter *CD-Laufwerk* wählen Sie aus der Liste das Laufwerk aus, von dem Sie Audio aufnehmen möchten.

3. Legen Sie nun eine Audio-CD in das Laufwerk und klicken Sie in der Audio-Toolbox auf das unten gezeigte Symbol, um in den Aufnahmemodus zu gelangen, oder wählen Sie aus dem Menü *Toolbox* den Eintrag *CD-Musik hinzufügen*.

 Abbildung 9.35:
Symbol für das Aufnehmen von Musik von einer CD

Falls Pinnacle Studio die eingelegte CD, das heißt Interpret, Album usw., nicht von selbst erkennt, müssen Sie diese Informationen manuell eingeben.

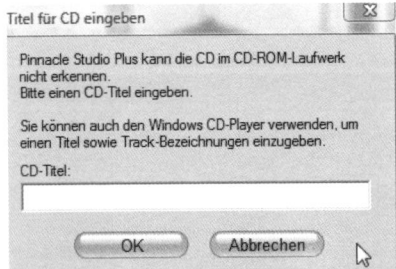

Abbildung 9.36:
Geben Sie hier einen Titel für die
eingelegte Audio-CD ein

4. Tippen Sie die Informationen in das Feld *CD-Titel* ein und bestätigen Sie mit einem Klick auf *OK*.

Pinnacle Studio öffnet nun den Aufnahmemodus.

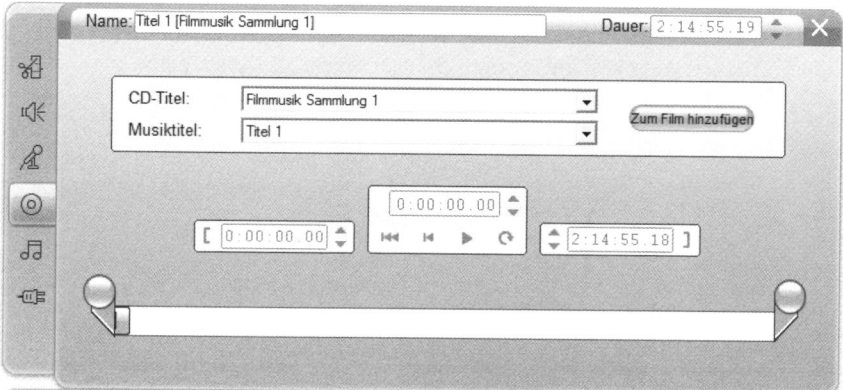

Abbildung 9.37: Im Aufnahmemodus wählen Sie einen Liedtitel unter „Musiktitel" aus

5. Scrubben Sie auf der Timeline an die Stelle, an der das Audio eingefügt werden soll.

6. Wählen Sie unter *Musiktitel* einen Liedtitel aus, den Sie in den Film integrieren möchten.

7. Fügen Sie das Lied über die Schaltfläche *Zum Film hinzufügen* ein.

Abbildung 9.38:
Das Musikstück wird importiert

Das Lied wird in Pinnacle Studio importiert. Wenn dieser Vorgang abgeschlossen ist, befindet sich das Lied auf der Timeline und kann abgespielt werden.

Automatische Hintergrundmusik

Die automatische Hintergrundmusik enthält eine spezielle Art von vordefinierter Musik, in Studio 12 auch Scorefitter genannt. Wenn Sie ein Stück einer Audio-CD als Hintergrund verwenden, so hat jedes dieser Musikstücke einen Anfang und ein Ende, logisch. Die Scorefitter-Musikstücke können aber beliebig lang gezogen werden, und Pinnacle Studio komponiert das Ende so, dass es gut klingt! Am besten testen Sie die Funktion gleich selbst.

Hinweis Bis zur Version 10 von Pinnacle Studio war dies die SmartSound-Funktion bzw. -Biblio-
thek. In der Version 12 sind es keine SmartSounds mehr, sondern es handelt sich nun
um eine andere Pinnacle-eigene Technik zum Erstellen automatischer Hintergrundmusik. Die von Scorefitter erzeugte Musik liegt in 48 kHz, also in besserer Qualität, vor.

Falls Sie noch SmartSounds auf Ihrer Festplatte haben, können Sie diese trotzdem in
Studio 12 benutzen. Wählen Sie einfach *SmartSound* als Musikquelle aus.

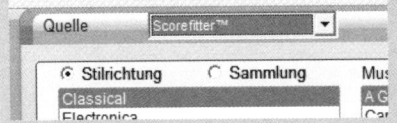

Abbildung 9.39:
Wählen Sie unter „Quelle" aus, ob Sie die neue Score-
fitter-Funktion oder die bestehenden SmartSounds
nutzen möchten

1. Wählen Sie in der Audio-Toolbox die Funktion *Automatische Hintergrundmusik
   erstellen* über das unten gezeigte Symbol aus oder im Menü *Toolbox* den Eintrag
   Hintergrundmusik erstellen.

    Abbildung 9.40:
   Mit diesem Symbol öffnen Sie die SmartSound-Bibliothek

2. Wählen Sie Ihre Musik aus den drei Kategorien *Stilrichtung*, *Musiktitel* und *Version*.
   Für jede Stilrichtung stehen ein oder mehrere Musiktitel mit verschiedenen Versionen zur Verfügung.

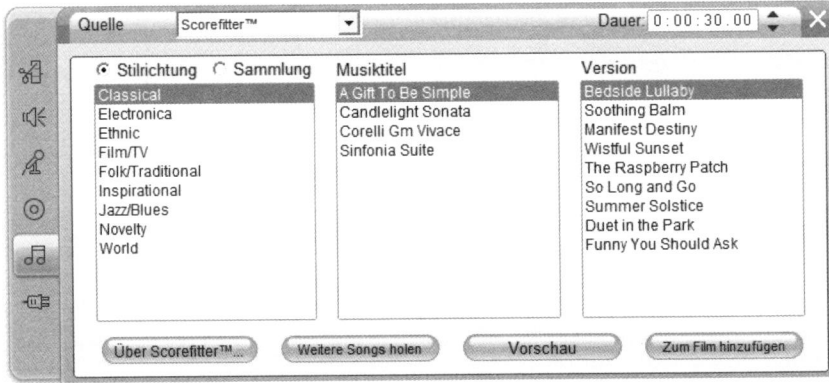

*Abbildung 9.41: Die Scorefitter-Bibliothek ist in drei Stufen eingeteilt: Stilrichtung, Musiktitel und
Version*

3. Doppelklicken Sie auf eine Version, um eine Vorschau zu erhalten, oder klicken Sie
   auf den *Vorschau*-Knopf.

4. Sobald Sie die richtige Musik gefunden haben, scrubben Sie auf der Timeline an die
   Stelle, an der die Hintergrundmusik positioniert werden soll, und wählen *Zum Film
   hinzufügen*.

   Das Scorefitter-Musikstück wird auf die Timeline gelegt und ist als kurzes Stück
   sichtbar. Dieses Stück können Sie nun mit der Trimm-Funktion verlängern, so weit
   Sie möchten – Pinnacle Studio komponiert das Stück immer weiter.

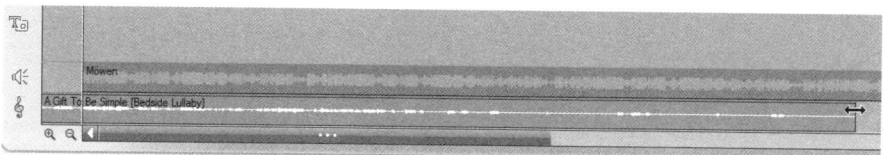

Abbildung 9.42: Das ausgewählte Stück wird auf der Musikspur angezeigt

Für die Audiobearbeitung von Scorefitter-Musikstücken gelten die gleichen Regeln wie für die anderen Musikstücke, außer dass die Scorefitter-Musik beliebig verlängert werden kann.

Falls Sie das gewählte Stück durch ein anderes ersetzen möchten, ohne die Länge nochmals zu definieren, klicken Sie den Clip auf der Timeline an und wählen aus der Scorefitter-Bibliothek ein neues Stück. Um die Änderung zu übernehmen, klicken Sie auf *Änderungen annehmen.*

Auf Ihrem PC sind einige Scorefitter-Musikstücke vorinstalliert, die Sie mit Pinnacle Studio 12 erworben haben. Sie können allerdings noch mehr erwerben. Klicken Sie dazu auf den Knopf *Weitere Songs holen.*

Audioeffekte

Audioeffekte dienen dazu, aufgenommenes Audio zu verändern. Sie können z.B. Rauschen entfernen oder das Audio auf witzige Weise manipulieren. Einem Audioclip lassen sich mehrere Effekte gleichzeitig zuweisen.

Klicken Sie in der Audio-Toolbox auf folgendes Symbol oder wählen Sie aus dem Menü *Toolbox* den Eintrag *Audioeffekte hinzufügen*, um sich die Übersicht anzeigen zu lassen.

 Abbildung 9.43:
Dieses Symbol öffnet die Audioeffekte-Bibliothek

Im linken Bereich unter *Audioeffekte* sind alle Effekte des ausgewählten Clips zu sehen; anfangs ist diese Liste natürlich leer, da noch kein Effekt hinzugefügt wurde.

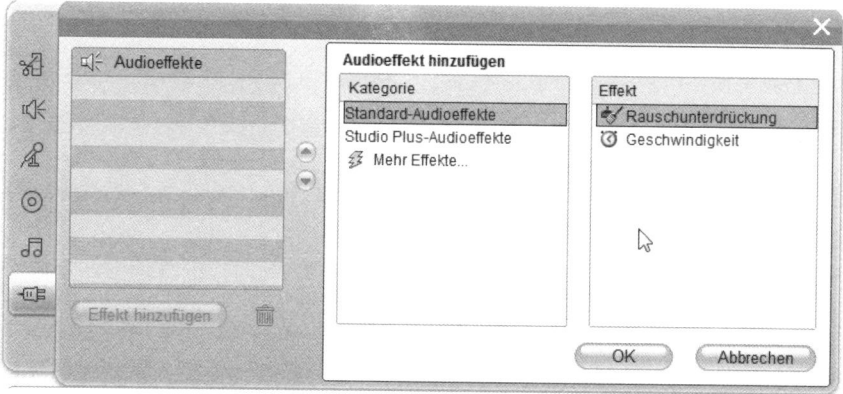

Abbildung 9.44: Hier werden alle Audioeffekte aufgelistet, die Sie auf einen Audioclip anwenden können

In der Liste unter *Kategorie* sehen Sie eine Auflistung der möglichen Effekte, unterteilt in verschiedene Gruppen wie *Standard-Audioeffekte* und *Studio Plus-Audioeffekte*.

Fügen Sie nun einem Clip einen Effekt zu:

1. Wählen Sie in der Timeline einen Audioclip aus, auf den Sie einen Effekt anwenden möchten.

2. Wählen Sie unter *Effekt* einen Effekt aus der Liste aus und klicken Sie auf *OK*, um ihn in die Liste zu übernehmen.

Nun können Sie die verschiedenen Parameter ändern, um den Effekt an Ihre Wünsche anzupassen. Meistens ist es so, dass die Werte allein nicht viel über die Wirkung des Effekts aussagen, darum ist es notwendig, dass Sie den Audioclip jedes Mal anhören, nachdem Sie eine Veränderung vorgenommen haben.

Nachfolgend sind einige wichtige Effekte beschrieben.

Rauschunterdrückung

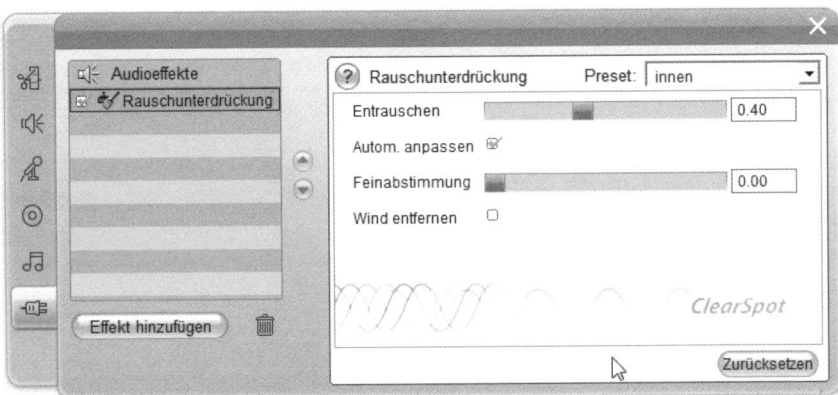

Abbildung 9.45: Mit der Rauschunterdrückung wird störendes Rauschen aus einem Audioclip entfernt

Wählen Sie unter *Preset* eine Voreinstellung oder beginnen Sie direkt mit dem Anpassen der Parameter. Ziehen Sie den *Entrauschen*-Schieberegler und prüfen Sie immer wieder das Resultat, indem Sie den Film abspielen. Sie können bei *Wind entfernen* ein Häkchen setzen. Das entfernt störende Windgeräusche, die beispielsweise bei einer Strandaufnahme entstanden sein können. Sie können alle Einstellungen wieder in den Ursprungszustand versetzen, indem Sie auf *Zurücksetzen* klicken.

Sie können einem Clip mehrere Effekte gleichzeitig hinzufügen, um so eine Kombination von Effekten zu erzielen. Klicken Sie hierbei einfach auf den Knopf *Effekt hinzufügen*, um wieder zur Übersicht zu gelangen.

Audiogeschwindigkeit

**Plus &
Ultimate** Diese Funktion ist nur in Pinnacle Studio Plus Version 12 und Studio Ultimate Version 12 verfügbar.

Der mitgelieferte Audioeffekt *Geschwindigkeit* kann einen Audioclip langsamer oder schneller darstellen. Diese Funktion wird normalerweise nur zusammen mit dem gleichnamigen Videoeffekt angewendet. Sie können aber auch den Geschwindigkeitseffekt nur auf den Audioclip anwenden.

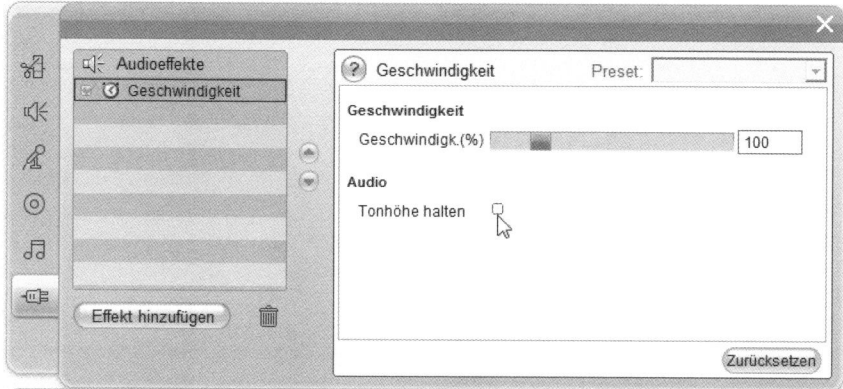

Abbildung 9.46: Mit dem Geschwindigkeitseffekt kann ein Audioclip in Zeitlupe dargestellt werden

1. Klicken Sie auf der Timeline den Audio- oder Videoclip an, von dem Sie das Audio verändern möchten. Am besten lässt sich dieser Effekt beurteilen, wenn man als Beispiel einen Clip wählt, in dem eine Person spricht.

2. Öffnen Sie die Audioeffekte in der Audio-Toolbox.

3. Fügen Sie den Effekt *Geschwindigkeit* hinzu.

4. Verändern Sie nun den Schieberegler *Geschwindigkeit*, um den Clip langsamer oder schneller laufen zu lassen. Hören Sie sich das Audio an, um den Effekt beurteilen zu können.

5. Setzen Sie ein Häkchen bei *Tonhöhe halten*, damit die Tonhöhe des Audioclips zwar wieder normal zu hören ist, dessen Geschwindigkeitsanpassung aber verändert bleibt.

Mit dieser Funktion können Sie z.B. einen Video- oder Audioclip in der Länge verändern, ohne dass dies offenbar wird.

Effekt löschen

Wählen Sie in der Liste den zu löschenden Effekt aus und klicken Sie auf das Papierkorbsymbol.

Mit den beiden Pfeilsymbolen können Sie die Reihenfolge der Clips verändern. Es ist ein Unterschied, ob Sie zuerst das Rauschen eines Clips unterdrücken und danach die Geschwindigkeit verändern oder umgekehrt. Überprüfen Sie die jeweiligen Resultate.

10

Die Video-
Toolbox

Die Video-Toolbox liefert Werkzeuge, mit denen man einen Film interessanter gestalten kann. Dazu zählen Funktionen zum Erstellen von Standbildern aus dem Film, Video-effekte, Chroma-Key, Bild-in-Bild und vieles mehr.

Die Symbole werden hier in einer anderen Reihenfolge beschrieben, als sie im Programm auftauchen, da Sie einige Funktionen schon kennen und andere an der betreffenden Stelle zu erläutern keinen Sinn macht.

Öffnen Sie die Video-Toolbox mit dem folgenden Symbol oder wählen Sie aus dem Menü *Toolbox* z.B. *Einzelbild aufnehmen*.

☞   *Abbildung 10.1:*
     Das Symbol der Video-Toolbox

Einzelbild aufnehmen

Sie können in Pinnacle Studio aus dem Film Standbilder aufnehmen und sie wieder in den Film einbauen oder auf der Festplatte zwischenspeichern. Daraus lassen sich unter anderem interessante DVD-Hüllen gestalten. Darüber hinaus bietet Pinnacle Studio Ihnen die Möglichkeit, ein Standbild direkt von einer Kamera oder einem VHS-Band auf-zunehmen, ohne dass der Videoclip zuerst auf dem PC gespeichert wurde.

Standbild aus der Timeline

1. Scrubben Sie auf der Timeline, bis das gewünschte Bild im Vorschaufenster zu sehen ist.

2. Falls die Video-Toolbox noch nicht geöffnet ist, wählen Sie aus dem Menü *Toolbox/ Einzelbild aufnehmen*.

3. Klicken Sie auf den großen runden Knopf *Aufnahme*, um das aktuelle Bild zu kopieren.

4. Entscheiden Sie nun, ob das aufgenommene Standbild zum Film hinzugefügt wer-den soll oder ob Sie es auf die Festplatte speichern möchten.

5. Um das Bild auf die Timeline zu legen, scrubben Sie an die gewünschte Stelle und klicken auf die Schaltfläche *Zum Film hinzufügen*.

6. Wenn Sie das Bild als Datei auf der Festplatte speichern möchten, klicken Sie auf *Speichern* und wählen einen Speicherort auf der Festplatte aus. Es lässt sich auch mit anderen Programmen weiterverarbeiten.

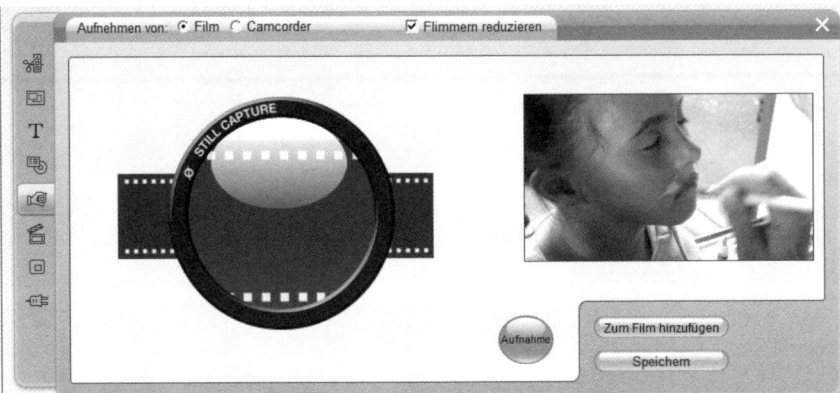

Abbildung 10.2: Klicken Sie auf „Aufnahme", um ein Bild von der Timeline zu kopieren

Aufnahme vom Camcorder bzw. über Videoeingang

Hierfür muss ein digitaler Camcorder über ein FireWire-Kabel am PC angeschlossen oder eine analoge Quelle mit dem PC verbunden sein. Sonst ist diese Option nicht wählbar und die entsprechende Schaltfläche bleibt grau schraffiert.

Aufnahme von digitalem Camcorder

1. Falls der Camcorder von Pinnacle Studio nach dem Einschalten im Play- bzw. VCR-Modus nicht erkannt wurde, schließen Sie die Video-Toolbox kurz und öffnen sie dann erneut.

2. Nach dem erneuten Öffnen sollte die Option *Camcorder* in der Kopfzeile anwählbar sein. Ist das immer noch nicht der Fall, öffnen Sie im Menü *Setup* den Eintrag *Aufnahmequelle*. Im Bereich *Aufnahmegeräte* wählen Sie den digitalen Camcorder in den Listen unter *Video* und *Audio* aus.

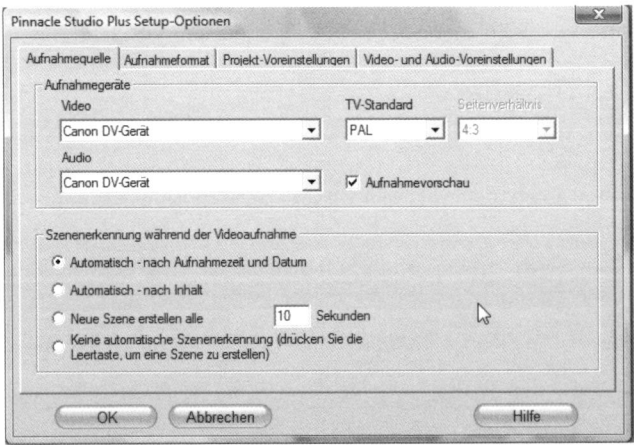

Abbildung 10.3: Wählen Sie aus den Einstellungen das digitale Gerät aus

Nun erscheint eine Videokamera, wie Sie das bereits vom Aufnahme-Modus kennen.

3. Sie können mit der Kamera an die gewünschte Stelle spulen und danach mit *Aufnahme* ein Bild in die Vorschau laden.

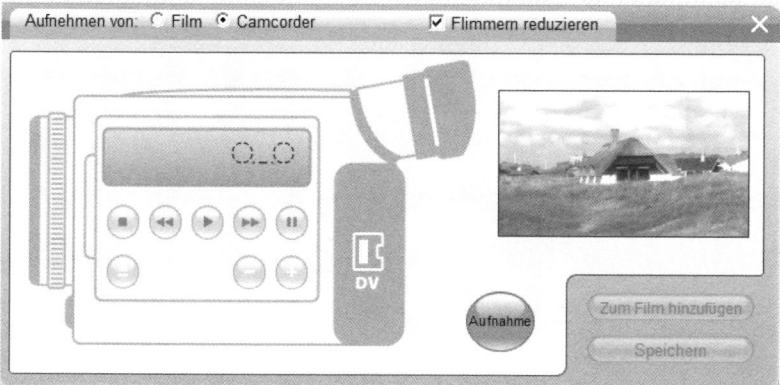

Abbildung 10.4: Die Aufnahme erfolgt direkt über die Kamera

4. Entscheiden Sie sich, ob das Bild in die Timeline eingefügt oder auf die Festplatte gespeichert werden soll.

Aufnahme über den Videoeingang

1. Schließen Sie das Abspielgerät über einen AD-Wandler an den PC an.

2. Starten Sie das Abspielgerät. Falls im Vorschaufenster kein Video zu sehen ist, wählen Sie im Menü *Setup* den Eintrag *Aufnahmequelle*. Unter *Aufnahmegeräte* wählen Sie das angeschlossene Gerät aus.

3. Sobald das Video im Vorschaufenster zu sehen ist, klicken Sie in dem Moment auf den Knopf *Aufnahme*, in dem ein Standbild aufgenommen werden soll. Das Standbild wird in der Kamera dargestellt.

4. Fügen Sie nun das Bild über die Schaltfläche *Zum Film hinzufügen* in die Timeline ein oder speichern Sie es über *Speichern* auf die Festplatte.

Die zweite Videospur

Diese Funktion ist nur in Pinnacle Studio Plus und Pinnacle Studio Ultimate Version 12 verfügbar.   Plus & Ultimate

Mit einer zweiten Videospur haben Sie erweiterte Möglichkeiten beim Schneiden. Sie können z.B. ein Theaterstück, das mit zwei Kameras aufgenommen wurde, synchron schneiden oder ein Videoclip als *Bild-in-Bild* darstellen usw.

Die zweite Videospur ist standardmäßig nicht sichtbar, da sie nicht von allen Anwendern benutzt wird und nicht unnötig verwirren soll. Sie wird erst angezeigt, wenn sie auch benutzt werden soll. Ziehen Sie dazu einfach einen Videoclip auf die Titelspur und die zweite Videospur erscheint.

Abbildung 10.5: Die zweite Videospur wird sichtbar, sobald ein Videoclip auf die Titelspur gelegt wird

Der Videoclip bleibt nicht auf der Titelspur, sondern die zweite Videospur wurde sichtbar und der Clip darauf abgelegt. Die zweite Videospur enthält ebenfalls eine Originaltonspur. Die Clips auf der zweiten Spur können auf die gleiche Weise bearbeitet werden wie die auf der ersten.

Wenn Sie nun den Film abspielen, werden Sie sehen, dass der Clip auf der unteren Spur den Clip auf der oberen Spur überdeckt. Achten Sie also darauf, welchen Clip Sie auf welche Spur legen, damit immer der richtige zu sehen ist.

Die zweite Videospur wird benutzt, wenn z.B. der Originalton der ersten Videospur weiterlaufen soll und darüber etwas anderes zu sehen ist.

Sie können die zweite Videospur wieder entfernen, indem Sie alle Clips darauf löschen. Die Spur verschwindet automatisch.

Bild-in-Bild

Plus & Ultimate Diese Funktion ist nur in Pinnacle Studio Plus und Pinnacle Studio Ultimate Version 12 verfügbar.

Mit der Bild-in-Bild-Funktion ist es möglich, Standbilder oder Videoclips auf der zweiten Videospur verkleinert darzustellen. Ein Videoclip auf der ersten Spur wird gleichzeitig als Hintergrund abgespielt. Um diesen Effekt zu erzielen, gehen Sie wie folgt vor:

1. Setzen Sie einen Videoclip auf die erste Videospur, falls das noch nicht geschehen ist.

2. Setzen Sie einen zweiten Videoclip auf die zweite Videospur und wählen Sie ihn mit der Maus aus.

3. Öffnen Sie die Video-Toolbox und danach das Symbol für *Bild-in-Bild*.

 Abbildung 10.6:
Symbol für die Bild-in-Bild-Funktion in der Video-Toolbox

Der Bild-in-Bild-Editor wird geöffnet. Wie Sie sehen können, hat Pinnacle Studio das Bild auf der zweiten Videospur bereits verkleinert und im rechten oberen Eck dargestellt. Im Vorschaufenster ist dieser Effekt allerdings noch nicht zu sehen, da die Bild-in-Bild-Funktion noch nicht aktiviert wurde.

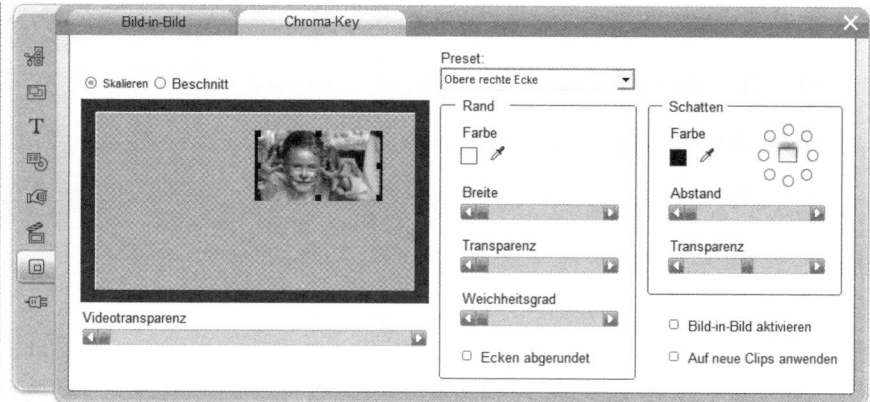

Abbildung 10.7: Mit dem Bild-in-Bild-Editor kann ein Clip verkleinert dargestellt werden

Damit dieser Effekt im Vorschaufenster zu sehen ist, klicken Sie auf die Option *Bild-in-Bild aktivieren*. Im Vorschaufenster werden nun beide Clips angezeigt.

Abbildung 10.8: Die Bild-in-Bild-Funktion wird sichtbar. Beide Videos können nun gleichzeitig abgespielt werden

Sie haben nun die Möglichkeit, das Aussehen der Bild-in-Bild-Funktion weiter anzupassen. Im linken Vorschaufenster des Editors können Sie mit der Maus das Videobild vergrößern und verkleinern und an eine neue Position setzen. Gehen Sie dazu wie im Folgenden beschrieben vor.

Verschieben und Skalieren

Sie können die Position des Bildes verändern, indem Sie im Editor mit der Maus auf das Vorschaubild klicken und das Video verschieben. Zum Skalieren fassen Sie einen der acht weißen Punkte an, indem Sie mit der Maus darauf klicken und die linke Maustaste gedrückt halten. Ziehen Sie die Maus nun in die gewünschte Richtung.

Abbildung 10.9:
Ziehen Sie an einem der weißen Punkte,
um die Größe des Clips zu verändern

Aus der Dropdown-Liste *Preset* können Sie aus vordefinierten Positionen auswählen, so gelangen Sie schneller zu einem Resultat, das Sie aber jederzeit anpassen können.

Transparenz

Das verkleinerte Bild kann mit dem Schieberegler *Videotransparenz* unter dem Vorschaubild des Editors blasser bzw. transparent dargestellt werden. Beobachten Sie die Veränderung im Vorschaufenster.

Rand

Erstellen Sie mit dieser Funktion eine Umrandung rund um den Clip, damit er besser zu sehen ist. Gehen Sie dazu wie folgt vor:

1. Klicken Sie mit der Maus auf das kleine weiße Viereck, um eine Farbe zu wählen.

2. Die Farbauswahl wird geöffnet. Klicken Sie mit der Maus die gewünschte Farbe an und schließen Sie das Fenster wieder mit einem Klick auf *OK*.

   Alternativ können Sie die Farbe mit der Pipette direkt aus dem Videobild holen. Klicken Sie mit der Maus einmal auf das Pipettensymbol und bewegen Sie danach die Maus auf das Vorschaufenster. Suchen Sie im Bild die Farbe und klicken Sie nochmals, um sie in die Auswahl zu übernehmen.

3. Wahlweise verändern Sie die Breite, Transparenz und Weichheit der Umrandung mit den entsprechenden Schiebereglern.

Schatten

Fügen Sie dem Clip einen Schatten hinzu; dazu haben Sie die gleichen Möglichkeiten wie oben beschrieben. Um den Schatten sichtbar zu machen, verändern Sie den Abstand. Legen Sie fest, wie der Schatten zu liegen kommen soll, indem Sie einen der runden Kreise wählen. Das Vorschaufenster gibt Ihnen jederzeit eine Kontrolle über die gewählten Einstellungen.

Auf neue Clips anwenden

Wenn Sie diese Option mit einem Häkchen aktiviert haben, werden alle Clips, die auf die zweite Videospur gezogen werden, mit denselben Einstellungen versehen. Wählen Sie diese Einstellung also dann, wenn mehrere Clips gleich aussehen sollen.

Beschnitt

Damit können Sie einen Clip am Rand beschneiden und das Seitenverhältnis verändern. Sobald Sie die Option *Beschnitt* gewählt haben, wird der Clip größer dargestellt und kann nun durch Ziehen an einem der acht weißen Quadrate beschnitten werden. Obwohl der Clip in der Vorschau auf das ganze Bild vergrößert wurde, bleibt die Skalierung der Bild-in-Bild-Funktion erhalten.

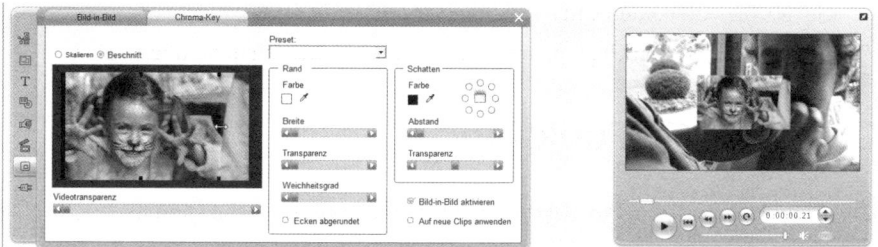

Abbildung 10.10: Mit der Beschnitt-Funktion kann der Rand eines Clips beschnitten werden

Sehen Sie sich im rechten Vorschaufenster das Resultat an.

Die Beschnitt-Funktion kann etwa dazu benutzt werden, einen Clip doppelt anzeigen zu lassen, wie es im folgenden Beispiel erläutert wird.

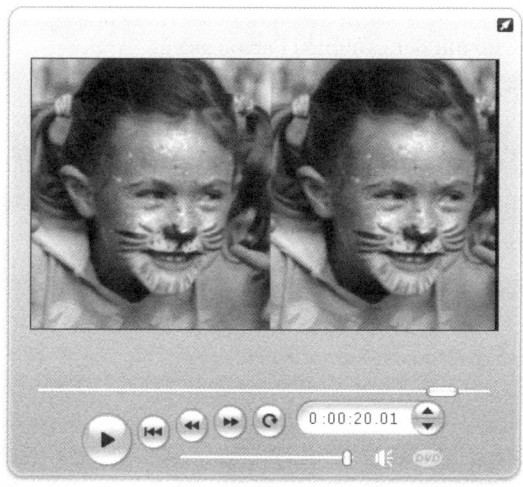

Abbildung 10.11: Lassen Sie ein Video mit der Bild-in-Bild-Funktion doppelt anzeigen

Tipp | Einen Clip doppelt anzeigen lassen:

1. Fügen Sie den gleichen Clip zweimal untereinander in die Timeline ein.

2. Öffnen Sie die *Bild-in-Bild*-Funktion.

3. Klicken Sie mit der Maus auf den Clip auf der ersten Videospur und verschieben Sie ihn nach links.

4. Klicken Sie mit der Maus auf den Videoclip auf der zweiten Spur, um diesen in den Editor zu laden.

5. Verschieben Sie ihn nun etwas nach rechts, etwa so weit, wie der erste nach links verschoben wurde.

6. Aktivieren Sie die Funktion *Beschnitt* und schneiden Sie am zweiten Clip links so viel ab, bis von beiden Clips gleich viel zu sehen ist.

7. Spielen Sie nun den Clip ab, um den Effekt in der Vorschau zu überprüfen.

Chroma-Key-Funktion

Plus & Ultimate | Diese Funktion ist nur in Pinnacle Studio Plus und Pinnacle Studio Ultimate Version 12 verfügbar.

Die Chroma-Key-Funktion dient dazu, eine neutrale Farbe aus einem Videoclip zu entfernen und transparent darstellen zu lassen. Diese Funktion wird auch Blue- oder Green-Screen-Funktion genannt und ermöglichte z.B. Superman das Fliegen – der Schauspieler wurde vor einem blauen oder grünen Hintergrund gefilmt und dieser Hintergrund in der Nachproduktion durch eine Filmszene ersetzt. Für diesen Effekt benötigen wir ebenfalls die zweite Videospur. Die erste Videospur dient als Filmkulisse und Hintergrund. Auf die zweite Videospur wird der Clip mit der gefilmten Person gelegt.

1. Legen Sie irgendeinen Videoclip auf die erste Videospur.

2. Laden Sie von der Beispiel-DVD die Videosequenz *Clowns.mpg* ins Album.

3. Legen Sie die vierte Szene mit der Frau vor einem grünen Hintergrund auf die zweite Videospur. Die Timeline sollte nun etwa wie in der folgenden Abbildung aussehen.

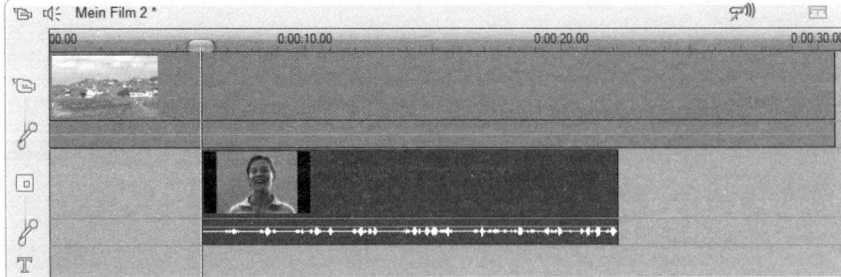

Abbildung 10.12: Auf der zweiten Videospur befindet sich der Clip mit einem neutralen grünen Hintergrund

4. Selektieren Sie den Clip mit der Frau, sodass er aktiv ist.

5. Wechseln Sie in die Video-Toolbox und öffnen Sie den Bild-in-Bild-Editor.

6. Klicken Sie auf das Register *Chroma-Key*.

7. Klicken Sie auf das kleine Viereck unter *Chroma-Key aktivieren* und betrachten Sie das Vorschaufenster.

Abbildung 10.13: Der grüne Hintergrund wurde entfernt und stattdessen wird der Clip auf der ersten Videospur dargestellt

Sie können nun die beiden Clips auf der Timeline abspielen lassen. Der grüne Hintergrund wurde aus dem ganzen Clip entfernt.

Das Resultat kann mit den Schiebereglern etwas verändert werden, allerdings erkennt Pinnacle Studio den grünen Hintergrund sehr genau.

Sie können diesen Effekt nachmachen, indem Sie eine Person vor ein grünes Tuch plat- Tipp
zieren und filmen. Im Prinzip kommt es nicht darauf an, welche Farbe der Hintergrund
hat, da Pinnacle Studio jede Farbe entfernen könnte. In Hollywood wird dagegen immer
mit einem grünen oder blauen Hintergrund gearbeitet. Sie sollten allerdings grundsätzlich einige Regeln beachten, um ein sauberes Resultat zu erhalten.

■   Die Kleidung der gefilmten Person sollte eine andere Farbe haben als der Hinter-
    grund, da diese sonst ebenfalls entfernt würde.

■   Der Hintergrund sollte genügend beleuchtet sein, und achten Sie darauf, dass die
    gefilmte Person keinen Schatten darauf wirft, da sonst Pinnacle Studio Probleme
    bekommen könnte.

■   Wenn das Video auf den PC übertragen wird, sollte immer die beste Qualitätsein-
    stellung gewählt werden, damit der Key-Frame-Effekt möglichst gut funktioniert.

■   Machen Sie vor jeder Aufnahme einen kurzen Test, damit Sie sicher sind, dass es
    später in Pinnacle Studio funktioniert.

Videoeffekte

Mit der Videoeffekte-Bibliothek haben Sie die Möglichkeit, Videoclips und Bilder zu verändern. So können Sie Farben korrigieren, das Bild stabilisieren und vieles mehr. Vergessen Sie aber nicht, dass sich ein Videoclip in der eigentlichen Qualität nicht verbessern lässt. Denken Sie also nie beim Filmen: „Na, das kann ich ja dann später alles korrigieren." Viele Effekte dienen zwar dazu, Fehler zu korrigieren, vermindern aber meistens die Qualität des Bildes. Versuchen Sie es selbst und probieren Sie die verschiedenen Einstellungen aus.

Öffnen Sie die Video-Toolbox und klicken Sie dort auf das Effekte-Symbol, um die Bibliothek zu öffnen.

 Abbildung 10.14:
Symbol für die Videoeffekte-Bibliothek

Für das Anwenden auf einen Videoclip verfahren Sie wie bei den Audioeffekten. Die linke Liste zeigt alle angewendeten Effekte an, die dort auch wieder gelöscht werden können.

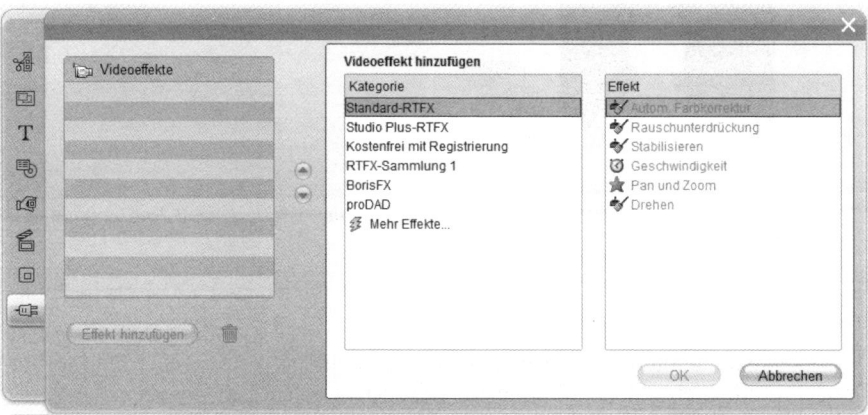

Abbildung 10.15: Die Videoeffekte-Bibliothek ist in verschiedene Kategorien aufgeteilt. Je nach Programmversion unterscheiden sich auch die Möglichkeiten

Unter *Videoeffekt hinzufügen* sehen Sie die verschiedenen Kategorien und rechts daneben die jeweiligen Effekte.

Die beiden Funktionen *Bild-in-Bild* und *Chroma-Key* sind im Grunde auch ganz normale Videoeffekte. Wenn Sie einen Clip anklicken, dem bereits einer dieser Effekte zugewiesen wurde, erscheint er in der Liste und kann auf diese Weise verändert oder gelöscht werden.

Um einen Effekt anzuwenden, gehen Sie wie folgt vor:

1. Markieren Sie auf der Timeline den zu verändernden Clip.

2. Öffnen Sie die Videoeffekte-Bibliothek.

3. Wählen Sie den gewünschten Effekt aus der Liste *Effekt* aus und klicken Sie auf *OK*.

4. Nun erscheint je nach Effekt ein anderer Editor, in dem die einzelnen Parameter eingestellt werden können.

Sobald Sie einen Effekt anwählen, sehen Sie im Vorschaubild, was mit dem Clip geschieht. Dies ist allerdings nicht bei allen Effekten so, da zum Teil zuerst gewisse Parameter eingestellt werden müssen.

Nachfolgend sind einige wichtige Effekte näher erläutert. Es ist manchmal oder sogar immer notwendig, mit den einzelnen Einstellungen zu spielen, bis das beste Resultat erreicht ist.

Automatische Farbkorrektur

Wie der Name schon sagt, korrigiert dieser Filter die Farben im Bild automatisch. Sehen Sie sich das Resultat der einzelnen Clips an.

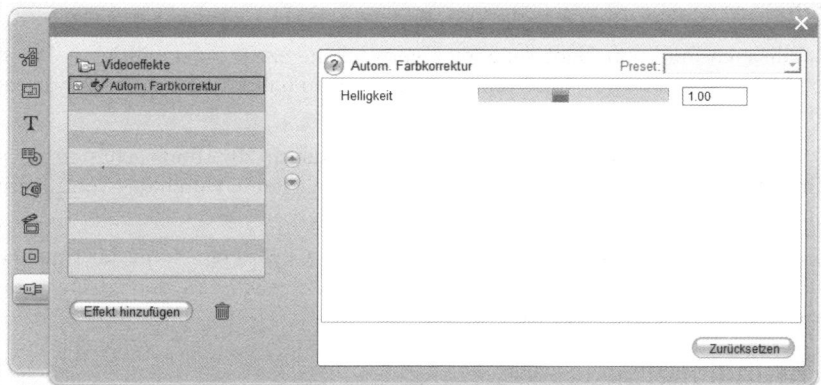

Abbildung 10.16: Die automatische Farbkorrektur

Die automatische Farbkorrektur kann durchaus sinnvoll sein, denken Sie aber an   Hinweis
Folgendes: Diese Korrektur versucht, das Bild farblich anzupassen, wenn von einer
gewissen Farbe zu viele Anteile vorhanden sind oder ein Farbstich zu erkennen ist.
Stellen Sie sich nun vor, Sie hätten einen Sonnenuntergang gefilmt und wenden diesen Effekt an. Der rote Sonnenuntergang hat für Pinnacle Studio viel zu viel Rotanteil
und muss daher korrigiert werden, und zwar durch das Hinzufügen von Blauantei-
len. Dann ist natürlich nichts mehr mit Sonnenuntergang. Sie sollten also darauf verzichten, jeden Clip standardmäßig der automatischen Farbkorrektur zu unterziehen.

Die automatische Farbkorrektur kann unter Umständen die Helligkeit des Bildes verändern, dann müssen Sie den Schieberegler so verstellen, dass sie wieder stimmt.

Rauschunterdrückung

Fügen Sie diesen Effekt hinzu, falls das Bild zu rauschen beginnt. Zum Bildrauschen kann
es kommen, wenn ein Clip der automatischen Farbkorrektur unterzogen wurde oder von
einem alten VHS-Band stammt. Der Effekt korrigiert nur die Stellen im Bild, bei denen das
Rauschen einen gewissen Schwellenwert überschreitet. Verändern Sie also gegebenenfalls
den Schwellenwert mit dem entsprechenden Schieberegler.

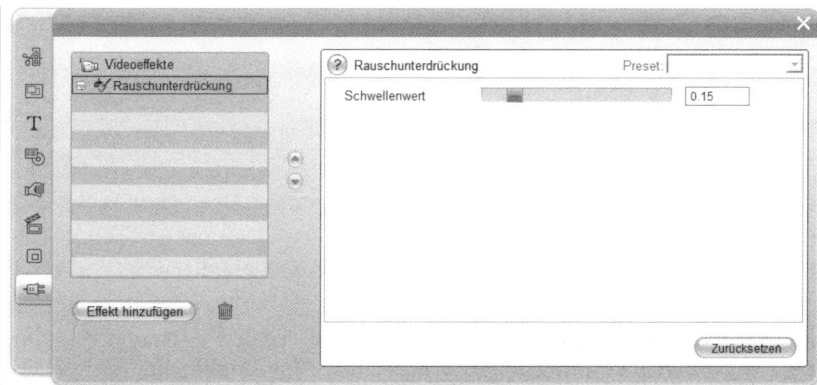

Abbildung 10.17: Die Rauschunterdrückung wird angewendet, wenn das Bild stark zu rauschen beginnt

Stabilisieren

Die Stabilisieren-Funktion dient dazu, eine verwackelte Szene zu stabilisieren. Wenn Sie also Mühe hatten, beim Filmen die Kamera ruhig zu halten, können Sie mit dieser Funktion versuchen, das Wackeln zu korrigieren.

Bei diesem Effekt vergrößert Pinnacle Studio das Bild um ca. 20 % und sucht sich einen bestimmten Punkt im Bild, um die Aufnahme zu stabilisieren. Durch das Vergrößern des Bildes verliert es ein wenig an Qualität und Schärfe.

Sie können das Resultat vergleichen, indem Sie einen Clip zweimal auf die Timeline legen und den Stabilisierungseffekt auf einen anwenden. Spielen Sie dann beide nacheinander ab, um das Resultat zu beurteilen.

Geschwindigkeit

Mit der Zeitlupen- und Zeitraffer-Funktion können Sie ein Video langsamer oder schneller laufen lassen.

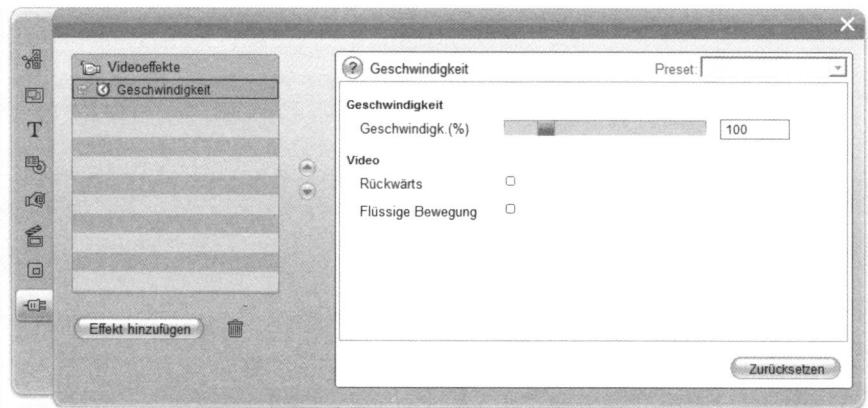

Abbildung 10.18: Zeitlupen- und Zeitraffer-Funktion für das Verändern der Abspielgeschwindigkeit eines Videoclips

Mit dem Schieberegler *Geschwindigkeit* können Sie einen Clip langsamer oder schneller laufen lassen. Werte über 100 beschleunigen den Clip, er wird im Zeitraffer abgespielt. Werte unter 100 verzögern das Abspielen des Clips, er wird in Zeitlupe abgespielt.

Fachwort

Was genau ist Zeitlupe?

Ein Videobild hat 25 Bilder pro Sekunde (PAL). Wie ist es möglich, dass Sie mit diesem Video einen Zeitlupen-Effekt erzielen können?

Beispiel: Sie möchten einen Clip halb so schnell laufen lassen. Angenommen, der Clip dauert eine Sekunde.

Wenn nun der Clip mit halber Geschwindigkeit abgespielt werden soll, so muss er letztlich 2 Sekunden dauern. Dazu bräuchten wir aber 50 Bilder.

Pinnacle Studio geht nun folgendermaßen vor: Jedes einzelne Bild wird doppelt so lang angezeigt. Wenn jedes Bild verdoppelt wird, haben wir schlussendlich die gewünschten 50 Bilder.

Damit das Video danach nicht allzu sehr ruckelt, stellt Pinnacle Studio eine Reihe von Berechnungsarten zur Verfügung, um die Bilder so zusammenzurechnen, dass das Ruckeln weniger sichtbar ist:

- *Mix Fields:* Erhöht die Gleichmäßigkeit der Wiedergabe des Videos, reduziert aber die Schärfe. In den meisten Fällen am besten geeignet.
- *Cut Fields:* Erreicht größere Schärfe, Bewegungen können leicht ruckeln.
- *Mix Frames* und *Cut Frames* eignen sich, wenn Sie mit einer Kamera gefilmt haben, die volle Bilder und nicht Halbbilder aufnimmt.

Was ist Zeitraffer?

Zeitraffer ist das genaue Gegenteil von der Zeitlupe und für ein Videoschnittprogramm viel einfacher zu realisieren, da im Prinzip nur Bilder ausgelassen werden müssen. So kann aus einer Sekunde mit 25 Bildern einfach jedes zweite Bild ausgelassen werden, um einen Zeitraffer-Effekt mit doppelter Geschwindigkeit zu erzeugen.

Mit dem Setzen der Option *Rückwärts* können Sie einen Clip rückwärtslaufen lassen. Dazu ist es nicht unbedingt notwendig, dass ein Clip langsamer oder schneller gemacht wird. Sie können beides aber jederzeit miteinander kombinieren.

Achten Sie beim Abspielen auf das Audio, das ebenfalls verändert wurde. Wenn Sie das nicht wünschen, müssen Sie vor dem Anwenden des Effekts die Audiospur sperren.

Pan und Zoom

Hiermit können Sie einen Clip skalieren und verschieben, ähnlich der Bild-in-Bild-Funktion. *Pan und Zoom* wird oft bei Standbildern eingesetzt, die eigentlich zu groß für das Videobild sind. So können Sie zu einem Detail im Bild zoomen.

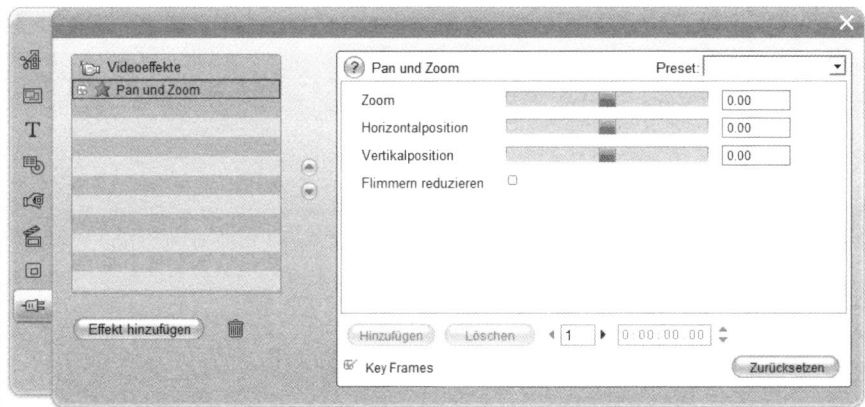

Abbildung 10.19: Die Funktion „Pan und Zoom" dient dazu, einen Clip zu skalieren und zu verschieben

Interessant dabei ist die kleine Option unten am Rand des Editors: *Key Frames*. Damit kann das Bild während des Abspielens im Film frei bewegt werden. Wenn Sie also wie oben beschrieben ein Detail aus einem großen Bild zeigen, können Sie den Bildausschnitt der Reihe nach zum nächsten Detail bewegen und so eine Geschichte mit bewegten Bildern erzählen.

Hierfür sind allerdings ein paar Handgriffe notwendig, die im nächsten Abschnitt beschrieben werden.

Key-Frame-Animation

Plus &
Ultimate

Diese Funktion ist nur in Pinnacle Studio Plus und Pinnacle Studio Ultimate Version 12 verfügbar.

Key Frames sind bestimmte Stellen im Clip, die zu einer bestimmten Zeit die Einstellungen speichern. Wenn Sie die Key-Frame-Funktion aktivieren, besitzt der Clip am Anfang und am Schluss stets einen Key Frame. Verändern Sie nun die Parameter, z.B. den Zoom, werden sie lediglich an der Position des aktuellen Key Frames verändert.

Wenn Sie beim ersten Key Frame des Clips den Zoom auf 50 % eingestellt haben und die Parameter beim zweiten Key Frame nicht verändern, dann wird beim Abspielen der Clip langsam aufgezoomt.

Die Key Frames können bei fast allen Effekten angewendet werden, so lassen sich z.B. Farbverläufe erzeugen. Das Bild verändert sich dann nicht in der Größe und Position, sondern wechselt einfach die Farben.

Versuchen Sie, die Key-Frame-Funktion am folgenden Beispiel nachzuvollziehen:

1. Selektieren Sie einen Clip auf der Timeline.

2. Öffnen Sie die Videoeffekte-Bibliothek und weisen Sie dem Clip den Effekt *Pan und Zoom* zu.

3. Aktivieren Sie die Option *Key Frames* durch Setzen des Markierungshakens.

Abbildung 10.20: Dem Clip wird am Anfang und am Schluss je ein Key Frame zugeordnet

Dem Clip wurden zwei Nummern zugewiesen, die auf die beiden Key Frames hinweisen. Jeder Key Frame wird eindeutig nummeriert.

Im unteren Bereich des Editors sind nun weitere Einstellungen sichtbar geworden, die dazu dienen, zu den verschiedenen Key Frames zu navigieren. Klicken Sie auf den Pfeil nach rechts bzw. links, um den Timeline Scrubber auf die Key Frames zu setzen. Nun können Sie mit der Animation beginnen:

4. Setzen Sie den Timeline Scrubber auf den ersten Key Frame.

5. Verändern Sie den Zoom auf einen Wert von beispielsweise –50. Das Bild wird halb so groß dargestellt.

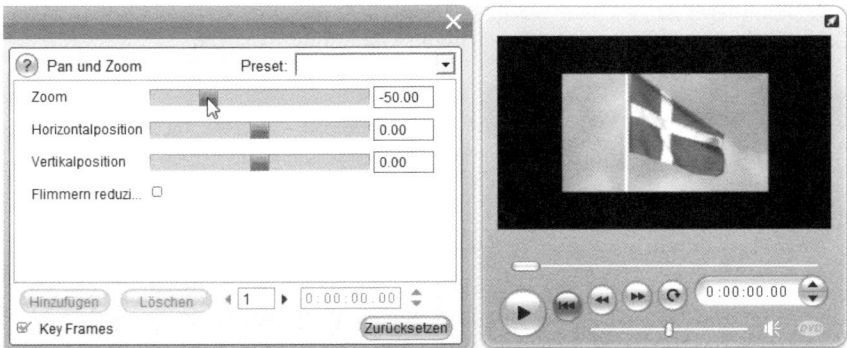

Abbildung 10.21: Verändern Sie die Parameter bei jedem Key Frame, um eine Animation zu erstellen

6. Spielen Sie nun das Video ab.

Der Clip wird gegen Ende wieder aufgezoomt, als wäre dies ein Zoom mit der Kamera. Dann können Sie beim Abspielen den Zoomwert beobachten, wie er gegen 0 gezählt wird. Das geschieht, weil zum Zeitpunkt des zweiten Key Frames keine Werte zugeordnet wurden.

Sie könnten auch die Werte beim zweiten Key Frame verändern. Pinnacle Studio errechnet dann automatisch die Werte dazwischen.

Drehen

Neu in Studio 12 ist die Möglichkeit, ein Videobild auf der Timeline zu drehen bzw. drehen zu lassen. Wählen Sie den Videoeffekt *Drehen* und geben dann einfach an, um welchen Winkel das Video gedreht werden soll. Gleichzeitig können Sie auch die Größe des Videos anpassen.

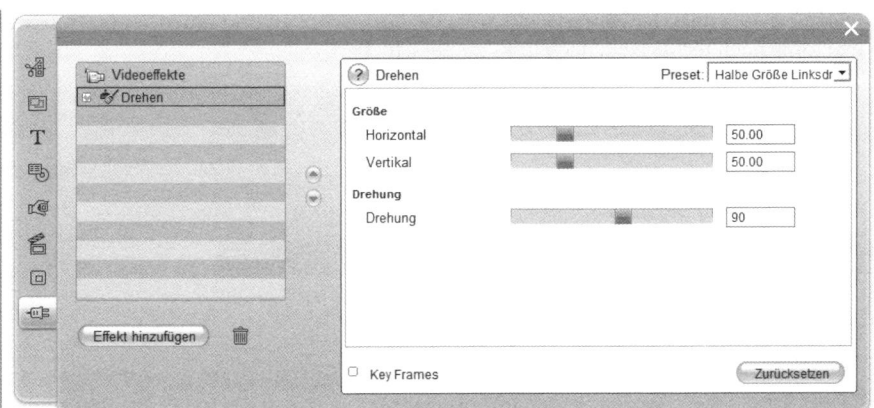

Abbildung 10.22: Drehen und Größenanpassung eines Videos

Key Frame hinzufügen

Sie können einem Clip weitere Key Frames hinzufügen, um die Bewegungen des Clips noch komplexer zu gestalten. Scrubben Sie in die Mitte des Clips und klicken Sie auf die Schaltfläche *Hinzufügen*, um einen weiteren Key Frame zu setzen.

Abbildung 10.23: Sie können einem Clip mehrere Key Frames hinzufügen, um noch komplexere Animationen zu erstellen

Wie bereits gesagt, Sie können die Werte bei jedem Key Frame verändern. Ein Abspielen des Clips zeigt Ihnen immer eine Vorschau, damit Sie nicht die Kontrolle verlieren.

Key Frame löschen

Sie können einen Key Frame löschen, indem Sie ihn auswählen und dann auf *Löschen* klicken. Der erste und der letzte Key Frame können nicht gelöscht werden, da jede Bewegung beim ersten Key Frame beginnen und beim letzten enden muss. Wenn Sie auch diese entfernen möchten, weil Sie auf eine Animation verzichten wollen, dann entfernen Sie das Häkchen bei *Key Frames*.

Key Frame verschieben

Klicken Sie auf einen der beiden kleinen Pfeile, die nach oben und unten zeigen, um den Key Frame nach rechts bzw. nach links zu verschieben.

Abbildung 10.24: Klicken Sie auf diese kleinen Pfeile, um einen Key Frame auf der Timeline zu verschieben

Werte zurücksetzen

Wenn Sie die Parameter an einem Key Frame auf den Standardwert zurücksetzen möchten, navigieren Sie zu diesem und klicken auf *Zurücksetzen*.

Die RTFx-Bibliothek in Pinnacle Studio Plus

Nachfolgend werden einige Effekte der Effekte-Bibliothek in Pinnacle Studio Plus erläutert, wobei nicht alle eine ausführliche Beschreibung erfordern. Es ist empfehlenswert, in einem Versuchsprojekt mit den einzelnen Effekten zu spielen.

Diese Funktion ist nur in Pinnacle Studio Plus und Pinnacle Studio Ultimate Version 12 verfügbar.	Plus & Ultimate

HFX Filter

HFX bzw. Hollywood FX ist ein weiteres Effekte-Paket, das in Pinnacle Studio integriert ist. Mit Hollywood FX können Clips durch dreidimensionale Effekte ergänzt werden.

1. Um den Editor zu öffnen, klicken Sie auf den Knopf *HFX Filter bearbeiten*.

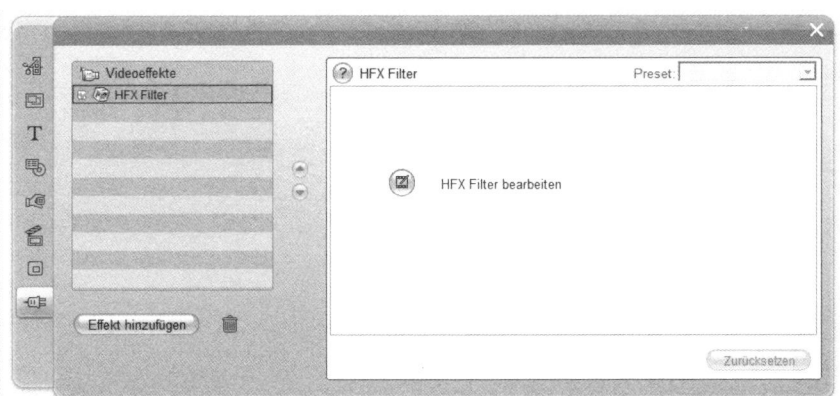

Abbildung 10.25: HFX ist ein zusätzliches Programm von Pinnacle Studio, mit dem dreidimensionale Effekte erzielt werden können

Der Hollywood-FX-Editor wird geöffnet.

2. Wählen Sie mit einem Doppelklick einen Effekt im unteren rechten Bereich aus. Links in der Liste erhalten Sie diverse Einstellungsmöglichkeiten, um den Effekt anzupassen.

   Weitere Hollywood-FX-Effekte können gekauft und in Pinnacle Studio integriert werden.

3. Mit einem Klick auf *OK* können Sie die Änderungen übernehmen.

Abbildung 10.26: Hollywood-FX-Editor

Alter Film

Lassen Sie Ihren Film älter aussehen, indem Sie die Farben auf Schwarz und Weiß oder Sepia stellen und dem Film Kratzer hinzufügen. So können Sie den Eindruck erwecken, als wäre der Film vor vielen Jahren aufgenommen worden.

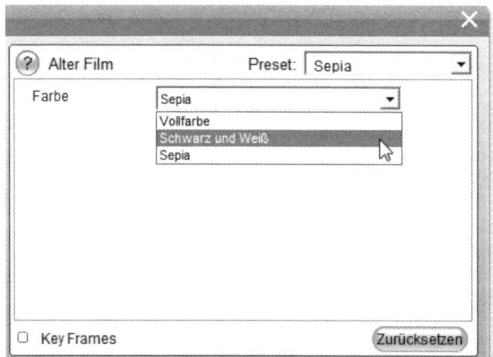

Abbildung 10.27: Dieser Effekt lässt das Video aussehen, als wäre es in den guten alten Zeiten aufgenommen worden

Buntglas

Mit dieser Funktion sieht das Bild so aus, als wäre es durch ein Kirchenfenster aufgenommen worden.

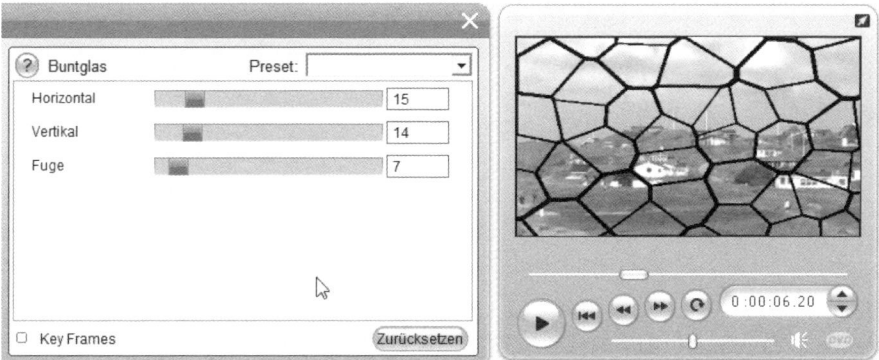

Abbildung 10.28: Mit diesem Effekt entsteht der Eindruck, als wäre das Video durch ein Kirchenfenster aufgenommen worden

Mit den Schiebereglern *Horizontal* und *Vertikal* verändern Sie die Anzahl der Mosaikteile, der dritte vergrößert die Fugengröße dazwischen.

Prägung

Dieser Effekt verleiht dem Bild eine Prägung; mit dem Schieberegler können Sie die Intensität verändern und anpassen.

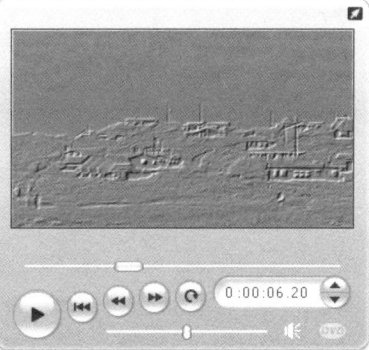

Abbildung 10.29: Prägung im Videobild

Softener

Ein Clip kann mit diesem Effekt verschwommen dargestellt werden. Es entsteht ein verträumter Eindruck.

Abbildung 10.30: Dieser Effekt lässt eine Landschaft verträumt aussehen

Weichzeichnen

Mit dem Weichzeichner können Sie eine ähnliche Wirkung erreichen wie mit dem *Softener*, allerdings können Sie die Unschärfe auf einen Teilbereich des Bildes begrenzen, um diesen beispielsweise zu zensieren:

Abbildung 10.31: Dieser Effekt lässt einen Teilbereich des Bildes unscharf erscheinen

Sie können mit den Schiebereglern die Intensität der Unschärfe sowie die genaue Position im Bild bestimmen. Mit der Key-Frame-Animation wäre es zudem möglich, den Unschärfebereich mit einem Objekt mitzubewegen.

Bild-in-Bild und 2D-Editor

Die Bild-in-Bild-Funktion wurde bereits weiter oben beschrieben, im Effekte-Editor haben Sie überdies die Möglichkeit, das Bild mittels der Key Frames zu animieren. Aktivieren Sie dazu die Key-Frames-Funktion.

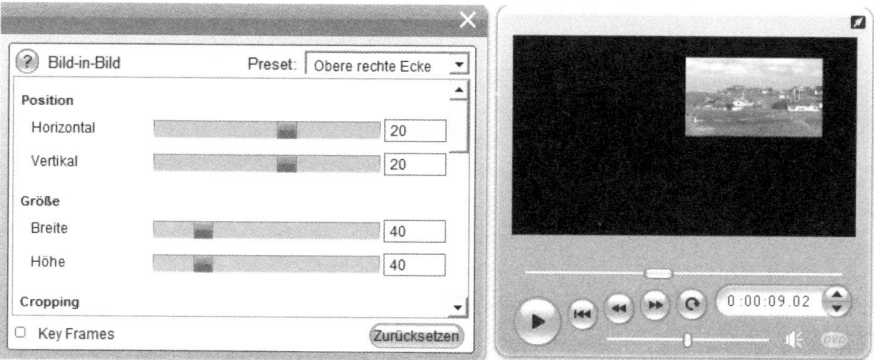

Abbildung 10.32: Der Bild-in-Bild-Effekt stellt ein Video verkleinert dar

Mit diesem Effekt wäre es überdies möglich, das Video auf der ersten Videospur so stark zu verkleinern, das schließlich zwei Videobilder nebeneinander dargestellt werden können.

Der 2D-Editor-Effekt bietet ähnliche Möglichkeiten wie der Bild-in-Bild-Effekt.

Bewegungsunschärfe

Dieser Effekt fügt dem Bild Bewegungsunschärfe hinzu, so als hätte man die Verschlusszeit der Kamera zu klein gewählt.

Abbildung 10.33: Hiermit wird der Eindruck erweckt, als hätte man eine zu kleine Verschlusszeit der Kamera gewählt

Blendenfleck

Mit diesem Effekt wird der Eindruck erzeugt, als hätten Sie direkt in die Sonne gefilmt:

Abbildung 10.34: Mit diesem Effekt sieht es aus, als hätten Sie direkt in die Sonne gefilmt

Verändern Sie im Editor den Typ des Glühens sowie Richtung und Größe des Blendenflecks.

Erdbeben

Der Erdbeben-Effekt verwackelt das Video übermäßig. Dieser Effekt ist im Prinzip das Gegenteil vom Stabilisieren-Effekt.

Abbildung 10.35: Der Erdbeben-Effekt lässt ein Videoclip sehr verwackelt aussehen

Imitieren Sie damit ein Erdbeben oder erwecken Sie den Eindruck, als hätte jemand beim Filmen neben Ihnen mit einem Presslufthammer die Straße bearbeitet.

Lupe

Vergrößern Sie einen Ausschnitt des Bildes, indem Sie die Lupe einsetzen. Sie können den Effekt mit den Key Frames auch über das Bild wandern lassen. Dieser Effekt eignet sich hervorragend für Sherlock-Holmes-Filme!

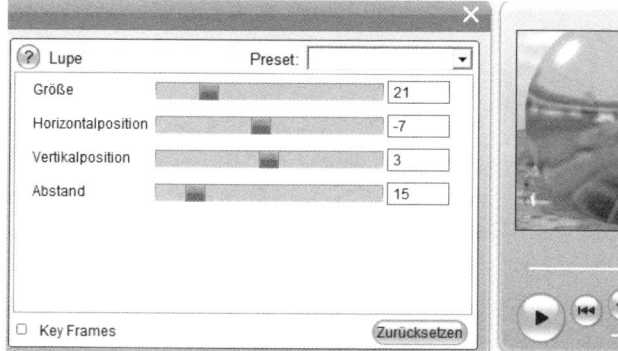

Abbildung 10.36: Der Lupeneffekt vergrößert einen Ausschnitt aus dem Bild

Wassertropfen

Erzeugt in dem Bild den gleichen Effekt wie ein Stein, der in einen See geworfen wird.

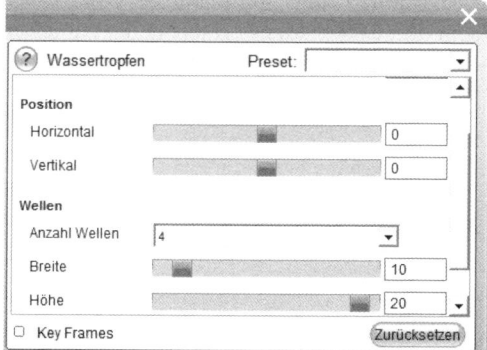
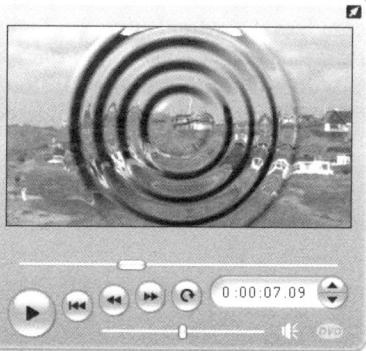

Abbildung 10.37: Fügt dem Videobild kreisförmige Wasserlinien hinzu

Wasserwellen

Dieser Effekt ist mit den *Wassertropfen* verwandt, nur verlaufen die Linien nicht kreisförmig, sondern gerade.

Abbildung 10.38: Fügt dem Video Wellen hinzu

Farbkorrektur

Verwenden Sie die Farbkorrektur, um ein Bild nachträglich farblich zu korrigieren.

Mit dem Farbkorrektur-Effekt erhalten Sie ein mächtiges Werkzeug, um die Farben im Video anzupassen. Sie können wahlweise die Rot-, Grün- und Blauwerte eines Clips verändern. Den drei Farben sind wiederum drei verschiedene Schieberegler zugeordnet: *Verstärkung*, *Gamma* und *Schwarz*. Mit diesen drei Parametern können Sie die hellen, mittleren und dunklen Farbtöne einer jeden Farbe verändern. So können Sie in einem Bild die Farben unabhängig voneinander korrigieren.

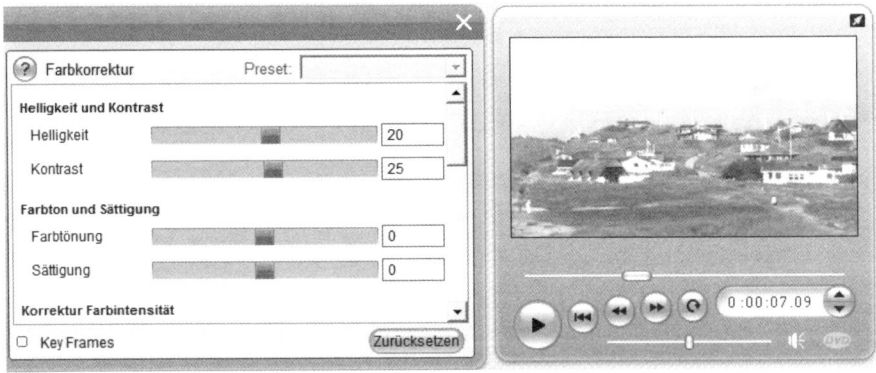

Abbildung 10.39: Mit der Farbkorrektur können Sie nachträglich Farbfehler korrigieren

Achten Sie unbedingt auf Ihre Bildschirmeinstellungen, wenn Sie Farbkorrekturen vornehmen. Sind die Farben auf Ihrem Bildschirm falsch eingestellt, ist es kaum möglich, einen Videoclip farblich anzupassen. Machen Sie daher immer den Vergleich mit einem TV-Gerät, von dem Sie wissen, dass die Farben richtig dargestellt werden.

Invertieren

Lässt das Bild wie das Negativ eines Fotos aussehen. Sie können mit den drei Optionen *Luma*, *Chroma-Blau* und *Chroma-Rot* sieben verschiedene Umkehrungen erzielen, je nachdem, welche Sie miteinander kombinieren.

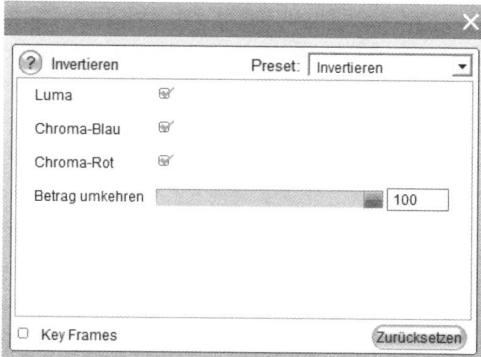

Abbildung 10.40: Mit „Invertieren" wird ein Clip wie ein Negativ dargestellt

Posterisieren

Verringert die Farben bis auf Schwarz und Weiß und fügt farbähnliche Gegenden zu Flächen zusammen.

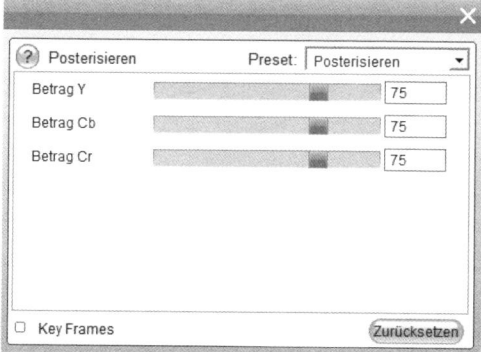

Abbildung 10.41: Der Effekt „Posterisieren"

Schwarz und Weiß

Entzieht dem Bild die Farben, bis es nur noch schwarz-weiß dargestellt wird.

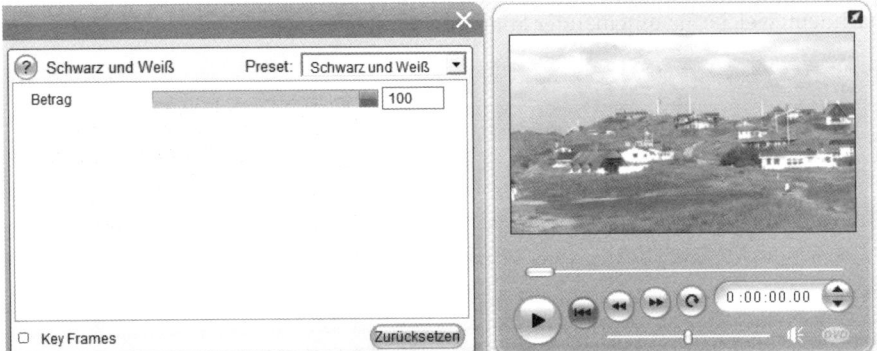

Abbildung 10.42: Ein zuvor farbiger Clip wird jetzt schwarz-weiß dargestellt

Weißabgleich

Verwenden Sie diese Funktion, um einen nachträglichen Weißabgleich durchzuführen, falls die Farben im Video nicht echt dargestellt werden. Jeder Camcorder unterscheidet zwischen verschiedenen Farbtemperaturen. Der größte Unterschied ist zwischen Tages- und Kunstlicht. Helles Tageslicht schimmert bläulich und Kunstlicht meistens gelblich. Wenn nun die Videokamera falsch eingestellt ist oder Farben nicht korrigieren kann, wird im Video eine weiße Wand leider falsch dargestellt. Solche Fehler können Sie mit der *Weißabgleich*-Funktion nachkorrigieren.

Klicken Sie mit der Pipette ins Vorschaufenster und wählen Sie einen Bereich aus, der eigentlich weiß dargestellt werden sollte. So kann Pinnacle Studio die Farben im Bild nachträglich anpassen.

Abbildung 10.43: Korrigieren Sie Farbfehler automatisch mit dieser Funktion

SmartMovie-Funktion

Mit der SmartMovie-Funktion können Sie den Filmschnitt komplett Pinnacle Studio überlassen. Übergänge, Effekte usw. werden automatisch von Pinnacle Studio einge-fügt und der Film wird auf eine von Ihnen definierte Länge geschnitten. Sie müssen nur noch entscheiden, ob Ihnen das Resultat zusagt oder nicht. Am besten testen Sie die Funktion einmal mit einem Beispielvideo. Ein großer Vorteil der SmartMovie-Funktion ist das Abstimmen von Video und Musik bei einem Musikclip. Pinnacle Stu-dio schneidet das Video synchron zum Takt der Musik, was normalerweise mit sehr viel Arbeit verbunden ist. So können Sie in kurzer Zeit taktgenaue Diaschauen und Musikvideos erstellen.

Klicken Sie in der Video-Toolbox auf folgendes Symbol, um die SmartMovie-Funktion zu öffnen.

Abbildung 10.44:
Über dieses Symbol gelangen Sie zur SmartMovie-Funktion

1. Erstellen Sie ein neues Projekt und fügen Sie alle zu schneidenden Clips in die Time-line ein.

2. Legen Sie einen Musikclip auf die Musikspur, am besten einen aus der SmartSound-Bibliothek.

3. Ziehen Sie den Musikclip so lange, wie der Film schlussendlich sein soll. Beachten Sie, dass das Musikstück kürzer sein muss als die Clips auf der Timeline, da Pinnacle Studio sonst nichts herausschneiden kann.

   Die Timeline sollte jetzt etwa wie in folgender Abbildung aussehen.

Abbildung 10.45: Für die SmartMovie-Funktion muss die Timeline vorbereitet werden

4. Nun müssen Sie einige Einstellungen vornehmen, damit Pinnacle Studio weiß, wie der Film geschnitten werden soll.

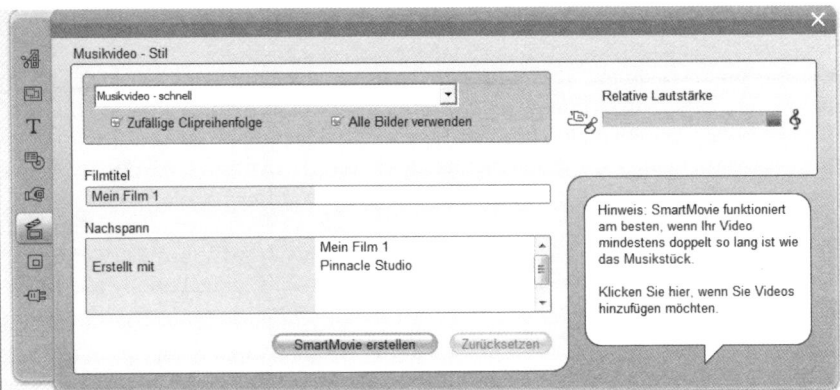

Abbildung 10.46: SmartMovie-Einstellungen

5. Klicken Sie auf die Dropdown-Liste *Musikvideo-Stil*, um einen Filmstil zu wählen. In der Sprechblase erhalten Sie Details zu den einzelnen Varianten.

6. Wählen Sie mit der Option *Clips in zufälliger Reihenfolge verwenden*, ob Pinnacle Studio die Clips auf der Timeline mischen darf oder ob die Reihenfolge beibehalten werden soll.

7. Ergänzen Sie die Einträge unter *Filmtitel* und *Nachspann*, damit Pinnacle Studio diese Informationen hinzufügen kann.

8. Als Letztes können Sie die relative Lautstärke zwischen der Hintergrundmusik und dem Originalton wählen. Wenn gesprochene Sprache im Film zu hören sein soll, so schieben Sie den Regler nach links.

9. Starten Sie den Vorgang mit einem Klick auf *SmartMovie erstellen*.

   Pinnacle Studio beginnt mit dem Bearbeiten des Films. Warten Sie, bis dieser Vorgang abgeschlossen ist.

Abbildung 10.47: Nach dem Fertigstellen des SmartMovies sieht die Timeline etwa so aus

10. Der fertig geschnittene Film kann nun begutachtet werden. Entscheiden Sie, ob Pinnacle Studio an Ihre Schnittqualitäten herangekommen ist oder nicht.

    Ein besseres Resultat kann erzielt werden, wenn alles, was im Film wackelt und unscharf ist, vorher getrimmt und herausgeschnitten wird. Pinnacle Studio kann diese Fehler nicht selbst erkennen und korrigieren.

11

Disc-Menü (Authoring)

Wollen Sie Ihr fertiges Video auf eine DVD oder Blu-ray Disc brennen, dann können Sie mit dem Erstellen eines Disc-Menüs beginnen, nachdem Sie mit den Bearbeitungsschritten auf der Timeline fertig sind – ich empfehle Ihnen, den Film vorher komplett fertig zu bearbeiten.

Es ist nicht unbedingt notwendig, für jeden Film ein Disc-Menü zu erstellen. Wenn Sie den Film zurück auf ein MiniDV-Band oder eine VHS-Kassette spielen möchten, ist ein Disc-Menü überflüssig. Sie können auch eine CD, DVD oder Blu-ray erstellen, die kein Menü enthält.

Tipp

DVD

Eine DVD (Digital Versatile Disc) ist nicht zu verwechseln mit einer CD (Compact Disc), obwohl die beiden Medien gleich aussehen und ähnlich funktionieren. Auf eine DVD können weitaus mehr Daten als auf eine CD gespeichert werden –bis zu 8,5 GByte auf eine Dual Layer DVD (also auf eine zweischichtige DVD).

Es gibt verschiedene Formate für DVDs, das ist aber für die heutigen DVD-Brenner kein Problem mehr, die meisten können alle Formate (viele sogar das obskure DVD-RAM) brennen.

Die verschiedenen Formate sind Standards der DVD-Rohlingshersteller und konnten sich nicht einheitlich auf dem Markt durchsetzen.

Die Formate teilen sich auf in wiederbeschreibbare DVDs (Rewritable) und einmal beschreibbare DVDs. Für beide Varianten gibt es ein Plus- und ein Minus-Format (+ und –).

Zudem unterscheiden sich die DVD-Rohlinge, die mit einem DVD-Brenner gebrannt werden können, von den gepressten DVDs (kommerziellen DVDs). Aus diesem Grund gibt es immer wieder Probleme beim Abspielen von selbst gebrannten DVDs auf einem DVD-Abspielgerät.

Falls Sie Ihre selbst gebrannten DVDs nicht abspielen können, kann dies an Ihrem DVD-Abspielgerät liegen, oder Sie müssen einen anderen Rohlingstyp ausprobieren. Erwerben Sie nur Marken-DVD-Rohlinge, dann können Sie, wenn Sie einen kompatiblen Typ gefunden haben, immer wieder auf den gleichen Typ zurückgreifen. Die Vorteile einer DVD gegenüber einem Videoband sind folgende:

- klein und handlich
- Kapitelwahl per Tastendruck, ohne Spulen
- kein Verschleiß beim Abspielen des Mediums

Wenn Sie eine DVD mit einem Menü erstellen, wird nach dem Starten der DVD meistens das Menü (je nachdem, wie Sie die DVD erstellt haben) in einer Endlosschleife so lange angezeigt, bis ein Menüpunkt ausgewählt wird. Durch Wählen eines Kapitels oder Menüpunkts wird die DVD innerhalb von Sekunden ab der gewählten Position wiedergegeben. Jeder DVD-Player besitzt eine Fernbedienung mit Tasten für das Navigieren im DVD-Menü.

Auf eine DVD mit 4,7 GByte kann ein einstündiges Video in guter DVD-Qualität gebrannt werden. Falls der Film länger als eine Stunde dauert, muss das Video stärker komprimiert werden, damit alles auf die DVD passt. Das Komprimieren übernimmt Pinnacle Studio automatisch.

Es gibt auch DVDs mit zwei Datenschichten, die 8,5 GByte Speicherplatz bieten. Solche Dual Layer DVDs können mit Pinnacle Studio erstellt werden.

Video- und Audiodaten werden im MPEG2-Format auf eine DVD gespeichert, in sogenannten VOB-Dateien. Diese können später in Pinnacle Studio wieder importiert, ausgepackt und bearbeitet werden. Allerdings handelt es sich dabei um komprimierte Video-DVD-Daten.

Blu-ray

Blu-ray ist die Nachfolgedisc der DVD.

Abbildung 11.1:
Logo der Blu-ray Disc

Im Gegensatz zu einer DVD haben auf einer Blu-ray Disc 25 GByte Daten Platz und auf einer doppelschichtigen Blu-ray 50 GByte. Dieser große Speicherplatz bietet den Vorteil, dass man Videos in besserer Qualität auf die Scheibe bringen kann. Blu-ray unterstützt ebenfalls das High-Definition-Format. Für das Lesen und Beschreiben einer Blu-ray wird allerdings ein Blu-ray-Brenner benötigt. Auf einer einschichtigen Blu-ray Disc mit 25 GByte Speicherplatz können ca. 2 Stunden High Definition in nahezu Originalqualität gespeichert werden.

Mit Pinnacle Studio haben Sie die Möglichkeit, Disc-Menüs für CDs, DVDs und Blu-ray Discs zu gestalten, wie Sie sie von kommerziellen Filmen kennen. Es gibt zwei Arten von Disc-Menüs. Sie können damit einen Film in verschiedene Kapitel aufteilen oder Sie verwenden sie, wenn Sie mehrere Filme auf eine Disc brennen wollen. Selbstverständlich können Sie auch beide Varianten miteinander kombinieren. Egal, ob Sie am Schluss eine CD, DVD oder Blu-ray erstellen bzw. brennen, die Menüs werden auf die gleiche Weise erstellt.

Sie können ein Disc-Menü jederzeit einem Film hinzufügen, empfehlenswert ist das aber erst, wenn der Film komplett fertig geschnitten ist. Das Disc-Menü sollte also eigentlich erst erzeugt werden, bevor der Film auf eine Disc gebrannt wird.

Erstellen eines Disc-Menüs

Sie haben grundsätzlich zwei Möglichkeiten, ein Disc-Menü zu erstellen. Entweder Sie nehmen eine Menüvorlage aus dem Album oder Sie erstellen ein Menü von Grund auf neu. Sie können allerdings auch ein bestehendes Menü anpassen und verändern.

Ein Disc-Menü wird in der Regel an den Anfang eines Films gelegt. Das muss aber nicht unbedingt sein, Disc-Menüs können auch irgendwo in den Film integriert werden. Sobald der Film beim Abspielen bei einem Menü angelangt ist, wird dieses so lange angezeigt, bis der Betrachter der Disc einen Punkt aus dem Menü ausgewählt hat.

Disc-Menü mit einer Vorlage

Wechseln Sie im Album auf der Registerkarte *Bearbeiten* auf die DVD-Vorlagen mit einem Klick auf folgendes Symbol:

Abbildung 11.2:
Dieses Register öffnet die DVD-Menü-Vorlagen

Die DVD-Menü-Vorlagen werden ins Album geladen und angezeigt. Die Darstellung des DVD-Menüs kann auf zwei Arten erfolgen: mit einem animierten oder einem statischen Hintergrund. Die Menüs können an dem kleinen Symbol unten rechts unterschieden werden.

> Animierte DVD-Menüs sind nur in Pinnacle Studio Plus und Pinnacle Ultimate Version 12 verfügbar.

Plus &
Ultimate

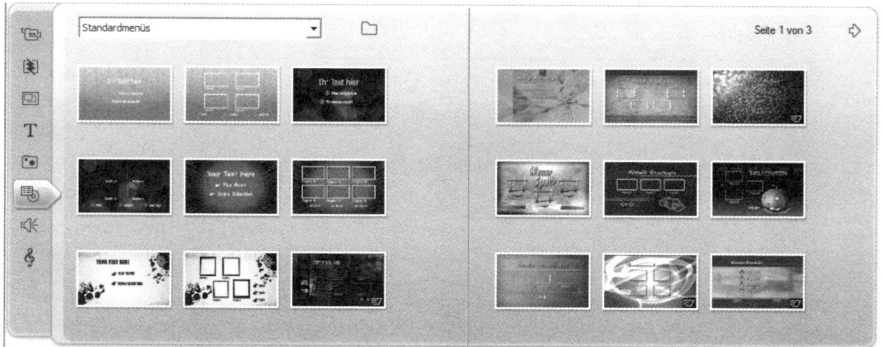

Abbildung 11.3: Die Disc-Menü-Vorlagen werden ins Album geladen und können direkt in den Film integriert werden

Menüs mit einem animierten Hintergrund spielen im Bildschirmhintergrund des Menüs einen Videoclip ab, während die Kapitel im Vordergrund angezeigt werden. Ein Disc-Menü wird nach dem Einlegen der Disc so lange abgespielt, bis der Betrachter einen Menüpunkt auswählt. Für das Erstellen eines Menüs im Film gehen Sie wie folgt vor:

1. Ziehen Sie per Drag&Drop eines der Menüs aus dem Album an den Anfang des Films auf der Timeline.

   Nach dem Einfügen eines Menüs erscheint folgendes Dialogfenster:

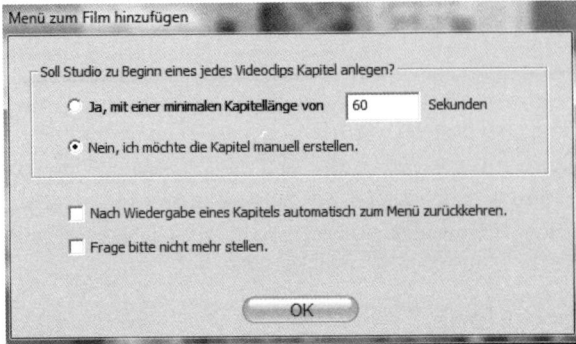

Abbildung 11.4:
Nach dem Hinzufügen
eines DVD-Menüs können
Sie entscheiden, ob Pinnacle
Studio automatisch Kapitel
anlegen soll

2. Pinnacle Studio will Ihnen Arbeit abnehmen und fragt Sie, ob die Kapitel automatisch erzeugt werden sollen. Die Kapitellänge können Sie dabei selbst wählen. Allerdings ist es sinnvoller, die Kapitel im Film nach anderen Kriterien als der Zeit zu setzen. In unserem Beispiel werden die Kapitel manuell angelegt, deshalb wählen Sie *Nein, ich möchte die Kapitel manuell erstellen.*

3. Die Option *Nach Wiedergabe eines Kapitels automatisch zum Menü zurückkehren* soll dann gewählt werden, wenn die Timeline verschiedene Filme enthält. So wird nach jedem gespielten Film wieder ins Menü zurückgekehrt.

4. Falls das Dialogfenster *Menü zum Film hinzufügen* nicht mehr erscheinen soll, wählen Sie die Option *Frage bitte nicht mehr stellen.*

5. Schließen Sie das Fenster mit einem Klick auf *OK.*

   Das DVD-Authoring-Fenster wird geöffnet.

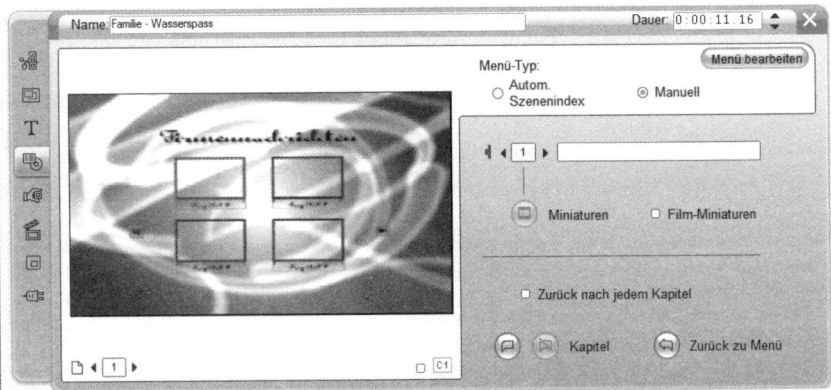

Abbildung 11.5: Im Disc-Editor können nun alle Verknüpfungen und Einstellungen vorgenommen werden

Menü-Typ

Wählen Sie die Option *Autom. Szenenindex,* falls die Kapitel auf der Timeline nacheinander, also sortiert, eingefügt werden sollen. Wählen Sie die Option *Manuell,* wenn die Reihenfolge auf der Timeline beliebig sein kann. Falls Sie *Manuell* gewählt haben, können Sie mit einem Klick auf die Option *Autom. Szenenindex* die Reihenfolge von Pinnacle Studio sortieren lassen.

Kapitel erstellen

Das erste Kapitel eines Films sollte auch der Anfang des Films sein. Um ein erstes Kapitel zu erstellen, gehen Sie wie folgt vor:

1. Scrubben Sie auf der Timeline an die Stelle, an der das Kapitel starten soll. Um den Anfang eines Kapitels an den Anfang eines Clips zu setzen, klicken Sie den Clip mit der Maus an. Der Timeline Scrubber wird automatisch an den Anfang des angewählten Clips gesetzt.

2. Klicken Sie auf folgendes Symbol, um das Kapitel zu setzen, oder drücken Sie $\boxed{C}$ auf Ihrer Tastatur.

Abbildung 11.6:
Mit diesem Knopf erstellen Sie ein Kapitel
auf der Timeline

Über der ersten Videospur erscheint eine weitere Spur, auf der das Disc-Menü und die Kapitel zu sehen sind. Nach dem Einfügen des ersten Menüs ist die Bezeichnung *C1* zu sehen, was für Kapitel 1 steht.

Das erste Kapitel ist nun erstellt, zu erkennen an *C1* auf der Disc

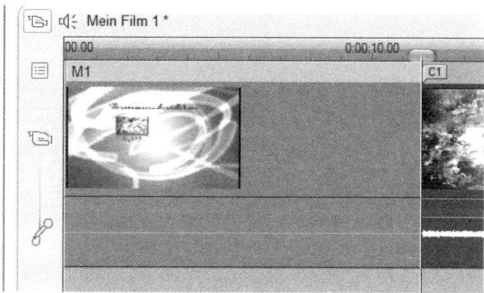

Abbildung 11.7:
Menü- und Kapitelspur

Kapitel per Drag&Drop

Sie können ein Kapitel auch auf andere Weise setzen: Ziehen Sie aus dem Menü eine Miniaturschaltfläche an die Stelle auf der Timeline, an die die Verknüpfung gesetzt werden soll.

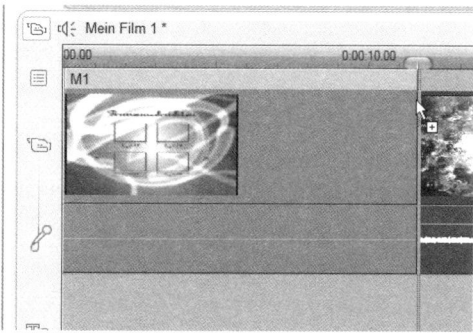

Abbildung 11.8:
Ein Kapitel kann auch per Drag&Drop erstellt werden, allerdings ist diese Variante viel ungenauer

Sobald die Maustaste losgelassen wird, wird das Kapitel gesetzt. Im Disc-Vorschaufenster ist bei Kapitel 1 das erste Bild des Kapitels eingetragen worden.

Diese Schaltflächen nennt man Miniaturschaltflächen, da sie eine kurze Vorschau des Szenenanfangs anzeigen. Pinnacle Studio übernimmt immer das erste Bild des Kapitels und fügt es in das Menü ein. Sie können dieses Bild im Nachhinein anpassen, falls es Ihnen nicht gefällt. Scrubben Sie dazu auf der Timeline an eine andere Position und klicken Sie danach auf das Symbol neben *Miniaturen*.

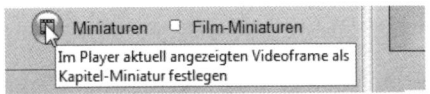

Abbildung 11.9:
Mit diesem Knopf können Sie das Vorschaubild in der Miniaturschaltfläche ändern

Die Miniatur zu ändern ist vor allem dann sinnvoll, wenn der Film am Anfang aus einem schwarzen Bildschirm eingeblendet wird. Das Miniaturenbild wäre in diesem Fall nämlich auch schwarz.

Weitere Kapitel

Fügen Sie ein weiteres Kapitel ein, indem Sie zuerst die nächste Schaltfläche des DVD-Menüs anwählen und dann wie oben beschrieben ein weiteres Kapitel hinzufügen. Sie können auch mit den folgenden Pfeilsymbolen zwischen den verschiedenen Miniaturschaltflächen hin und her wechseln.

Abbildung 11.10:
Wechseln Sie jeweils vor dem Hinzufügen eines Menüs die entsprechende Miniaturschaltfläche aus

Fügen Sie nun auf der Timeline so viele Kapitel ein, wie Sie benötigen. Im gewählten Menü sind vier Miniaturen zu sehen. Sie können allerdings mehr als vier Schaltflächen im gleichen Menü erzeugen, indem Sie dem Menü eine weitere Seite hinzufügen. Um weitere vier leere Schaltflächen zu erzeugen, klicken Sie so lange auf den Pfeil nach rechts, bis vier neue leere Schaltflächen zu sehen sind.

Kapitel umbenennen

Sie können jedem Kapitel einen Namen geben, wählen Sie dazu die entsprechende Miniaturschaltfläche aus und ändern Sie die Bezeichnung im Textfeld.

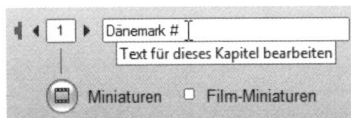

Abbildung 11.11:
Geben Sie hier einen Namen für das Kapitel ein

Das Nummernzeichen (#) steht für die automatische Nummerierung der Kapitelnummern und wird im Menü durch eine Zahl ersetzt. Falls Sie das wünschen, geben Sie am Schluss des Textes das Zeichen wieder ein.

Rücksprung

Um nach einem bestimmten Kapitel einen Rücksprung zurück ins Menü zu erzeugen, scrubben Sie mit der Maus an eine beliebige Stelle innerhalb des Kapitels und klicken auf den Knopf *Zurück zum Menü*. Am Ende des Kapitels wird ein Rücksprung erzeugt: *M1*.

Wenn die Disc beim Abspielen zu einem Rücksprung kommt, kehrt sie zurück ins Menü.

Abbildung 11.12: Am Ende des Kapitels kann ein Rücksprung zum Menü eingefügt werden

Kapitel löschen

Löschen Sie eine Kapitelverknüpfung, indem Sie mit der rechten Maustaste auf das zu löschende Kapitel klicken und aus der Menüliste den Eintrag *Löschen* wählen. Ebenso können Sie auch Rücksprünge löschen.

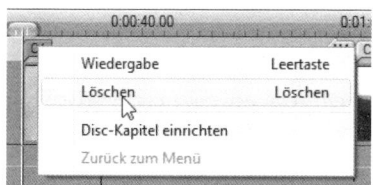

Abbildung 11.13:
Löschen Sie eine Kapitelverknüpfung durch einen
Klick mit der rechten Maustaste

Eine andere Variante, ein Kapitel zu löschen, funktioniert wie folgt:

Wählen Sie das zu löschende Kapitel aus und klicken Sie auf das Symbol *Aktuelles Kapitel löschen (V)* oder drücken Sie $\boxed{V}$ auf Ihrer Tastatur.

Abbildung 11.14:
Mit diesem Symbol können Sie eine Kapitelverknüpfung
löschen. Das geht aber erst, wenn der Timeline Scrubber
auf eine Verknüpfung gesetzt wurde

So, wie der Hintergrund des Menüs animiert werden kann, können Sie auch die Filme in den Miniaturschaltflächen animieren. Wählen Sie dazu die Option *Film-Miniaturen*.

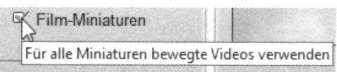

Abbildung 11.15:
Die Miniaturschaltflächen erhalten einen bewegten Clip

Wie das genau aussieht, werden Sie später in der DVD-Menü-Vorschau sehen.

Weitere Einstellungen

Navigieren Sie mit den Pfeilen zwischen den verschiedenen Seiten.

Abbildung 11.16:
Wechseln Sie zwischen den verschiedenen Seiten hin und her

Wählen Sie die Option *C1*, um die Kapitelnummern im Menü anzeigen zu lassen. Diese Anzeige dient lediglich der Übersicht und ist später auf der DVD nicht zu sehen.

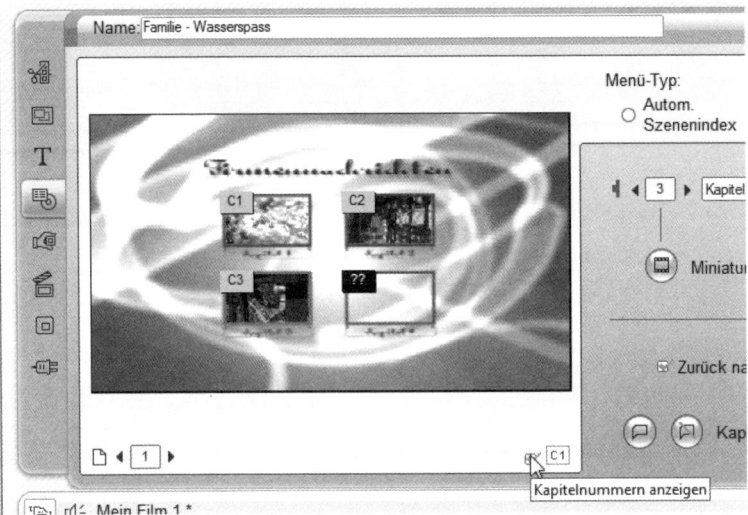

Abbildung 11.17: Mit „C1" können die Kapitelnummern im Menü angezeigt werden

Um das Menü individuell anzupassen, klicken Sie auf die Schaltfläche *Menü bearbeiten*.

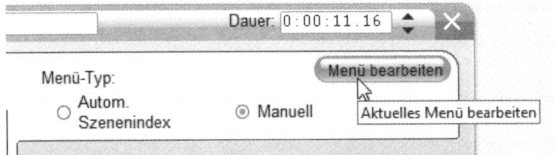

Abbildung 11.18:
Den Menü-Editor öffnen

Der Menü-Editor wird im nächsten Abschnitt ausführlich erklärt.

Disc-Menü-Vorschau

Bevor eine Disc erstellt wird, sollten Sie die Verknüpfungen und Rücksprünge des erstellten Menüs testen, um sicherzugehen, dass alles richtig gemacht wurde. Wechseln Sie dazu im Vorschaufenster mit einem Klick auf folgendes Symbol in die *DVD-Menü-Vorschau*:

Abbildung 11.19:
Mit einem Klick auf dieses Symbol in die DVD-Menü-Vorschau wechseln

Die Fernsteuerungen von Disc-Abspielgeräten verfügen alle über einen Satz von gleichen Funktionen. Es sind dies in jedem Fall ein Knopf für Start, Menü, nach oben, nach unten, nach links und nach rechts. Auch der Disc-Abspielmodus entspricht dieser Konvention, sodass realistisch getestet werden kann. Es stehen Knöpfe wie bei einer Fernbedienung zur Verfügung.

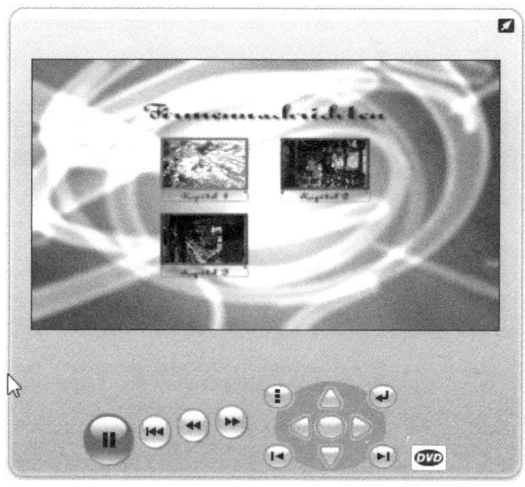

Abbildung 11.20:
Das Vorschaufenster wechselt in
den DVD-Vorschau-Modus

Sie können nun mit den vier Navigationstasten von einer Schaltfläche zur nächsten wechseln und den mittleren Knopf anklicken, um das Kapitel anzeigen, also starten zu lassen.

Zusätzlich stehen weitere vier Knöpfe zur Verfügung:

Knopf	Funktion
oben links	zurück ins Hauptmenü
oben rechts	zurück ins letzte Menü
unten links	zum letzten Kapitel
unten rechts	zum nächsten Kapitel

Tabelle 11.1: Disc-Navigation

Prüfen Sie nun die Verknüpfung der Kapitel, indem Sie die Navigation mit den Tasten testen und den Film laufen lassen. Erst wenn alle Verknüpfungen richtig funktionieren, sollten Sie die DVD brennen.

Mehrere Menüs miteinander verknüpfen

Diese Funktion ist nur in Pinnacle Studio Plus und Pinnacle Ultimate Version 12 verfügbar.

Plus &
Ultimate

Sie haben die Möglichkeit, in einem Film mehrere Disc-Menüs zu integrieren und miteinander zu verknüpfen. Das ermöglicht eine flexiblere Organisation von vielen kur-

zen Filmen oder Kapiteln. So können Sie zum Beispiel mehrere Filme oder Diaschauen in Kapitel unterteilen.

Legen Sie das zweite Menü an den Anfang eines weiteren Films und setzen Sie Kapitel und Verknüpfungen, wie es weiter oben beschrieben wurde.

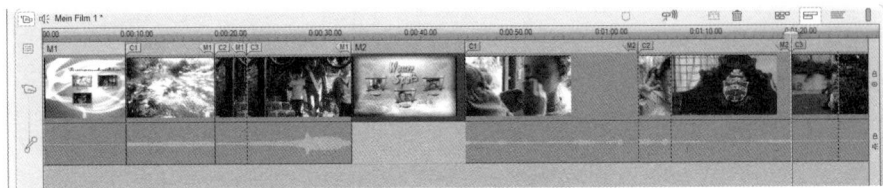

Abbildung 11.21: Auf dieser Timeline wurden zwei Menüs verwendet. Verknüpfen Sie diese wie Clips

Menüs können untereinander genauso wie Clips verknüpft werden. Achten Sie aber darauf, dass Sie aus einem Menü wieder herausnavigieren können. Wenn Sie also zwei Disc-Menüs auf der Timeline haben, so sollte das erste Menü eine Verknüpfung zum zweiten und das zweite Menü eine Verknüpfung zum ersten haben, damit wieder zurücknavigiert werden kann. Diese Verknüpfungen sind nicht zwingend notwendig, Sie sollten aber immer den Betrachter vor Augen haben, der die Disc anschaut. Für ihn sollten die Verknüpfungen so logisch und einfach wie möglich gemacht werden.

Menüs individuell anpassen

Um ein Menü individuell anzupassen und zu gestalten, klicken Sie im Disc-Editor auf *Menü bearbeiten*.

Der Titelgenerator wird geöffnet, darin werden auch Disc-Menüs bearbeitet. Nachfolgend sind lediglich die Funktionen beschrieben, die für ein Disc-Menü relevant sind. Die allgemeinen Funktionen des Titelgenerators wurden bereits in Kapitel 7 *„Titel"* beschrieben.

Wenn Sie ein Vorlagen-Menü komplett neu gestalten möchten, löschen Sie alle Elemente aus dem Titelgenerator heraus und bauen das Menü inklusive Layout von neuem auf. Im Beispiel werden alle bereits bestehenden Schaltflächen gelöscht. Drücken Sie dazu Strg+A und dann Entf oder wählen Sie aus dem Menü *Bearbeiten* den Eintrag *Alles auswählen* und löschen Sie die Elemente mit Entf.

Miniaturschaltflächen erstellen

1. Wechseln Sie im Titel-Editor mit einem Klick auf folgendes Symbol in die Bibliothek der Schaltflächen:

 *Abbildung 11.22:*
Wechseln Sie mit einem Klick in die Bibliothek der Schaltflächen

   Eine Liste mit verschiedenen Vorlagen wird geöffnet.

2. Wählen Sie eine der Schaltflächen und übernehmen Sie sie mit Drag&Drop ins Menü.

3. Für jedes Kapitel im Film ziehen Sie eine neue Schaltfläche hinzu.

Ebenso können Sie Text, Bilder usw. hinzufügen, bis das Menü Ihren Vorstellungen entspricht.

Sie können auch eine Schaltfläche erstellen und mit einem Textfeld verketten. Kopieren Sie diese Schaltfläche dann nach Belieben, damit Sie nicht jede Schaltfläche neu erstellen müssen. Obwohl die Elemente verkettet sind, lässt sich der Text einer jeden Schaltfläche im Nachhinein individuell korrigieren.

4. Sie können die Größe einer Schaltfläche auf die gleiche Weise verändern, wie Sie das bei Fotos und Text gemacht haben.

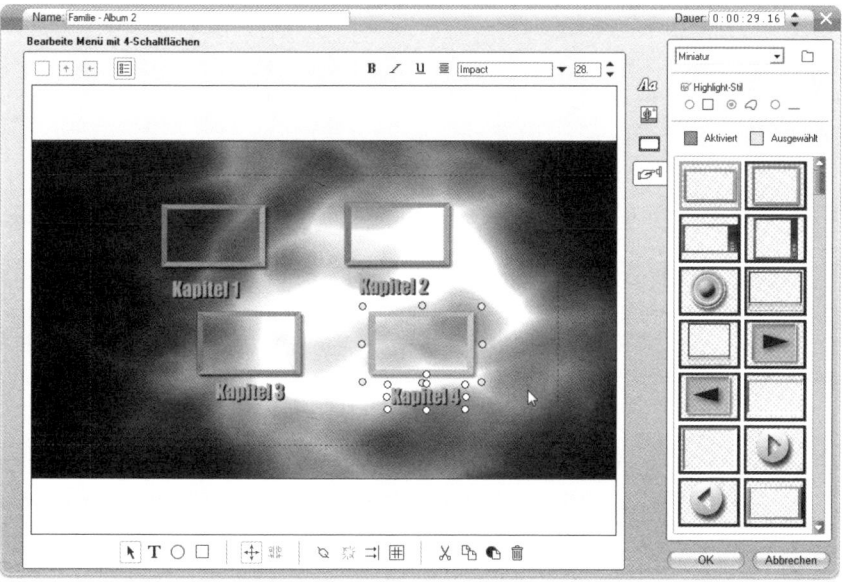

Abbildung 11.23: Fügen Sie so viele Schaltflächen ein, wie Sie brauchen (und Platz haben)

Layout einer Schaltfläche verändern

Sie können das Aussehen einer Schaltfläche den eigenen Wünschen anpassen. Es gibt für jede Schaltfläche drei Zustände: normal, aktiviert und ausgewählt. Die verschiedenen Zustände werden durch verschiedene Farben gekennzeichnet, damit der Betrachter Ihrer DVD immer weiß, welche Schaltfläche aktuell angewählt ist. Andernfalls wäre er orientierungslos.

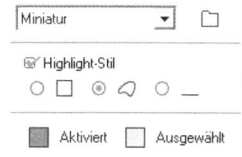

Abbildung 11.24:
Ändern Sie das Aussehen der Schaltflächen, um dem Betrachter eine
möglichst übersichtliche Navigation zu bieten

Highlight-Stil: Wählen Sie hier aus, wie eine Schaltfläche auszusehen hat, wenn sie angewählt wird. Die mittlere Option, *Der Kontur entlang*, passt sich der Form der Schaltfläche an, das Viereck links zeichnet ein Viereck und der Strich rechts unterstreicht die Schalt-

fläche. Den Unterschied sehen Sie am besten, wenn Sie eine runde Schaltfläche ins Menü integrieren:

Abbildung 11.25:
Hier wurde der Highlight-Stil „Viereck" gewählt.
Pinnacle Studio zeichnet ein Viereck um das Objekt

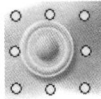

Abbildung 11.26:
Hier wurde der Highlight-Stil „Der Kontur entlang" gewählt.
Pinnacle Studio zeichnet um das Objekt herum eine Kontur

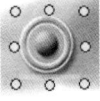

Abbildung 11.27:
Hier wurde der Highlight-Stil „Unterstrichen" gewählt.
Pinnacle Studio zeichnet einen Strich unter das Objekt

Unter *Aktiviert* und *Angewählt* können Sie definieren, welche Farbe die Kontur der Schaltflächen bekommen soll, wenn diese aktiviert oder angewählt sind. Klicken Sie auf das entsprechende farbige Viereck, um die Farbe anzupassen.

In einem Disc-Menü können verschiedene Arten von Schaltflächen benutzt werden. Sie haben bis jetzt die Miniaturschaltfläche kennengelernt, die Ihnen ein Miniaturbild aus der Timeline anzeigt.

Schaltflächen-Varianten

Normale Schaltflächen

Unter einer normalen Schaltfläche wird eine ganz normale Verknüpfung verstanden, die keine Miniatur darstellt. Somit kann ein normaler Text oder ein Bild zu einer Schaltfläche werden.

1. Schreiben Sie einen Text und wählen Sie diesen aus.

2. Wählen Sie dann aus der Dropdown-Liste den Eintrag *Normal* aus, um aus dem Text eine normale Verknüpfung zu erstellen.

Das funktioniert auch mit anderen Verknüpfungen aus der Bibliothek oder einem eingefügten Standbild. Dieser Text kann nun ebenfalls als Schaltfläche benutzt und mit einem Kapitel verknüpft werden.

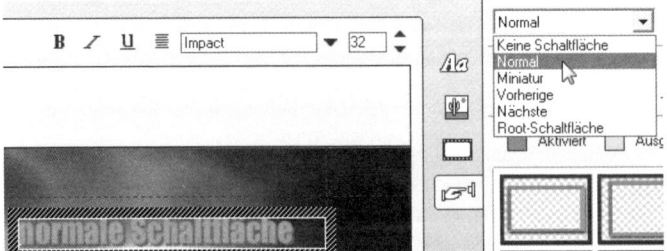

Abbildung 11.28: Sie können aus einem beliebigen Text oder Bild eine Schaltfläche für Menüs erstellen

Vorherige und Nächste

Vorherige und *Nächste* beziehen sich auf die verschiedenen Seiten eines Disc-Menüs. Wenn Sie also mehrere Seiten in einem Disc-Menü erzeugen möchten, so müssen Sie jeweils einen *Nächsten-* und *Vorherigen*-Knopf in das Menü integrieren. Sie können nun wie oben beschrieben einen beliebigen Text oder ein Bild zu einer dieser Schaltflächen machen.

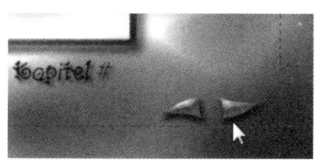

Abbildung 11.29:
„Nächste" und „Vorige" wird für
mehrere Seiten verwendet

Root-Schaltfläche

Diese Schaltflächen werden benutzt, wenn auf der Timeline mehrere Disc-Menüs eingesetzt sind. Mit einer Root-Schaltfläche können Sie mit einem Tastendruck wieder in das Hauptmenü navigieren, das ist das erste auf der Timeline.

Bewegter Hintergrund

Wie Sie bereits erfahren haben, kann der Hintergrund eines Disc-Menüs mit einem Videoclip animiert werden. Sie können auch eine Szene Ihres Films als Hintergrund wählen. Hierfür müssen Sie den Hintergrund des Disc-Menüs transparent machen. Wechseln Sie auf das Kaktussymbol und wählen Sie *Transparent*, falls diese Option nicht schon eingestellt ist.

Abbildung 11.30:
Für einen animierten Hintergrund müssen Sie diesen durch einen
Klick auf das Schachbrettsymbol transparent machen

Schließen Sie nun den DVD-Menü-Editor mit einem Klick auf *OK* unten rechts.

Filmsequenz als Hintergrund darstellen

Ein Disc-Menü kann wie ein Titelclip auf der Timeline verlängert und verkürzt werden. Ein Disc-Menü wird beim Abspielen so lange dargestellt, bis der Betrachter ein Kapitel wählt. Wenn nun im Hintergrund eine Videosequenz zu sehen sein soll, muss das Menü ebenfalls die gleiche Länge haben.

Verlängern Sie das Disc-Menü auf der Timeline und fügen Sie dann einen Videoclip aus dem Album in die zweite Videospur ein; wenn diese nicht zu sehen ist, legen Sie den Clip auf die Titelspur.

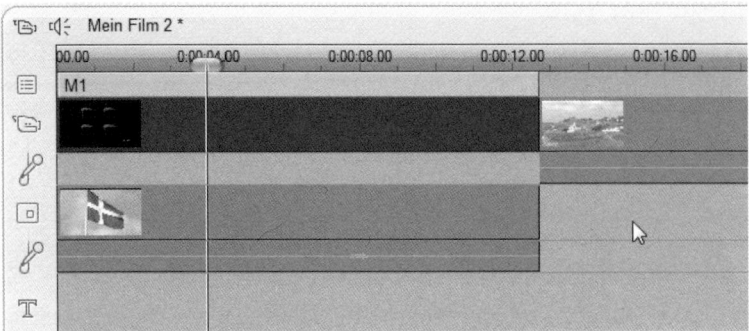

Abbildung 11.31: Das animierte Video wird auf die zweite Videospur gelegt

Trimmen Sie gegebenenfalls den eingefügten Videoclip und verkürzen bzw. verlängern Sie das Menü auf die gleiche Länge.

Hintergrundmusik einfügen

Sie können auf den Audiospuren auch Musik als Hintergrund abspielen lassen, egal ob das Menü animiert ist oder nicht. Fügen Sie dazu einfach eine Musik in eine der beiden Musikspuren ein und passen Sie die Lautstärke an. Achten Sie darauf, dass beides, Musik und Video, die gleiche Länge wie das Menü aufweist, da sonst beim Abspielen Lücken entstehen.

Menüs extern speichern

Sie können Disc-Menüs speichern, um sie in einem anderen Projekt zu verwenden oder als Vorlage zu speichern. Öffnen Sie dazu den Menü-Editor und wählen Sie *Datei* und dann *Menü speichern*. Falls Sie ein bestehendes Menü öffnen möchten, wählen Sie *Datei* und dann *Menü öffnen*.

Menü neu erstellen

Falls Sie keine Vorlage für Ihr Disc-Menü verwenden möchten, so können Sie es auch komplett selbst gestalten. Ebenso ist es möglich, eine Vorlage den eigenen Wünschen anzupassen. Um ein neues Menü zu erzeugen, gehen Sie wie folgt vor:

1. Öffnen Sie die Video-Toolbox und wählen Sie das Symbol *Disc-Menü erstellen*.

    Abbildung 11.32:
   Das Symbol „Disc-Menü erstellen"

2. Scrubben Sie auf der Timeline an die gewünschte Stelle, an der das Menü eingefügt werden soll.

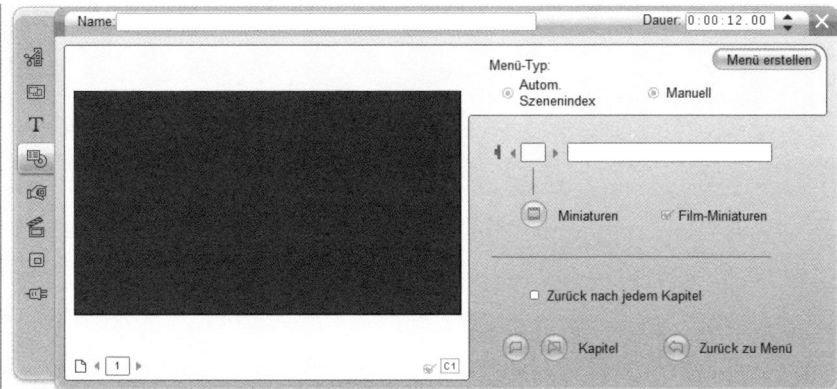

Abbildung 11.33: Erstellen Sie ein Disc-Menü von Grund auf neu

3. Klicken Sie auf *Menü erstellen*.

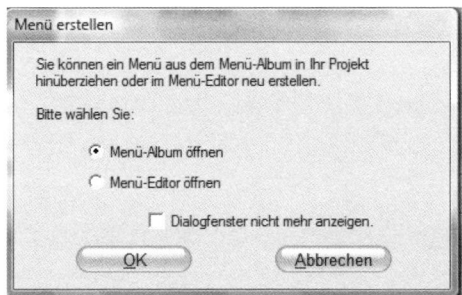

Abbildung 11.34: Pinnacle Studio fragt Sie noch einmal, ob Sie wirklich ein
Menü neu erstellen oder ein Vorlagen-Menü aus dem Album öffnen möchten

4. Setzen Sie die Option *Menü-Editor öffnen* und wählen Sie *OK*.

Der Menü-Editor wird geladen. Wie Sie sehen werden, öffnet sich der Ihnen bekannte Titelgenerator. Dieser dient ebenfalls dazu, ein Menü zu gestalten und zu ändern.

12

Film erstellen

Sobald Sie mit dem Bearbeiten, also Trimmen und Montieren, eines Films fertig sind, können Sie ihn auf verschiedene Weise exportieren, also ausgeben lassen. Z.B. können Sie Ihr fertiges Video auf CD, DVD oder Blu-ray Disc brennen oder Sie speichern Ihren Film für das Internet. Sie können das fertige Videomaterial aber auch auf eine VHS-Kassette oder ein MiniDV-Band zurückspielen. Genauso können Sie den gleichen Film in verschiedene Videoformate exportieren, solange alle Rohdaten des Films und das Projekt auf der Festplatte bleiben.

Sinnvoll ist es, einen Film immer in voller Qualität zu sichern. Falls Sie Ihre Video-aufnahmen mit einem digitalen Camcorder erstellt haben, ist es empfehlenswert, den ganzen Film einmal auf ein neues digitales Band zurückzuspielen. Bei digitaler Über-tragung haben Sie so gut wie keinen Qualitätsverlust und können den Film jederzeit in ein anderes Format umwandeln bzw. exportieren. Wie Sie sehen werden, sind Filme auf einer DVD sehr stark komprimiert und entsprechen überhaupt nicht mehr der Ori-ginalqualität. Eine DVD eignet sich aus diesen Gründen kaum für das Erstellen von unkomprimierten Sicherheitskopien, besser wäre schon, eine Blu-ray Disc zu brennen, allerdings nur, wenn das Videoprojekt im High-Definition-Format vorliegt.

Um mit dem Exportieren oder Erstellen des Films zu beginnen, wechseln Sie in den Schritt 3 *Film erstellen*.

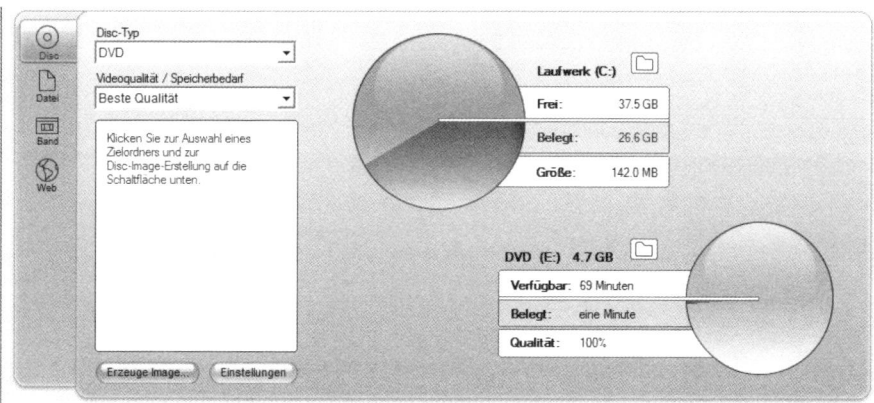

Abbildung 12.1: Pinnacle Studio öffnet den Modus „Film erstellen"

Grundsätzlich haben Sie nun die Möglichkeit, Ihren Film auf einen Rohling zu brennen, sprich auf eine CD oder DVD, als Datei auf die Festplatte zu speichern oder zurück auf ein Band zu spielen. Im Folgenden werde ich mich auf diese drei Varianten beschränken, da es die wichtigsten Ausgabeformen fertiger Videofilme sind.

Ausgabe auf CD, DVD oder Blu-ray Disc

Diese Option bietet Ihnen die Möglichkeit, Ihren Film auf CD, DVD oder Blu-ray Disc auszugeben.

Wie Sie bereits beim Aufnehmen von Video zu Beginn des Buches gesehen haben, benötigt eine Stunde DV-Video ca. 13 GByte auf der Festplatte. Eine normale CD speichert ca. 700 MByte (0,7 GByte), eine DVD 4,7 GByte (bzw. 8,5 GByte für eine doppelschichtige), eine Blu-ray Disc 25 GByte (bzw. 50 GByte für eine doppelschichtige).

Angenommen, ein Film dauert eine Stunde. Wie ist es nun möglich, dass ein solcher Film, der 13 GByte beanspruchen würde, auf einer dieser CD bzw. DVD Platz hat?

Das geht, wenn die Daten sehr stark komprimiert werden.

Fachwort

MPEG-Kompression

Um ein Video zu komprimieren, müssen die benötigten Videodaten reduziert werden. Das kann erreicht werden, indem Pinnacle Studio

- die Anzahl Bilder pro Sekunde verringert,
- das Videobild verkleinert (Pixelgröße kleiner darstellt),
- gewisse Farb- und Helligkeitsinformationen weglässt.

Alle diese Veränderungen würden allerdings zu einem sehr schlechten Resultat führen – darum wurde der Kompressionsstandard MPEG2 entwickelt.

Beim Umrechnen in das MPEG2-Format werden gewisse Bildinformationen weggelassen, ohne die Bildrate und Bildgröße zu verändern.

Der Kompressor analysiert das erste Bild des Videos und speichert lediglich die Veränderungen zum nächsten Bild. Danach werden die Veränderungen vom zweiten zum dritten Bild gespeichert usw. Nach 12 Bildern speichert der Kompressor ein neues, volles Bild und beginnt von vorne. Wenn ein Standbild in ein MPEG2 umgerechnet wird, müssen sehr viel weniger Daten gespeichert werden, als wenn im Film eine detailreiche Aufnahme gezoomt wird.

Der MPEG2-Kompressor unterscheidet zwischen variabler und konstanter Bitrate.

- *Variable Bitrate*: Die Kompression wird dem Inhalt des Videos angepasst. Bei Standbildern und wenigen Bildinformationen werden weniger Daten, bei vielen Bildinformationen werden mehr Daten gespeichert. Sie können also vor dem Komprimieren nicht sicher sagen, wie groß die MPEG2-Dateien werden.

- *Konstante Bitrate*: Die Kompression verläuft vom Anfang bis zum Ende des Films mit der gleichen Datenrate, egal ob viele oder wenige Bildinformationen gespeichert werden müssen.

Es empfiehlt sich also, die variable Bitrate zu wählen, da damit eine bessere Qualität erzeugt werden kann.

Bevor Sie mit dem Brennen fortfahren, sollten Sie sich überlegen, ob eine CD oder DVD erzeugt werden soll. Das Erstellen einer Blu-ray Disc macht dann Sinn, wenn Sie ein High-Definition-Video bearbeitet haben und dieses in der vollen Auflösung brennen möchten.

Auf eine CD kann Video im Format MPEG1 und MPEG2 für jeweils eine Video-CD oder Supervideo-CD gebrannt werden. Denken Sie daran, dass nicht alle DVD-Abspielgeräte Video- und Supervideo-CDs lesen und abspielen können. Da eine CD lediglich ca. 700 MByte fasst, ist die Qualität gegenüber einer DVD auch wesentlich schlechter. Nachfolgende Tabelle zeigt Ihnen die Unterschiede der verschiedenen Disctypen, die mit Pinnacle Studio erstellt werden können.

	Video-CD	S-Video-CD	DVD	AVCHD	Blu-ray	HD-DVD
Speichermedium	CD	CD	DVD	DVD	BD (Blu-ray Disc)	DVD
Speichergröße	Ca. 700 MByte	Ca. 700 MByte	4,7 oder 8,5 GByte	4,7 oder 8,5 GByte	25 oder 50 GByte	4,7 oder 8,5 GByte
Kompression	MPEG1	MPEG2	MPEG2	MPEG4	AVCHD	HD-DVD
Spiellänge in bester Qualität	Bis ca. 60 Min.	Bis ca. 30 Min.	Bis ca. 60 bzw. 120 Min.	Bis ca. 40 bzw. 80 Min.	Bis ca. 2 Stunden	Ca. 20 bzw. 40 Min.

Tabelle 12.1: Vergleich der Formate Video-CD, Supervideo-CD, DVD, HD-DVD, AVCHD und Blu-ray Disc, die mit Studio erstellt werden können

Auf eine DVD mit 4,7 GByte Speicherplatz können auch mehr als 60 Minuten aufgenommen werden, allerdings muss dann das Video stärker komprimiert werden. Für eine möglichst hohe Qualität sollte gemäß der Tabelle natürlich das DVD-Format gewählt werden und die Filme sollten nicht länger als 60 Minuten sein.

Um eine Disc zu brennen, gehen Sie wie folgt vor:

1. Legen Sie eine leere Disc (CD, DVD oder Blu-ray Disc) in Ihren Brenner.

2. Wählen Sie in Pinnacle Studio die Registerkarte *Film erstellen*.

3. Wählen Sie unter *Disc-Typ*, welche Art von Disc Sie brennen möchten, z.B. VCD für Video-CD, SVCD für Supervideo-CD, DVD.

4. Setzen Sie unter *Videoqualität* den Eintrag auf *Automatisch*, damit Pinnacle Studio ermitteln kann, mit welcher Kompression das Video auf den Rohling gespeichert wird.

5. Um den Rechen- und Brennvorgang zu starten, klicken Sie auf die Schaltfläche *Disc erstellen*. Pinnacle Studio wird das Projekt zuerst rendern, dann in das gewählte Videoformat umrechnen und als letzten Schritt auf die Disc brennen. Die Dauer dieses Vorgangs ist davon abhängig, wie schnell Ihr PC ist.

Einstellungen für das Brennen einer DVD

Sie können die Qualität Ihrer Videos und weitere Einstellungen manuell festlegen. Klicken Sie dafür auf die Schaltfläche *Einstellungen*.

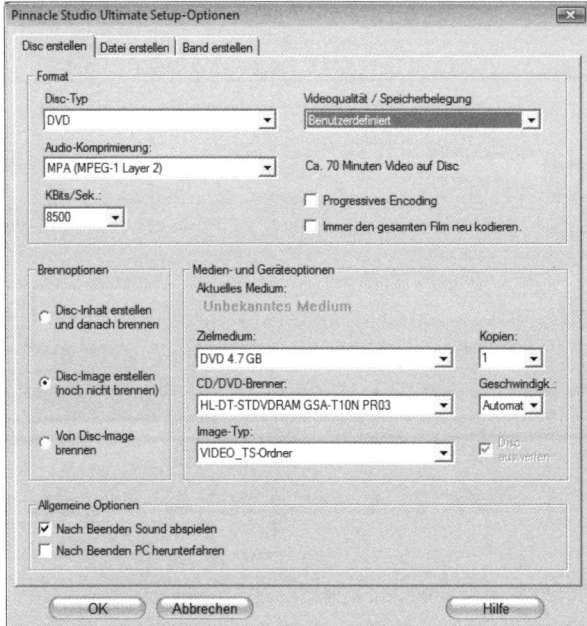

Abbildung 12.2:
Einstellungen für das
Erstellen einer DVD

Unter *Audio-Komprimierung* können Sie das Audioformat für die DVD auswählen. Entscheidend ist hier, wie Sie auf der Timeline das Audio bearbeitet haben. Wenn Sie das Audio im Surround-Modus bearbeitet haben, sollten Sie hier gegebenenfalls die Audio-Einstellungen anpassen.

Die Datenrate kann dann verändert werden, wenn unter *Videoqualität/Speicherbelegung* die Einstellung *Benutzerdefiniert* gewählt ist. Die Datenrate zeigt an, wie viele Daten pro Zeiteinheit verarbeitet werden. Je höher die Zahl, desto besser die Qualität. Hier sind Werte zwischen 3000 bis 8500 KBits/Sekunde möglich. Übliche Datenraten sind 4000 bis 6000 KBits/Sekunde. Eine zu hohe Abweichung kann beim Abspielen zu Problemen führen.

Unter *Brennoptionen* können Sie einstellen, ob die Daten direkt auf eine Disc gebrannt oder zuerst in einer sogenannten Image-Datei auf die Festplatte gespeichert werden sollen.

Tipp
Disc-Inhalt erstellen

Bei diesem Modus werden die Daten zuerst auf die Festplatte gespeichert und erst dann auf das Medium geschrieben bzw. gebrannt. Dies ist sicherer, falls noch andere Prozesse im Hintergrund laufen. Wählen Sie diese Einstellung, falls das direkte Brennen auf Disc fehlschlägt.

Disc-Image erstellen

Ein Disc-Image dient dazu, den gesamten Film in einer Datei auf dem PC zwischenzuspeichern, um ihn später oder auf einen anderen PC zu brennen. So können Sie z.B. mit Pinnacle Studio ein Disc-Image erstellen, falls auf dem PC kein Brenner verfügbar ist. Ein anderer Vorteil eines Images ist, dass der ganze Inhalt einer Disc in einer Datei gespeichert wird, sodass nicht einzelne Elemente verloren gehen können.

Ein Disc-Image können Sie an einen beliebigen Ort auf der Festplatte speichern und in einem zweiten Schritt auf die Disc brennen. Das Brennen kann auch mit einem anderen Brennprogramm erfolgen, z.B. mit Nero.

Von Disc-Image brennen

Dieser Modus dient dazu, ein zuvor erstelltes Image von der Festplatte auf eine Disc zu brennen. Dabei wird nicht der aktuelle Film auf der Timeline gebrannt, sondern von einer Image-Datei auf die Festplatte.

Blu-ray Disc

Bei der Blu-ray Disc handelt es sich um die Nachfolge der DVD. Eine Blu-ray Disc kann viel mehr Daten speichern als eine CD bzw. DVD und eignet sich darum eher für das Erstellen von Filmen in noch besserer Qualität. High-Definition-Filme können in High Definition nur auf Blu-ray gebrannt werden. Auf eine CD oder DVD ist dies nicht möglich.

Wenn Sie eine Blu-ray Disc brennen möchten, müssen Sie einen entsprechenden Brenner und Rohlinge besitzen. Beides ist derzeit noch ausgesprochen teuer, aber wie stets bei Computerprodukten darf man davon ausgehen, dass die Preise schnell fallen werden.

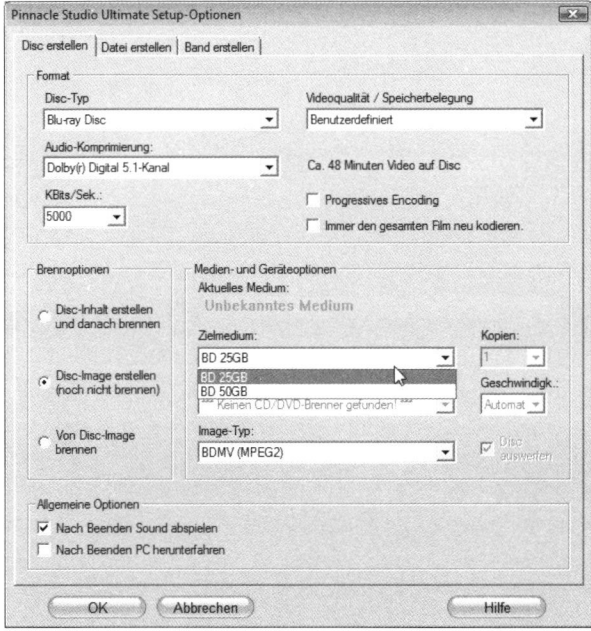

Abbildung 12.3:
Brennen auf eine Blu-ray Disc

Auf eine Blu-ray Disc können bis zu 2 Stunden in voller High Definition mit einer Datenrate von bis zu 25 MBit/s gebrannt werden. Blu-ray Discs können später nur auf einem Blu-ray-Abspielgerät (Player) wiedergegeben werden.

HD-DVD

Bei der HD-DVD, High Density Digital Versatile Disc, handelt es sich um ein Format, das Ende 2007 noch als möglicher Nachfolger der DVD galt. Der Markt hat sich aber für Blu-ray entschieden, und Experten gehen davon aus, dass HD-DVD ganz vom Markt verschwinden wird. Falls Sie aber trotzdem ein HD-DVD-fähiges Abspielgerät besitzen, können Sie mit Pinnacle Studio DVD-Rohlinge in diesem Format brennen.

Sie können mit dieser Einstellung Videoinhalt im HD-DVD-Format auf eine DVD (bis zu 24 Minuten) mit einem DVD-Brenner brennen.

Eine DVD mit HD-DVD-Inhalt kann später auf folgenden Abspielgeräten wiedergegeben werden:

- auf jedem HD-DVD-Player einschließlich einer Microsoft Xbox 360 mit integriertem Laufwerk
- auf einem Computer mit HD-DVD-Laufwerk und einer geeigneten Wiedergabesoftware

Beim HD-DVD-Format können die Daten bis zu einer Datenrate von 25 MBit/s gespeichert werden.

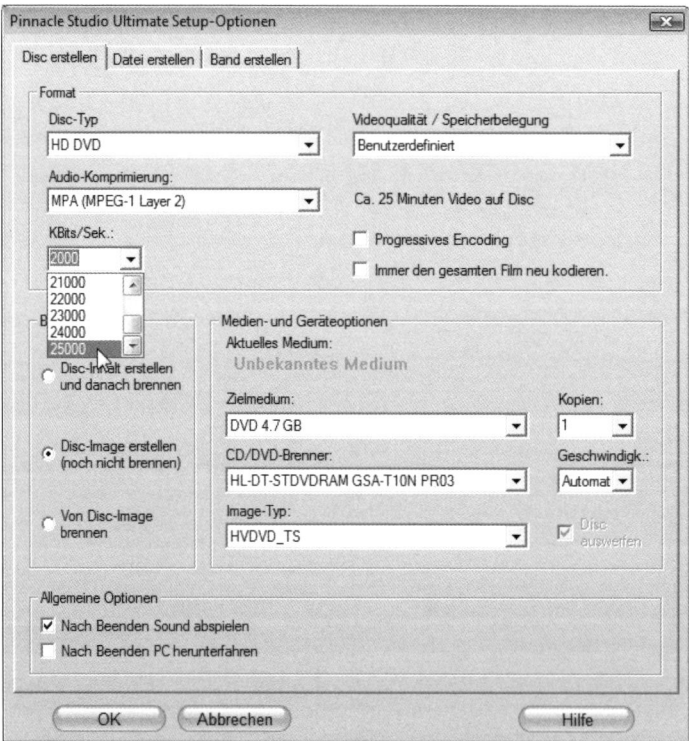

Abbildung 12.4: Disc mit HD-DVD-Inhalt auf einer DVD

Ausgabe in eine Datei

Mit Pinnacle Studio haben Sie noch die Möglichkeit, Ihren Film in eine Datei zu exportieren, die Sie dann später z.B. ins Internet laden oder auf CD und DVD weitergeben. Bevor Sie eine Datei erstellen, müssen Sie sich überlegen, wer diese Datei später ansehen wird. Nicht jeder Dateityp kann von jedem Computer angeschaut werden. Oft fehlt auf einem PC die nötige Abspielsoftware, um den Film anzuschauen, oder ein PC ist zu langsam, um sehr große Datenmengen anzuzeigen. Wenn Sie sichergehen wollen, dass die Datei auf jedem PC abspielbar ist, wählen Sie das MPEG1-Format. Dieses Format bietet nicht die beste Qualität, ist aber mit allen PCs kompatibel, da der Windows Media Player dieses Format immer abspielen kann.

Weitere Informationen zu den einzelnen Videoformaten entnehmen Sie Kapitel *13 „Videoformate"*.

1. Wählen Sie unter *Film erstellen* das Symbol für *Datei*.

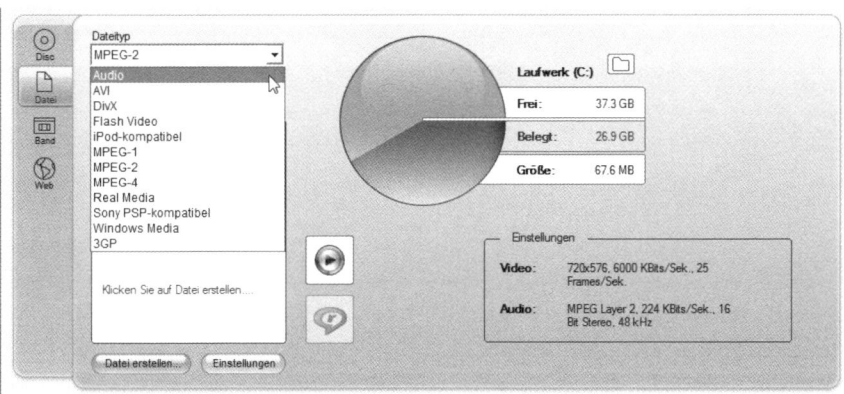

Abbildung 12.5: Mit Pinnacle Studio können Sie verschiedene Formate exportieren

2. Wählen Sie aus der Dropdown-Liste das gewünschte Format aus.

3. Je nach gewähltem Format haben Sie verschiedene Einstellungsmöglichkeiten, die nachfolgend kurz erläutert werden.

Der große Kreis zeigt Ihnen an, wie viel Platz auf der gewählten Festplatte noch zur Verfügung steht. Im Beispiel wurde die Festplatte C: gewählt, auf der noch 37,3 GByte Speicherplatz frei sind.

Sie können für jedes der vorgegebenen Formate weitere Einstellungen vornehmen, indem Sie auf den Knopf *Einstellungen* klicken, es sei denn, es handelt sich um einen definierten Standard, z.B. das AVI-DV-Format.

In Kapitel *13 „Videoformate"* finden Sie weitere Ausführungen zu den einzelnen Formaten.

Audio

Mit dieser Option können Sie nur das Audio Ihres Films exportieren, und zwar im MP3- oder WAV-Format. Wenn Sie also eine oder mehrere Audiospuren exportieren möchten, dann wählen Sie die Option *Audio*.

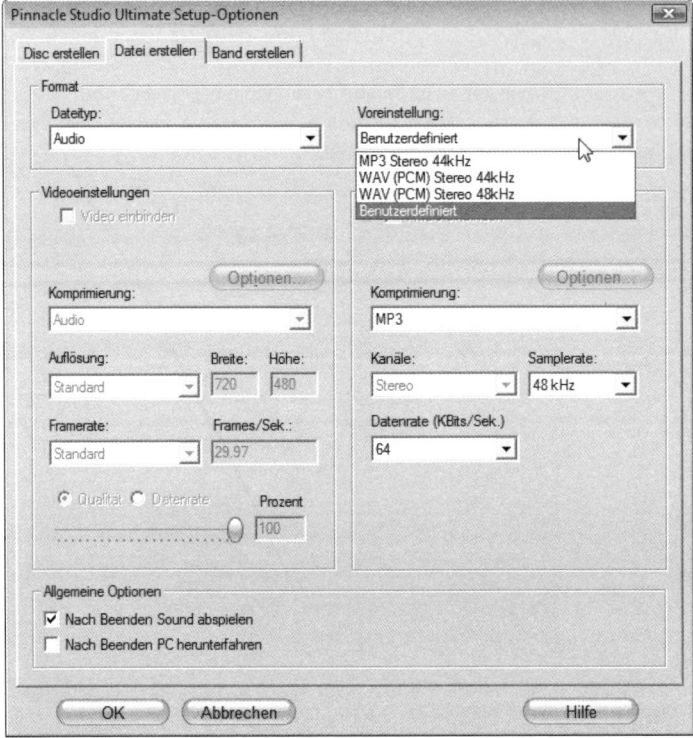

Abbildung 12.6: Audio exportieren

Wählen Sie unter *Voreinstellung*, in welchem Format das Audio exportiert werden soll, und starten Sie dann die Ausgabe mit *Datei erstellen*. Wenn Sie *Benutzerdefiniert* wählen, können Sie die einzelnen Einstellungen manuell noch verändern.

AVI

Wählen Sie unter *Format AVI* aus und klicken Sie auf *Einstellungen*, um diese anzupassen.

Das AVI-Format wird meistens dazu verwendet, Dateien in sehr guter Qualität zu speichern. Das AVI-Format ist kein streng definiertes Format, sondern lediglich ein sogenanntes Containerformat. Es muss noch angegeben werden, mit welchem Codec die Datei erstellt wird. Codecs sind Algorithmen, die ein Video komprimieren und speichern. Das große Problem dabei ist, dass eine AVI-Datei später nicht mehr abgespielt werden kann, wenn der entsprechende Codec auf dem PC nicht zur Verfügung steht.

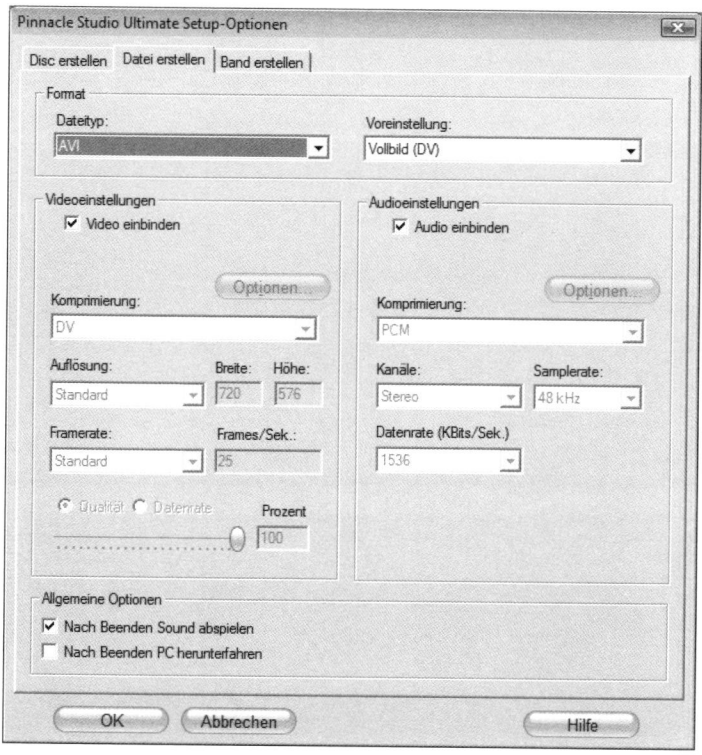

Abbildung 12.7: Einstellungen für das AVI-Format

Das lässt sich umgehen, wenn man die Einstellung *Vollbild (DV)* wählt. Wie Sie sehen, können keine Einstellungen vorgenommen und verändert werden. Eine solche AVI-Datei kann auf jedem PC ohne Probleme abgespielt werden, weil der Codec Bestandteil von Windows XP ist. AVI (DV) ist das Format, welches auf Ihrer Festplatte erstellt wird, wenn Sie einen Videoclip von einer MiniDV-Kamera auf den PC laden. Da diese Übertragung ohne Komprimierung erfolgt, wird eine Datei ohne Qualitätsverlust geschrieben.

Wenn Sie nun eine AVI-(DV)-Datei von Ihrem Film erstellen möchten, benötigen Sie 13 GByte Festplattenspeicher für einen einstündigen Film.

DivX

Eine DivX-Datei ist im Prinzip eine AVI-Datei mit dem DivX-Codec. Diese Art Datei wurde entwickelt, um möglichst lange Filme in relativ hoher Qualität zu speichern und dabei nicht allzu große Daten zu erzeugen.

Unter *Voreinstellung* können Sie eine vordefinierte Qualität auswählen. Achten Sie bei den verschiedenen Voreinstellungen auf die Auflösung des Bildes. Wenn Sie alles individuell anpassen möchten, wählen Sie *Benutzerdefiniert*.

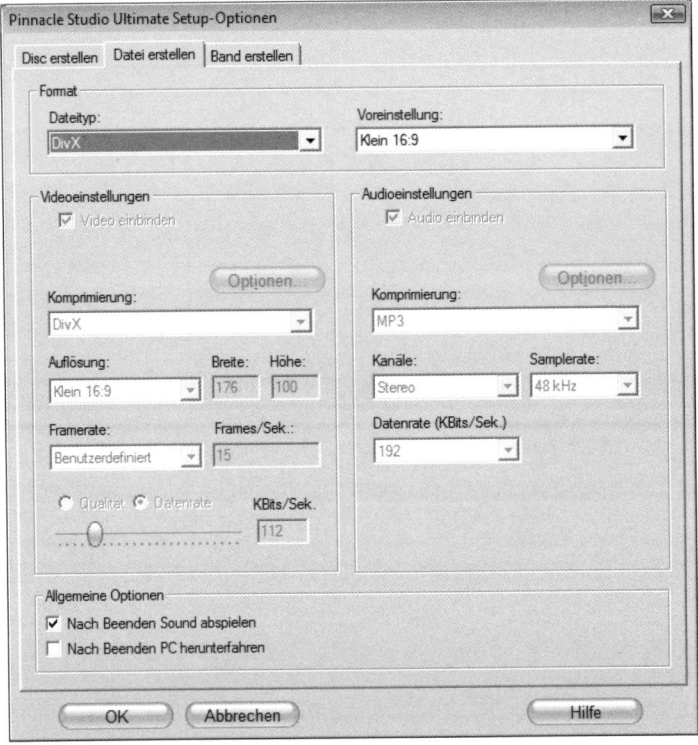

Abbildung 12.8: Einstellungen für das DivX-Format

Je nachdem, welche Einstellung Sie gewählt haben, zeigt Ihnen Pinnacle Studio mit dem Tortendiagramm an, wie groß die Videodatei nach dem Export sein wird.

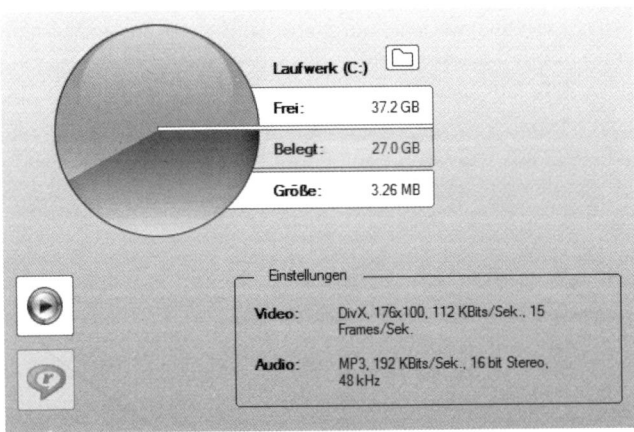

Abbildung 12.9: Unter „Größe" können Sie die Dateigröße des gewählten Formats überprüfen

Flash Video

Flash-Video-Filme eignen sich vor allem für das Hochladen ins Internet. Filme auf Video-plattformen wie *youtube.com* sind ebenfalls in diesem Format gespeichert.

Damit Flash-Filme später angezeigt werden können, muss der Flash Player, ein spezielles Abspielprogramm, auf dem PC installiert sein. Sie können den Flash Player kostenlos bei Adobe unter *www.adobe.de* herunterladen.

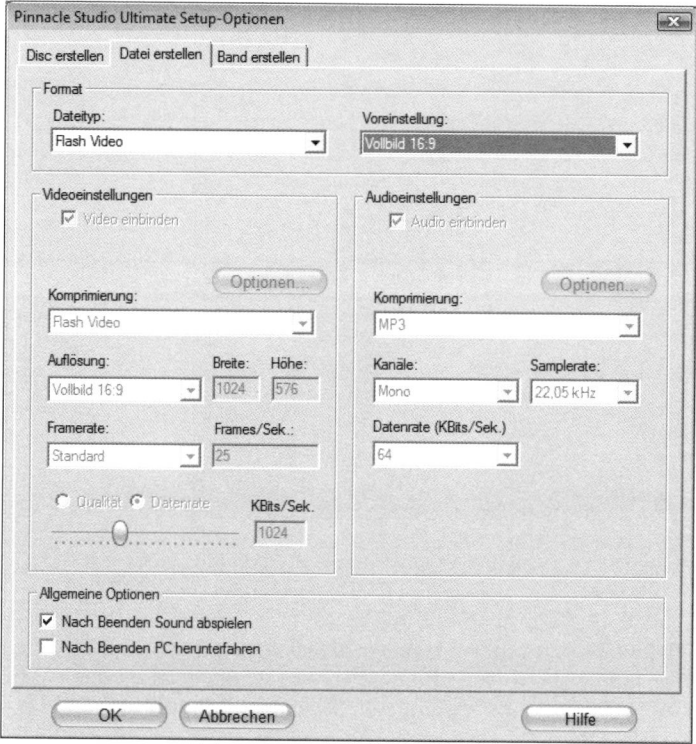

Abbildung 12.10: Flash-Video-Export

Unter *Voreinstellung* können Sie die Kompression auswählen. Eventuell müssen Sie unterschiedliche Einstellungen ausprobieren, um zu sehen, welche die besten Ergebnisse liefert.

MPEG1 und MPEG2

Das MPEG1-Format wird verwendet, wenn man einen Videoclip ohne Probleme auf jedem PC abspielen möchte. Die MPEG1-Dateien entsprechen der Qualität einer Video-CD.

MPEG1 ist ein Standard-Videocodec im MPEG-Videoformat. Die Einstellungen können nicht verändert werden, abgesehen von einer, und zwar die Datenrate, das heißt, wie viele Informationen pro Zeiteinheit gespeichert werden.

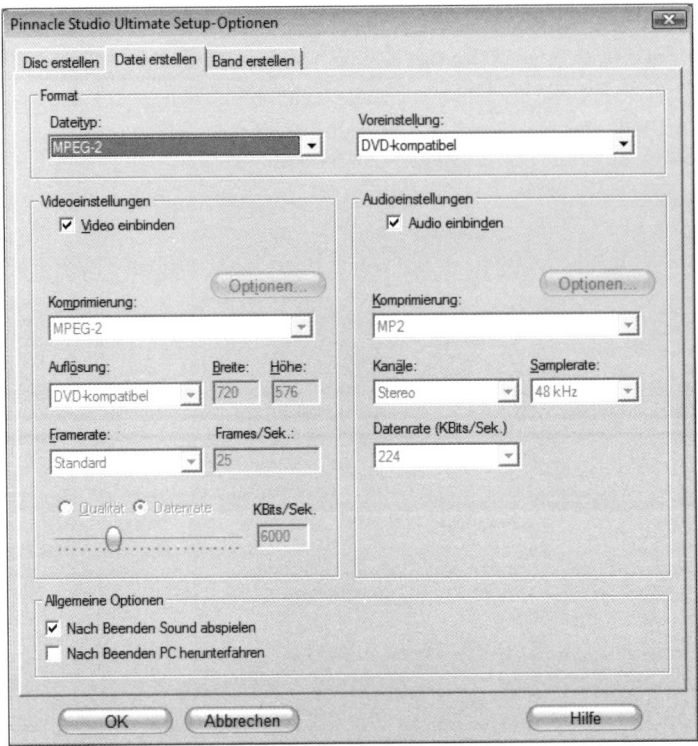

Abbildung 12.11: Einstellungen für das MPEG2-Format

Das MPEG2-Format wird im Allgemeinen für DVDs verwendet. Eine MPEG2-Datei kann auf einem PC mit einer DVD-Abspielsoftware wiedergegeben werden. MPEG2-Dateien sind High-Definition-kompatibel. Je höher die Datenrate gewählt wird, desto größer wird eine Datei auf der Festplatte und desto besser ist die Qualität der Videodatei. Weitere Infos zur MPEG2-Kompression lesen Sie ebenfalls in Kapitel 13 „Videoformate".

MPEG4

Das MPEG4-Format eignet sich vor allem für Videodateien mit relativ kleinen Datenraten, die sehr stark komprimiert sind. So können z.B. MPEG4-Filme auf manchen Handys abgespielt werden.

Unter *Voreinstellungen* fällt auf, dass einige Einstellungen für sehr kleine Videodateien zur Verfügung stehen, um wirklich sehr kleine Filme erstellen zu können. Diese Funktion muss über das Internet freigeschaltet werden, außer Sie besitzen Pinnacle Studio 12 Ultimate, wo sie bereits im Lieferumfang enthalten ist.

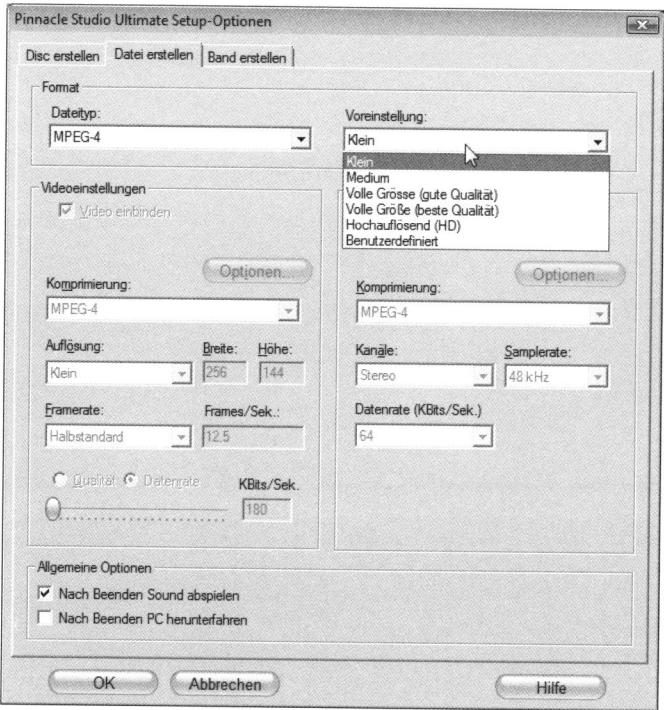

Abbildung 12.12: Einstellungen für das MPEG4-Format

iPod-kompatibel

Mit dieser Einstellung können Videodateien erstellt werden, die auf einem iPod betrachtet werden können. Der iPod von Apple, besser bekannt als MP3-Player, spielt nämlich auch Videos ab.

Beim iPod-Videoformat handelt es sich um spezielle MPEG4-Dateien, die in unterschiedlicher Qualität exportiert werden können.

Abbildung 12.13:
iPod von Apple

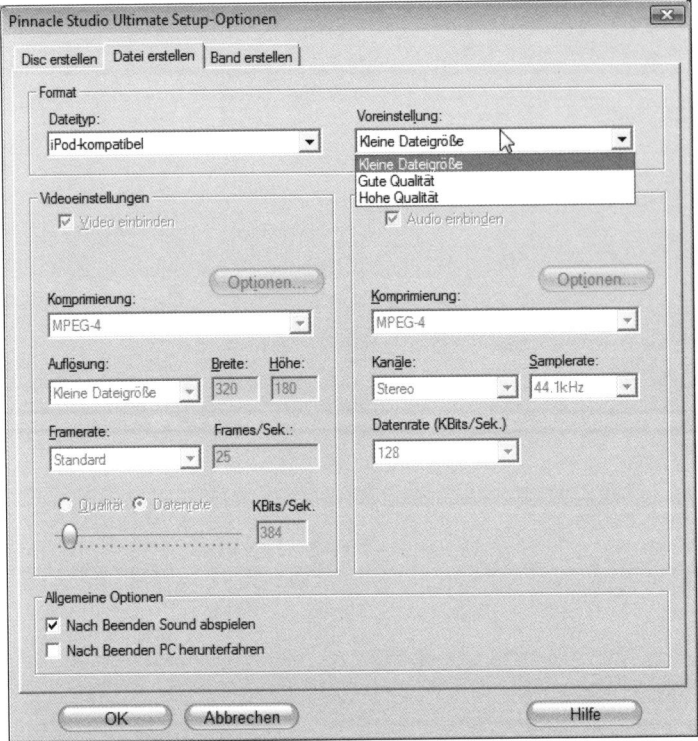

Abbildung 12.14: Einstellungen für das iPod-kompatible Videoformat

Sobald die Dateien erstellt wurden, können diese mit der iPod-Software auf das Gerät übertragen werden.

Real Media

Real-Media-Dateien eignen sich vor allem für Filme, die später übers Internet angeschaut werden können. Die Videodateien werden sehr stark komprimiert, damit die Datenleitung zum Internet mit solchen Filmen nicht überfordert wird.

Unter *Daten* können Sie Informationen eingeben, die der Betrachter sehen soll, wenn er das Video übers Internet abspielt. Rechts daneben können Sie angeben, wie schnell die Internetverbindung Ihrer Zielgruppe sein wird. Dadurch lässt sich das Video in verschiedenen Qualitäten wiedergeben.

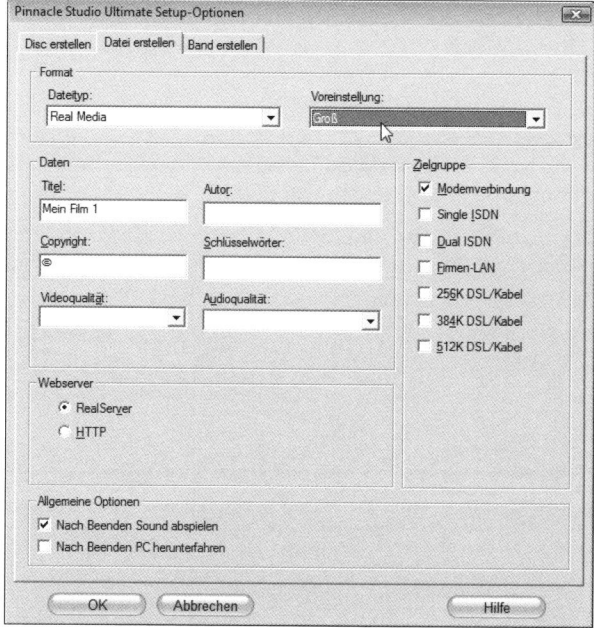

Abbildung 12.15:
Einstellungen für Real Media

Sony PSP-kompatibel

Die Sony Playstation Portable ist ein mobiles Spielgerät, das auch zur Betrachtung von Videodateien verwendet werden kann. Mit dieser Einstellung können Videoclips in das Sony PSP-kompatible MPEG4-Format konvertiert werden.

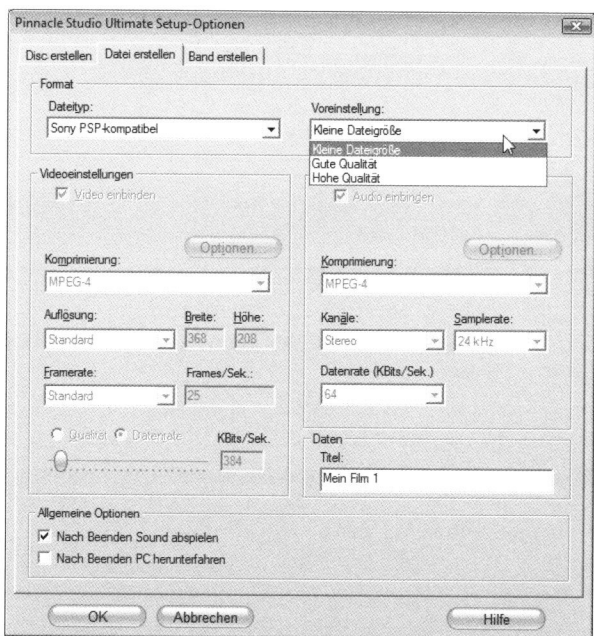

Abbildung 12.16:
Einstellungen für das Sony
PSP-kompatible Format

Sobald die Videodatei konvertiert und auf die Festplatte gespeichert wurde, kann diese auf eine Sony Playstation Portable übertragen werden.

Windows Media

Das Windows Media-Format eignet sich ebenfalls für das Verteilen von Videos über das Internet. Windows Media-Videos können standardmäßig auf jedem PC abgespielt werden, da auf jedem PC der Windows Media Player installiert ist.

Wählen Sie unter *Voreinstellung* eine Vorlage für Ihren Film aus. Wenn Sie einen Film für das Internet erstellen möchten, sollten Sie darauf achten, dass die Datei möglichst klein wird.

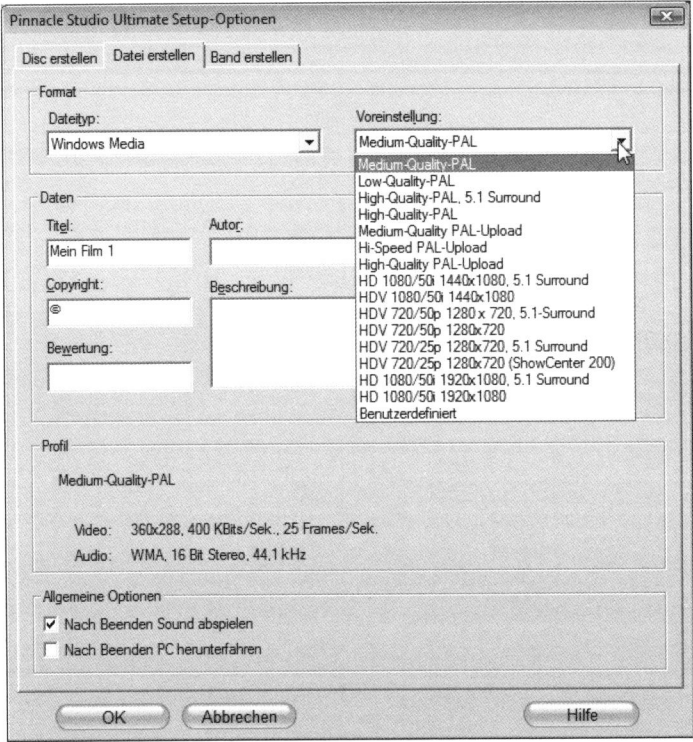

Abbildung 12.17: Einstellungen für das Windows Media-Format

Unter *Daten* können Sie Ihre Angaben eintragen. Diese werden beim Abspielen des Films in der Fußleiste des Windows Media Players angezeigt.

3GP

Beim Videoformat 3GP handelt es sich um ein Format, das von Mobiltelefonen wiedergegeben werden kann. Sie können also Ihre Filme in das 3GP-Format exportieren, wenn Sie die Filme später auf einem Mobiltelefon anschauen oder per MMS versenden möchten.

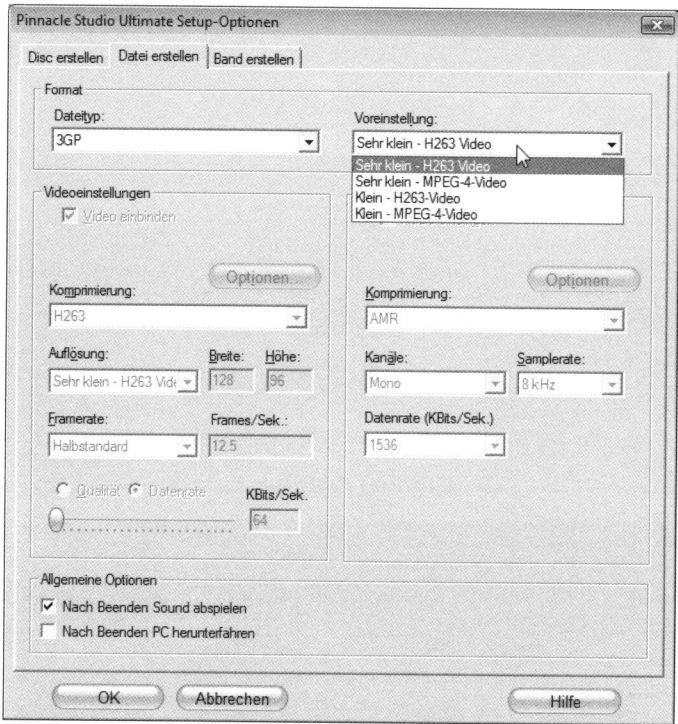

Abbildung 12.18: Einstellungen für das 3GP-Format

Datei exportieren

Starten Sie nun den Export des Films wie folgt.

1. Klicken Sie auf *Datei erstellen*.

2. Wählen Sie einen Speicherort für die Videodatei auf der Festplatte und geben Sie einen Dateinamen an. Klicken Sie danach auf *OK*, um den Export zu starten.

   Pinnacle Studio beginnt nun mit dem Rendern des Projekts. Dabei werden alle Übergänge, Effekte usw. auf die Festplatte gerechnet. Sobald dieser Vorgang beendet ist, beginnt Pinnacle Studio mit dem Konvertieren des Films in das angegebene Format. Das kann je nach Filmlänge und PC-Geschwindigkeit sehr stark variieren.

Abbildung 12.19:
Pinnacle Studio zeigt den Fortschritt des Exports an

Pinnacle Studio zeigt Ihnen an, wie viele Bilder noch zu bearbeiten sind und wie viele schon umgerechnet wurden. Der Timeline Scrubber bewegt sich auf der Time-

line und im Vorschaufenster wird das Bild angezeigt, das gerade berechnet wird. Am Statusbalken unterhalb des Vorschaufensters kann ebenfalls der Fortschritt des Vorgangs beobachtet werden.

3. Sie können den Vorgang jederzeit mit *Abbrechen* unterbrechen.

Ausgabe auf ein Band

Die Ausgabe auf ein Band scheint vielleicht im ersten Moment als veraltet und nicht sinnvoll. Viele Personen verfügen aber immer noch über ein VHS-Abspielgerät und können noch keine DVDs anschauen. Die Ausgabe auf ein MiniDV-Band ist von Vorteil, wenn ein Film ohne Qualitätsverlust gespeichert werden soll.

So gibt es grundsätzlich zwei verschiedene Vorteile für den Export bzw. die Ausgabe auf ein Band.

▧ Analog: Erstellen eines Bandes für Besitzer eines analogen Abspielgeräts wie VHS, Super-VHS oder Hi8.

Tipp ┃ Falls Sie planen, mehrere VHS-Kassetten zu produzieren, sollten Sie zuerst ein digitales Masterband und dann mehrere Kopien davon erstellen. Das spart Zeit, da Sie nicht immer am PC sitzen und die Aufnahme kontrollieren müssen. Schließen Sie dazu den analogen Ausgang der Kamera an den Eingang des VHS-Recorders.

▧ Digital: Erstellen eines Masterbandes für das eigene Filmarchiv. Gerade wenn die Originalaufnahmen digital erstellt wurden, empfiehlt es sich, vom Film ein sogenanntes Masterband oder Archivband anzufertigen. Der Film wird unkomprimiert in voller Qualität auf ein digitales Band gespielt, sodass er für weitere Verwendungen ohne Qualitätseinbußen zur Verfügung steht. Der Originalfilm kann auf der Festplatte gelöscht werden. Im Prinzip kann ein digitales Band auch für Präsentationen eingesetzt werden, da der Film nicht komprimiert wurde. So erzielen Sie gegenüber einer DVD eine bessere Qualität.

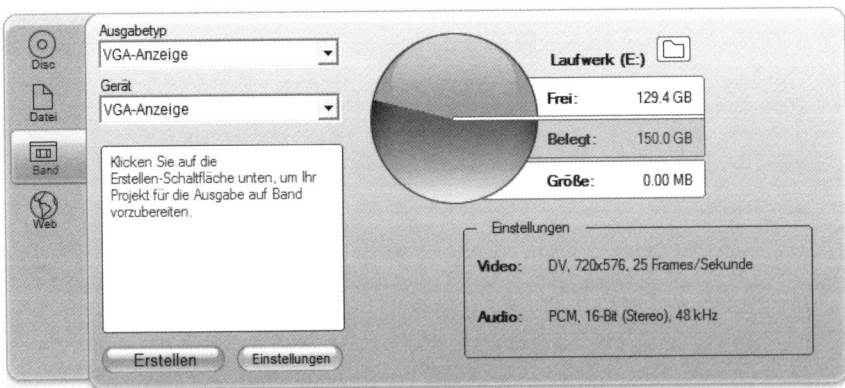

Abbildung 12.20: Modus für das Erstellen eines Bandes

Beim Ausgeben auf ein Band ist wieder der Diskometer zu sehen, der Ihnen anzeigt, wie viel Platz auf der Festplatte vorhanden ist. Da der Film beim Ausgeben auf Band nicht auf die Festplatte gespeichert werden muss, wird auf der Festplatte bedeutend weniger

Platz gebraucht. Der einzige Platz, der benötigt wird, ist der für die temporären Dateien, falls diese nicht bereits während der Arbeit erstellt wurden.

Beim Ausgeben auf Band ist es wichtig, dass das Aufnahmegerät von Pinnacle Studio und Windows erkannt wurde und dass vor allem eine Ausgabe möglich ist. Noch immer haben z.B. nicht alle DV-Kameras einen digitalen Eingang, da dieser vom Hersteller nicht freigegeben wurde. Bei einem VHS-Recorder müssen Sie darauf achten, dass die Kabel am Eingang angeschlossen sind und der richtige Sender für die Aufnahme eingestellt ist. Sie können bei beiden Varianten, also digital über FireWire oder analog über ein VHS- oder S-VHS-Signal, überprüfen, ob das Bild und das Audio ankommen, indem Sie eine kurze Testaufnahme machen. Spielen Sie einige Minuten auf das Band und kontrollieren Sie die Aufnahme.

Digitale Ausgabe

Um den Film auf ein digitales Aufnahmegerät aufzunehmen, muss dieses korrekt mit dem PC verbunden sein. Meistens geschieht dies über das FireWire-Kabel. Dieser Prozess wird auch Mastern genannt, da am Schluss ein Band in bester Qualität und ohne Verlust entsteht. Studios und TV-Anstalten erstellen für jeden Film ein sogenanntes Masterband.

1. Öffnen Sie die Einstellungen, um zu überprüfen, ob alles richtig eingestellt ist.

2. Unter *Format* und der Kategorie *Ausgabeformat* stellen Sie *DV-Camcorder* ein. Unter *Gerät* erscheint dann gleich der Name des angeschlossenen Geräts.

3. Damit das digitale Aufnahmegerät automatisch mit der Aufnahme beginnt, sollten Sie in den Einstellungen unter *Ausgabe-Optionen* die Option *Aufnahme automatisch starten/anhalten* wählen. Pinnacle Studio startet dann die Aufnahmefunktion am Aufnahmegerät automatisch.

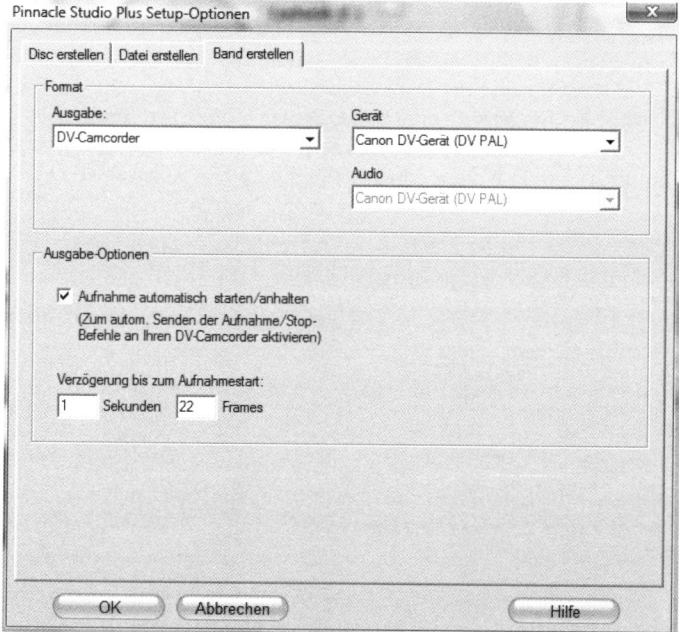

Abbildung 12.21: Einstellungen für den Export über FireWire

Achtung | Falls die Option *DV-Camcorder* nicht anwählbar ist, dann wurde das Aufnahmegerät, Recorder oder Kamera, nicht richtig mit dem PC verbunden bzw. erkannt. Überprüfen Sie, ob sich das Aufnahmegerät im Aufnahmemodus befindet und ob das Kabel richtig angeschlossen ist.

Für die Ausgabe auf Band gehen Sie wie folgt vor:

1. Verbinden Sie das Aufnahmegerät (Kamera, DV-Recorder oder Ähnliches) über das entsprechende Kabel mit dem PC (meist geschieht das mit einem FireWire-Kabel).

2. Legen Sie ein leeres Band ein, das nicht schreibgeschützt ist, und schalten Sie das Aufnahmegerät in den Aufnahmemodus (VCR).

3. Wählen Sie *Film auf Band ausgeben*.

4. Bei *Ziel* wählen Sie das digitale Aufnahmegerät. Falls es nicht vorhanden ist, öffnen Sie die Einstellungen und legen das Gerät fest, wie oben beschrieben.

5. Klicken Sie auf *Film erstellen*, damit die Effekte, Übergänge usw. gerechnet werden können.

6. Sobald der Film gerendert wurde, starten Sie die Ausgabe mit einem Klick auf das Symbol *Wiedergabe* unterhalb des Vorschaufensters.

7. Der Film wird auf das Band ausgegeben und sobald der Film zu Ende ist, wird die Aufnahme wieder gestoppt.

8. Versehen Sie das Band mit dem Schreibschutz am Bandrücken, damit es nicht aus Versehen überspielt wird.

Analoge Ausgabe

Mit der analogen Ausgabe können Sie ein Video über ein VHS- oder Super-VHS-Signal ausgeben. Dafür können Sie z.B. die 700-USB- oder 700-PCI-Hardwarelösung von Pinnacle verwenden. Ebenso ist eine Grafikkarte mit analogen Ausgängen benutzbar, die Direct-Show-kompatibel ist. Bevor eine analoge Ausgabe möglich ist, muss die Hardware korrekt am PC installiert und angeschlossen sein. Schließen Sie die Ausgänge der Konverterhardware am PC mit den Eingängen des Recorders zusammen. Falls Sie einen TV-Monitor an den Recorder angeschlossen haben, sollten Sie einen kurzen Test durchführen, um das Bild zu kontrollieren.

Für die Ausgabe auf ein Band gehen Sie wie folgt vor:

1. Schließen Sie einen Videorecorder über eine der oben erwähnten Hardwarekomponenten an.

2. Wechseln Sie in den Schritt *3 Film erstellen* und wählen Sie aus dem Album den Eintrag *Band*.

3. Als *Ziel* wählen Sie *Analoger Videoausgang*.

4. Unter *Gerät* wählen Sie die entsprechende Hardwarelösung aus. Im Beispiel wurde eine 700-USB-Box an den PC angeschlossen.

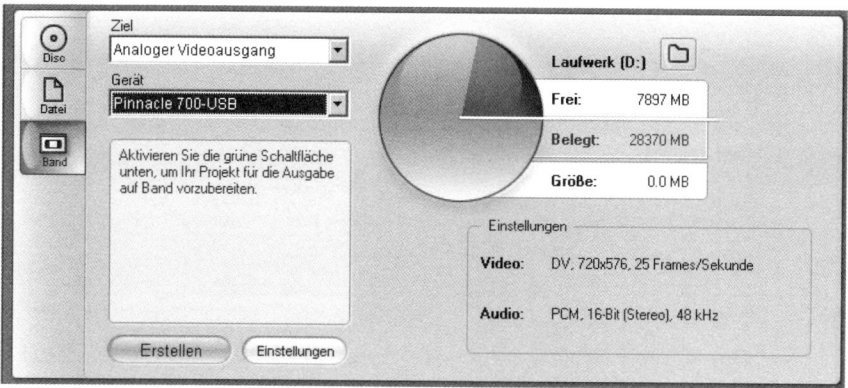

Abbildung 12.22: Für eine analoge Ausgabe müssen Sie über eine Konverterhardware verfügen

5. Um sicherzugehen, dass alles richtig verkabelt wurde, führen Sie am besten einen kurzen Test mit einer Versuchskassette durch.

6. Starten Sie das Rendern des Films, indem Sie auf *Erstellen* klicken.

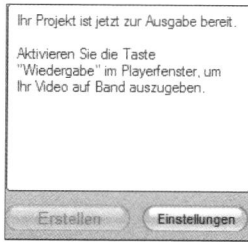

Abbildung 12.23:
Sobald der Film komplett gerechnet wurde,
kann die Ausgabe gestartet werden

7. Legen Sie ein neues Band in den Recorder, falls dies noch nicht geschehen ist.

8. Starten Sie die Aufnahme auf Ihrem Recorder.

9. Starten Sie die Ausgabe, indem Sie auf dem PC auf den Wiedergabeknopf unterhalb des Vorschaufensters klicken.

Der Film wird auf das Band geschrieben.

Ausgabe und Upload ins Internet

Mit der Funktion *Web* können Sie Ihre Videos direkt ins Internet uploaden. Dazu benötigen Sie aber einen Zugang beim entsprechenden Anbieter von Onlinespeicherplatz und müssen über den PC mit dem Internet verbunden sein. Führen Sie die nachfolgenden Anweisungen durch, um einen solchen Zugang einzurichten und Ihre Filme hochzuladen.

Upload auf YouTube

Die folgende Beschreibung bezieht sich auf das Hochladen nach YouTube und kann für andere Anbieter abweichen.

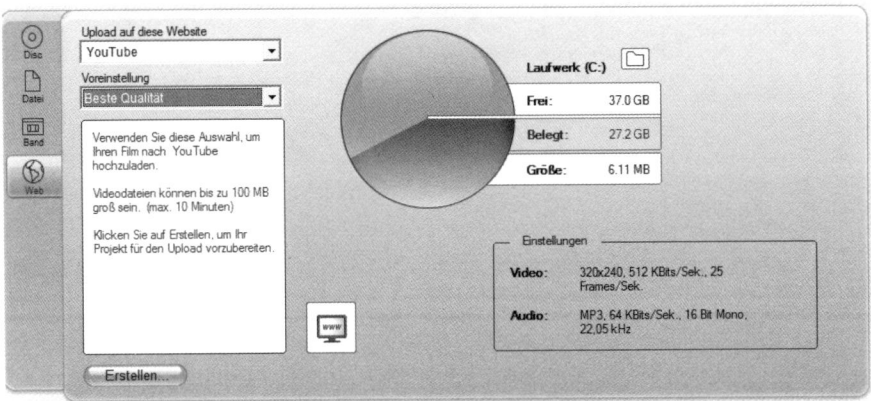

Abbildung 12.24: Upload eines Videos nach YouTube

1. Wählen Sie unter *Upload auf diese Webseite YouTube* aus und klicken Sie dann auf *Erstellen*.

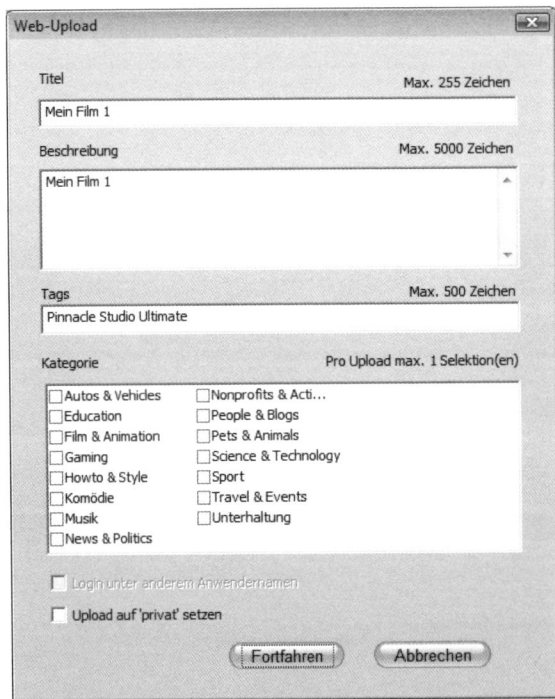

Abbildung 12.25:
Füllen Sie hier die Felder aus,
damit der Film später in der
richtigen Kategorie zu sehen ist

2. Füllen Sie die Felder aus und klicken Sie auf *Fortfahren*.

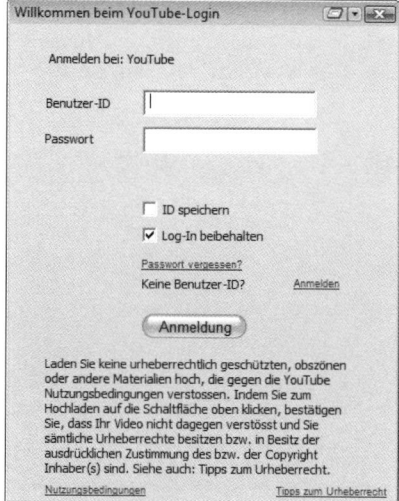

Abbildung 12.26:
Melden Sie sich bei YouTube an

3. Melden Sie sich bei YouTube mit Benutzer-ID und Passwort an. Wenn Sie noch keinen Zugang zu YouTube haben, können Sie sich registrieren, Klicken Sie dazu auf den Link *Anmelden*.

Abbildung 12.27: Anmeldung bei YouTube

4. Füllen Sie die Felder aus und klicken Sie dann auf *Meinen Zugang erstellen*.

5. Schließen Sie die Internetseite und geben Sie in das YouTube-Anmeldefenster von Pinnacle Studio Ihre Benutzer-ID und das Passwort ein, klicken Sie dann auf *Anmeldung*.

6. Das Video wird nun auf YouTube geladen und kann dort in Ihrem Verzeichnis wiedergegeben werden.

Abbildung 12.28:
Der Film wird auf YouTube geladen

Upload auf Yahoo! Video

Die folgende Beschreibung bezieht sich auf das Hochladen nach Yahoo! Video und kann für andere Anbieter abweichen.

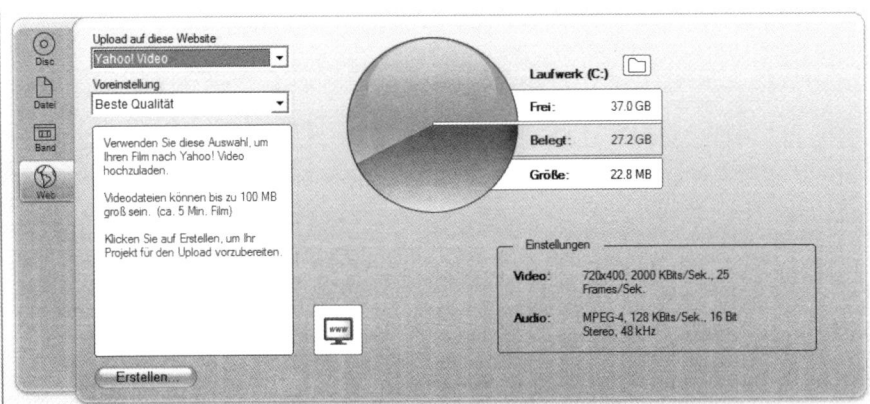

Abbildung 12.29: Laden Sie Ihre Filme direkt auf ein Internetvideoportal wie Yahoo! Video

1. Wählen Sie zuerst den Anbieter aus, auf dessen Seite Sie das Video hochladen möchten. Unter *Voreinstellung* können Sie die Qualität auswählen.

2. Klicken Sie auf *Erstellen*, um fortzufahren.

3. Falls Sie bereits einen Zugang zu Yahoo! Video besitzen, können Sie Ihre ID und das Passwort eingeben. Ansonsten folgen Sie den weiteren Schritten.

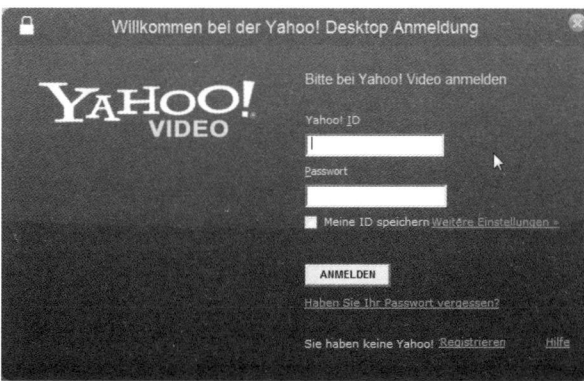

Abbildung 12.30:
Geben Sie Ihre Daten
ein, falls Sie bereits
eine ID und ein
Passwort besitzen

4. Falls Sie noch keine ID und Passwort haben, klicken Sie auf *Registrieren* am unteren Rand des Fensters.

5. Ergänzen Sie das Registrierungsformular mit Ihren Daten.

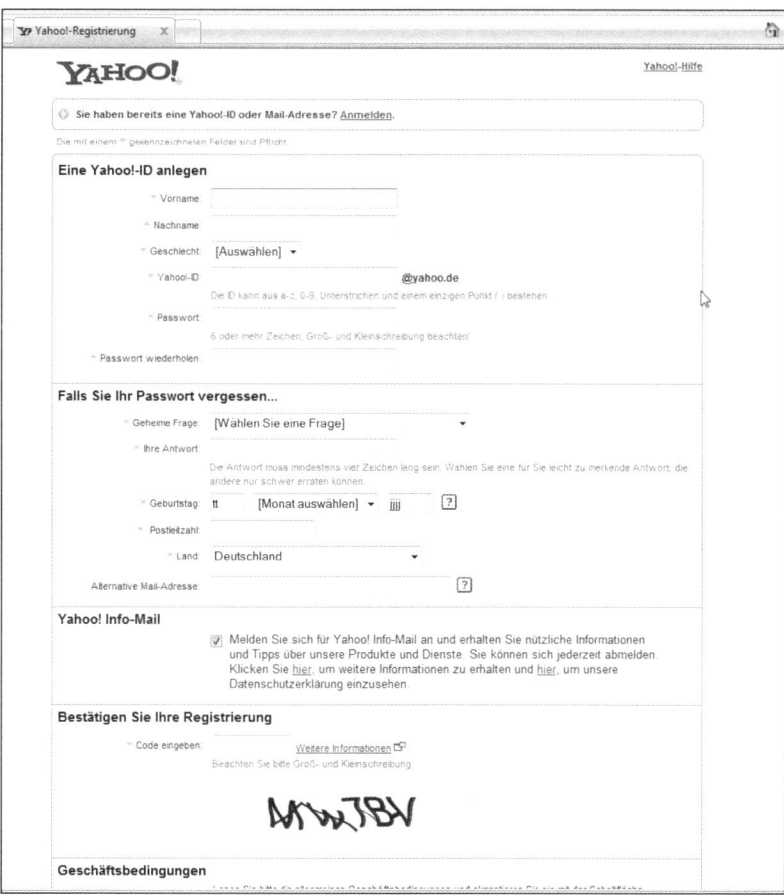

Abbildung 12.31: Das Registrierungsformular von Yahoo!

6. Klicken Sie auf *Einverstanden*, um die Registrierung abzuschließen.

7. Tragen Sie Ihre soeben registrierten Daten in das Anmeldefenster ein und klicken Sie auf *Anmelden*.

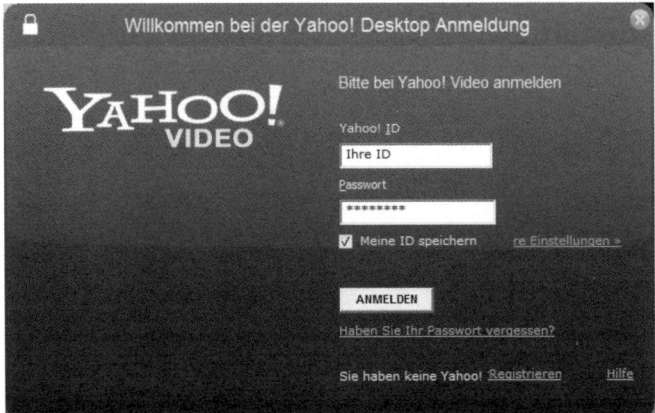

Abbildung 12.32: Mit Benutzernamen und Passwort einloggen

8. Tragen Sie die Details zu Ihrem Film ein. Anhand dieser Daten wird der Film in die entsprechende Kategorie bei Yahoo! Video eingeordnet.

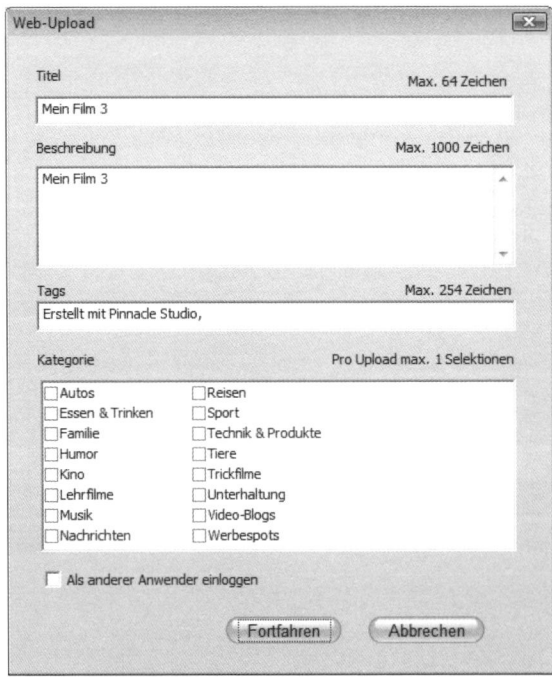

*Abbildung 12.33:
Füllen Sie die Felder aus, damit der Film in der richtigen Kategorie zu sehen ist*

9. Klicken Sie auf *Fortfahren*, um ins nächste Fenster zu gelangen.

10. Lesen Sie die *Besonderen Geschäftsbedingungen* von Yahoo! und klicken Sie auf *Ich stimme zu*, falls Sie damit einverstanden sind.

Abbildung 12.34: Lesen Sie die Geschäftsbedingungen durch, bevor Sie fortfahren

Der Film wird nun gerendert, in das entsprechende Format umgewandelt und danach automatisch auf die Yahoo!-Seite hochgeladen.

11. Sobald der Film fertig hochgeladen wurde, können Sie auf das WWW-Symbol klicken, um den Film online zu betrachten.

Abbildung 12.35:
Klicken Sie hier, um Ihren soeben hochgeladenen
Film online zu sehen

Nicht mehr gebrauchte Projekte löschen

Wenn Sie ein Projekt komplett abgeschlossen haben und es auch später nicht mehr benötigen, können Sie es direkt über Pinnacle Studio löschen. Gehen Sie dazu wie folgt vor:

1. Klicken Sie im Menü *Datei* auf *Projekte löschen*.

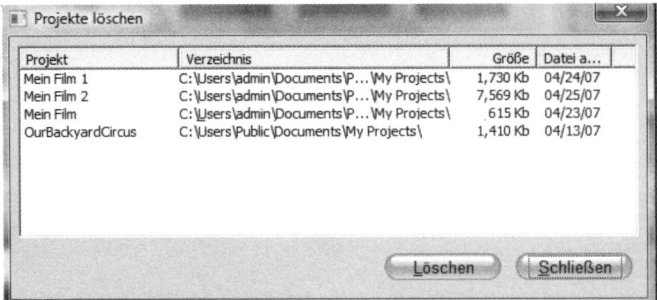

Abbildung 12.36: Sie können Ihre Projekte direkt in Pinnacle Studio löschen

2. Klicken Sie eines der Projekte in der Liste an.

3. Löschen Sie das Projekt mit einem Klick auf *Löschen*.

Achten Sie darauf, dass ein Projekt, das von Ihnen manuell auf der Festplatte verschoben wird, nicht mehr in dieser Liste erscheint. Sie sollten mit Projekten sehr vorsichtig umgehen.

Temporäre Daten und Hilfsdateien löschen

Sie können die temporären Render- und Hilfsdateien in Pinnacle Studio löschen, falls Sie Platz auf der Festplatte benötigen oder ein Projekt abgeschlossen wurde.

1. Wählen Sie aus dem Menü *Datei* den Eintrag *Hilfsdateien löschen*.

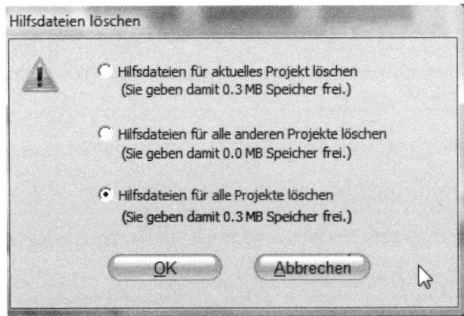

Abbildung 12.37: Entscheiden Sie, welche temporären Dateien gelöscht werden sollen

2. Aktivieren Sie eine der drei Optionen und klicken Sie auf *OK*, um die entsprechenden Dateien zu löschen.

13

Videoformate

In diesem Kapitel beschreibe ich einige Unterschiede der verschiedenen Dateiformate, die mit Pinnacle Studio erstellt werden können. Die folgenden Tabellen sollen Ihnen dazu eine Übersicht geben.

Filme können auch in andere Formate als in die hier angegebenen exportiert werden. So können Sie z.B. Codecs aus dem Internet auf Ihren PC laden. Allerdings können diese Filme nicht wieder zu hundert Prozent in Pinnacle Studio bearbeitet oder auf einem PC abgespielt werden, der nicht über eine entsprechende Abspielsoftware verfügt. Nachfolgender Screenshot zeigt die Warnung von Pinnacle Studio an, wenn alle Codecs, die auf dem PC installiert sind, angezeigt werden sollen.

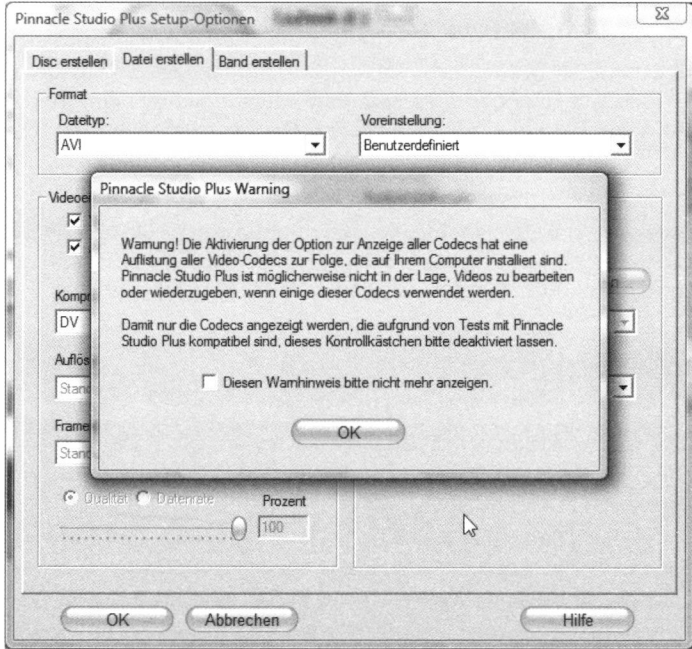

Abbildung 13.1: Codec-Warnung

Sie können von den installierten Codecs Gebrauch machen, wenn Sie in den Einstellungen *Benutzerdefiniert* wählen und dann die Option *Alle Codecs auflisten* aktivieren.

DV (AVI)

Wenn Sie Videos mit einer DV-Kamera auf den PC überspielen, werden sie als sogenannte AVI-Dateien abgelegt. AVI ist ein Containerformat, das mit verschiedenen Videocodecs verwendet werden kann. AVI ist also kein eigentlicher Standard und muss nicht immer das Gleiche bedeuten. Eine AVI-Datei kann z.B. mit dem DivX- oder MPEG4-Codec erstellt worden sein. Die Endung der Datei ist aber immer AVI. Beim Filmen mit einer MiniDV-Kamera werden AVI-Daten auf das Band geschrieben. Diese Daten lassen sich dann digital über ein FireWire-Kabel auf den PC übertragen.

Andere Videoschnittprogramme verwenden evtl. eigene Codecs, was oft dazu führt, dass AVI-Dateien nicht auf jedem PC gelesen und weiterverarbeitet werden können.

MPEG-Videoformat

Bei diesem Format handelt es sich um stark komprimierte Daten. Es eignet sich besonders für das Verteilen von Videos als MPEG1-Dateien oder im MPEG2-Format auf DVDs.

MPEG1-Dateien sind auf jedem PC abspielbar, aber gegenüber MPEG2 noch stärker komprimiert und ergeben ein etwas schlechteres Resultat.

Eine Video-CD wird im MPEG1-Format abgespeichert, eine Supervideo-CD und eine DVD im MPEG2-Format.

Eine Dual-DVD bietet doppelt so viel Platz wie eine herkömmliche DVD. Das heißt aber nicht, dass die Qualität doppelt so gut ist, sondern nur, dass doppelt so viel Video in DVD-Qualität aufgenommen werden kann. In Pinnacle Studio liegt die Standardqualität bei 720 x 576 Pixel mit einer Datenrate von 6000 KBits/s. Je nachdem, welche Kompression gewählt wird, hat auf einer DVD mehr oder weniger Video Platz. Die Kompression für eine DVD ist in jedem Fall gegenüber DV-Videomaterial 2,7-mal so hoch. DVD-Qualität ist also nie besser als eine Videoaufnahme von einem DV-Band.

Die DVD-Qualität ist abhängig von der eingestellten Datenrate, das heißt davon, wie viel Informationen pro Sekunde verarbeitet bzw. gespeichert werden. Wie Sie gesehen haben, können Sie diesen Wert unter *Datenrate* beim DVD- oder MPEG2-Export einstellen.

HDV, High Definition

Plus &
Ultimate

Diese Funktion ist nur in Pinnacle Studio Plus und Pinnacle Ultimate Version 12 verfügbar.

Seit Erfindung des Fernsehens und der Videokamera hat sich in Sachen Qualität zwar viel getan, aber im Prinzip ist die Videogröße in Pixel ausgedrückt bis heute nicht verbessert worden. Auf einer Mattscheibe werden viele kleine rote, grüne und blaue Punkte zu einem Bild zusammengefasst und diese Bilder, von denen 25 Stück pro Sekunde gezeigt werden, erzeugen im menschlichen Auge den Eindruck von Bewegung. Wenn Sie die Entwicklung der digitalen Fotokameras verfolgt haben, wissen Sie vielleicht, dass die Bildqualität mit der Anzahl einzelner Bildpunkte, die aufgenommen werden können, steigt. Je höher die Auflösung ist, also je mehr Bildpunkte angezeigt werden, desto besser ist die Qualität. Eine MiniDV-Kamera zeichnet 576 Linien

und 720 Pixel in der Breite auf, was 0,414 Megapixel entspricht. Dies wird Standard-auflösung oder Standard Definition genannt.

Nun liegt es doch auf der Hand, die Qualität zu verbessern, indem man diese Standard-auflösung von 720 x 576 Pixel einfach vergrößert und damit mehr Pixel für ein Fernseh-bild bzw. eine Videoaufnahme erhält. Die volle Auflösung von High Definition beträgt 1080 Linien mit 1920 Pixel in der Breite.

Was so einfach klingt, ist offenbar gar nicht so einfach zu realisieren, denn den High-Definition-Standard gibt es nicht erst seit kurzem, vielmehr wurde er bereits im Jahr 1964 definiert, wobei man damals allerdings noch keine Möglichkeit hatte, Bilder in High Definition zu übertragen und auszustrahlen, da dies eine viel schnellere Hard-ware vorausgesetzt hätte, wie wir sie erst heute haben. So wurden die ersten Übertra-gungstests für Satelliten erst 32 Jahre später, anno 1996, unternommen. Zwei Jahre spä-ter wurden dann in Nordamerika und Asien die ersten Satelliten aufgeschaltet.

Seit Herbst 2004 hat Sony die erste Videokamera mit einer Auflösung von 1080 Linien mit 1440 Bildpunkten in der Breite auf den Markt gebracht. Folgende Grafik zeigt Ihnen die Größenverhältnisse von Standard Definition und High Definition.

Standard Definition ist heute nach wie vor aktuell, da die große Masse immer noch mit dieser Auflösung filmt. Der Trend geht aber eindeutig in Richtung High Definition. Stehen Sie vor der Neuanschaffung einer Videokamera, dann lohnt es sich auf jeden Fall, die Preise der High-Definition-Modelle zu vergleichen.

Abbildung 13.2: Größenverhältnisse von SDV mit 720 x 576 und HDV mit 1440 x 1080 Pixel

Für High Definition haben sich bislang drei Formate durchgesetzt, die auch für Kame-ras gelten.

- 720/25p: Dieses Format zeichnet Video mit einer Auflösung von 720 Linien und 1280 Pixel in der Breite auf. 25 steht für 25 Bilder pro Sekunde. P steht für progres-sive und bedeutet, dass pro Sekunde 25 Vollbilder aufgezeichnet werden, wie dies bei Zelluloid der Fall ist.

- 1080i/50i: Dieses Format zeichnet Video mit einer Auflösung von 1080 Linien und 1440 Pixel in der Breite auf. 50 steht für 50 Halbbilder pro Sekunde, wie sie ein normales TV-Gerät anzeigt. I steht für interlaced, was eben Halbbilder bedeutet.

- Full HD: Dieses Format zeichnet Video mit einer Auflösung von 1080 Linien und 1920 Pixel in der Breite auf.

High Definition stellt von der Anzahl Pixel gegenüber SDV ein ca. fünfmal größeres Bild dar.

Sie werden sich nun fragen, auf welches Medium High Definition aufgezeichnet wird. Es sind dies zum einen ganz normale MiniDV-Bänder wie für SDV sowie Festplatten, Memorysticks und DVDs.

Als Nächstes stellt sich die Frage, wie viele Minuten auf ein solches Band aufgezeichnet werden können. Es sind ebenfalls 60 Minuten für ein einstündiges Band. High-Definition-Video wird im MPEG2-Format aufgezeichnet und während der Aufnahme entsprechend komprimiert. Nur so ist es möglich, gleich viel Video auf ein MiniDV-Band aufzuzeichnen. Obwohl High Definition während der Aufzeichnung im MPEG2-Format gespeichert wird, ist die Qualität gegenüber SDV viel besser. Die Bilder sind schärfer.

Für das Bearbeiten von High Definition ist ein leistungsstarker PC notwendig. In Pinnacle Studio ist sogar eine Grafikkarte mit mindestens 256 MByte RAM erforderlich.

AVCHD

AVCHD ist ein neues High-Definition-Format, das von Panasonic und Sony entwickelt wurde. AVCHD ist die Abkürzung für Advanced Video Codec High Definition, was auf Deutsch Fortschrittliche Videocodierung mit hoher Auflösung bedeutet. Beim AVCHD werden die Videodaten im MPEG4/H.264-Format codiert und von den entsprechenden Kameras auf DVDs, Memorysticks, SD-Karten oder Festplatten gespeichert. Blu-ray-Abspielgeräte unterstützen das Format in der Regel.

Die Bearbeitung von AVCHD-Video mit Studio Plus und Studio Ultimate Version 12 ist möglich, setzt aber voraus, dass der PC über entsprechende Ressourcen verfügt.

Vergleich der Formate

Folgende Tabelle zeigt die Unterschiede der verschiedenen Formate im Vergleich zum Original (DV) und die entsprechende Dateigröße sowie die Abspielmöglichkeiten in einer Übersicht.

Format	AVI (DV)	DivX	MPEG1	MPEG2	MPEG2 HDV 720p
Pixelgröße	720 x 576	1024 x 576	352 x 288	720 x 576	1280 x 720
Datenrate MBit/s	25	0,1–8	1,15–4	6	15
Speicherbedarf/h	13 GByte	0,1–3,5 GByte	0,6–1,8 GByte	4,7 GByte	2,6 GByte
Speicherbedarf gegenüber DV	100 %	0,01–28 %	4,6–14 %	36 %	20 %
Abspieler	WMP	DivX	WMP	DVD	DVD

Format	MPEG2 HDV 1080i	MPEG4	MPEG4	MPEG4 HDV 720p
Pixelgröße	1440 x 720	128 x 96	704 x 576	1280 x 720
Datenrate MBit/s	25	0,1–6	0,1–6	0,1–6
Speicherbedarf/h	2,9 GByte	0,1 GByte	2,6 GByte	2,6 GByte
Speicherbedarf gegenüber DV	22 %	0,8 %	20 %	20 %
Abspieler	DVD	DVD	DVD	DVD

Format	Real Media	Windows Media	Windows Media HDV 1080i	3GPP
Pixelgröße	320 x 240	360 x 288	1440 x 1080	176 x 144
Datenrate MBit/s	0,05–0,5	2	5	0,064
Speicherbedarf/h	0,02–0,2	0,37	2,2	0,03
Speicherbedarf gegenüber DV	0,15–1,5 %	2,8 %	17 %	0,23 %
Abspieler	Real Player	WMP	WMP	Handys/PDA

WMP: Windows Media Player, DVD: DVD-Abspielsoftware wie z.B. Power DVD, DivX: DivX-Player

Eine definitive Aussage über die Qualität kann hier nicht gemacht werden, da sie von Ursprungsqualität, Kompressionsart und Abspielgerät abhängt. Viel über die Qualität sagt die Dateigröße nach der Kompression aus. Das ist aber auch das wichtigste Argument bei einer Kompression, möglichst gute Qualität bei niedriger Dateigröße zu erzielen. Halten Sie sich immer diese Tabelle vor Augen, bevor Sie ein Format für Ihre Filme auswählen.

Folgende Tabelle erläutert die Anwendung der verschiedenen Formate.

AVI (DV)	Volle Qualität, zum Archivieren von Material
DivX	Möglichst langes Video bei sehr guter Qualität
MPEG1	Kann auf jedem PC und DVD-Player abgespielt werden, aber mangelhafte Qualität
MPEG2	DVD und Filme in sehr guter Qualität, die auf DVD-Playern wiedergegeben werden können; auf PCs bietet DivX dieselbe Qualität bei geringerer Dateigröße
MPEG4	Gutes Verhältnis von Dateigröße; DivX ist MPEG4-kompatibel und normalerweise wird DivX wegen seiner Verbreitung eingesetzt
Real Media	Internetstreaming und Web
Flash Video	Internetstreaming und Web
Windows Media	Internetstreaming und Web
3GP	Handys und PDAs

14

Pinnacle Studio Ultimate Version 12 – Plug-Ins

Falls Sie die Pinnacle Studio Ultimate Version 12 erworben haben, dann finden Sie im Lieferumfang eine zweite Disc, mit der Sie die Ultimate Plug-Ins für Studio 12 installieren können. Es handelt sich dabei um drei Programme von Drittherstellern, die aus Studio heraus gestartet und auf Videoclips angewendet werden können.

Installation der Ultimate Plug-Ins für Studio 12

1. Um die Installation zu starten, legen Sie die CD Ultimate Version 12 in das Laufwerk.

Abbildung 14.1:
Wählen Sie die Sprache aus

2. Wählen Sie die Installationssprache aus und klicken Sie dann auf *OK*.

Abbildung 14.2: Installations-Assistent der Ultimate Plug-Ins

Kapitel 14 – Pinnacle Studio Ultimate Version 12 – Plug-Ins

3. Klicken Sie auf *Weiter*, um den Assistenten zu starten.

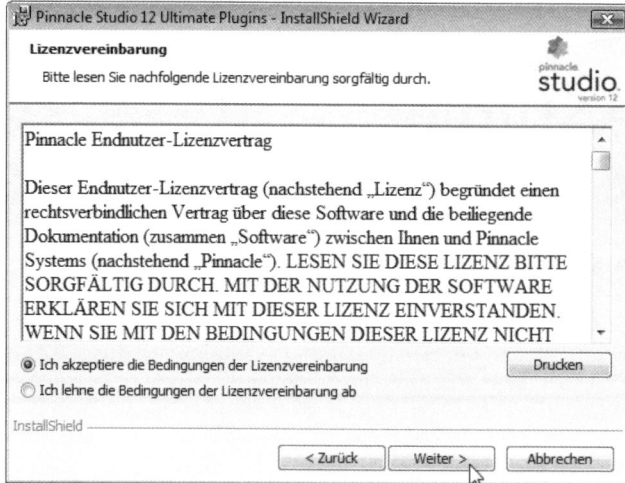

Abbildung 14.3: Die Lizenzvereinbarungen akzeptieren

4. Wählen Sie *Ich akzeptiere die Bedingungen der Lizenzvereinbarung* und klicken Sie auf *Weiter*.

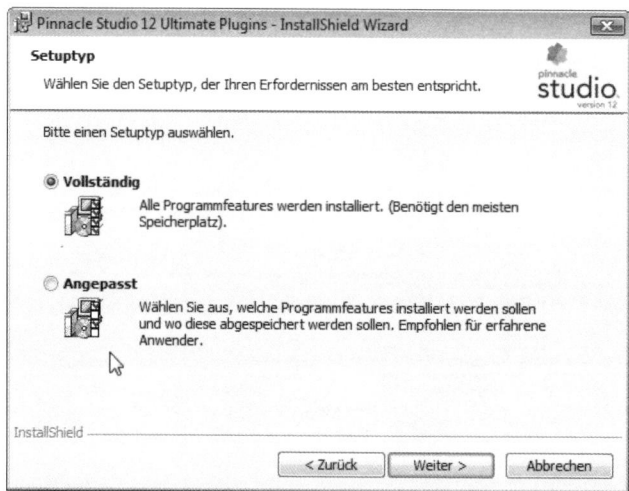

Abbildung 14.4: Wählen Sie „Vollständig", um alle Plug-Ins zu installieren

5. Wählen Sie *Vollständig* und klicken Sie auf *Weiter*.

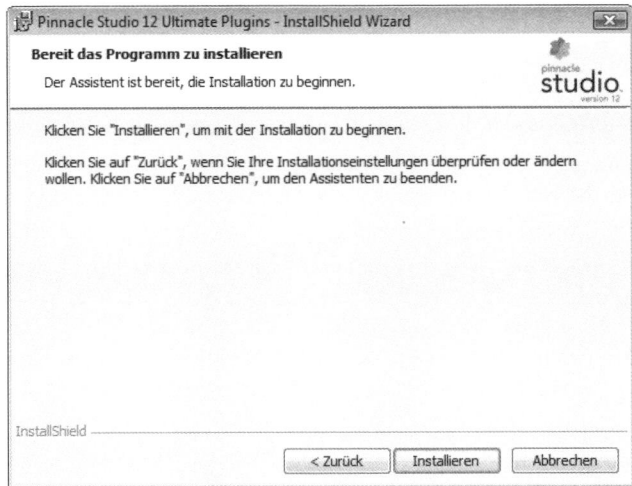

Abbildung 14.5: Installation starten

6. Starten Sie die Installation durch einen Klick auf *Installieren*.

Sobald die Installation beendet ist, erscheint folgendes Fenster:

Abbildung 14.6: Die Installation wurde fertig gestellt

7. Klicken Sie auf *Fertigstellen*, um den Assistent zu beenden.

Nach der Installation sind die Plug-Ins in Studio verfügbar. Eine kurze Einführung erhalten Sie auf den kommenden Seiten.

proDAD Vitascene Übergangseffekte-Bibliothek

In Studio Ultimate Version 12 sind einige zusätzliche Übergangseffekte in der proDAD Vitascene-Bibliothek enthalten. Diese können Sie wie folgt anwenden.

1. Wählen Sie aus dem Album das Register für die Übergangseffekte oder aus dem Menü *Album* den Eintrag *Übergänge*.

2. Wählen Sie aus der Liste unter *Übergänge* den Eintrag *proDAD* aus.

Abbildung 14.7: Wählen Sie die proDAD-Effekte-Gruppe aus

3. Im Album ist nun ein Effekt zu sehen. Es handelt sich hierbei um einen Effekte-Editor, der im nächsten Schritt geöffnet werden kann. Dort wird dann der gewünschte Effekt ausgewählt. Ziehen Sie nun diesen Effekt zwischen zwei Clips, bei denen der Übergangseffekt angewendet werden soll.

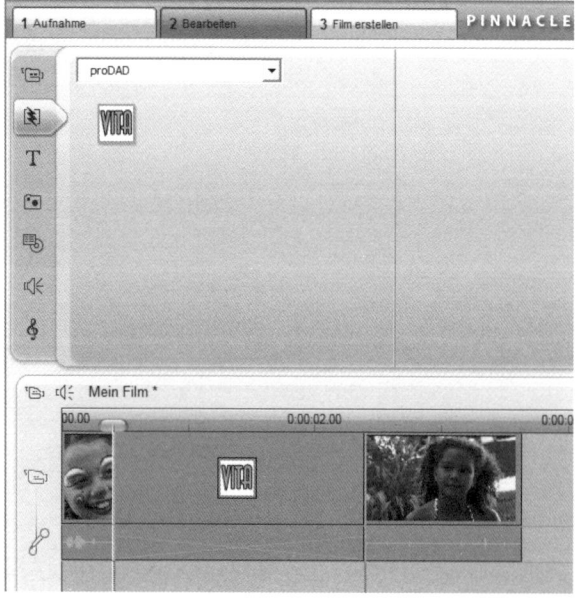

Abbildung 14.8:
Ziehen Sie den VITA-Effekt
zwischen zwei Clips

4. Doppelklicken Sie mit der linken Maustaste auf den Effekt, sodass die Video-Tool-box geöffnet wird.

Abbildung 14.9: Doppelklicken Sie auf den Effekt auf der Timeline und dann auf „Bearbeiten", um den VITA-Editor zu öffnen

5. Klicken Sie mit der Maus auf *Bearbeiten*, um den Vitascene-Editor zu öffnen.

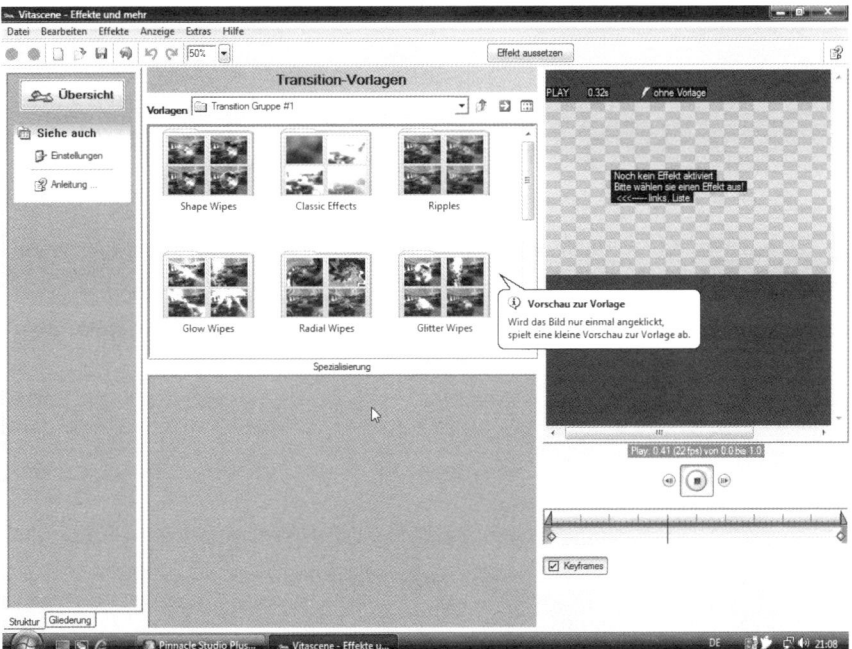

Abbildung 14.10: Im Vitascene-Editor einen Effekt für den Übergang auswählen

6. Wählen Sie aus den *Transition-Vorlagen* einen Ordner aus, damit die verfügbaren Effekte angezeigt werden.

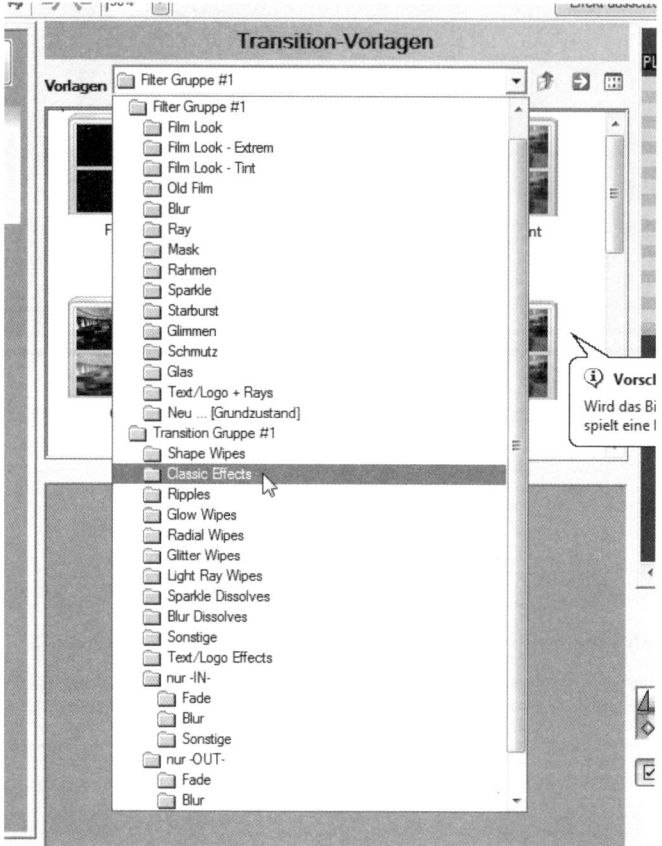

Abbildung 14.11: Wählen Sie eine Effekte-Gruppe aus den Transition-Vorlagen aus

7. Doppelklicken Sie mit der Maus auf einen Effekt. Dieser wird sofort im rechten Vorschaufenster dargestellt.

Abbildung 14.12:
Der Effekt wird im Vorschaufenster
sichtbar

8. Im unteren Bereich können Sie den Effekt mit den verfügbaren Schiebereglern individuell einstellen.

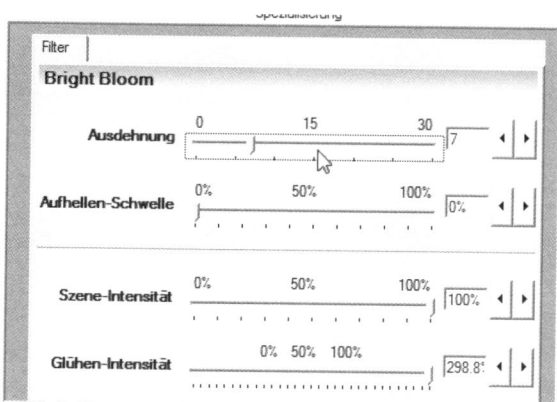

Abbildung 14.13:
Den Effekt anpassen

9. Sobald Sie den Effekt nach Ihren Wünschen angepasst haben, können Sie den Editor mit F12 verlassen, oder Sie wählen aus dem Menü *Datei* den Eintrag *Zurück zum Schnittprogramm* aus.

10. Sie können den Effekt nun begutachten, indem Sie das Video abspielen. Wenn Sie den Effekt entfernen möchten, löschen Sie einfach den Übergang. Um den Effekt anzupassen bzw. zu verändern, klicken Sie einfach erneut auf *Bearbeiten*, um den Vitascene-Editor zu öffnen.

Abbildung 14.14: Der Effekt ist in Studio sichtbar

proDAD Vitascene Effekte-Bibliothek

Neben den proDAD Vitascene Übergangseffekten gibt es noch Vitascene Filter für die Anwendung auf einzelne Videoclips. Setzen Sie die Effekte wie folgt ein:

1. Platzieren Sie einen Videoclip auf die Timeline oder wählen Sie mit der Maus einen bestehenden aus. Klicken Sie dann auf die Video-Toolbox und öffnen Sie die Videoeffekte oder wählen Sie aus dem Menu *Toolbox* den Eintrag *Videoeffekte hinzufügen*.

2. Wählen Sie unter *Kategorie proDAD* und unter *Effekt Vitascene Filter*. Klicken Sie dann auf *OK*, um den Effekt auf den gewählten Clip anzuwenden.

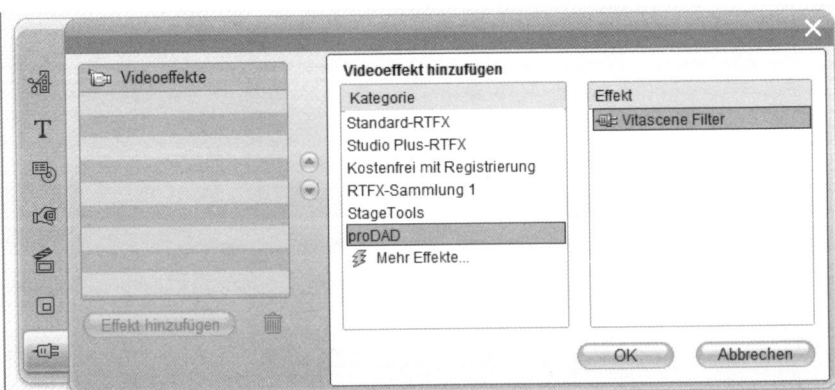

Abbildung 14.15: Wählen Sie „proDAD" und dann „Vitascene Filter"

3. Klicken Sie mit der Maus auf das kleine Symbol neben *Vitascene Filter bearbeiten*.

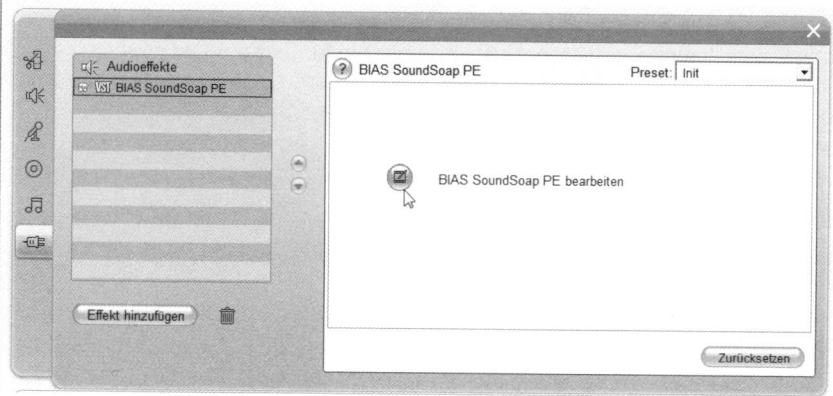

Abbildung 14.16: Mit einem Klick auf das Symbol starten Sie den Editor

4. Der Vitascene Effekte-Editor öffnet sich. Wählen Sie nun eine Kategorie aus, indem Sie die Liste unter *Vorlagen* anzeigen lassen.

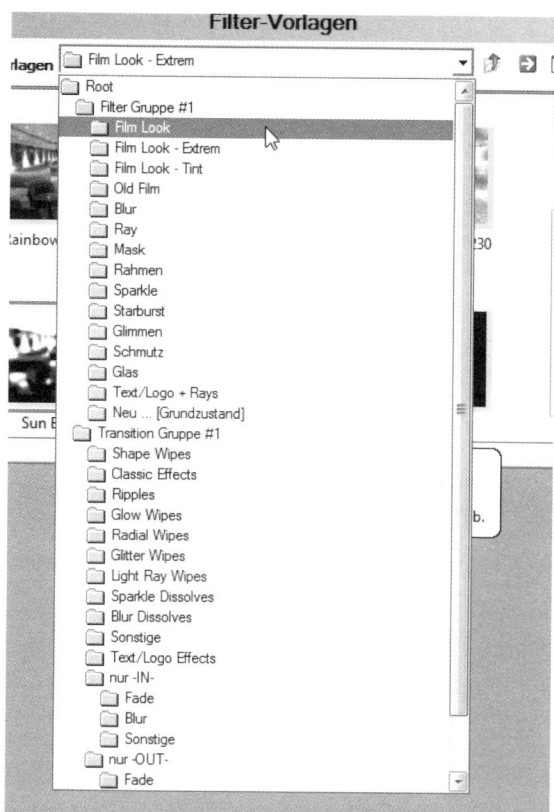

Abbildung 14.17:
Wählen Sie eine Filtergruppe aus

5. Sie können den Effekt auf den Clip übernehmen, indem Sie [F12] drücken oder aus dem Menü *Datei* den Eintrag *Zurück zum Schnittprogramm* wählen.

Effekt mit Keyframes anpassen

In Vitascene haben Sie die Möglichkeit, einen Effekt über die Zeitachse zu verändern. Das heißt, dass der Effekt nicht über die ganze Dauer des Videoclips gleich sein muss, sondern mittels Keyframes bzw. Schlüsselbilder beeinflusst werden kann. Am besten kann dies veranschaulicht werden, wenn Sie das folgende Beispiel nachmachen.

1. Wählen Sie einen Vitascene Effekt auf einen Clip auf der Timeline an, wie dies im oberen Abschnitt beschrieben wurde.

2. Stoppen Sie die Vorschau mit einem Klick auf den *Abspielen/Stoppen*-Button.

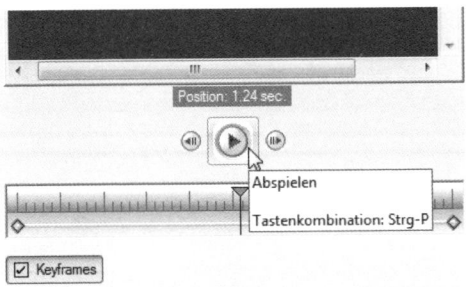

Abbildung 14.18:
Stoppen Sie die Vorschau durch einen
Klick auf den „Abspielen/Stoppen"-Knopf

3. Achten Sie darauf, dass bei *Keyframes* ein Haken gesetzt ist. Platzieren Sie nun die vertikale Linie an die Position, an der der Effekt verändert werden soll.

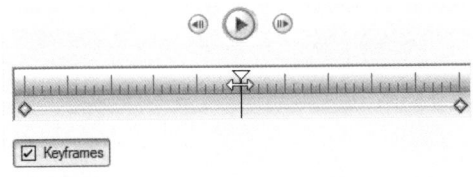

Abbildung 14.19:
Die vertikale Nadel an die gewünschte
Position platzieren

4. Verändern Sie die Parameter des gewählten Effekts, indem Sie die Schieberegler verändern, bis Sie das gewünschte Resultat erhalten. Beobachten Sie, wie auf der kleinen Timeline ein neuer Keyframe erstellt wird. Vitascene verändert nun die Parameter von Keyframe zu Keyframe, sodass es zu einem weichen Übergang kommt. Sie können analog noch weitere Keyframes hinzufügen.

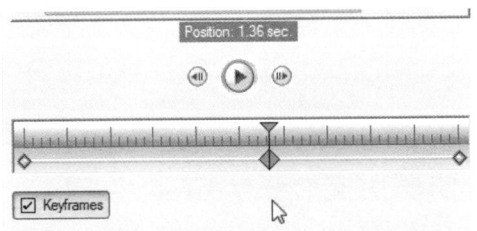

Abbildung 14.20:
Verändern Sie in der Bildmitte die
Parameter, um einen neuen Keyframe
zu erstellen

5. Sie können den Effekt auf den Clip übernehmen, indem Sie F12 drücken oder aus dem Menü *Datei* den Eintrag *Zurück zum Schnittprogramm* wählen.

Magic Bullet Looks

Mit Magic Bullet Looks können Sie Farbkorrekturen und Farbfilter auf Ihre Videos in höchster Qualität und mit unendlichen Einstellungsmöglichkeiten anwenden. Was aber sehr kompliziert klingt, ist in Wirklichkeit ganz einfach.

Das Looks-Plug-In von Magic Bullet funktioniert nur mit einer Grafikkarte, die über   Achtung
mindestens 256 MByte RAM, Pixelshader 2 und die aktuellsten Treiber verfügt. Empfohlen werden sogar 512 MByte RAM. Intel GMA integrierte Grafikkarten werden nicht unterstützt. Falls Ihr PC diese Voraussetzungen nicht erfüllt, ist das Plug-In in Studio nicht sichtbar und kann nicht verwendet werden. Eine Meldung, ob das Plug-In gestartet werden kann oder nicht, erscheint nach dem Start von Studio.

Abbildung 14.21:
Fehlermeldung beim Starten
von Studio 12 Ultimate, falls das
Plug-In Looks nicht verwendet
werden kann

1. Wählen Sie mit der Maus einen Videoclip auf der Timeline aus, indem Sie mit der linken Maustaste auf einen Clip klicken.

2. Wählen Sie aus dem Menü *Toolbox* den Eintrag *Videoeffekt hinzufügen.*

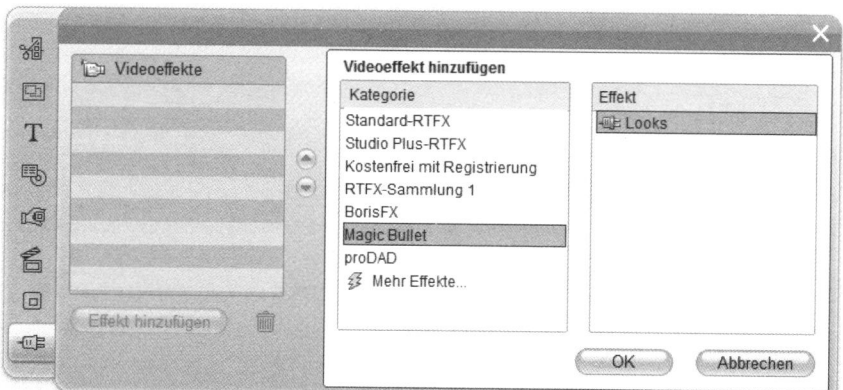

Abbildung 14.22: Videoeffekt „Looks" von Magic Bullet

3. Wählen als Kategorie *Magic Bullet* den Effekt *Looks* und klicken dann auf *OK*.

4. Klicken Sie mit der Maus auf das runde Symbol, um das Plug-In zu starten.

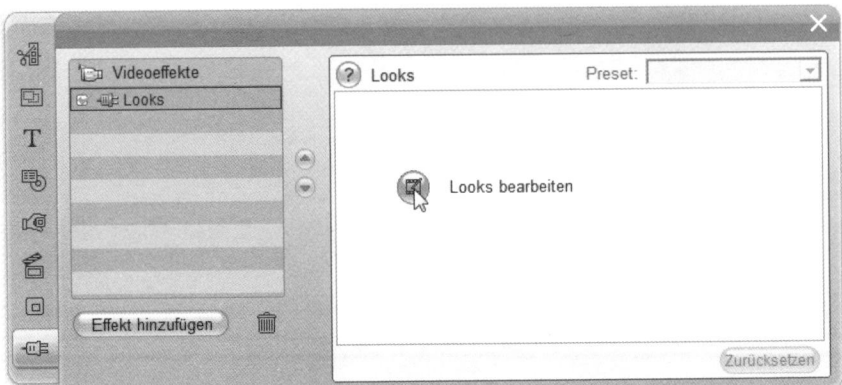

Abbildung 14.23: Das Plug-In Looks starten

Das Plug-In wird gestartet und der aktuelle Videoclip geladen.

Abbildung 14.24: Looks von Magic Bullet lädt den aktuellen Videoclip

5. Der geladene Clip ist jetzt unverändert. Sie können vordefinierte Farbkorrekturen verwenden und diese nach Ihren Wünschen anpassen. Damit Sie die Vorlagen sehen können, bewegen Sie die Maus an den linken Bildschirmrand und klicken auf das vertikal geschriebene Wort *Looks*.

Abbildung 14.25:
Klicken Sie auf „Looks", um die Vorlagen anzuzeigen

6. Die Vorlagen sind in unterschiedliche Kapitel aufgeteilt. Öffnen Sie die einzelnen Kapitel durch einen Klick auf das kleine Dreiecksymbol.

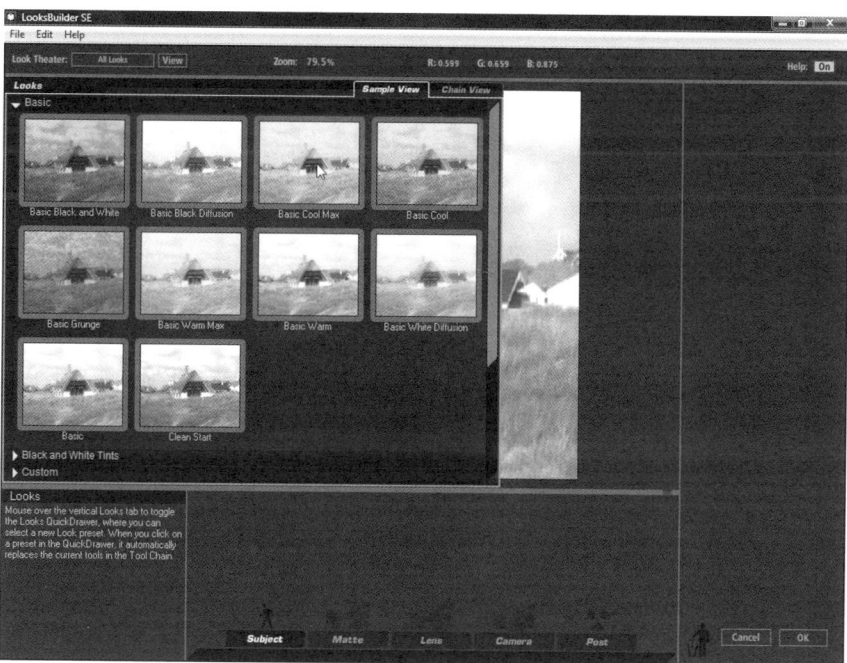

Abbildung 14.26: Die Effektvorlagen von Looks

7. Sie können nun einen beliebigen Effekt auswählen, um den Film farblich zu korrigieren. Doppelklicken Sie mit der linken Maustaste auf ein kleines Vorschaubild. Falls Ihnen der Effekt nicht gefällt, können Sie jederzeit einen anderen wählen.

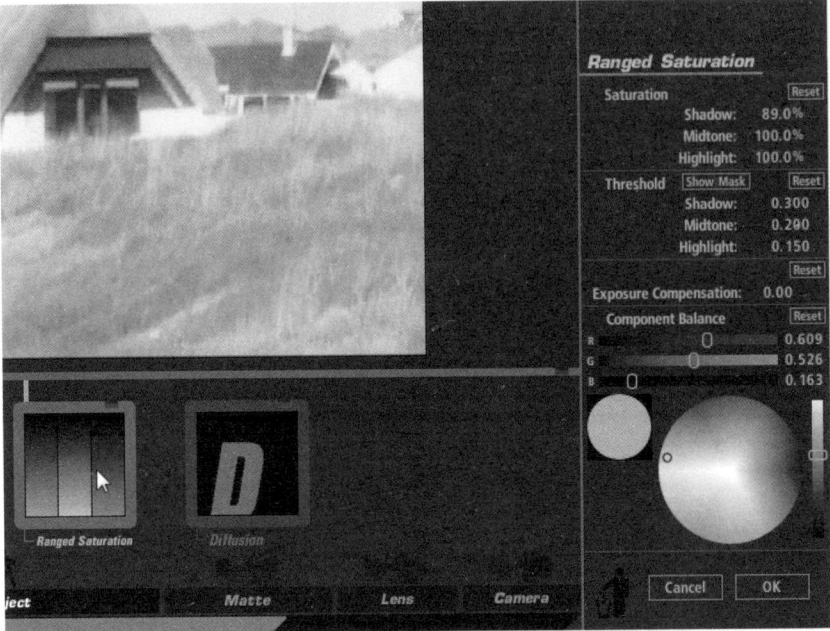

Abbildung 14.27: Effekt anpassen

8. Sie können jede Vorlage anpassen, indem Sie die einzelnen Parameter auf der rechten Seite verändern. Klicken Sie dazu einfach im unteren Bereich auf eines der Symbole. Im Beispiel wäre das *Warm/Cool*, *Ranged Saturation* oder *Diffusion*. Am rechten Rand erscheinen je nachdem unterschiedliche Einstellungsmöglichkeiten.

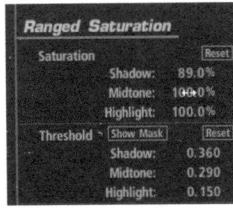

Abbildung 14.28:
Verändern der Parameter durch Ziehen der Zahlen

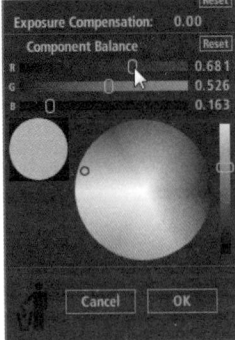

Abbildung 14.29:
Verändern der Parameter durch Ziehen mit der Maus

9. Verändern Sie nun die Parameter, wenn Sie den Effekt individuell anpassen möchten.

10. Sobald Sie mit den Einstellungen zufrieden sind, klicken Sie auf *OK*, um die Anpassungen zu übernehmen. Wenn Sie auf *Cancel* klicken, verlassen Sie das Plug-In, ohne die Einstellungen zu übernehmen.

Effekte-Vorschau

Sie können von allen Vorlagen eine Effekte-Vorschau anzeigen lassen, um alle Effekte der Reihe nach auszuprobieren. Klicken Sie dazu im Plug-In Looks auf *View*.

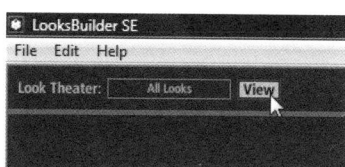

Abbildung 14.30:
Starten Sie die Effekte-Vorschau mit Klick auf View

Looks zeigt Ihnen nun alle Effekte der Reihe nach an.

BorisFX Graffiti Titelgenerator

Mit dem Plug-In Boris FX Graffiti können Sie auf einfache Art animierte Texttitel erstellen. Rufen Sie das Plug-In wie folgt auf.

1. Wählen Sie mit der Maus einen Videoclip auf der Timeline aus, indem Sie mit der linken Maustaste auf einen Clip klicken, auf dem der Titel zu sehen sein soll.

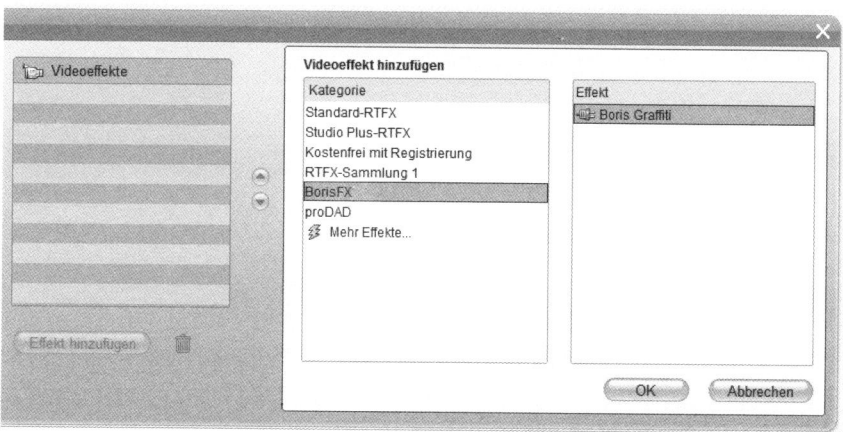

Abbildung 14.31: Wählen Sie unter „Kategorie" das Plug-In BorisFX Graffiti

2. Wählen Sie aus dem Menü *Toolbox* den Eintrag *Videoeffekte hinzufügen*.

Wählen als Kategorie die *BorisFX* Bibliothek und klicken Sie auf *OK*.

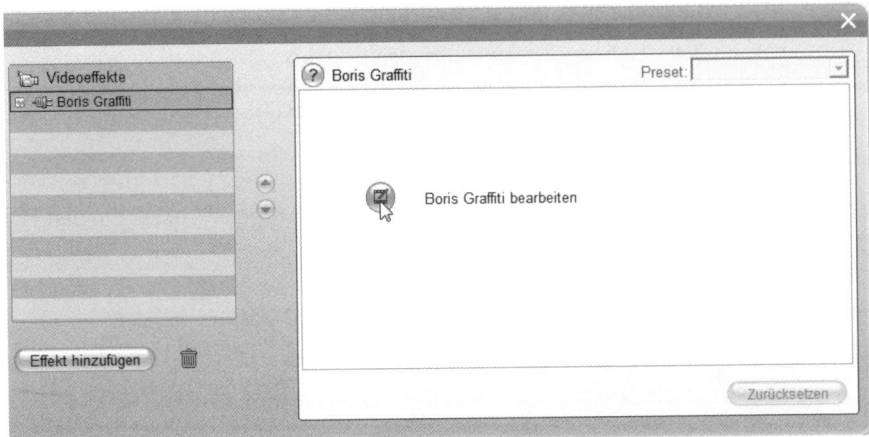

Abbildung 14.32: Boris Graffiti starten

3. Klicken Sie mit der linken Maustaste auf das kleine Symbol, um das Plug-In zu starten.

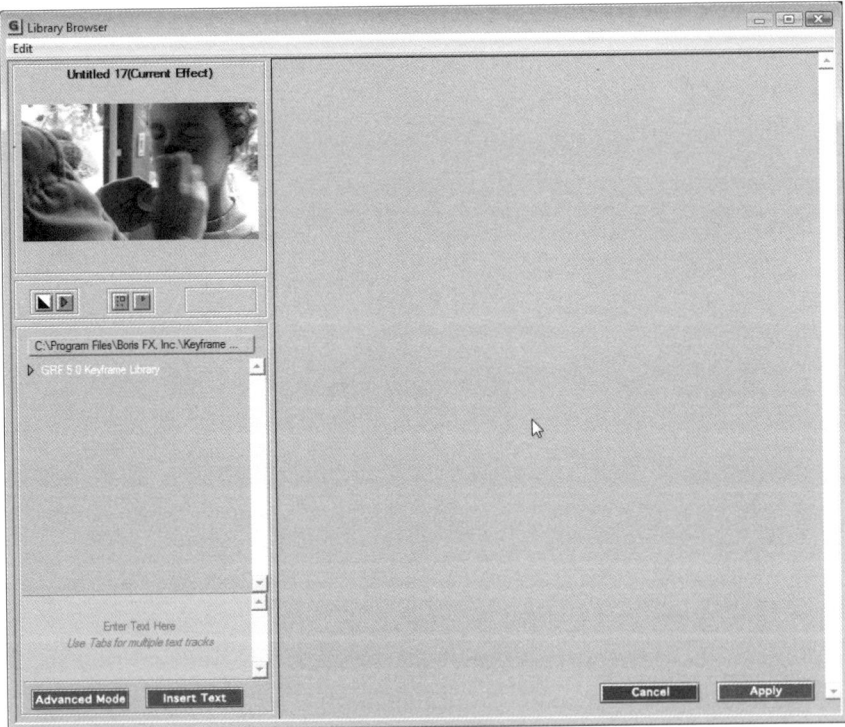

Abbildung 14.33: Arbeitsbereich von BorisFX Graffiti

4. Klicken Sie auf das kleine Symbol, um die animierte Vorschau aller Effekte zu berechnen. Dies nimmt einige Zeit in Anspruch, ist aber hilfreich, um die Effekte in der Vorschau zu beurteilen.

Abbildung 14.34:
Über einen Klick auf das Symbol wird eine
animierte Vorschau berechnet

5. Bestätigen Sie in der nächsten Abfrage, dass die Vorschau berechnet werden soll, indem Sie auf *Ja* klicken.

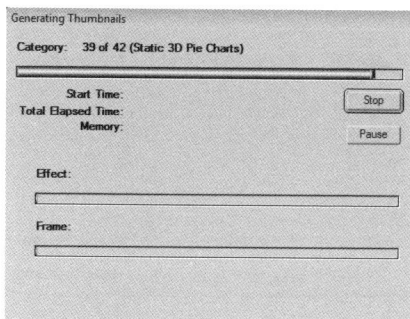

Abbildung 14.35:
BorisFX berechnet die Vorschau

Sobald die Effekte-Vorschau berechnet wurde, sehen Sie die Auflistung der Effekte auf der linken Seite des Plug-Ins.

6. Suchen Sie sich nun einen Effekt aus, indem Sie durch die Themen blättern.

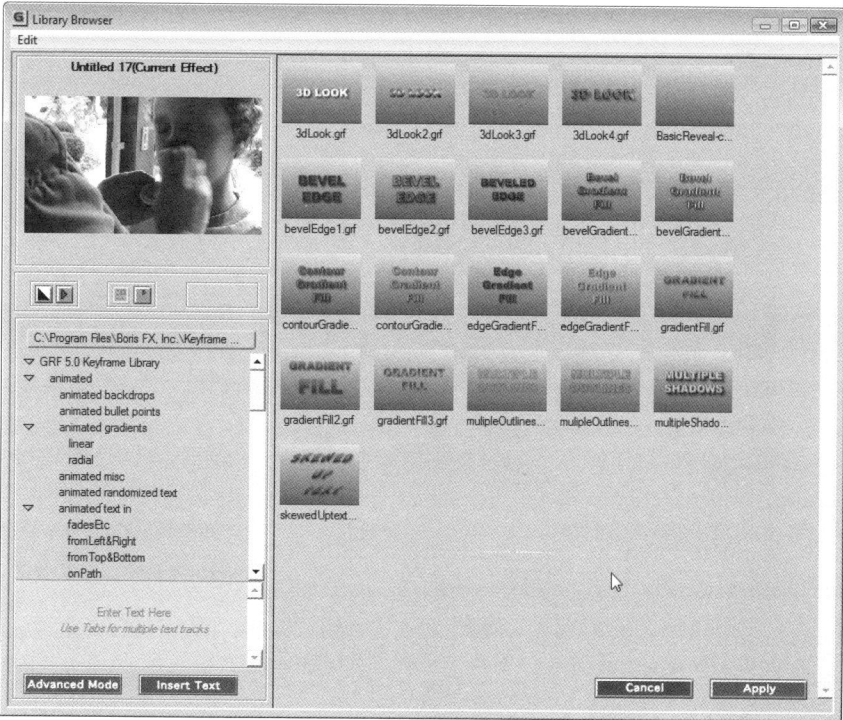

Abbildung 14.36: Effekte-Vorschau des Plug-Ins BorisFX

7. Sie können die Effekte in der Vorschau animieren lassen, indem Sie auf das Symbol mit dem kleinen roten Pfeil klicken.

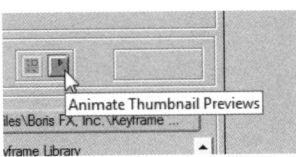

Abbildung 14.37:
Die animierte Vorschau starten

8. Wählen Sie den Effekt aus, mit dem der Text animiert werden soll.

9. Um nun einen Titel mit Text zu erstellen, geben Sie ganz unten links Ihren Text in das Feld ein.

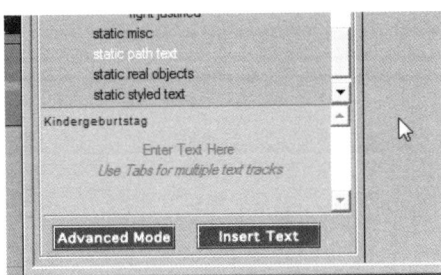

Abbildung 14.38:
Geben Sie Ihren Text in das Textfeld ein

10. 10 Klicken Sie auf *Insert Text*, um diesen auf den Effekt zu übertragen.

11. Klicken Sie mit der linken Maustaste auf *Apply*, um den Effekt in Studio zu übernehmen.

Das Plug-In wird geschlossen und der Effekt ist nun auf dem gewählten Video zu sehen.

Abbildung 14.39: Der Effekt ist im Vorschaufenster zu sehen

12. Jeder dieser Effekte lässt sich in BorisFX noch beliebig verändern. Klicken Sie dazu auf *Advanced Mode*.

Abbildung 14.40: Advanced Mode von BorisFX

Der Advanced Mode von BorisFX würde nochmals ein ganzes Buch füllen und aus diesem Grund muss ich leider auf eine ausführliche Beschreibung verzichten. Sie können den Advanced Mode verlassen, indem Sie mit der linken Maustaste auf *Apply* oder *Cancel* klicken.

15

Pinnacle Studio Ultimate Version 11 – Plug-Ins

Falls Sie ein Update von Pinnacle Studio Ultimate Version 11 auf die Version 12 erworben haben, dann können Sie alte Plug-Ins, die Sie bereits haben, auch für Studio 12 installieren. Wenn Sie möchten, können Sie aber auch nachträglich Studio 11 Plug-Ins erwerben. In diesem Kapitel werden diese Plug-Ins kurz vorgestellt. Es handelt sich dabei um *Bias SoundSoap* und *StageTools MovingPicture*. Die Plug-Ins werden direkt in Studio installiert und sind dann dort als Effekte oder Übergänge aufrufbar.

Installation

Damit die Studio 11 Ultimate Plug-Ins für Studio 12 installiert werden können, müssen die folgenden Schritte genau befolgt werden.

1. Wählen Sie in Windows *Start/Programme/Pinnacle Studio 12/Tools/Übertrage Content*.

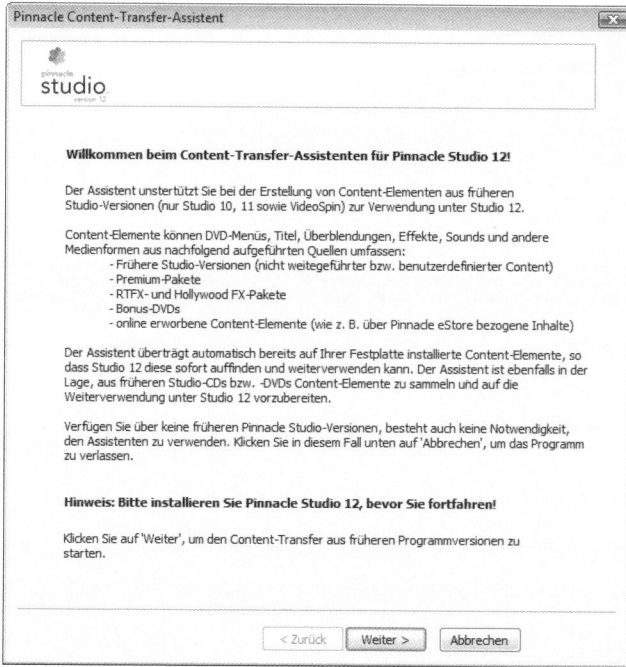

Abbildung 15.1:
Willkommensbild-
schirm des Content-
Transfer-Assistenten

287

Achtung | Pinnacle Studio Plus Version 12 muss auf dem PC installiert sein, damit dieser Assistent durchgeführt werden kann.

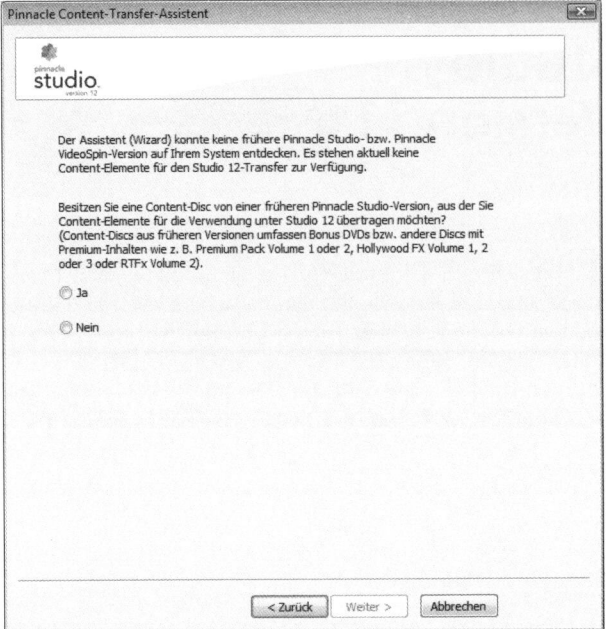

Abbildung 15.2:
Pinnacle Content-
Transfer-Assistent

2. Wählen Sie die Option *Ja*.

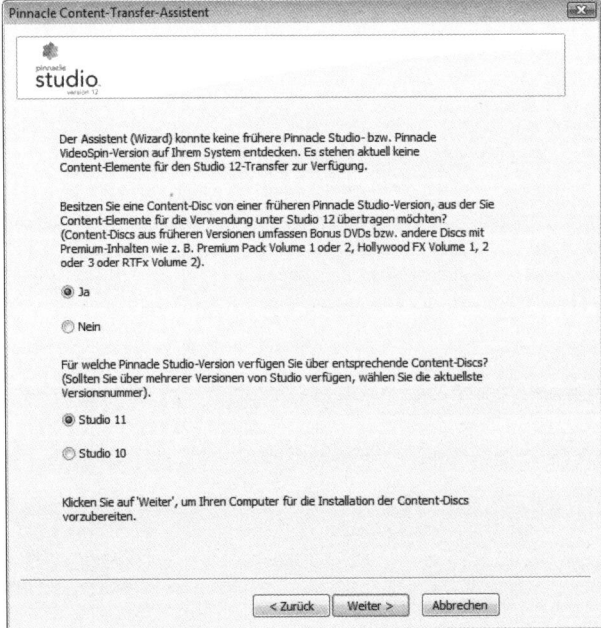

Abbildung 15.3:
Studio-Version wählen,
von der Inhalte übertra-
gen werden sollen

3. Wählen Sie die Option *Studio 11* und klicken Sie auf *Weiter.*

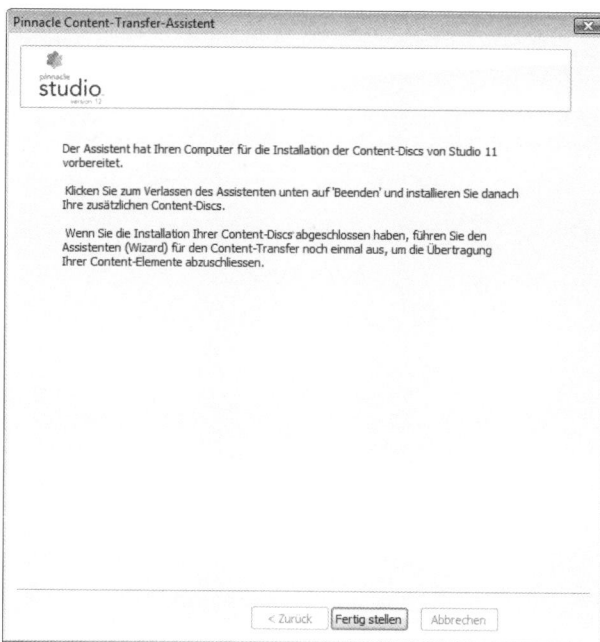

Abbildung 15.4:
Der Assistent hat nun
alles für die Übernahme
vorbereitet

4. Klicken Sie auf *Fertig Stellen,* um den Assistenten zu beenden. Das Content-Transfer-Programm hat nun die Installation für Studio 11 Content eingerichtet.

5. Schließen Sie das Installationsfenster von Studio 12 durch einen Klick auf *Installationsprogramm beenden.*

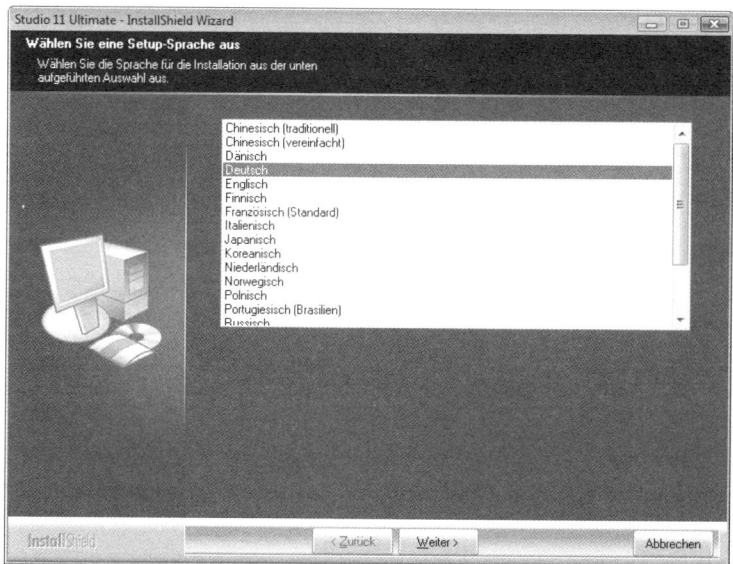

Abbildung 15.5: Setup-Sprache wählen

6. Entfernen Sie die Studio 12 Installations-DVD und legen Sie die Studio 11 Ultimate Installations-CD in das Laufwerk ein. Das Setup-Programm wird automatisch gestartet und es erscheint folgendes Fenster auf dem Bildschirm.

7. Wählen Sie eine Sprache für die Installation aus und klicken Sie auf *Weiter*.

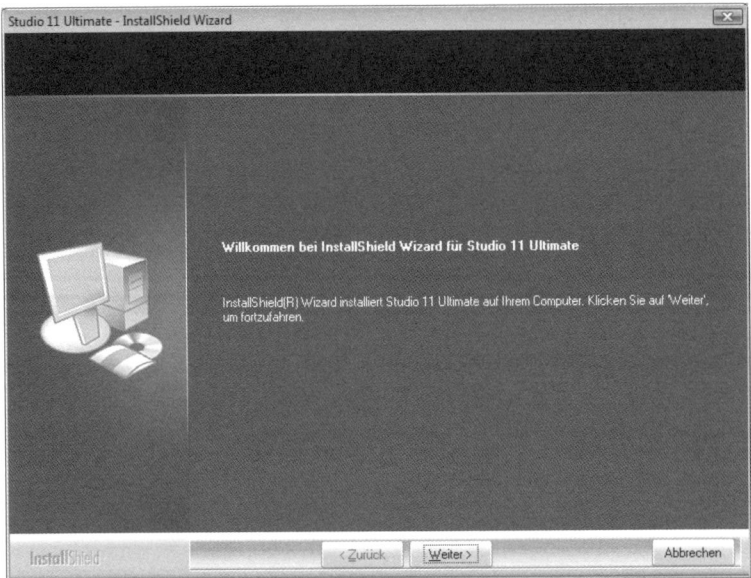

Abbildung 15.6: Der Willkommensbildschirm

8. Klicken Sie auf *Weiter*, um mit der Installation fortzufahren.

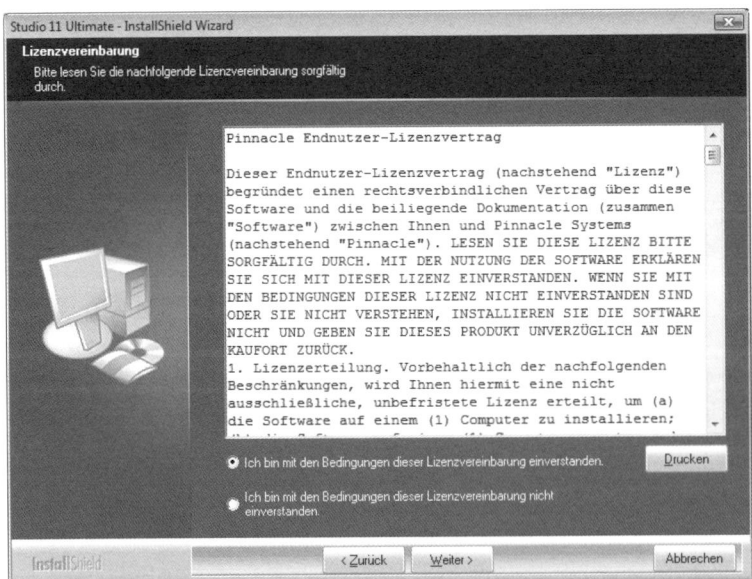

Abbildung 15.7: Die Lizenzbestimmungen bestätigen

9. Lesen Sie die Lizenzvereinbarung, bestätigen Sie sie und klicken Sie auf *Weiter*, um fortzufahren.

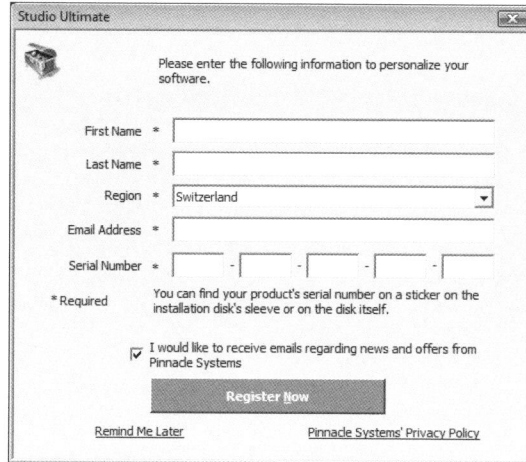

Abbildung 15.8:
Geben Sie die Informationen ein

10. Geben Sie hier Ihre Informationen ein. Bei *Serial Number* bzw. Seriennummer müssen Sie die Seriennummer von Studio Ultimate Version 11 eingeben, ansonsten kann die Installation nicht weitergeführt werden. Klicken Sie danach auf *Regsiter Now*.

Achten Sie darauf, dass Sie die Studio-Seriennummer von Pinnacle Studio Ultimate 11 zur Hand haben. Sollten Sie diese Nummer nicht mehr haben, müssen Sie den Pinnacle Support kontaktieren. Weitere Infos finden Sie unter *www.pinnaclesys.de*.

Hinweis

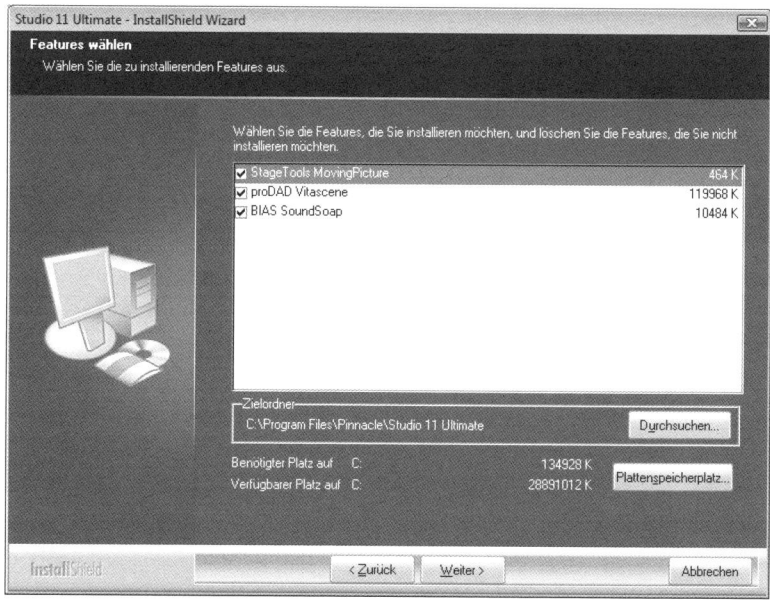

Abbildung 15.9: Wählen Sie die zu installierenden Plug-Ins

11. Wählen Sie die Plug-Ins, die installiert werden sollen. Wenn Sie ein Plug-In nicht auswählen und später installieren möchten, müssen Sie mit der Installation nochmals
beginnen. Installieren Sie die Plug-Ins in den Zielordner, der von Windows automatisch vorgeschlagen wurde. Klicken Sie auf *Weiter*, um fortzufahren.

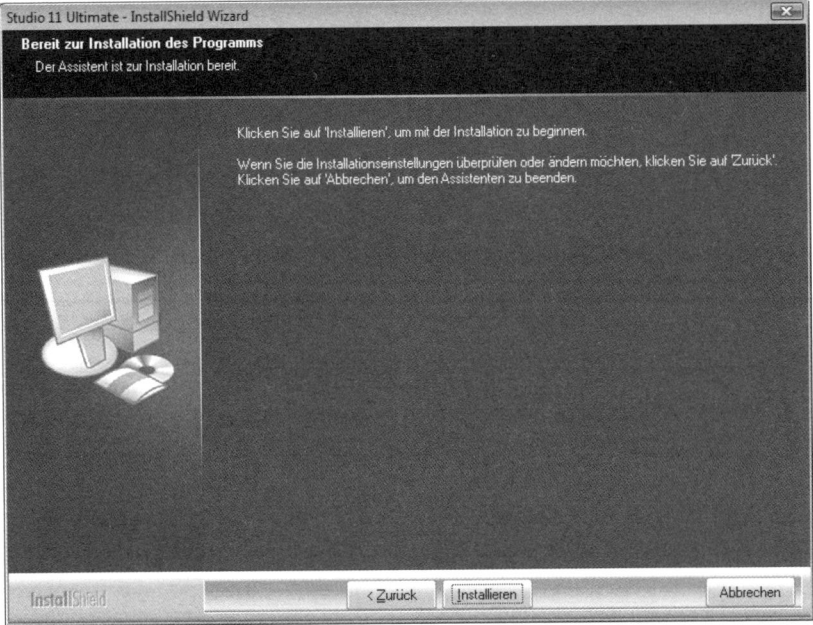

Abbildung 15.10: Die Installation starten

12. Klicken Sie auf *Installieren*, damit die Plug-Ins auf den PC kopiert und installiert
werden.

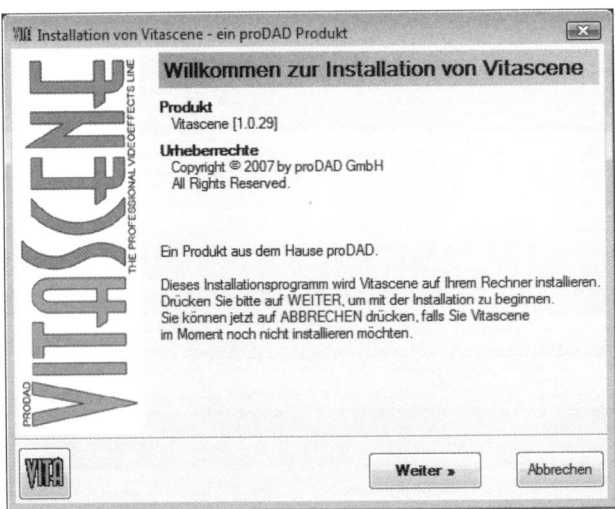

Abbildung 15.11: Das Plug-In Vitascene von proDAD

13. Als erstes Plug-Ins wird Vitascene von proDAD installiert, klicken Sie einfach auf *Weiter*, um mit der Installation fortzufahren. Im nachfolgenden Fenster lesen Sie die Lizenzbedingungen und klicken auf *Ich bin mit diesen Lizenzbedingungen einverstanden*.

Abbildung 15.12: Speicherort für die Daten auf der Festplatte festlegen

14. Wählen Sie den Speicherort für die Daten des Plug-Ins auf der Festplatte. Der vorgeschlagene Standardordner sollte nicht verändert werden. Klicken Sie dann auf *Weiter*.

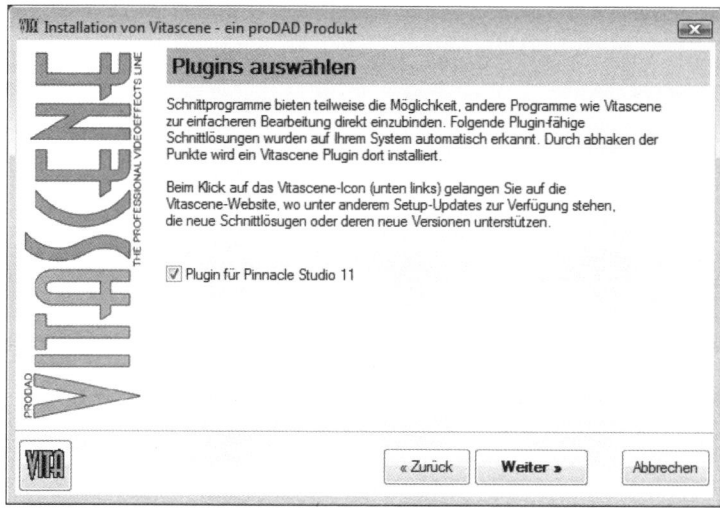

Abbildung 15.13: Plug-In auswählen

15. Das Häkchen bei *Plugin für Pinnacle Studio 11* muss aktiviert sein, da sonst die Software nicht aus Studio heraus gestartet werden kann. Klicken Sie auf *Weiter* und im nächsten Fenster auf *Installationsvorgang starten*.

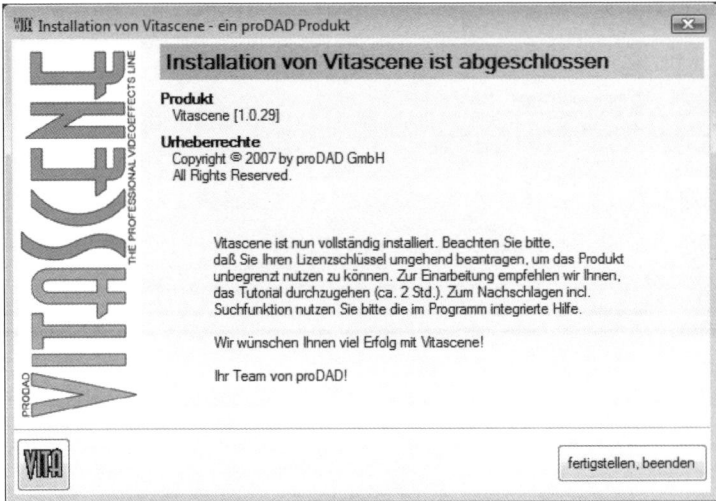

Abbildung 15.14: Die Installation abschließen

16. Klicken Sie auf *fertigstellen, beenden*, um die Installation von Vitascene abzuschließen.

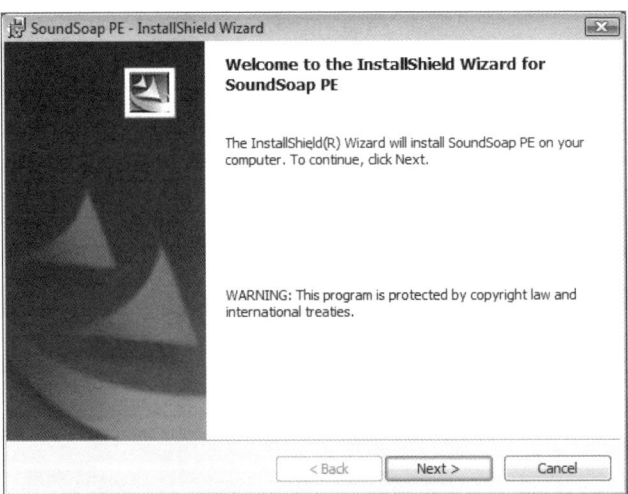

Abbildung 15.15: Jetzt wird SoundSoap PE installiert

17. Klicken Sie auf *Next*, um SoundSoap PE zu installieren. Im nächsten Fenster klicken Sie wieder auf *Next*, um fortzufahren.

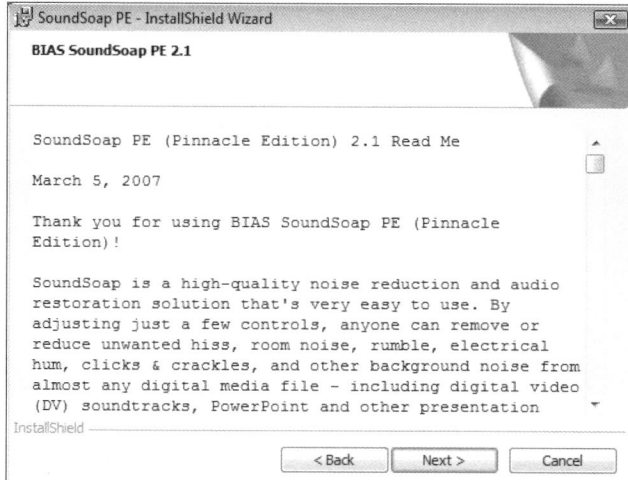

Abbildung 15.16: Die Lizenzbestimmungen bestätigen

18. Akzeptieren Sie die Lizenzbestimmungen von SoundSoap PE, indem Sie *I accept the terms in the license agreement* wählen, und klicken Sie auf *Next*.

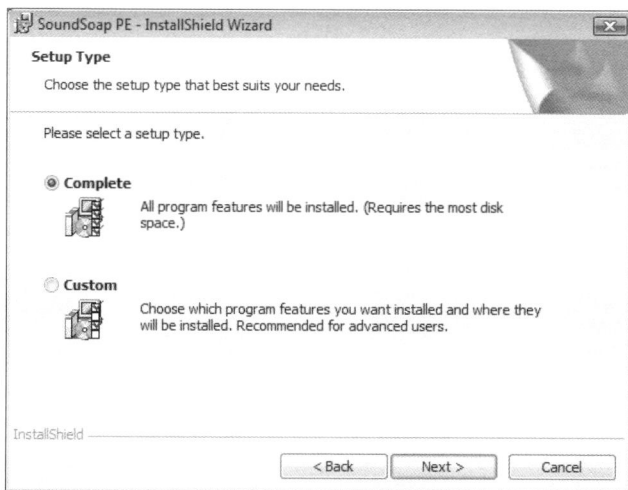

Abbildung 15.17: Die Installationsart wählen

19. Wählen Sie die Option *Complete*, um SoundSoap PE vollständig zu installieren, und klicken Sie dann auf *Next*. Im nächsten Fenster wählen Sie *Install*, um fortzufahren.

20. Nach der Installation beenden Sie den Assistenten mit einem Klick auf *Finish*. Wenn Sie das Häkchen bei *Yes, Open the BIAS SoundSoap 2.1 User Guide* lassen, wird ein Dokument mit einer kurzen Einführung in das Plug-In SoundSoap gestartet.

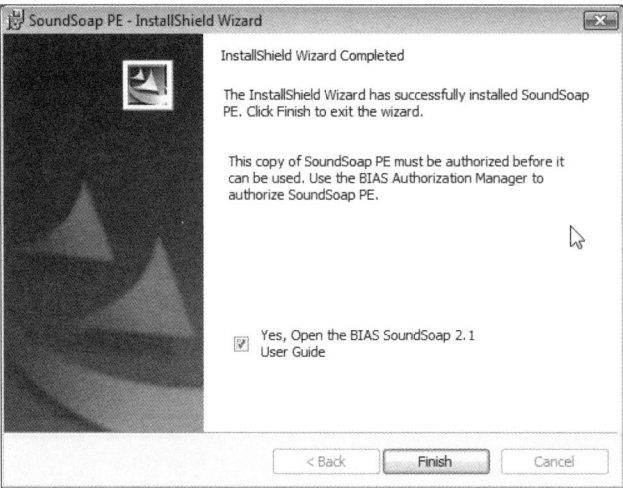

Abbildung 15.18: Die Installation von SoundSoap PE abschließen

21. Klicken Sie auf *Fertig stellen*, um die Installation der Plug-Ins abzuschließen.

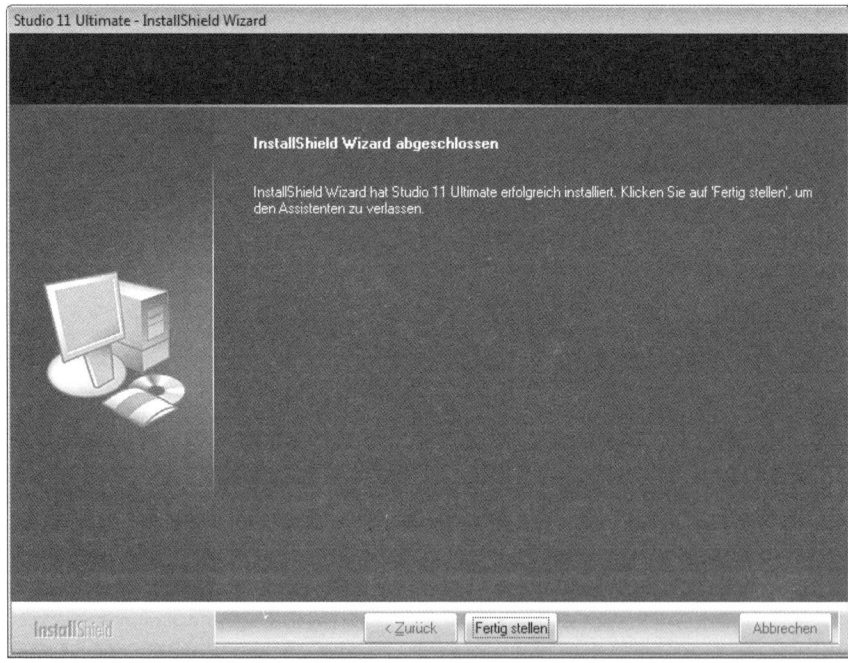

Abbildung 15.19: Studio 11 Ultimate wurde erfolgreich installiert

22. Nach dem Start von Studio Ultimate müssen Sie BIAS SoundSoap PE über das Internet aktivieren. Starten Sie Studio Ultimate und warten Sie, bis folgende Meldung auf dem Bildschirm erscheint:

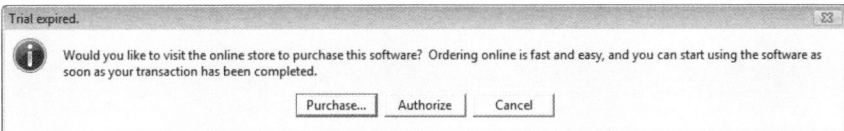

Abbildung 15.20: Über die Schaltfläche „Authorize" SoundSoap aktivieren

23. Wählen Sie *Authorize*, um das Plug-In zu aktivieren.

24. Geben Sie in das Feld *Serial Number* die Seriennummer von BIAS SoundSoap PE 2.1 ein, die Sie auf der Hülle der Installations-CD finden. Unter *Email Address* geben Sie Ihre Mailadresse ein. Klicken Sie dann auf *Authorize*.

Falls Sie bei der Firma BIAS noch nicht registriert sind, müssen Sie Ihre Adresse eintragen.

Das Tool ist nun aktiviert und Studio wird mit den Plug-Ins von Studio 11 gestartet.

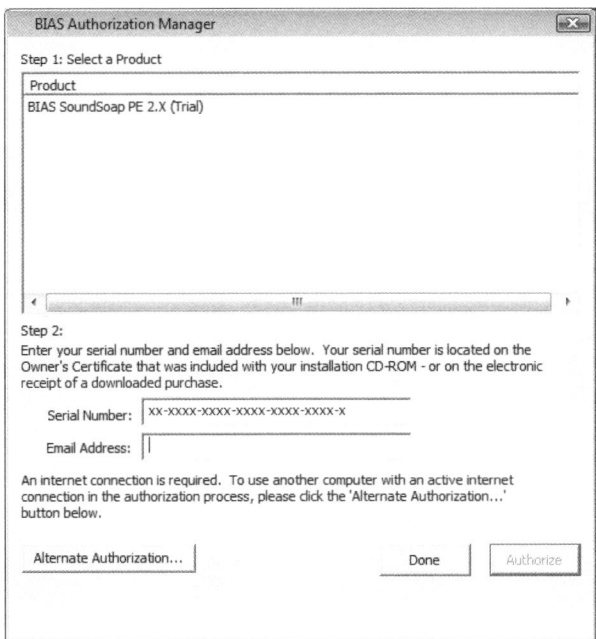

Abbildung 15.21: Seriennummer und Mailadresse eintragen

Fotos animieren mit StageTools

Mit dem Plug-In StageTools haben Sie ein einfaches Werkzeug, Fotos zu animieren, sodass es aussieht, als hätten Sie einen Kameraschwenk oder Zoom mit dem Bild gemacht. Um das Plug-In zu benutzen, gehen Sie wie folgt vor:

StageTools funktioniert nur mit Bildern und Fotos auf der Timeline. Das Plug-In ist nicht verfügbar bzw. aufrufbar, wenn Sie einen Videoclip auswählen statt eines Bildes oder Fotos. **Hinweis**

1. Platzieren Sie ein oder mehrere Standbilder bzw. Fotos auf die Timeline. Danach wählen Sie das zu animierende Bild mit der Maus aus und öffnen die Videoeffekte in der Video-Toolbox aus dem Menü *Toolbox/Videoeffekte hinzufügen*.

2. Wählen Sie unter *Kategorie StageTools* und dann unter *Effekt MovingPicture* aus und klicken Sie auf *OK*, um den Effekt anzuwenden.

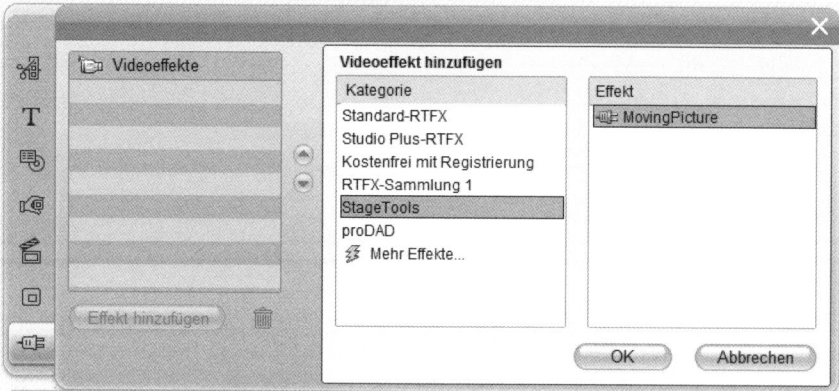

Abbildung 15.22: Rufen Sie StageTools über die „Videoeffekte" in der Video-Toolbox auf

3. Klicken Sie auf *MovingPicture bearbeiten*, um den Effekt zu steuern.

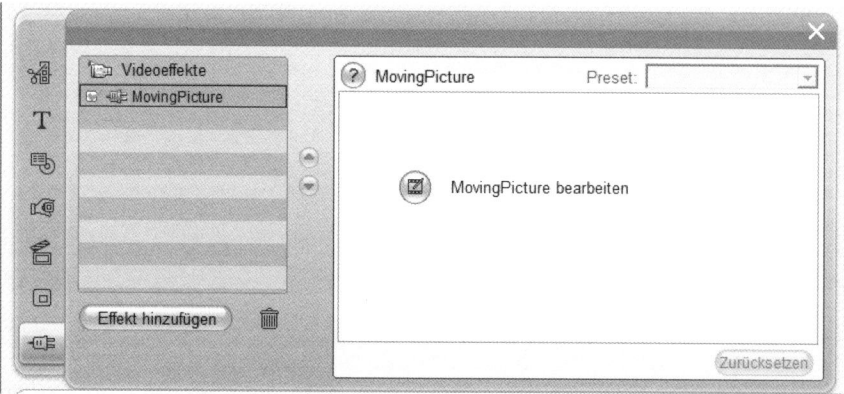

Abbildung 15.23: Den Editor können Sie öffnen, indem Sie auf den Knopf neben „MovingPicture bearbeiten" klicken

Ein neues Fenster wird geöffnet, in dem die Bewegungen verändert werden können.

Grundsätzlich funktioniert MovingPicture so, dass Sie einen Bildausschnitt am Anfang des Bildes wählen und einen am Schluss des Bildes. Das bedeutet, dass die Länge des Bildes auf der Timeline maßgebend ist. Mit MovingPicture müssen Sie also mindestens einen Anfangs- und einen Endpunkt definieren, damit das Bild animiert werden kann.

Abbildung 15.24: Der Editor von StageTools MovingPicture

4. Sie können den sichtbaren Bereich vergrößern oder verkleinern, indem Sie das gelbe Viereck vergrößern bzw. verkleinern.

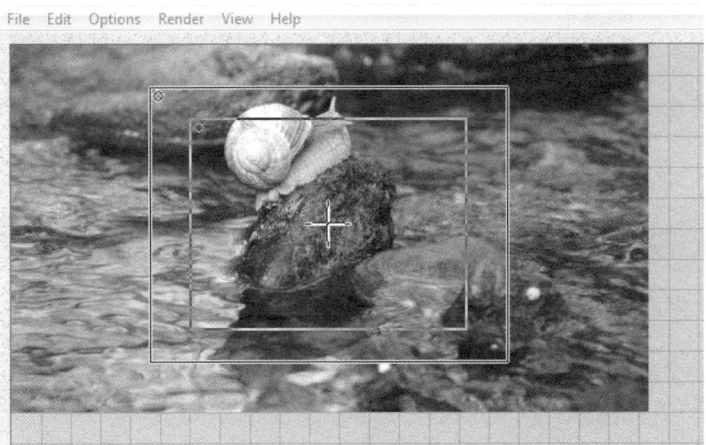

Abbildung 15.25: Skalieren Sie den sichtbaren Bereich, indem der Rahmen mit der Maus gezogen wird

5. Sie können den sichtbaren Bereich verschieben, indem Sie das gelbe Viereck mit der Maus verschieben. Klicken Sie dazu in den viereckigen Bereich und ziehen Sie diesen mit der Maus an die gewünschte Stelle.

Abbildung 15.26: Bewegen Sie den sichtbaren Bereich, indem Sie den Rahmen mit der Maus verschieben

Auf diese Art verändern Sie den sichtbaren Bereich, wie dies im Vorschaufenster zu sehen ist. Sie verändern die Position des Bildes zum Anfangspunkt.

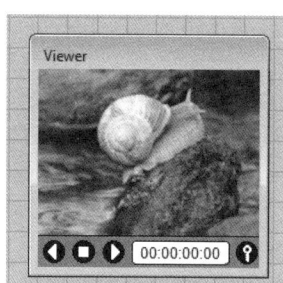

Abbildung 15.27: Das Vorschaufenster zeigt den gewählten Bereich an

Im Vorschaufenster können Sie immer den sichtbaren Bereich, überwachen.

Im unteren rechten Bereich des StageTools sehen Sie eine sogenannte Timeline mit einer Schlüsselposition am linken Rand.

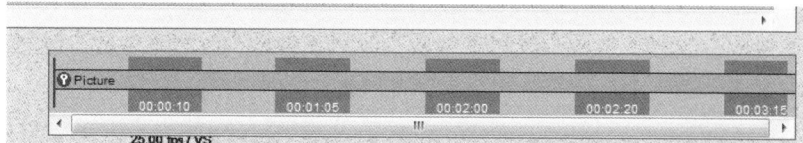

Abbildung 15.28: Auf der Timeline sind die Schlüsselbilder zu sehen, zuerst mindestens eines am Anfang der Timeline

Die oben gemachten Veränderungen beziehen sich alle auf das erste Bild der animierten Sequenz.

6. Nun ist es sinnvoll, einen Endpunkt festzulegen, bis zu dem das Bild bzw. das Foto animiert werden soll. Klicken Sie dazu mit der Maus ans rechte Ende der Timeline und verschieben Sie so die vertikale rote Linie. Wenn Sie nun das gelbe Fenster verändern, also verschieben und skalieren, dann entsteht an der Endposition ein neues Schlüsselbild.

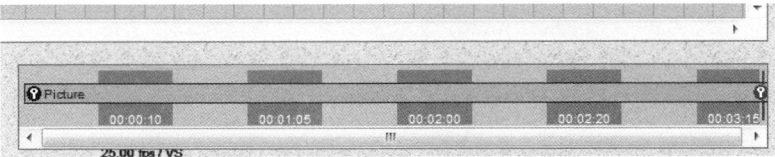

Abbildung 15.29: Am Ende der Timeline erscheint ein weiteres Schlüsselbild, sobald die vertikale Linie dort platziert wird und der sichtbare Bereich verändert wurde

Sie können nun im Vorschaufenster auf das kleine, nach rechts weisende Dreieck klicken und sehen dann eine Vorschau des soeben erstellten Effekts. Der gewählte Ausschnitt bewegt sich über das Bild, als hätte man eine Kamerabewegung vollzogen.

Natürlich können Sie auf der Timeline noch weitere Schlüsselbilder und Positionen erstellen, sodass sich die Kamera auf dem Bild hin- und herbewegt.

7. Wenn Sie den Editor schließen und die Änderungen übernehmen möchten, wählen Sie aus dem Menü *File* den Eintrag *Apply Moves and Close*. Die soeben gemachten Veränderungen werden auf die Timeline von Studio übernommen. Wenn Sie dies nicht möchten, dann wählen Sie *Quit – DON'T Apply changes*.

8. Spielen Sie nun den Film auf der Timeline ab, um den soeben erstellten Effekt zu überprüfen.

Sie können diesen Effekt nun für alle anderen Bilder und Fotos anwenden, die Sie   Hinweis
animieren möchten. Aus statischen Bildern erstellen Sie so eine bewegte Diaschau.

Die proDAD Vitascene Übergangseffekte-Bibliothek

Da es sich beim Plug-In proDAD um das gleiche wie in der Version 12 handelt, lesen Sie eine kurze Anleitung dazu im *Kapitel 14*.

Musikrestauration mit BIAS SoundSoap

Mit dem Plug-In BIAS SoundSoap können Sie Audio in Pinnacle Studio 11 restaurieren. SoundSoap bietet einige interessante Möglichkeiten, störende Geräusche aus einem Audioclip oder Videoclip mit Originalton zu entfernen oder zu filtern. Damit Sie verstehen, was SoundSoap kann und wie es funktioniert, nachfolgend einige Grundlagen zur Audiomodifikation.

BIAS SoundSoap kann z.B. störende Kamerageräusche entfernen, falls Ihre Kamera das eigene Bandlaufwerk aufgenommen hat, aber es können auch *Knackser* einer Schallplatte beseitigt werden usw. Sollten jedoch die Nebengeräusche zu laut sein, sodass die wichtigen Geräusche nicht mehr gut hörbar sind, dann kann SoundSoap nur begrenzt einge-

setzt werden. Probieren Sie es einfach aus, Sie hören sofort das Resultat. Der Effekt kann in jedem Fall problemlos wieder entfernt werden und Sie haben den Originalton, so, wie dieser aufgenommen wurde. Nachfolgend einige Geräuscharten und deren Beschreibung.

Breitbandrauschen	Hierbei handelt es sich um Lärmquellen mit einem breiten Frequenzbereich.
Brummen	Ein Brummen ist ein störender Ton, meistens im Bereich von 60 Hz, und entsteht meistens dann, wenn die Aufnahmegeräte nicht sauber geerdet wurden, oder durch Stromkabel.
Grollen, Rumpeln	Diese Lärmquellen haben Tieffrequenzen meistens um 40 Hz oder tiefer und können entstehen, wenn Audio von Drehtellern wie Schallplattenspielern oder Ähnlichem aufgenommen wurde.
Klicks und Knackser	Können entstehen, wenn von Schallplatten aufgenommen wird und diese nicht ganz sauber sind.

Tabelle 15.1: Störgeräusche, die mit SoundSoap korrigiert werden können

Ein starkes Werkzeug des Plug-Ins ist das automatische Lernen bzw. Analysieren einer Sequenz. Dabei wird eine Stelle analysiert, am besten eine kurze Sequenz, die nur aus den Störgeräuschen besteht, und SoundSoap filtert diese Störfrequenzen dann aus dem Clip heraus.

Automatisches Entfernen von Störgeräuschen

1. Wählen Sie einen Audio- oder Videoclip auf der Timeline aus, von dem Sie das Audio korrigieren möchten.

2. Öffnen Sie die Audio-Toolbox und dort die Audioeffekte oder wählen Sie aus dem Menü *Toolbox* den Eintrag *Audioeffekte hinzufügen*.

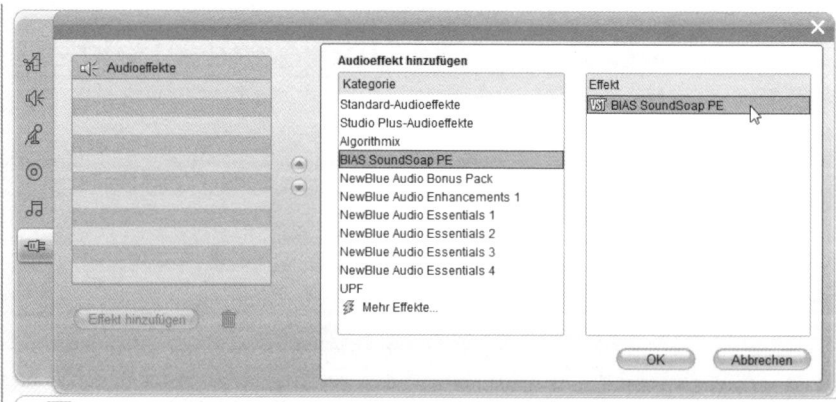

Abbildung 15.30: Wählen Sie unter „Kategorie" und „Effekt" „BIAS SoundSoap PE" aus

3. Klicken Sie auf das Symbol neben *BIAS SoundSoap PE bearbeiten*, um das Plug-In zu starten.

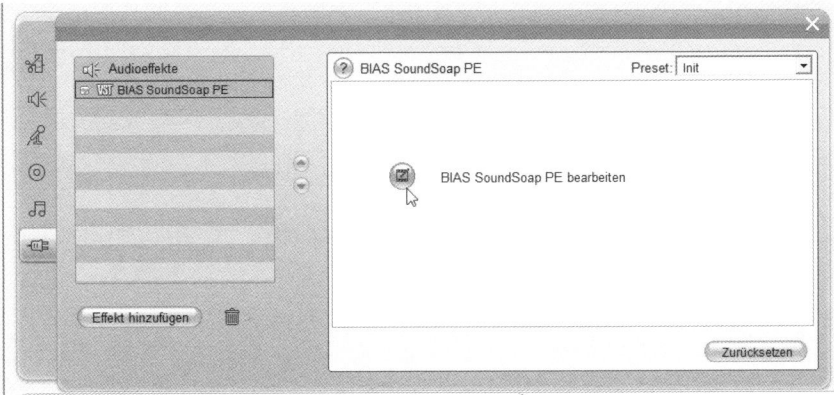

Abbildung 15.31: Ein Klick auf das Symbol startet das Plug-In

4. Der SoundSoap-Editor öffnet sich. Klicken Sie auf den großen Knopf in der Mitte mit der Bezeichnung *learn noise*.

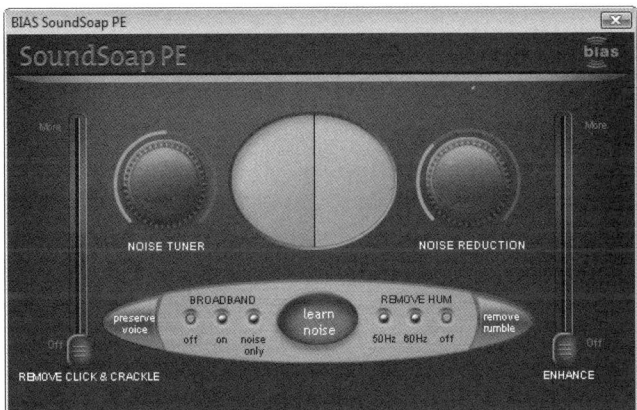

Abbildung 15.32: Der Editor des Plug-Ins SoundSoap

5. Positionieren Sie den Schieberegler der Timeline an eine Stelle, an der nur das Rauschen bzw. die Störgeräusche hörbar sind.

Abbildung 15.33: Den Timeline-Schieberegler an die Position der Störgeräusche positionieren

6. Spielen Sie den Film ab, indem Sie auf die Leertaste drücken.

Die Sequenz wird von SoundSoap analysiert und nach kurzer Zeit werden die Einstellungen vorgenommen. Sie hören sofort das Resultat und können beurteilen, ob die Audiokorrekturen richtig sind oder nicht. Sie können diesen Vorgang beliebig wiederholen, wenn Sie den Timeline-Schieberegler an eine andere Position platzieren.

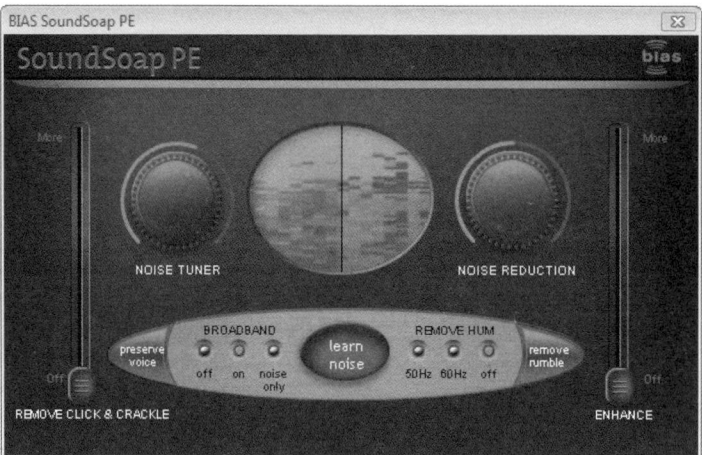

Abbildung 15.34: SoundSoap analysiert die aktuelle Sequenz, das Resultat ist gleich hörbar

Mit *learn noise* werden *Noise Tuner* und *Noise Reduction* automatisch angepasst.

Noise Tuner und Noise Reduction

Die Drehregler von *Noise Tuner* und *Noise Reduction* können durch Klicken und Ziehen mit der Maus nach rechts bzw. nach links verändert werden.

Der *Noise Tuner* gibt an, in welchen Frequenzen die Störgeräusche liegen. Je weiter nach rechts gedreht wird, umso mehr Frequenzen sind von der Korrektur betroffen. Wird der Knopf weiter nach links gedreht, betrifft es weniger Frequenzen. Mit *Noise Reduction* wird die gewählte Frequenz vom *Noise Tuner* durch Drehen nach rechts verstärkt bzw. durch Drehen nach links abgeschwächt. Sie sollten also immer zuerst mit dem *Noise Tuner* die Störgeräusche lokalisieren und diese dann mit *Noise Reduction* entfernen bzw. den Effekt verstärken.

Brummen entfernen

Falls auf Ihrem gewählten Clip ein Brummen entfernt werden soll, das von falsch geerdeten Geräten oder von Stromkabeln herrührt, können Sie die Einstellung unter *Remove Hum* vornehmen. Wählen Sie 50 Hz in Ländern wie Deutschland, Österreich und der Schweiz, in denen 50 Hz im Stromnetz verwendet werden, und 60 Hz z.B. in den USA, Kanada usw. Die Option *Off* schaltet diesen Effekt wieder aus. Mit *remove rumble* können zusätzlich sehr tiefe Audiofrequenzen im Bereich von 40 Hz oder tiefer entfernt werden.

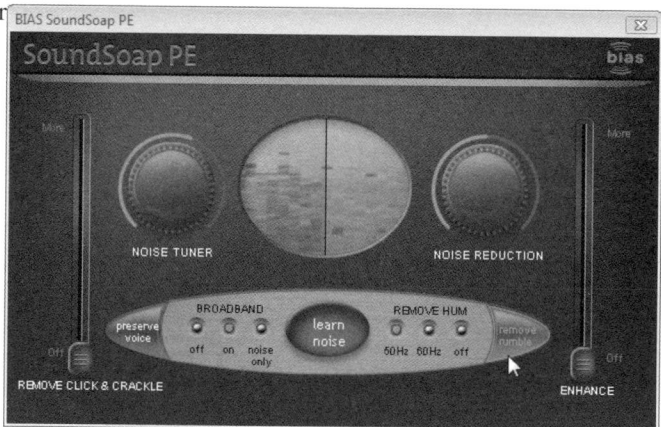

Abbildung 15.35: „Remove Hum" entfernt Brummgeräusche

Klicks und Knackser entfernen

Mit dem linken Schieberegler unter *Remove Click & Crackle* können Klicks und Knackser z.B. von Schallplattenaufnahmen entfernt werden. Je weiter oben der Schieberegler ist, umso stärker werden diese entfernt. Befindet sich der Schieberegler ganz unten, ist der Effekt ausgeschaltet. Achten Sie darauf, dass dieser Regler nicht standardmäßig ganz oben sein soll, da der ganze Audioclip verändert wird und dies die Qualität beeinträchtigt.

Breitbandrauschen entfernen

Unter *Broadband* kann Breitbandrauschen entfernt werden. *On* schaltet diesen Effekt bzw. Filter ein und *off* schaltet ihn wieder aus. Mit *preserve voice* werden Frequenzen gefiltert, die nicht im Frequenzbereich der menschlichen Stimme liegen. Damit sollte also eine menschliche Stimme nicht verändert werden.

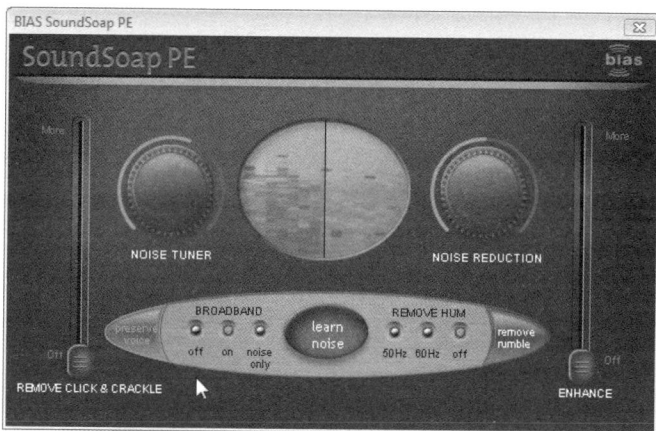

Abbildung 15.36: Mit Broadband werden Breitband-Störgeräusche entfernt

Wenn ein Clip keine menschliche Stimme enthält, sollte die *preserve voice*-Funktion nicht angewendet werden.

Enhancement, Verbesserung

Mit dieser Funktion können Frequenzen wiederhergestellt werden, die bei sehr alten Video- oder Audioaufnahmen verloren gingen. Durch Schieben nach oben wird dieser Effekt verstärkt. Es ist aber sehr wichtig, dass diese Funktion zum Schluss angewendet wird, nachdem alle anderen Einstellungen vorgenommen wurden. Wenn sich der Schieberegler ganz unten befindet, ist diese Funktion der Audioverbesserung ausgeschaltet.

SoundSoap schließen

Beenden Sie SoundSoap, indem Sie einfach das Fenster des Plug-Ins schließen. Die Veränderungen werden für jeden einzelnen Clip gespeichert und können durch nochmaliges Aufrufen des Plug-Ins weiter angepasst werden.

16

Tipps & Tricks

Effekte in Studio 12 übernehmen

Wenn Sie eine Vorgängerversion von Pinnacle Studio besitzen und zusätzliche Effekte installiert haben, kann Studio 12 diese Bibliotheken bzw. Effekte übernehmen. Wenn die Effekte auf dem PC installiert sind, auf dem Sie auch Studio 12 installiert haben, gehen Sie wie folgt vor:

1. Starten Sie das Tool Content-Transfer, indem Sie in Windows *Start/Programme/Pinnacle Studio 12/Tools/Übertrage Content* wählen.

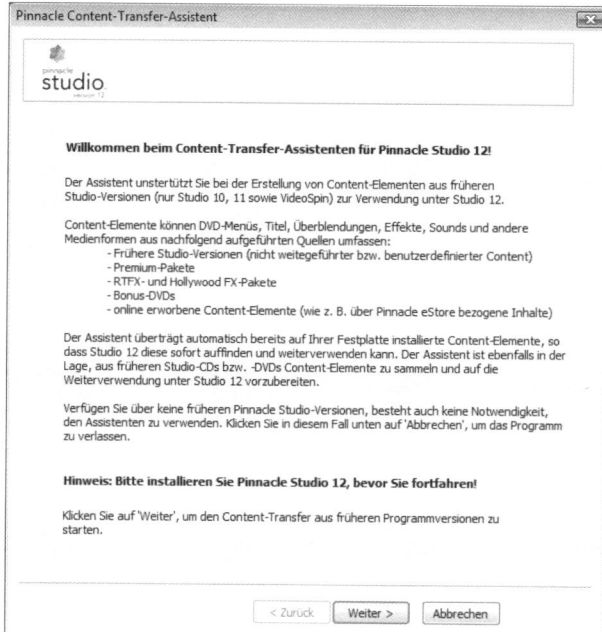

Abbildung 16.1:
Der Pinnacle Content-Transfer-Assistent

2. Klicken Sie auf *Weiter*, um die Effekte in Studio 12 zu übernehmen.

Wenn Sie zusätzliche Effekte usw. für Studio 12 installieren möchten, von denen Sie Installations-CDs oder -DVDs besitzen, müssen Sie den Computer zuerst mit dem Content-Transfer einrichten, damit diese installiert werden können.

1. Starten Sie also nochmals den Pinnacle Content-Transfer-Assistent mit *Start/Programme/Pinnacle Studio 12/Tools/Übertrage Content.*

2. Klicken Sie auf *Weiter.*

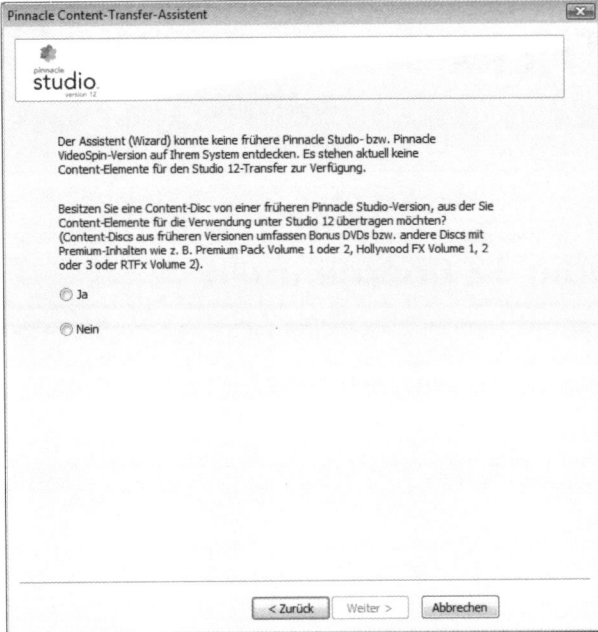

*Abbildung 16.2:
Content-Transfer aus früheren Studio-Versionen*

3. Wählen Sie die Option *Ja.*

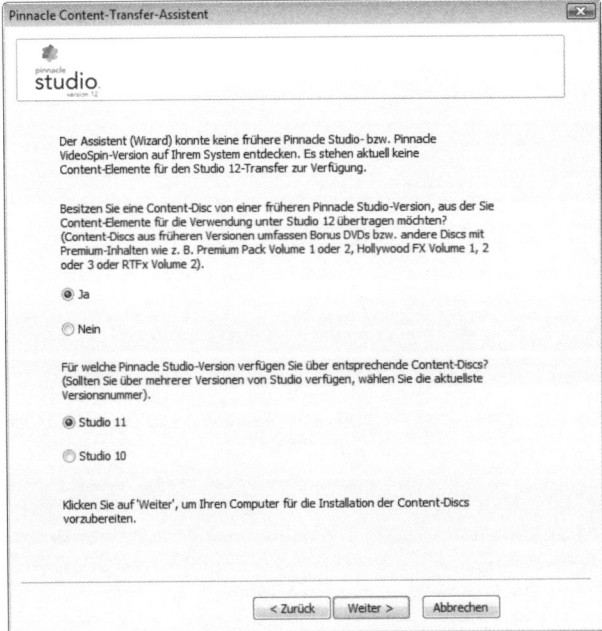

*Abbildung 16.3:
Wählen Sie, von welcher Studio-Version Sie Inhalte installieren möchten*

4. Wählen Sie nun die Vorgängerversion von Studio, für welche Sie Inhalte haben, und klicken Sie dann auf *Weiter*.

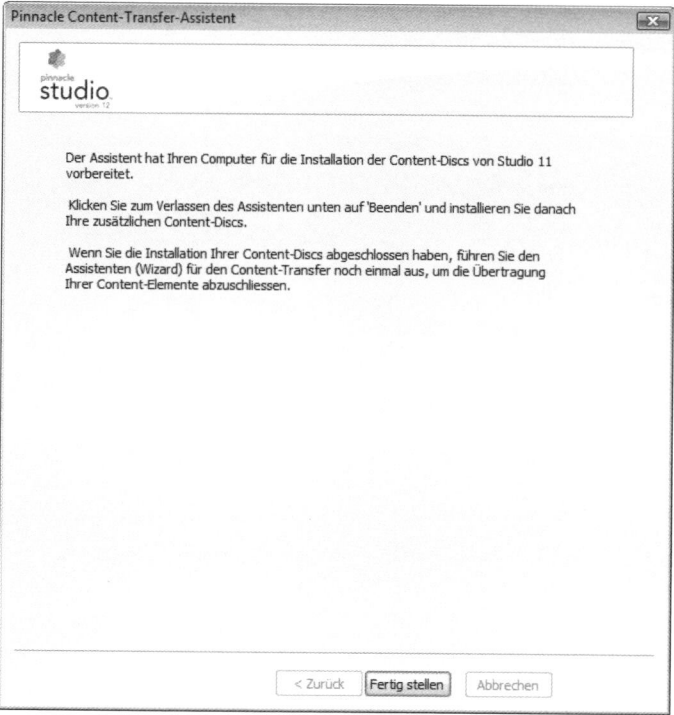

Abbildung 16.4: Der Assistent hat nun den PC für die Installation eingerichtet

5. Installieren Sie alle Effekte und Bonus-CDs bzw. -DVDs

6. Starten Sie erneut den Pinnacle Content-Transfer-Assistent mit *Start/Programme/ Pinnacle Studio 12/Tools/Übertrage Content*, um die Effekte in Studio 12 zu übernehmen.

Tastenkürzel

Die folgenden Tastenkürzel sollen Ihnen helfen, gewisse Befehle direkt über die Tastatur anzuwenden, ohne dass Sie das Menü öffnen oder mit der Maustaste klicken müssen.

Allgemeine Tastenkürzel

Tastenkombination	Befehl
Leertaste	Wiedergabe und Stopp
J	Schneller Rücklauf (wiederholtes Drücken beschleunigt den Rücklauf)
K	Wiedergabe anhalten
L	Schneller Vorlauf (mehrmaliges Drücken für schnellere Wiedergabe)
X oder Strg + ↑	1 Bild vor
Y oder Strg + ↓	1 Bild zurück
(M)	Marker setzen auf der Timeline
A oder I	Eingangsmarkierung
S oder O	Ausgangsmarkierung
Strg + ←	Trimmpunkt (Anfang) –1 Bild
Strg + →	Trimmpunkt (Anfang) +1 Bild
Alt + ←	Trimmpunkt (Ende) –1 Bild
Alt + →	Trimmpunkt (Ende) +1 Bild
Alt + Strg + ←	Roll-Trimmpunkt (Ende) –1 Bild (nächsten Clip ebenfalls trimmen)
Alt + Strg + →	Roll-Trimmpunkt (Ende) +1 Bild
G	Eingangs- und Ausgangsmarke löschen
D	Gehe zu Eingangsmarke (im Trimm-Tool)
F	Gehe zu Ausgangsmarke (im Trimm-Tool)
E oder Pos1	Zurück an den Anfang
R oder Ende	Gehe ans Ende
←	Vorherigen Clip auswählen
→	Nächsten Clip auswählen
Entf	Ausgewählte(n) Clip(s) löschen
Einf	Clip an Schiebereglerposition teilen
Bild ↑	Zur nächsten Seite im Filmfenster
Bild ↓	Zur vorherigen Seite im Filmfenster
Nummernfeld +	Timeline vergrößern (Zoom-in)
Nummernfeld −	Timeline verkleinern (Zoom-out)
C	Menükapitel festlegen
V	Menükapitel löschen
M	Zurück zum Menü, festlegen im Menü Editor
Strg + Bild ↑	Zurück zum vorherigen Menükapitel
Strg + Bild ↓	Gehe zum nächsten Menükapitel

Tabelle 16.1: Allgemeine Tastenkombinationen Pinnacle Studio 12

Tastenkürzel Titelgenerator

Tastenkombination	Befehl
`Alt`+`+`	In den Vordergrund
`Alt`+`-`	In den Hintergrund
`Strg`+`+`	Eine Ebene vor
`Strg`+`-`	Eine Ebene zurück
`Strg`+`0`	Textausrichtung aus
`Strg`+`1`	Textausrichtung: unten links
`Strg`+`2`	Textausrichtung: unten Mitte
`Strg`+`3`	Textausrichtung: unten rechts
`Strg`+`4`	Textausrichtung: Mitte links
`Strg`+`5`	Textausrichtung: Mitte Mitte
`Strg`+`6`	Textausrichtung: Mitte rechts
`Strg`+`7`	Textausrichtung: oben links
`Strg`+`8`	Textausrichtung: oben Mitte
`Strg`+`9`	Textausrichtung: oben rechts
`Strg`+`K`	Unterschneiden, Abstand ändern, Schrägstellen
`Strg`+`M`	Verschieben, Skalieren und Drehen
`⇧`+`←`	Zeichenauswahl nach links erweitern
`⇧`+`→`	Zeichenauswahl nach rechts erweitern
`Strg`+`←`	Textauswahl horizontal stauchen oder quetschen (unterschneiden), je nach aktuellem Bearbeitungsmodus (Verschieben /Skalieren/ Rotieren oder Unterschneiden /Schrägstellen/Abstand ändern)
`Strg`+`→`	Textauswahl horizontal strecken oder unterschneiden
`Strg`+`↓`	Größe oder Abstand der Textauswahl reduzieren, je nach aktuellem Bearbeitungsmodus
`Strg`+`↑`	Größe oder Abstand der Textauswahl erhöhen
`⇧`+`Strg`+`←`	Wie `Strg`+`←` (grob)
`⇧`+`Strg`+`→`	Wie `Strg`+`→` (grob)
`⇧`+`Strg`+`↓`	Wie `Strg`+`↓` (grob)
`⇧`+`Strg`+`↑`	Wie `Strg`+`↑` (grob)
`Alt`+`←`	**In Textauswahl:** Zeichen nach links verschieben **Keine Auswahl:** Text zwischen Einfügemarke und Zeilenende nach links verschieben
`Alt`+`→`	**In Textauswahl:** Zeichen nach rechts verschieben **Keine Auswahl:** Text zwischen Einfügemarke und Zeilenende nach rechts verschieben
`⇧`+`Alt`+`←`	Wie `Alt`+`←` (grob)
`⇧`+`Alt`+`→`	Wie `Alt`+`→` (grob)

Tabelle 16.2: Tastenkombinationen für den Titelgenerator

Mehrere Fotos miteinander verlängern/ verkürzen

Wenn Sie mit Studio eine Diaschau erstellen, kann es sein, dass Sie viele Fotos auf die Timeline gelegt haben und zu einem späteren Zeitpunkt alle Clips verlängern möchten. Wenn jedes Bild einzeln verlängert werden müsste, wäre dies sehr viel Arbeit. Gehen Sie also wie folgt vor, um mehrere Fotos gleichzeitig zu verlängern:

1. Doppelklicken Sie mit der Maus auf eines der Fotos, das verlängert oder verkürzt werden soll. Dabei öffnet sich die Video-Toolbox in den Clipeigenschaften.

Abbildung 16.5: Clipeigenschaften in der Video-Toolbox

2. Selektieren Sie alle Fotos auf der Timeline, die verlängert werden sollen, indem Sie das erste Foto mit der Maus anklicken, ⇧ drücken und gedrückt halten und dann mit der rechten Maustaste das letzte Foto auswählen.

3. Verändern Sie nun mit der Maus die Länge aller Clips, indem Sie auf die kleinen Pfeilsymbole klicken. Pfeil nach oben verlängert die Fotos und Pfeil nach unten verkürzt sie.

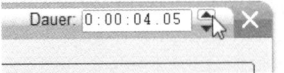

Abbildung 16.6: Verändern Sie die Länge, indem Sie mit den Pfeilen die Dauer anpassen

Übergang auf mehrere Clips gleichzeitig anwenden

Wenn Sie viele Videoclips oder Fotos auf der Timeline haben und zwischen allen den gleichen Übergangseffekt anwenden möchten, gehen Sie wie folgt vor.

1. Ziehen Sie zwischen dem ersten und zweiten Videoclip oder Foto auf der Timeline den gewünschten Übergang.

2. Wählen Sie nun mit der Maus alle Clips sowie den Übergang selbst aus. Am einfachsten geht das, wenn Sie mit der Maus in einen leeren Bereich klicken und mit gedrückter linker Maustaste ein Fenster über alle gewünschten Clips ziehen.

3. Klicken Sie mit der rechten Maustaste auf den Übergangseffekt und wählen Sie aus der Liste *Übergangseffekt in ausgewählte Clips kopieren.*

Abbildung 16.7: Wählen Sie die Clips und den Übergang mit der Maus aus

Der Übergangseffekt wird auf alle gewählten Clips angewendet.

Abbildung 16.8:
Den Effekt auf alle gewählten
Clips anwenden

Video rückwärtslaufen lassen

1. Wählen Sie den Videoclip mit der Maus auf der Timeline an, den Sie rückwärtslaufen lassen möchten.

2. Wählen Sie aus dem Menü *Toolbox* den Eintrag *Videoeffekt hinzufügen.*

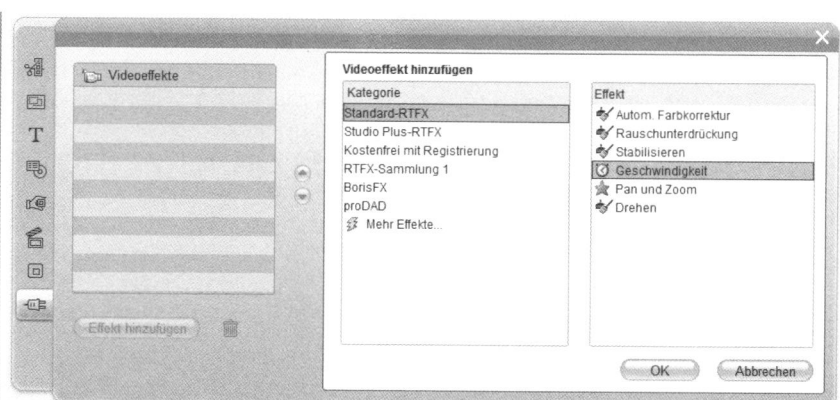

Abbildung 16.9: Wählen Sie den Effekt „Geschwindigkeit" aus

3. Klicken Sie auf *OK*, um den gewählten Effekt anzuwenden.

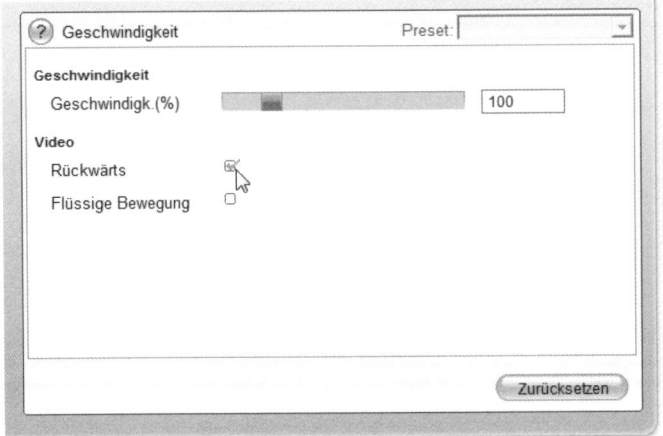

Abbildung 16.10: Den Effekt „Geschwindigkeit" anpassen

4. Wählen Sie die Option *Rückwärts*.

Der Videoclip wird nun rückwärts wiedergegeben.

Bild-in-Bild für mehrere Clips

Mit Studio 12 Plus und Studio Ultimate 12 haben Sie die Möglichkeit, zwei Videos gleichzeitig darzustellen. Mit den neuen Montagethemen können Sie zwar mehrere Videos gleichzeitig abspielen, allerdings sind Sie an die Vorlagen gebunden. Sie können mit dieser Anleitung individuell mehrere Clips gleichzeitig anzeigen lassen. Das heißt, das eine Video kann als Hintergrund verwendet werden und das zweite als Bild in Bild. Da Studio Plus lediglich zwei Videospuren hat, können Sie keine weiteren Bild-in-Bild-Funktionen erstellen. Allerdings lässt sich dies mit einem kleinen Trick umgehen, sodass Sie mehr als nur einen Bild-in-Bild-Effekt erzielen können.

Die Vorgehensweise ist wie folgt: Sie legen als Erstes die Videosequenz auf die Timeline, die als Hintergrund dienen soll, danach folgt auf der zweiten Videospur der Clip, der als Bild in Bild dargestellt werden soll. Nun wird dieses kurze Stück Video in bester Qualität in eine Datei exportiert und danach wieder in Studio importiert und an die Stelle gelegt, wo vorher die anderen beiden Clips waren. Bei diesem Schritt wird aus zwei Spuren eine gemacht, wodurch es ermöglicht wird, dass ein weiterer Clip als Bild in Bild dargestellt werden kann. Nun geht es so für jeden neuen Clip weiter.

1. Ziehen Sie einen Videoclip in ein neues Projekt, das als Hintergrund verwendet wird.

2. Ziehen Sie nun einen zweiten oder mehrere Videoclips auf die zweite Videospur bzw. auf die Titelspur, damit die zweite Videospur zu sehen ist.

3. Öffnen Sie die Videoeffekte aus der Video-Toolbox, indem Sie im Menü *Toolbox* auf *Videoeffekt hinzufügen* klicken.

4. Wählen Sie alle Clips auf der zweiten Videospur aus und klicken Sie unter *Kategorie Studio Plus RTFX* und dann unter *Effekt 2D-Editor* an.

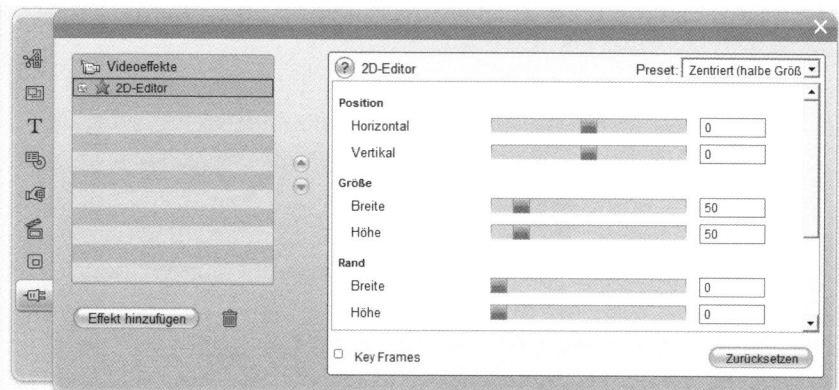

Abbildung 16.11: Verändern Sie die Position des Bild-in-Bild-Effekts

5. Verändern Sie nun die Position des Bild-in-Bild-Videos, indem Sie die Parameter bei *Position* und *Größe* verändern.

Abbildung 16.12:
Der zweite Clip ist oben
links platziert

6. Nun muss der Clip als Datei exportiert werden, da keine weiteren Spuren verfügbar sind. Wechseln Sie also zum Schritt *3, Film erstellen*.

7. Wählen Sie links *Datei* aus und danach das entsprechende Format. Damit die beste Qualität erzielt wird, sollte das Video bei diesem Schritt nicht komprimiert werden, sondern im gleichen Format gespeichert werden, in dem es aufgenommen wurde. Wählen Sie also *AVI*, falls Ihre Originalaufnahmen von einer MiniDV in Standard Definition aufgenommen wurden, bzw. MPEG2, wenn Sie mit einer HDV-Kamera auf MiniDV-Bändern gedreht haben. Als Voreinstellung wählen Sie für AVI *Vollbild (DV)* und für MPEG2 *HDV2 1080i* (wenn Sie mit 1440 x 1080 gefilmt haben).

8. Starten Sie den Exportvorgang mit einem Klick auf *Film erstellen* und wählen Sie einen Speicherort auf der Festplatte, an dem die Videodatei gespeichert werden soll.

9. Wechseln Sie nun wieder zu Schritt *2, Bearbeiten*.

10. Löschen Sie die Clips auf der Timeline und öffnen Sie den soeben erstellten Video-clip im Album über das Ordnersymbol.

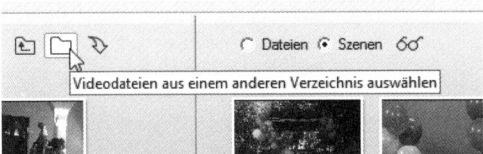

Abbildung 16.13:
Den soeben erstellten Videoclip
in das Album laden

11. Falls die Szenenerkennung während des Einlesens startet, sollten Sie sie unterbrechen, da sie hier nicht benötigt wird.

12. Ziehen Sie den Videoclip auf die Timeline.

13. Laden Sie eine andere Videodatei ins Album, die als zweiter Bild-in-Bild-Effekt angewendet werden soll.

14. Wiederholen Sie nun diese Anleitung ab Schritt 2 bis 14 so oft, wie Sie Bild-in-Bild-Videos haben möchten.

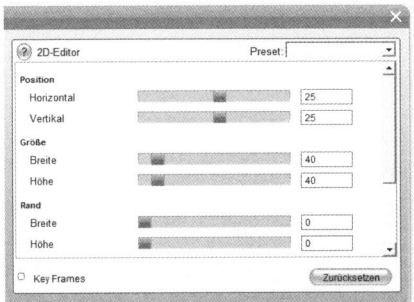

Abbildung 16.14: Nun sind schon drei Clips gleichzeitig zu sehen

Achtung Überlegen Sie sich genau, wie alles auszusehen hat. Es ist nämlich im Nachhinein nicht mehr möglich, die Positionen der kleinen Clips zu verändern, sobald die Datei exportiert wurde.

Grafiken mit Transparenz

Wenn Sie zum Beispiel im Film ein Logo eingeblendet haben möchten, das gewisse Teile transparent darstellt, ist es am sinnvollsten, Sie erstellen diese Grafik in einem Grafik-bearbeitungsprogramm und definieren dort die Transparenzen als Alphakanal oder füllen den transparenten Bereich mit einer neutralen Farbe, die sonst im Bild nicht vorkommt. Speichern Sie dann das Bild im Targa- oder Tiff-Format ab.

Erstellen Sie als Erstes in einem Grafikprogramm wie zum Beispiel Adobe Photoshop das Logo oder die Grafik, die im Video eingeblendet werden soll.

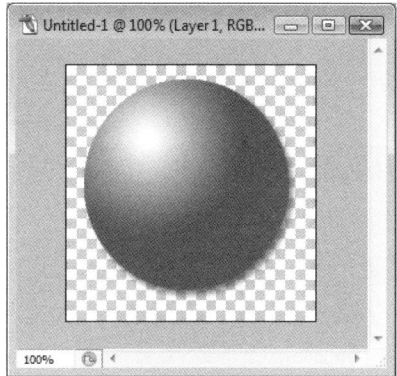

Abbildung 16.15:
Logo oder Grafik mit Transparenz

Das Schachbrettmuster im Hintergrund bedeutet, dass dieser Bereich transparent bzw. durchsichtig angezeigt wird. Sie können den transparenten Bereich mit einer neutralen Farbe füllen, die in der Grafik nicht vorkommt. Im Beispiel ist das runde Logo rot, der Hintergrund grün:

Abbildung 16.16:
Logo mit neutralem Farbhintergrund

1. Laden Sie die Grafik in Studio und legen Sie sie auf die gewünschte Spur, z.B. die Titelspur.

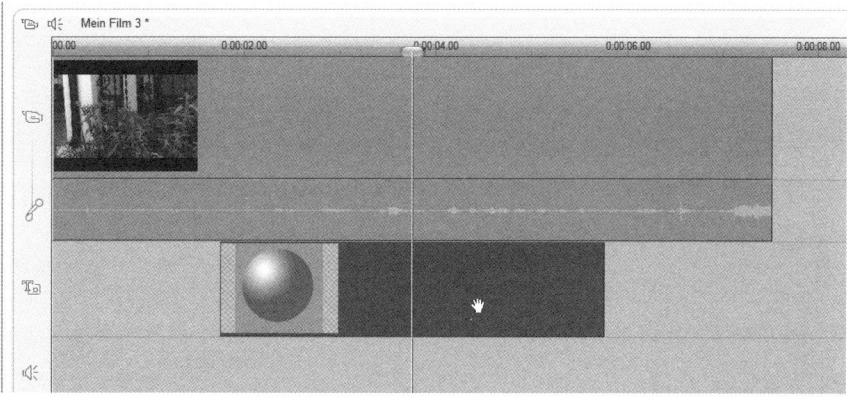

Abbildung 16.17: Logo oder Grafik auf der Titelspur

2. Selektieren Sie die Logo-Grafik und öffnen Sie die *Video-Toolbox* und dann *Video-effekte*.

3. Wählen Sie unter *Kategorie Studio Plus-RTFX* und dann unter *Effekt Chroma-Key* aus und klicken Sie auf *OK*.

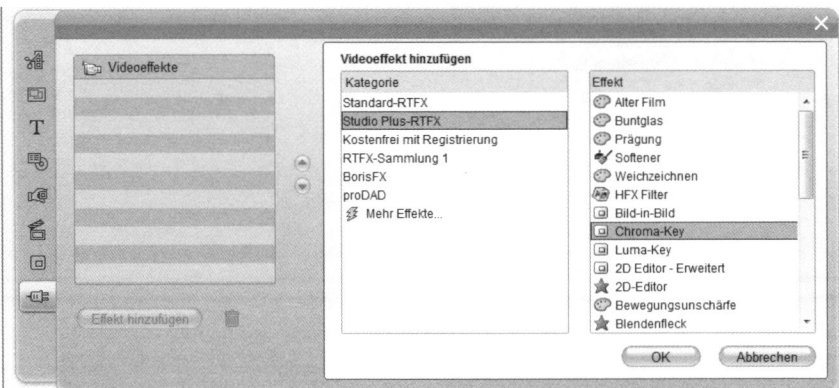

Abbildung 16.18: Wählen Sie den Effekt „Chroma-Key" aus

4. Klicken Sie mit der Maus auf das kleine Pipettensymbol und wählen Sie im Vor-schaufenster die neutrale Farbe aus. Im Beispiel ist es Grün.

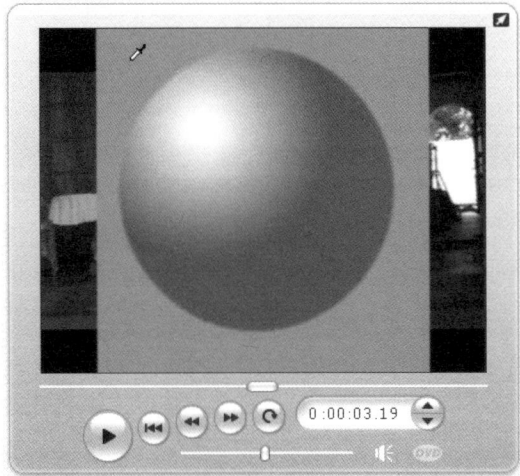

Abbildung 16.19: Wählen Sie mit der Pipette die Farbe aus, die transparent dargestellt werden soll

5. Klicken Sie auf *Effekt hinzufügen*, um die Logo-Grafik zu verkleinern und zu posi-tionieren.

6. Wählen Sie den *Bild-in-Bild*-Effekt aus und klicken Sie auf *OK*.

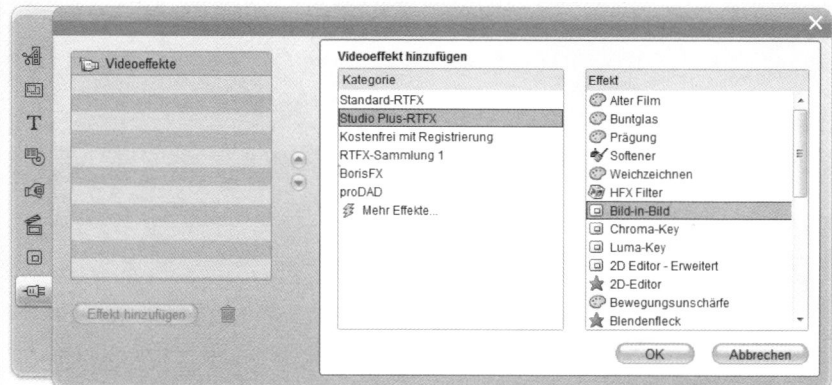

Abbildung 16.20: Wählen Sie den Effekt „Bild-in-Bild" aus, um die Logo-Grafik zu positionieren

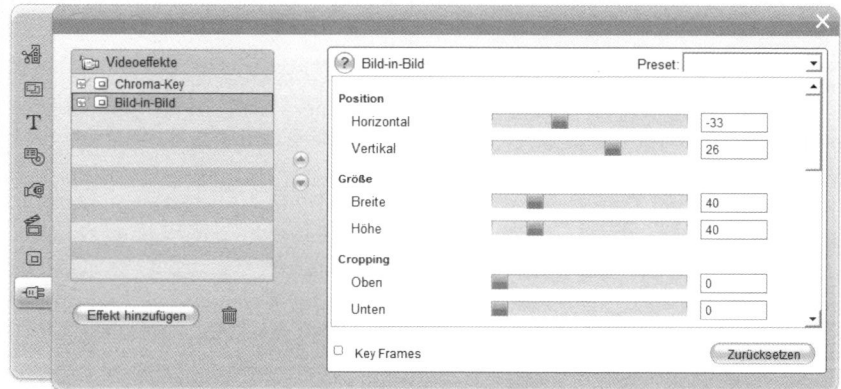

Abbildung 16.21: Verschieben Sie die Grafik durch Verändern der Parameter

7. Positionieren Sie die Grafik, indem Sie die horizontale und vertikale Ausrichtung anpassen.

Abbildung 16.22:
Falls Bereiche im Bild stören, können diese mit Cropping entfernt werden

8. Falls Bereiche im Bild stören, können diese mit den Cropping-Einstellungen entfernt werden. Verändern Sie also die Werte unter *Cropping*, bis nur noch das Logo zu sehen ist.

Abbildung 16.23: Mit Cropping können Bereiche rund um das Logo entfernt werden

Texte ausrichten im Titelgenerator und DVD-Menü-Editor

Wenn Sie mehrere Texte oder Grafikobjekte in einem Titel oder DVD-Menü miteinander ausrichten möchten, bietet Studio ein Werkzeug, mit dem dies sehr einfach erle-
digt werden kann.

1. Öffnen Sie den Titelgenerator oder DVD-Menü-Editor und erstellen Sie Ihre Textzeilen. Da diese dann meistens nicht genau oder schön ausgerichtet sind, müssen
   sie manuell nachbearbeitet werden.

Abbildung 16.24: Die Textzeilen sollen alle ausgerichtet werden

2. Wählen Sie alle Textelemente mit der Maus aus und halten Sie dabei `Strg` gedrückt.

3. Klicken Sie das Symbol *Ausrichten* an, um sich alle Möglichkeiten anzeigen zu lassen.

    Die oberen drei Optionen richten die Textelemente horizontal linksbündig, zentriert und rechtsbündig aus. Die nächsten drei richten die Elemente vertikal oben, mittig und unten aus. In unserem Beispiel sollen die Textelemente horizontal linksbündig ausgerichtet werden.

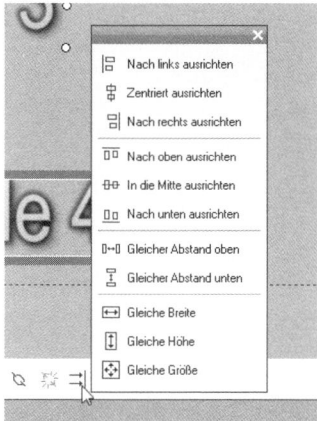

Abbildung 16.25:
Hinter dem Symbol „Ausrichten" verbergen sich
sämtliche Ausrichtungsoptionen

4. Wählen Sie nun die Ausrichtung aus, damit die Elemente schön dargestellt werden. Im Beispiel wird die oberste Ausrichtung, *Nach links ausrichten*, gewählt.

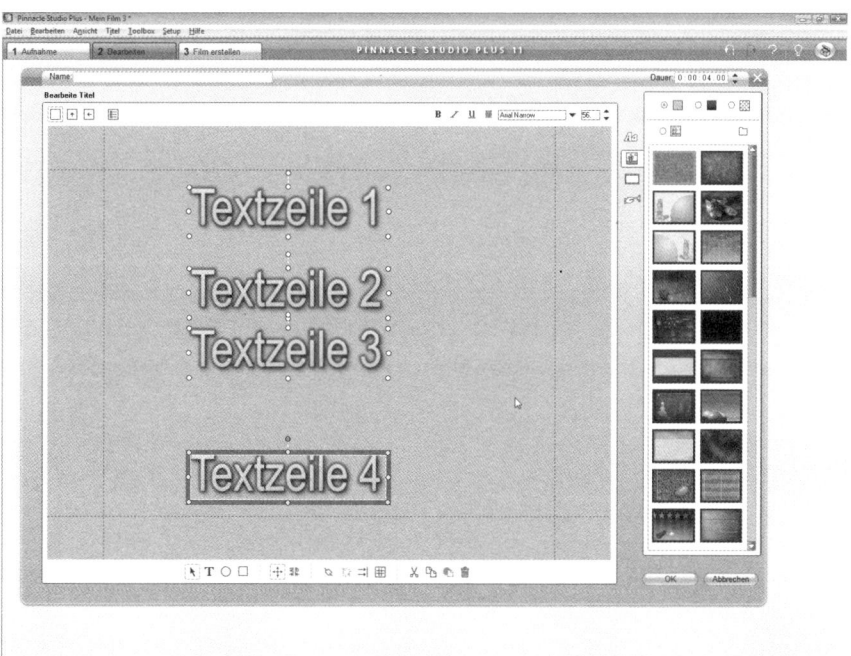

Abbildung 16.26: Die Textelemente sind nun linksbündig ausgerichtet

5. Die vertikalen Abstände der Textelemente sollen auch noch angepasst werden. Klicken Sie dazu erneut auf den *Ausrichten*-Button und wählen Sie für das Beispiel *Gleicher Abstand unten*, um die Elemente gleichmäßig im Abstand auszurichten.

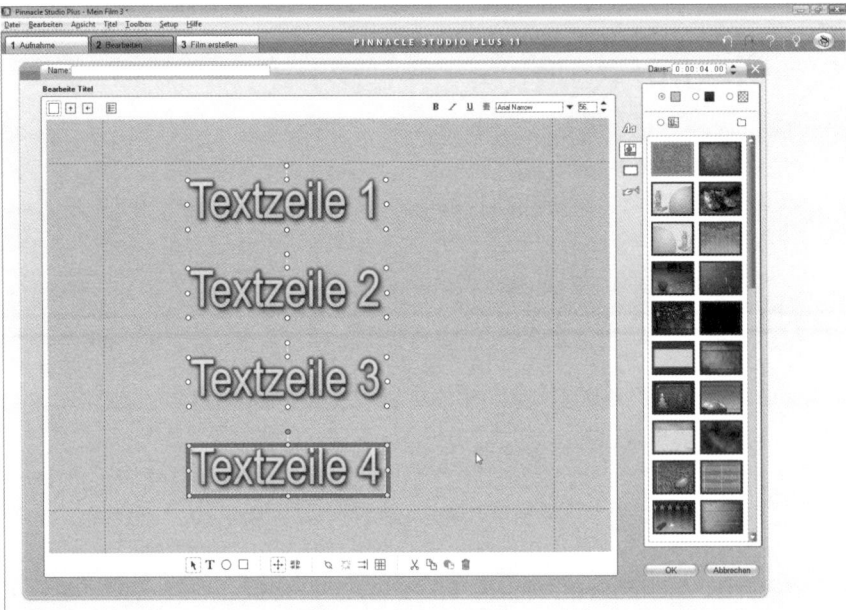

Abbildung 16.27: Die Textelemente sind nun schön ausgerichtet

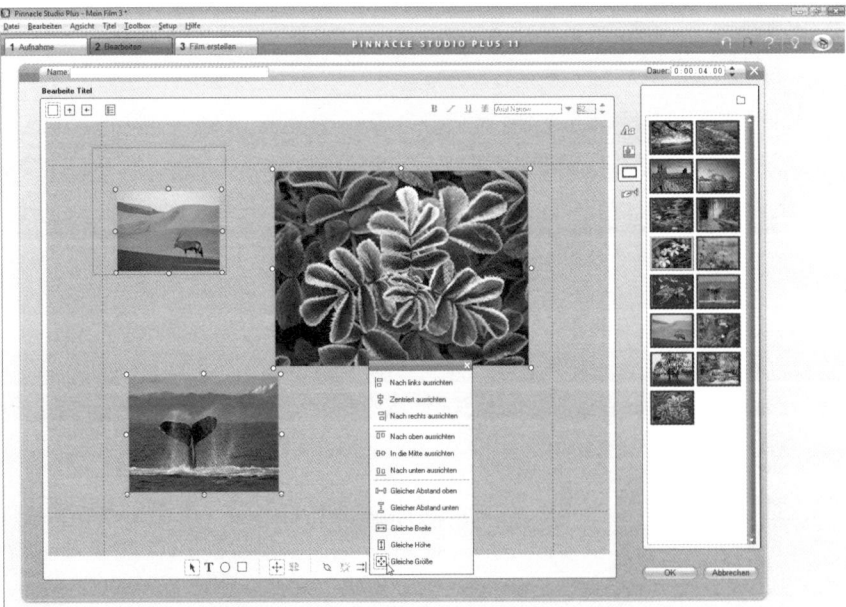

Abbildung 16.28: Nach der Wahl der „Ausrichten"-Option werden die Bilder alle gleich groß dargestellt

Die untersten drei Einstellungen des *Ausrichten*-Werkzeugs dienen dazu, Elemente gleich breit, hoch oder groß zu machen. Dies ist bei Grafiken am ehesten sinnvoll. Wählen Sie einfach die Grafiken aus, die die gleiche Größe erhalten sollen, und aktivieren Sie dann die entsprechende Einstellung aus dem *Ausrichten*-Werkzeug.

Stand- und Rolltitel gleichzeitig

Mit der zweiten Videospur können Sie zwei Titel gleichzeitig anzeigen lassen, wobei der eine sich bewegt und der zweite stehen bleibt. Dazu wird die zweite Videospur benötigt.

1. Setzen Sie als Erstes einen Videoclip oder ein Foto auf die erste Videospur, die als Hintergrund für die Titel zu sehen sein soll.

2. Erstellen Sie den ersten Titel, indem Sie im Menü *Toolbox* den Eintrag *Titel erstellen* wählen. Klicken Sie dann auf *Overlaytitel*, um den Titel-Editor zu öffnen.

3. Erstellen Sie Ihren Titel und schließen Sie den Titelgenerator wieder mit einem Klick auf *OK*.

4. Erstellen Sie einen zweiten Titel und wählen Sie als Titeltyp *Vollbildtitel*. Schreiben Sie Ihren Text in den Titel und beenden Sie den Titelgenerator wieder mit einem Klick auf *OK*.

   Nun haben Sie einen Titel auf der ersten Videospur und einen zweiten auf der Titelspur.

Abbildung 16.29: Die beiden Titel auf der ersten und zweiten Videospur

5. Platzieren Sie einen beliebigen Videoclip auf die Titelspur, damit die zweite Videospur zu sehen ist. Nun können Sie die beiden Titel auf der zweiten Videospur und auf der Titelspur so platzieren, wie Sie möchten. Falls Sie den Videoclip nicht mehr benötigen, können Sie ihn auf der zweiten Videospur wieder löschen.

Abbildung 16.30: Nun sind beide Titel übereinander

Nun könnten die Titel so animiert werden, dass der eine von unten nach oben und der andere von oben nach unten rollt. Dazu müssen Sie wie folgt vorgehen:

1. Wählen Sie den ersten Titel aus und öffnen Sie in der Video-Toolbox die Videoeffekte, indem Sie im Menü *Toolbox* den Eintrag *Videoeffekt hinzufügen* wählen.

2. Wählen Sie unter *Kategorie Studio Plus RTFX* und dann unter *Effekt 2D-Editor* aus.

3. Aktivieren Sie die Option *Key Frames verwenden* und setzen Sie den Timeline-Schieberegler an die Position des ersten Key Frames.

Abbildung 16.31: Die Option „Key Frames verwenden" wählen und den Timeline-Schieberegler zum ersten Key Frame bewegen

4. Verändern Sie den vertikalen Wert so, dass der Titel entweder nach oben oder nach unten aus dem Bild verschwindet.

5. Springen Sie mit dem Timeline-Schieberegler zum zweiten Key Frame und verschieben Sie die vertikale Position entsprechend nach unten bzw. nach oben, sodass der Titel wieder aus dem Bild verschwindet.

6. Wenden Sie diesen Effekt gegengleich für den zweiten Titel an. Nach dem Abspielen des Videos bewegen sich die Titel gegeneinander.

Videoclip als Hintergrund im DVD-Menü

Sie können ein DVD-Menü so transparent machen, dass im Hintergrund ein beliebiger Videoclip abgespielt wird. Da ein DVD-Menü stets wiederholt wird, bis der Betrachter ein Kapitel auswählt, ist es sinnvoll, einen Videoclip zu wählen, der nicht zu kurz ist. Empfehlenswert ist ein Clip mit einer Mindestdauer von ca. 30 Sekunden oder mehr.

1. Platzieren Sie ein beliebiges DVD-Menü auf die erste Videospur auf der Timeline. Sie können entweder eine Vorlage verwenden oder selbst ein leeres Menü erstellen.

2. Öffnen Sie das Menü im DVD-Menü-Editor, indem Sie auf das Menü doppelklicken und dann aus der Video-Toolbox den Eintrag *Menü bearbeiten* wählen.

3. Wählen Sie nun das Kaktussymbol und dann die Option *Hintergrund ist transparent*.

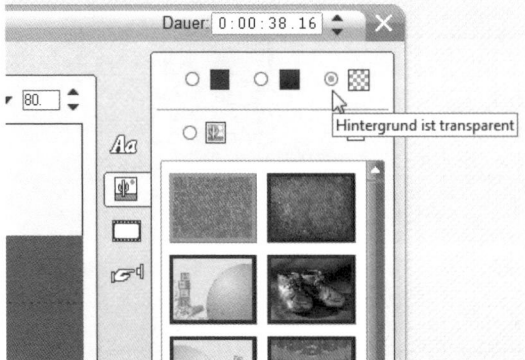

Abbildung 16.32: Der Hintergrund des Menüs ist jetzt transparent

4. Passen Sie die Texte und Elemente im Menü nach Ihren Bedürfnissen an und schließen Sie den Editor mit einem Klick auf *OK*.

5. Ziehen Sie einen oder mehrere Videoclips auf die Titelspur bzw. auf die zweite Videospur, wenn diese bereits sichtbar ist.

6. Gleichen Sie die Länge der Clips und des Menüs aneinander an. Auf keinen Fall darf das Menü länger dauern als die Clips, weil dann beim Betrachten der DVD der Hintergrund zwischenzeitlich schwarz dargestellt wird.

Abbildung 16.33: Passen Sie die Länge des Menüs an die der Videoclips an

7. Verknüpfen Sie das Menü mit den Clips auf der Timeline. Im Vorschaufenster sind dann gleich das Menü und das Hintergrundvideo zu sehen.

17

Inhalt der DVD zum Buch

Auf beiliegender DVD finden Sie die kostenlose Videoschnittanwendung VideoSpin und Bonus-Inhalte für Studio sowie ein PDF (eBook) dieses Buches komplett in Farbe. Sie können den ganzen Inhalt der DVD auf Ihren PC kopieren oder nur das übernehmen, was Sie konkret brauchen. Die DVD ist in verschiedene Verzeichnisse aufgeteilt.

Software

In diesem Verzeichnis finden Sie VideoSpin von Pinnacle und eine Demoversion von Vasco-da-Gama 4 HDPro.

VideoSpin

Eine Installationsanleitung und Einführung in VideoSpin finden Sie in *Kapitel 18*. Um das Programm zu starten, doppelklicken Sie mit der Maus auf *VideoSpin_1_1_Setup.exe*.

Vasco-da-Gama-Demo

Mit diesem Programm lassen sich interessante Wegbeschreibungen Ihrer Reisefilme realisieren. So können Sie mittels einer gescannten Landkarte Ihre Reiseroute nachvollziehen und ein Fahrzeug auf einer bestimmten Route animieren lassen. Die Demoversion hat einen eingeschränkten Nutzungsumfang, die Vollversion kann über den Softwarefachhandel bezogen werden.

Um die Demo zu installieren, doppelklicken Sie auf *VascodaGama4HDPro_Demo.exe*.

Abbildung 17.1: Die Demoversion von Vasco da Gama 4HDPro

Videodateien

In diesem Verzeichnis befinden sich folgende Videodateien:

Zoo.mpg

Das ist ein Beispielvideo, aufgenommen im High-Definition-Format 1080 x 1440 mit der Sony HDR-HC1. Mit diesem Film erhalten Sie einen Eindruck von HDV und können testen, ob Ihr PC die Datenmenge verarbeiten kann.

HDV_DV-Vergleich.m2v

Mit dieser kurzen Videosequenz können Sie die Qualität von High Definition und Standard Definition vergleichen. Die Standard Definition-Sequenzen wurden mit der Canon XL1 und die HDV-Sequenzen mit der Sony HDR-HC1 aufgenommen.

DVD-Menü-Vorlagen

In diesem Unterordner befinden sich einige Hintergründe bzw. Fotos, Miniaturschaltflächen und Schaltflächen, die Sie für Ihre eigenen DVD-Menüs benutzen können. Platzieren Sie die Schaltflächen in Ihre DVD-Menüs und verknüpfen Sie diese, wie in *Kapitel 11 „Disc-Authoring"* beschrieben. Die Hintergrundbilder bzw. Fotos können Sie entweder als Titelhintergründe oder als DVD-Menü-Hintergründe anwenden. Diese Vorlagen sind nur ein Auszug aus der DVD-Menü-Collection, einer Sammlung vieler Grafiken als Vorlage für Ihre Filme. Die komplette Sammlung können Sie unter *www.godiz.ch* bestellen.

18

VideoSpin

VideoSpin ist eine kostenlose Version von Pinnacle Studio mit einem reduzierten Funktionsumfang. Wenn Sie aber schnell einfache Videos erstellen möchten, können Sie mit VideoSpin gleich loslegen. Das Programm ist auf der beiliegenden DVD enthalten.

Projekte, die mit VideoSpin erstellt wurden, können mit Pinnacle Studio ohne Probleme weiterverarbeitet werden. Öffnen Sie einfach das Videoprojekt in Studio.

Weitere Informationen zu VideoSpin finden Sie auf folgender Internetseite: *www.videospin.com/de*. Weitere Hilfe finden Sie unter diesem Link: *www.videospin.com/de/support.asp*.

Abbildung 18.1: VideoSpin von Pinnacle

Installation

Sollten Sie im Besitz einer Pinnacle Studio-Vollversion sein, müssen Sie VideoSpin nicht auf Ihrem PC installieren. Ansonsten gehen Sie wie folgt vor.

1. Doppelklicken Sie mit der Maus auf die Datei *VideoSpin_1_1_Setup.exe* auf der beiliegenden DVD dieses Buches, um die Installation zu starten.

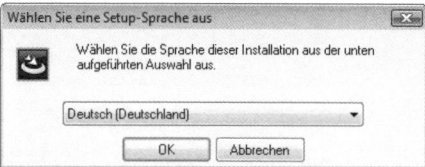

Abbildung 18.2:
Wählen Sie die Sprache

2. Wählen Sie die Sprache für die Installation aus und klicken dann auf *OK*.

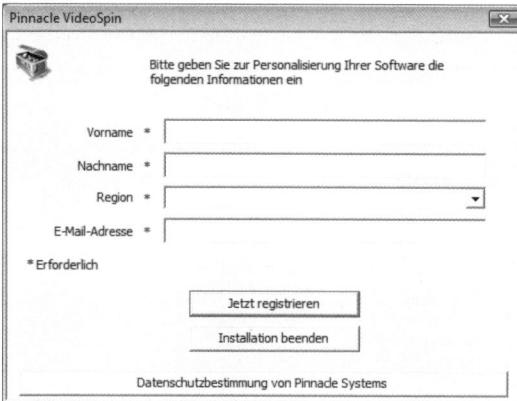

Abbildung 18.3:
Füllen Sie die Felder aus und klicken auf „Jetzt registrieren"

3. Geben Sie Ihre Informationen ein. Sie müssen sich bei Pinnacle registrieren, wenn Sie VideoSpin benutzen möchten.

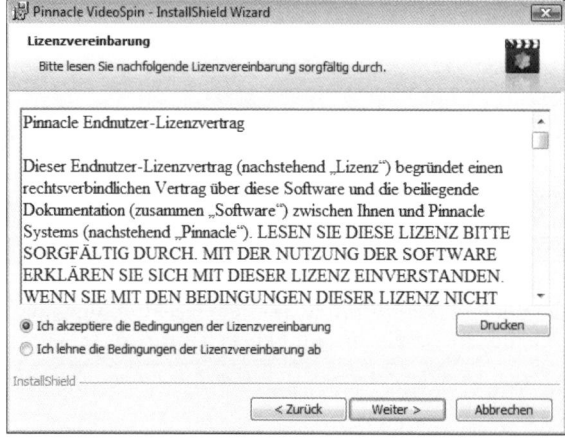

Abbildung 18.4:
Sie müssen die Lizenzvereinbarung akzeptieren, um VideoSpin zu installieren

4. Wählen Sie *Ich akzeptiere die Bedingungen der Lizenzvereinbarung* und klicken Sie auf *Weiter*.

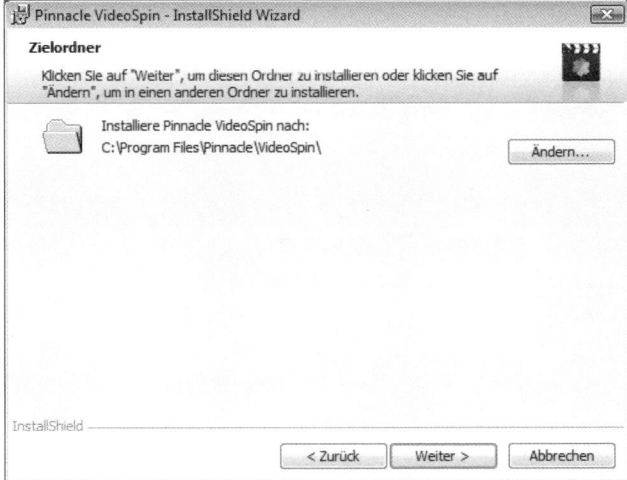

Abbildung 18.5: Bestätigen Sie den Installationsordner

5. Klicken Sie auf *Weiter*, um VideoSpin im Standardordner für Programme zu installieren. Bestätigen Sie erneut mit einem Klick auf *Weiter*.

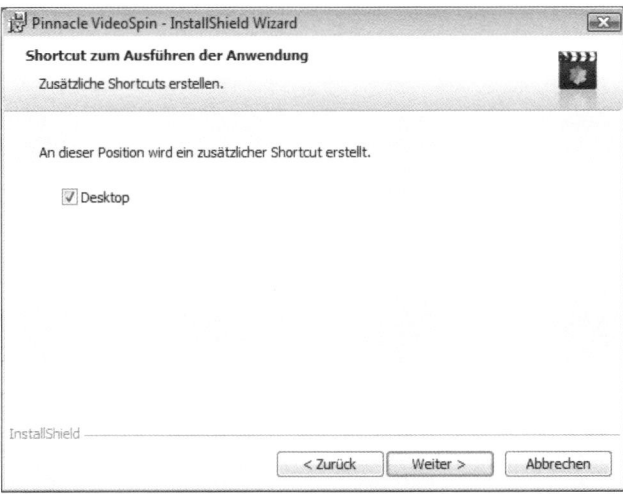

Abbildung 18.6: Erstellen Sie eine Verknüpfung auf dem Desktop

6. Wenn Sie nach der Installation eine Verknüpfung auf dem Desktop für VideoSpin haben möchten, wählen Sie die Option *Desktop* und klicken auf *Weiter*.

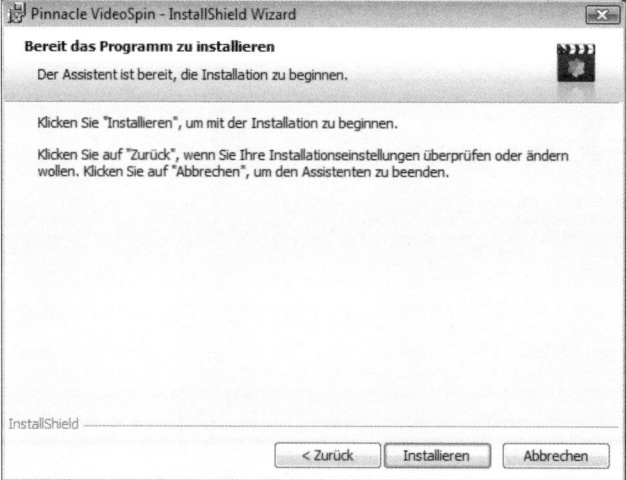

Abbildung 18.7: Die Installation starten

7. Wählen Sie *Installieren*, um mit der Installation zu beginnen.

Abbildung 18.8: Die Installation ist abgeschlossen

8. Klicken Sie auf *Fertigstellen*, um die Installation zu beenden.

Abbildung 18.9:
Doppelklicken Sie auf das Icon, um VideoSpin zu starten

9. Klicken Sie auf das VideoSpin-Icon auf dem Desktop, um das Programm zu starten.

Abbildung 18.10:
Wählen Sie, ob Sie die Codecs
erwerben möchten oder nicht

10. Klicken Sie auf *Später kaufen*, um die Software zu starten. Wählen Sie *Jetzt kaufen*, wenn Sie die Codecs aktivieren möchten. Die Webseite von Pinnacle, auf der Sie die Codecs erwerben können, öffnet sich.

Abbildung 18.11: Die Oberfläche von VideoSpin

VideoSpin sieht Pinnacle Studio sehr ähnlich. Die verfügbaren Funktionen sind wie bei Studio zu verwenden.

Einführung in VideoSpin

In VideoSpin haben Sie die Möglichkeit, Videos, Fotos und Musik zu bearbeiten, diese mit Übergangseffekten zu versehen und Titel zu erstellen. Ihr Videomaterial muss bereits auf dem Computer vorliegen. VideoSpin unterstützt das Einlesen (*Capturen*) von analogem oder digitalem Band nicht. Ebenfalls fehlen die Video- und die Audio-Toolbox mit erweiterten Funktionen und Effekten.

Detaillierte Informationen zu den einzelnen Funktionen entnehmen Sie den vorangehenden Kapiteln.

Videos ins Album laden

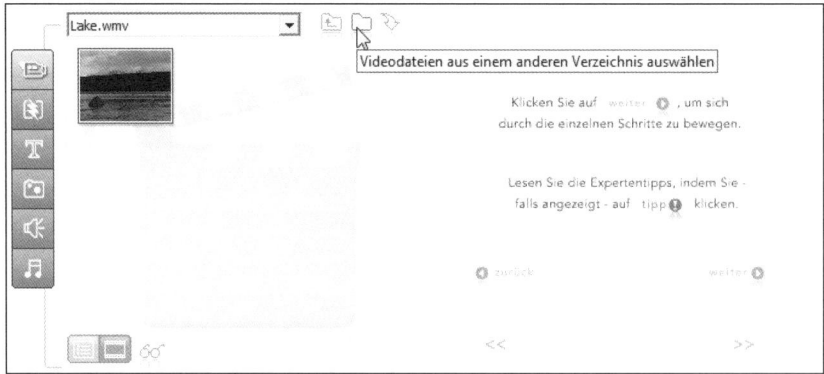

Abbildung 18.12: Klicken Sie im Album auf das Ordnersymbol, um Videos zu laden

1. Klicken Sie mit der linken Maustaste auf das Symbol *Videodateien aus einem anderen Verzeichnis auswählen*.

2. Wählen Sie eine Videodatei auf Ihrem PC aus und klicken Sie auf *Öffnen*, um die Datei ins Album zu laden.

Abbildung 18.13: Videodatei im Album, in Szenen unterteilt

Die einzelnen Clips bzw. Szenen können nun mit der Maus per Drag&Drop auf die Timeline gelegt werden.

3. Ziehen Sie mit der Maus einen oder mehrere Clips auf die Timeline in der Reihenfolge, wie die Clips im Film erscheinen sollen.

Abbildung 18.14:
Ziehen Sie die Clips per Drag&Drop
auf die Timeline

4. Ziehen Sie mit der Maus den Timeline Scrubber über die Videoclips, um die aktuelle Position zu verschieben.

Abbildung 18.15:
Verschieben Sie den Timeline Scrubber,
um im Film zu navigieren

5. Sie können die Ansicht der Timeline vergrößern, damit Sie die einzelnen Clips genauer bearbeiten können. Positionieren Sie die Maus in die Zeitleiste, drücken Sie die linke Maustaste und bewegen Sie die Maus nach rechts oder nach links.

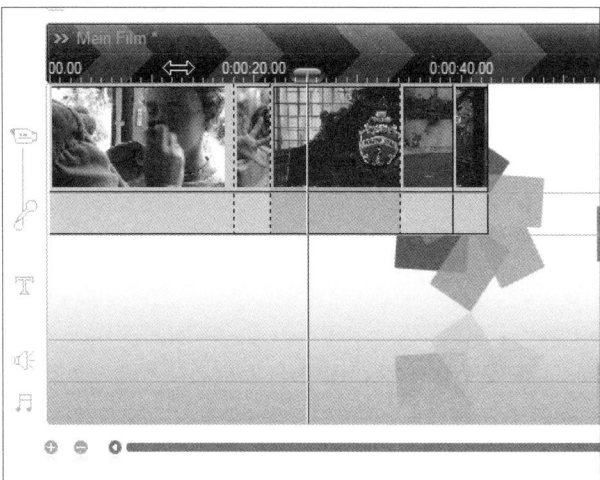

Abbildung 18.16:
Vergrößern bzw. Verklei-
nern der Timeline-Ansicht

Schneiden, Trimmen und Löschen

Sie können die einzelnen Szenen auf der Timeline schneiden, um überflüssiges Material zu entfernen bzw. zusätzliche Szenen zwischen einem bestehenden Clip zu schneiden.

1. Positionieren Sie die Playline mit der Maus an die gewünschte Stelle, an der geschnitten werden soll.

2. Klicken Sie mit der Maus auf die Rasierklinge am rechten Rand.

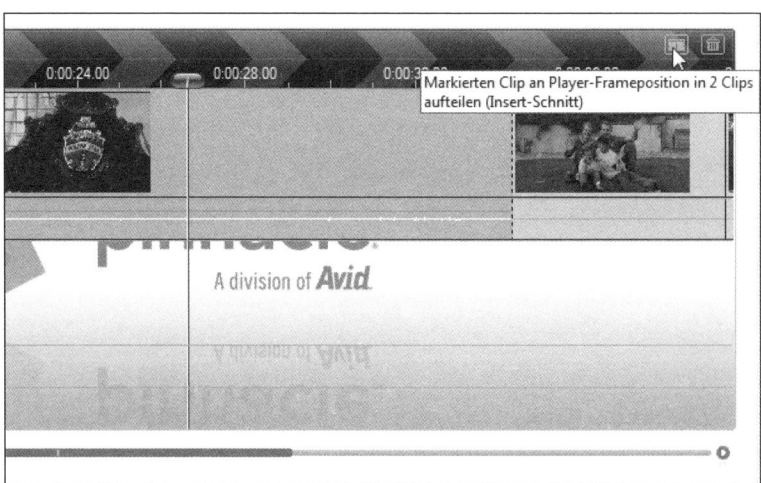

Abbildung 18.17: Schneiden Sie einen Clip durch Klicken auf die Rasierklinge

Der Clip wurde nun getrennt. Sie können sich nun entscheiden, welches Stück weggeschnitten werden soll, bzw. Sie können einen anderen Clip dazwischen legen.

1. Um ein Stück zu löschen, wählen Sie es mit der Maus an.

2. Klicken Sie mit der Maus auf das Papierkorbsymbol.

Abbildung 18.18:
Zum Löschen eines Clips klicken Sie
auf das Papierkorbsymbol

Der Clip wird nur auf der Timeline gelöscht, nicht aber auf Ihrer Festplatte. Sie können den Clip jederzeit wieder aus dem Album auf die Timeline legen.

Sie können einen Clip mit der sogenannten Trimm-Funktion verkürzen oder einen bereits geschnittenen Clip wieder verlängern. Gehen Sie dazu wie folgt vor.

1. Wählen Sie einen Clip auf der Timeline aus und klicken Sie mit der linken Maustaste darauf.

2. Bewegen Sie die Maus an den Anfang bzw. das Ende des Clips, bis ein blaues Pfeilsymbol erscheint.

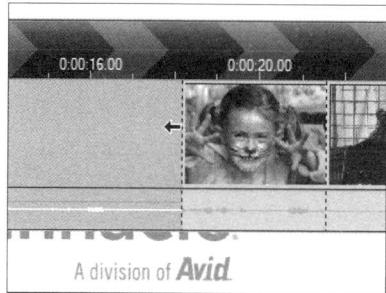

Abbildung 18.19:
Der blaue Pfeil zeigt an, dass getrimmt
werden kann

3. Klicken Sie mit der linken Maustaste und bewegen Sie die Maus nach rechts oder nach links, um den Clip zu verkürzen bzw. zu verlängern.

Übergangseffekte

1. Wählen Sie im Album die Übergangseffekte aus, um die verfügbaren Effekte anzuzeigen.

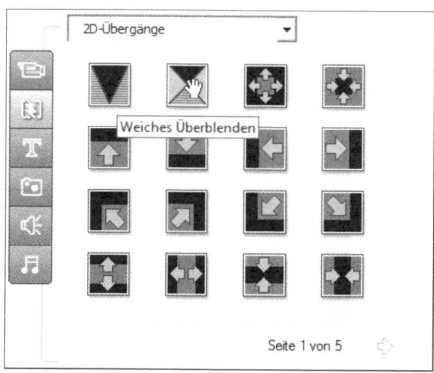

Abbildung 18.20:
Übergangseffekte in VideoSpin

2. Ziehen Sie einen gewünschten Effekt mit der Maus zwischen zwei Clips auf die Timeline.

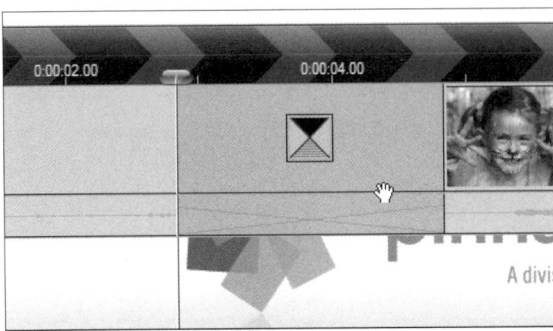

Abbildung 18.21:
Übergangseffekt zwischen
zwei Clips

3. Der Übergangseffekt überblendet nun den rechten Clip in den linken Clip. Positionieren Sie die Playline an den Anfang des Films und spielen Sie diesen ab, indem Sie auf die *Wiedergabe*-Taste unterhalb des Vorschaufensters klicken, oder drücken Sie die Leertaste .

Abbildung 18.22:
Spielen Sie den Clip ab, um den Effekt
zu beurteilen

Titel

Wechseln Sie im Album in das Titelmenü, um die Titelvorlagen anzuzeigen.

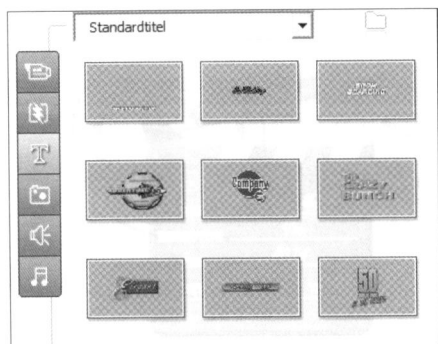

Abbildung 18.23:
Titelvorlagen in VideoSpin

1. Wählen Sie eine Titelvorlage aus und ziehen Sie diese per Drag&Drop auf die Time-line, entweder auf die Videospur oder auf die Titelspur weiter unten.

   Befindet sich der Titel auf der Videospur, wird dieser neben einem Videoclip ange-zeigt. Befindet sich der Titel aber eine Spur darunter, dann wird er gleichzeitig mit dem Videoclip wiedergegeben.

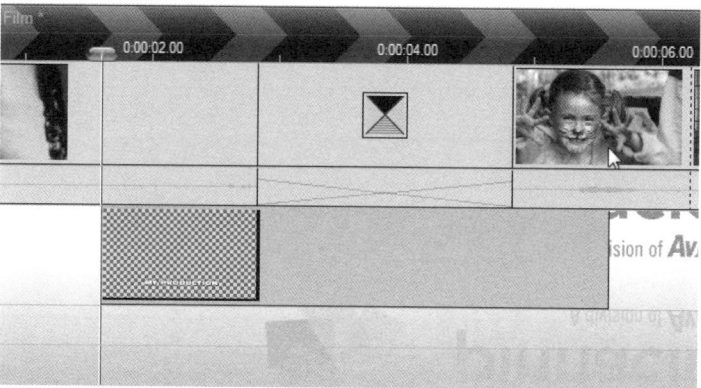

Abbildung 18.24: Titel auf der Titelspur

Wenn Sie den Titel verändern möchten, gehen Sie wie folgt vor:

1. Doppelklicken Sie mit der linken Maustaste auf den Titel, um den Titelgenerator zu öffnen.

Abbildung 18.25: Titelgenerator von VideoSpin

2. Klicken Sie in das Textfeld und ändern Sie den Text.

3. Sie können auch die Schriftart, Größe, Farbe usw. verändern.

4. Um die Änderungen zu übernehmen, klicken Sie auf *OK*.

Weitere Informationen über den Titelgenerator entnehmen Sie *Kapitel 7*.

Standbilder und Fotos

Mit VideoSpin können Sie auch Fotos und Standbilder, die Sie auf dem PC gespeichert haben, in einem Film verwenden. Gehen Sie dazu wie folgt vor:

1. Wählen Sie die Standbilder im Album.

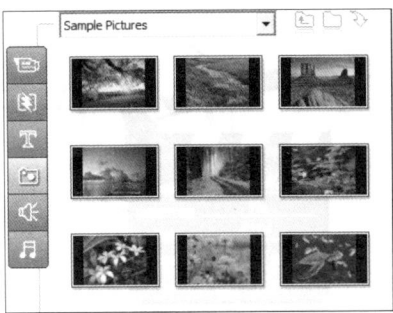

Abbildung 18.26:
Fotos und Standbilder in VideoSpin

2. Wählen Sie das Ordnersymbol, um in das Verzeichnis zu navigieren, in dem Sie Fotos gespeichert haben.

3. Wählen Sie ein Foto aus und klicken Sie auf *Öffnen*. Alle Bilder im selben Ordner werden in das Album geladen.

Nun können Sie die Bilder genau wie die Videos per Drag&Drop auf die Timeline legen, schneiden und trimmen. Übergangseffekte funktionieren genau so wie bei Videoclips.

Die Länge bzw. Anzeigedauer der einzelnen Bilder können Sie verändern, indem Sie die Fotos trimmen.

Audio und Musik

Mit den beiden letzten Symbolen im Album können Sie Audioclips und Musikstücke, die Sie auf dem PC gespeichert haben, in das Album laden.

Abbildung 18.27:
Audio und Musik

Laden Sie die Musikstücke wiederum über das Ordnersymbol in das Album. Per Drag&Drop können Sie die Musikstücke auf der Timeline auf den unteren beiden Spuren positionieren.

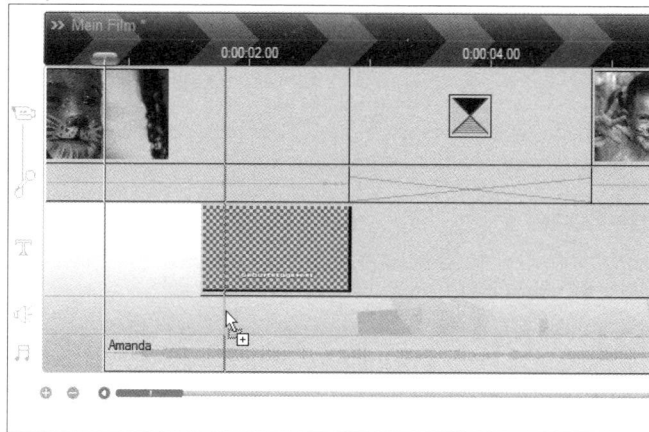

Abbildung 18.28: Positionieren Sie die Musikstücke auf der Timeline per Drag& Drop aus dem Album

Die Musikstücke können ebenso wie Videoclips und Fotos geschnitten, getrimmt und wieder gelöscht werden.

Die Lautstärke eines Audioclips können Sie wie folgt verändern:

1. Klicken Sie mit der Maus einen Audioclip auf der Timeline an.

2. Bewegen Sie die Maus auf die horizontale Linie auf dem Audioclip, bis das Symbol eines Lautsprechers erscheint.

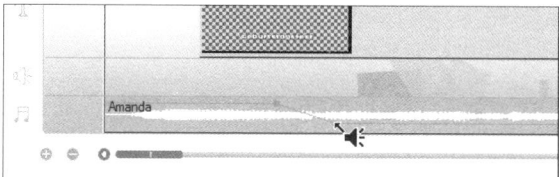

Abbildung 18.29: Verändern der Audiolaut- stärke auf der Timeline

3. Klicken Sie mit der linken Maustaste und bewegen Sie die Maus nach oben oder unten, um einen sogenannten Ziehpunkt zu erzeugen. Nach oben bedeutet, das Audio wird lauter eingestellt, nach unten bedeutet leiser.

4. Erstellen Sie mehrere solcher Ziehpunkte an jeder Position, an der sich die Lautstärke verändern soll.

5. Um einen Ziehpunkt zu löschen, ziehen Sie ihn nach oben oder nach unten, bis er verschwindet.

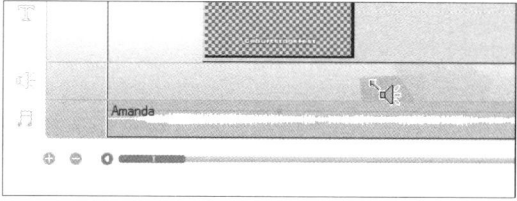

Abbildung 18.30: Ziehen Sie den Ziehpunkt nach oben oder nach unten, um ihn zu löschen

Film erstellen und exportieren

Unter *Film erstellen* können Sie den geschnittenen Film in eine Datei exportieren oder direkt ins Internet laden, z.B. auf die Plattform *YouTube.com*. Weitere Informationen zum Exportieren und eine Beschreibung der Dateiformate finden Sie in den *Kapiteln 12 Film erstellen und 13 Videoformate*.

Ein direktes Brennen auf CD, DVD oder Blu-ray ist mit dieser Version von Studio nicht möglich. Sie können den Film aber in ein entsprechendes Format exportieren und den Film dann mit einem Brennprogramm auf Disc schreiben.

Exportieren in eine Datei

1. Wählen Sie im Register *2 Film erstellen* ein Dateiformat aus, in dem der geschnittene Film auf der Timeline exportiert werden soll.

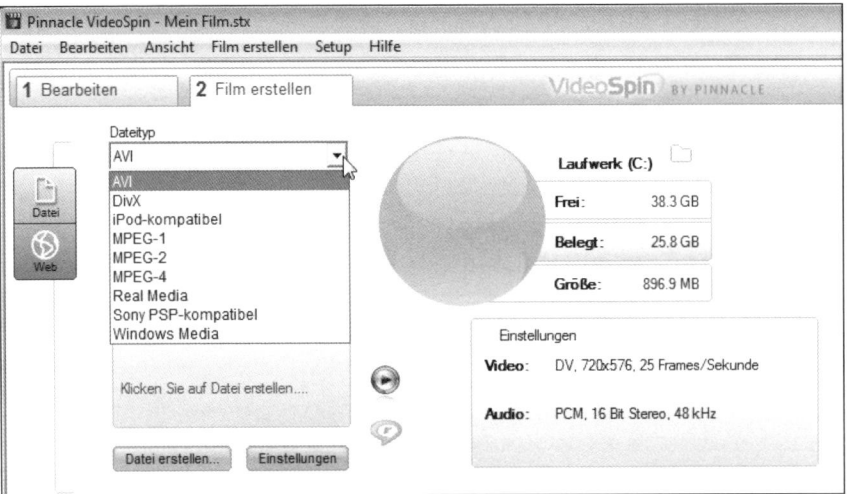

Abbildung 18.31: Register „2 Film erstellen"

2. Wählen Sie die gewünschte Voreinstellung aus und klicken Sie dann auf *Datei erstellen…*, um den Export zu starten.

*Abbildung 18.32:
Wählen Sie unter „Voreinstellung" die gewünschten Einstellungen aus*

3. Wenn Sie die Exporteinstellungen ändern möchten, klicken Sie auf *Einstellungen*. Ein Dialog erscheint, in dem sämtliche Einstellungen vorgenommen werden können. Wenn Sie nicht sicher sind, welche Einstellungen Sie vornehmen sollen, wählen Sie eine Voreinstellung aus der Liste aus.

4. Klicken Sie auf *OK*, um die Änderungen zu übernehmen, und dann auf *Datei erstellen…*, um den Film in den veränderten Einstellungen zu exportieren.

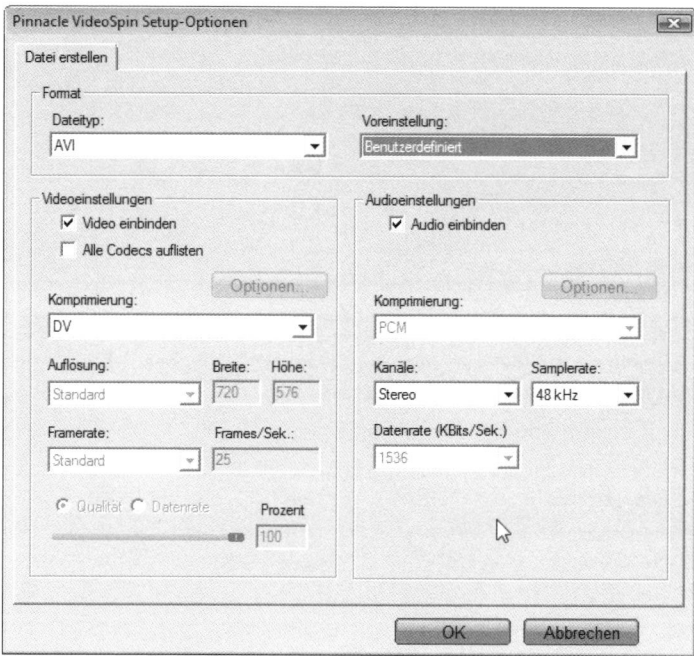

Abbildung 18.33: Individuelle Einstellungen für den Dateiexport

Internet Upload

Mit dieser Funktion können Sie Ihren Film direkt auf Yahoo! Video oder YouTube laden. Der Film wird in das entsprechende Format konvertiert und danach direkt hochgeladen. Damit Sie Filme zu diesen Anbietern hochladen können, müssen Sie sich vorher registrieren. Sie erhalten dann einen Benutzernamen und ein Passwort, mit dem Sie sich einloggen können. Die Registrierung können Sie direkt vornehmen, wenn der Export gestartet wurde.

1. Klicken Sie auf der linken Seite auf das Websymbol, um den Dialog zu öffnen.

2. Wählen Sie, ob Sie den Film auf Yahoo! Video oder YouTube laden möchten.

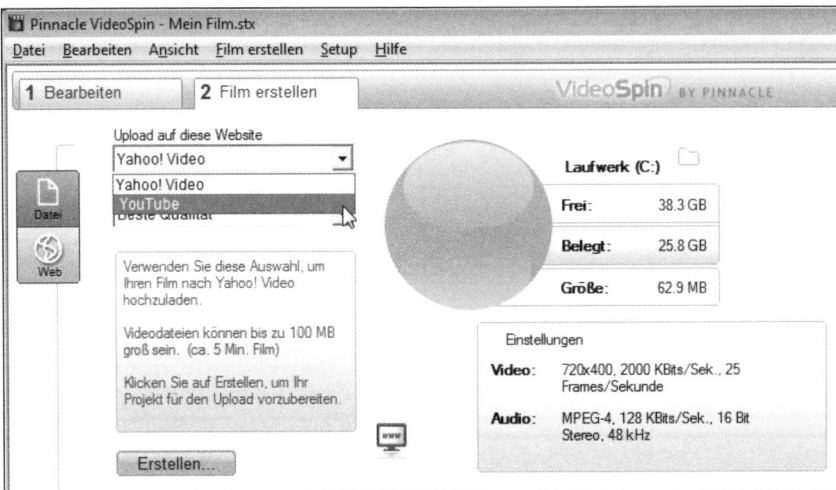

Abbildung 18.34: Wählen Sie die Plattform für Ihren Film

Ein Film darf maximal 100 MByte groß sein. Das entspricht bei Yahoo! Video ca. 5 Minuten und bei YouTube ca. 10 Minuten.

3. Klicken Sie auf *Erstellen*, um den Film hochzuladen.

Weitere Informationen zum Hochladen und Registrieren bei den Plattformen finden Sie in *„Kapitel 12 Film erstellen"*.

A

FAQ – häufig gestellte Fragen

In diesem Kapitel habe ich Fragen und Antworten zusammengetragen, die Studio-Benutzer schon einmal beim Pinnacle-Support gestellt haben. Sie können eine aktuelle Liste im Internet unter folgendem Link abrufen und dann das Produkt *Studio 12* auswählen:

http://pinnaclede.custhelp.com

Oder Sie suchen auf der Internetseite von Pinnacle, *www.pinnaclesys.de*, nach dem Produkt *Studio 12* und wählen dann aus dem Menü *Support/Knowledge Database* aus.

Kann Studio 12 im Schritt „1 Aufnahme" über eine USB-Verbindung aufzeichnen?

■ Nein, es ist nicht möglich, unter Schritt *1 Aufnahme* direkt über eine USB-Verbindung mit einem DV-, HDV- oder AVCHD-Gerät aufzuzeichnen. Wenn Sie einen DV-Camcorder besitzen, können Sie stattdessen das Gerät über FireWire (IEEE 1394) mit Ihrem Computer verbinden. Studio kann dann über diese FireWire-Verbindung aufzeichnen.

■ Falls Sie einen Camcorder verwenden, der auf eine eingebaute Festplatte oder einem Festspeicher-Chip aufzeichnet, können Sie das aufgezeichnete Video mithilfe der Funktion *Import von Medien über externe Geräte* in Studio 12 übertragen. Dazu muss die Kamera über ein USB-Kabel mit dem PC verbunden sein.

■ Falls Sie einen Camcorder verwenden, der direkt auf DVD-Medien aufzeichnet, legen Sie die DVD in das DVD-Laufwerk ihres PCs ein und benutzen die Funktion *Import von DVD-Titeln*, um das Material in Studio zu importieren.

Deinstallation/Neuinstallation – Instruktionen für Studio 12 (gilt auch für Studio 11)

Diese Anleitung hilft Ihnen, Ihre Studio 12-Software ordnungsgemäß zu deinstallieren und danach erneut eine Installation durchzuführen. Es folgen drei Abschnitte. Der erste Abschnitt behandelt die meisten der benötigten Schritte für eine Deinstallation und Neuinstallation. Der zweite Abschnitt bezieht sich auf Probleme, die der normale Deinstallationsweg nicht behandelt. Der dritte Abschnitt zeigt Ihnen, wie Sie eine Installation im „abgesicherten Modus" durchführen, wenn die vorangegangenen Schritte nicht zum Erfolg führen.

■ **Abschnitt 1**

Grundlegende Schritte zur Deinstallation und Neuinstallation:

1. Klicken Sie auf *Start* und wählen Sie *Systemsteuerung*.

2. In Windows XP klicken Sie auf *Software*, in Windows Vista auf *Programme – Deinstallation*.

3. Wählen Sie die entsprechenden Studio 12-Updates aus der Liste aus und deinstallieren Sie diese.

4. Wählen Sie *Studio 12* und klicken Sie auf die Schaltfläche *Ändern/Entfernen* (oder *Deinstallation* unter Vista). Folgen Sie den Bildschirmanweisungen, um den Deinstallationsvorgang abzuschließen.

5. Legen Sie die Studio 12-Disc in Ihr DVD-Laufwerk ein. Die DVD sollte daraufhin automatisch starten. Falls dies nicht der Fall ist, gehen Sie in den Windows-Explorer, wechseln in das Setup-Verzeichnis und rufen die Datei *Setup.exe* auf, um die Installation von Studio 12 zu beginnen.

6. Installieren Sie den neuesten Patch.

■ **Abschnitt 2**

Wenn die oben beschriebenen Schritte fehlschlagen oder Sie dasselbe Problem in Studio 12 nach der Durchführung einer Deinstallation/Neuinstallation haben, führen Sie folgende Schritte durch.

Fortgeschrittene Deinstallation/Neuinstallation:

1. Klicken Sie auf *Start* und wählen Sie *Systemsteuerung*.

2. In Windows XP klicken Sie auf *Software*, in Windows Vista auf *Programme – Deinstallation*.

3. Wählen Sie die entsprechenden Studio 12-Updates aus der Liste aus und deinstallieren Sie diese.

4. Wählen Sie *Studio 11* und klicken Sie auf die Schaltfläche *Ändern/Entfernen* (oder *Deinstallation* unter Vista). Folgen Sie den Bildschirmanweisungen, um den Deinstallationsvorgang abzuschließen.

5. Laden Sie das Programm *Regdelete* von der Pinnacle-Internetseite herunter (zum Erscheinungstermin dieses Buches war der Download noch nicht möglich).

6. Speichern Sie die Datei ab, z.B. auf Ihrem Desktop.

7. Führen Sie mit einem Doppelklick auf das *Regdelete*-Symbol die Applikation aus.

8. Im Menü wählen Sie *Studio 12* aus und drücken dann die *Entfernen*-Schaltfläche. Nun können Sie das Fenster schließen.

9. Löschen Sie das Studio 12-Verzeichnis auf Ihrer Festplatte. Im Normalfall befindet sich dieses in *C:\Programme\Pinnacle\Studio 12*.

10. Rufen Sie Regdelete erneut auf und wählen Sie diesmal die Funktion *Benutzerregistrierung und Aktivierungsdaten entfernen* aus.

11. Suchen Sie nach einer Datei auf Ihrer Festplatte mit dem Namen *Pixie*. Falls Sie ein *Pixie*-Verzeichnis oder eine *Pixie*-Datei finden, erstellen Sie eine Sicherungskopie davon und entfernen das Original von der Festplatte.

12. Legen Sie die Studio 12-Disc in Ihr DVD-Laufwerk ein. Die DVD sollte daraufhin automatisch starten. Falls dies nicht der Fall ist, gehen Sie in den Windows-Explorer, wechseln in das Setup-Verzeichnis und rufen die Datei *Setup.exe* auf, um die Installation von Studio 12 zu beginnen.

13. Installieren Sie den neuesten Patch.

■ **Abschnitt 3**

Führen Sie diese Schritte durch, wenn Sie mit Schritt 11 oder 12 Probleme haben oder die Installation scheitert.

1. Legen Sie die Studio 12-Disc in Ihr DVD-Laufwerk ein. Schließen Sie das Autoinstallationsprogramm.

2. Doppelklicken Sie auf *Arbeitsplatz.*

3. Klicken Sie mit der rechten Maustaste auf das Laufwerk, in dem sich die Studio 12-DVD befindet, und wählen Sie im Kontextmenü *Explorer* aus.

4. Gehen Sie im Fenster, das die Verzeichnisstruktur der DVD anzeigt, auf *Bearbeiten* und wählen Sie *Alles markieren* aus.

5. Erstellen Sie ein Verzeichnis auf Ihrem Desktop mit dem Namen *Studio*. Fügen Sie den Inhalt Ihrer Studio-DVD in den Ordner ein.

6. Starten Sie den PC im abgesicherten Modus. Dazu fahren Sie Ihren PC zuerst herunter. Danach schalten Sie den PC erneut ein und drücken die ⌐F8⌐-Taste so lange, bis ein Menü erscheint. Wählen Sie dort *Im abgesicherten Modus starten* aus.

7. Öffnen Sie das Studio-Verzeichnis, das Sie auf Ihrem Desktop erstellt haben.

8. Öffnen Sie das Setup-Verzeichnis.

9. Doppelklicken Sie auf das *Setup*-Symbol und folgen Sie den Bildschirmanweisungen, um die Installation von Studio 11 abzuschließen.

Studio 12 für Vista zertifiziert

Um die vollständige Vista-Zertifizierung zu gewährleisten, mussten weitere Downloads für die Studio 12-Produktfamilie verfügbar gemacht werden. Diese geringfügigen Veränderungen waren aufgrund einiger Microsoft-Installationsbedingungen erforderlich. Es existieren dagegen keine funktionalen Unterschiede zwischen Studio 12.0 (12.0.0.6163) und den unten zur Verfügung gestellten Versionen. Wenn Sie eine vollständige Vista-zertifizierte Version installieren möchten, müssen Sie zunächst Ihre aktuelle Studio 12-Version vollständig entfernen und danach die hier verfügbare Version Studio 12.0.1 (12.0.1.6173) herunterladen und installieren. Der Download beträgt etwa 2,5 GByte.

■ Falls Sie Studio 12.0 unter Windows XP verwenden, müssen Sie keine der nachfolgenden Dateien herunterladen.   Achtung

■ Wenn Sie keine Probleme mit Windows Vista und Studio 12.0 haben, empfehlen wir ebenfalls, den Download nicht vorzunehmen, da der Patch keine Bugfixes gegenüber Studio 12.0 enthält.

■ Sie müssen die Seriennummer verwenden, die mit Ihrer Studio 12.0-Version ausgeliefert wurde.

■ Nur registrierte Studio 12.0-Benutzer können die Dateien herunterladen.

■ Pinnacle kann Ihnen keine CD-/DVD-Version dieser Dateien zur Verfügung stellen.

Sie müssen das korrekte Produkt auswählen oder Ihre Seriennummer wird nicht funktionieren. Bitte überprüfen Sie dazu die Teil-Nummer auf Ihrer Studio 12.0-Installations-DVD, um die exakte Version zu identifizieren.

- Upgrade auf Studio Plus 12 (part#: 8420-00429-01)

  http://apps.pinnaclesys.com/cdb/register/enter.aspx?checkRegistration=1&langue_id=7&supportFileID=35175&productid=2950

- Upgrade auf Studio Ultimate 12 (part # 8420-00507-01)

  http://apps.pinnaclesys.com/cdb/register/enter.aspx?checkRegistration=1&langue_id=7&supportFileID=35176&productid=2950

- Studio 12 Standard (part # 8420-00423-01)

  http://apps.pinnaclesys.com/cdb/register/enter.aspx?checkRegistration=1&langue_id=7&supportFileID=35174&productid=2950

- Studio Plus 12 (part # 8420-00421-01)

  http://apps.pinnaclesys.com/cdb/register/enter.aspx?checkRegistration=1&langue_id=7&supportFileID=35171&productid=2950

- Studio 12 Ultimate (part # 8420-00459-01)

  http://apps.pinnaclesys.com/cdb/register/enter.aspx?checkRegistration=1&langue_id=7&supportFileID=35173&productid=2950

Funktioniert Studio 12 unter Vista 64?

Ja, Studio 12 funktioniert unter Vista 64. Da allerdings Studio 12 eine 32-Bit-Applikation ist, wird das Programm entsprechend im 32-Bit-Modus ausgeführt.

Außerdem existieren einige Begrenzungen bezüglich der unterstützten Aufnahmegeräte unter Vista 64.

Kann ein Studio 12 Upgrade unter Vista installiert werden, auch wenn die Vorgängerversion nicht unter Vista installierbar ist?

Dies ist möglich, gehen Sie dazu wie folgt vor:

1. Legen Sie die Studio 12 Upgrade-CD ein und starten Sie die Installation.

2. Kurz darauf wird Sie die Installation auffordern, die ⇧-Taste gedrückt zu halten und die CD der Vorgängerversion einzulegen.

3. Sobald dies abgeschlossen ist, wird die Installation Sie auffordern, erneut Ihre Studio 12 Upgrade-CD einzulegen.

4. Nachdem das Studio 12 Upgrade eingelegt wurde, werden Sie aufgefordert, die Seriennummer der Vorgängerversion einzugeben.

5. Die Studio 12-Installation sollte nun beginnen.

Welche Hardware für analoge und digitale Ein- und Ausgabe ist mit Studio 12 kompatibel?

Hardware	XP	Vista 32 Bit	Vista 64 Bit
DV-Camcorder – OHCI 1394	Ja	Ja	Ja
500 USB	Ja	Ja	Ja*
510 USB	Ja	Ja	Ja*
700 USB	Ja	Ja	Ja*
710 USB	Ja	Ja	Ja*
Moviebox Deluxe	Ja	Ja	Ja*
Moviebox DV	Ja	Ja	Nein
Moviebox USB	Ja	Nein	Nein
AV/DV	Ja	Ja	Ja
AV/DV Deluxe 1	Ja	Nein	Nein
AV/DV Deluxe 2	Ja	Ja	Ja
500 PCI	Ja	Ja	Ja
700 PCI	Ja	Ja	Ja
DVC 80	Ja	Nein	Nein
DVC 85	Ja	Ja	Nein
DVC 90	Ja	Ja	Nein
DVC 100	Ja	Ja	Nein
DVC 120	Ja	Nein	Nein
DVC 130	Ja	Ja	Nein
DVC 150	Ja	Nein	Nein
DVC 150B	Ja	Nein	Nein
DVC 170	Ja	Ja	Nein
DC10	Ja	Nein	Nein

Tabelle A.1: Hardware-Kompatibilitätsliste Studio 11
* 64-Bit-Treiber für diese Geräte werden über den PCLEUSB2-Updater-Download bzw. über die Windows Update-Funktion verfügbar sein.

Kann Studio 12 AVCHD- oder Blu-ray-Medien erstellen?

Ja, Studio Plus und Ultimate Version 12 können direkt Blu-ray-Medien erstellen, Studio 12 Standard dagegen nicht.

Welche Videoformate können in Studio 12 importiert werden?

Studio 12 kann die folgenden Videoformate mit den erlaubten Dateierweiterungen, die in Klammern angegeben sind, importieren:

- AVI-Dateien – (.avi)
- MPEG-Dateien: MPEG1, MPEG2 SD & HD und MPEG4 – (.mpg, .mpeg, .mod, .mp2, .mp4, .m2ts, .mts, .m1v, m2v. mpv, tod). Der Import von HD-Dateien erfordert Studio Plus oder Ultimate Version 12.

- WMV-Dateien – (.wmv)
- DIVX – (.avi)
- MOD (JVC Everio Kameras) – (.mod)
- 3GPP-Dateien – (.3gp)
- AVCHD – (.m2ts, .mts) – erfordert Studio Plus oder Ultimate Version 12

Unterstützt Studio zusätzliche Video- oder Tonspuren gegenüber älteren Versionen?

Nein, Studio 12 Plus bietet dem Benutzer dieselbe Anzahl von Spuren an wie Studio 11. Es existieren zwei Videospuren (mit jeweils einer dazugehörigen Tonspur), eine Titelspur, eine Musikspur und eine Spur für Soundeffekte.

Das Rendern im Hintergrund von Studio 12 startet erst, wenn die Toolbox geschlossen wurde

Das ist ganz normal. Damit das Rendern im Hintergrund gestartet werden kann, muss die Toolbox geschlossen sein. Der Grund dafür ist der, dass man unnötiges Rendern verhindern möchte, solange noch Änderungen an einem Effekt durchgeführt werden.

Die neue Funktion der skalierbaren Benutzeroberfläche in Studio 12 ist nicht verfügbar

Diese Funktion funktioniert nur bei Bildschirmauflösungen größer als 1024 x 768.

Falls diese Schaltfläche fehlt, führen Sie folgende Schritte aus:

1. Wählen Sie in Studio im Menü *Ansicht/Kleine Miniaturen* aus.
2. Daraufhin erscheint eine Dialogbox mit der Nachricht *Änderungen an der Thumbnail-Größe und dem Bildschirmlayout werden erst nach Neustart von Studio aktiv.* Klicken Sie auf *OK.*
3. Beenden Sie Studio 12.
4. Starten Sie Studio 12 erneut.

   Die skalierbare Oberfläche ist jetzt verfügbar.

Der Test der Datentransferrate fehlt in Studio 12

Als Benutzer von Vorgängerversionen ist Ihnen vermutlich aufgefallen, dass die Option zum Test der Datentransferrate in Studio 12 nicht mehr vorhanden ist. Das ist normal. Datentransferraten von modernen Festplatten reichen normalerweise für alle Belange aus und machen einen entsprechenden Test sinnlos.

Es existieren allerdings verschiedene kostenlose Applikationen, um die Datenraten zu testen, z.B. unter folgendem Internetlink kann ein Programm heruntergeladen werden:

http://www.simplisoftware.com/Public/index.php?request=HdTach

Der Ton auf fertig gestellten Videoclips bricht ab oder stottert

Falls dieses Problem auftritt, öffnen Sie bitte Ihr Projekt erneut im Bearbeitungsmodus und stellen sicher, dass das Rendern im Hintergrund vollständig vor der Phase *Film erstellen* abgeschlossen wurde. Um sicherzustellen, dass der Vorgang wirklich beendet

ist, warten Sie einfach, bis keine grünen Balken mehr am oberen Rand der Timeline vorhanden sind. Erstellen Sie dann den Film erneut.

Der Export von HDV-Video auf das WMV verursacht eine Fehlermeldung, die auf zu wenig Hauptspeicher verweist

Wenn dieses Problem auftritt, stellen Sie bitte sicher, dass die Option *Im Hintergrund rendern* in den Einstellungen aktiviert ist, und warten ab, bis dieser Vorgang vollständig beendet wurde. Sobald das Rendern im Hintergrund abgeschlossen ist, schließen Sie Studio, öffnen es erneut und starten mit der Ausgabe des Projekts.

MP3-Dateien können nicht wiedergegeben werden

Diese Problem tritt auf, wenn sich im Dateinamen ein Unterstrich befindet, z.B.: Lied_01.MP3. Benennen Sie einfach die Datei um, ohne einen Unterstrich zu verwenden, und importieren Sie diese dann nochmals in Studio.

In Studio importierte animierte GIFs werden nicht animiert

Die Möglichkeit, GIF-Dateien zu importieren, wurde in Studio 12 hinzugefügt. Animierte GIF-Dateien werden allerdings als normale Bilder importiert. Sie werden nicht mehr länger animiert, nachdem sie in Studio importiert wurden.

Magic Bullet: Looks fehlt in der Plug-In-Liste

Dies kann an Ihrer Grafikkarte liegen. Falls Ihre Grafikkarte nicht unterstützt wird, wird das Plug-In nicht in der Liste angezeigt.

Bitte überprüfen Sie dazu die folgenden Mindestsystemvoraussetzungen:

- DirectX® 9- oder 10-kompatible Grafikkarte mit 64 MB (128 MB oder mehr empfohlen), 128 MB wird für Plug-Ins benötigt (für Magic Bullet Looks: Pixelshader 2 wird benötigt, Intel GMA integrierte Grafikkarte wird nicht unterstützt)
- 128 MB wird unter Windows Vista (256 MB oder mehr empfohlen)
- 256 MB wird für HD und AVCHD Vorausgesetzt

Vergleich von Studio 12, Studio Plus 12 und Studio Ultimate 12

Es existiert keine separate Aufstellung der Funktionen für Studio 12 Ultimate. Es besitzt dieselben Funktionen wie Studio 12 Plus sowie die folgenden Zusätze:

- Der zusätzliche Inhalt von Magic Bullet – Looks, ProDAD-VitasScene und BorisFX Graffiti 5.2 – steht in Studio Ultimate 12 zur Verfügung.
- Studio Ultimate 12 wird mit einem grünen Tuch ausgeliefert. (Hinweis: Die Auslieferung erfolgt nicht in allen Verkaufsregionen.)
- Dolby 5.1 Encoding kann kostenlos in Studio Ultimate 12 aktiviert werden.

	Pinnacle Studio Plus 12	Pinnacle Studio 12
Aufnahme/Import		
3GPP	JA (nur Dateiimport, keine Aufnahme)	JA (nur Datei-import, keine Aufnahme)
AVI	JA	JA
Aufnahme in SmartMovie	JA	JA
DivX	JA	JA
DVD-Titel-Import	Nur Standard-DVD	Nur Standard-DVD
HDV	JA	NEIN
MPEG1	JA	JA
MPEG2	JA	JA
MPEG4	JA	JA
Progressive scan MPEG2	JA	JA
WMV	JA (nur Dateiimport, keine Aufnahme)	JA (nur Dateiim-port, keine Auf-nahme)
AVCHD/BD	JA (nur Dateiimport, keine Aufnahme)	NEIN
.tod	JA	NEIN
AC3	JA	JA
PCTV MPEG PS: ATSC, DVB-T, DVB-S	JA	JA
PCLE Video transfer files	JA	JA
Bearbeitung		
Vorschau auf zweiten Monitor	JA	JA
Video-Overlayspur	JA	NEIN
2D-Übergänge	74	74
Alpha Magic-Übergänge	112	112
Keyframe – RTFX-Video-Plug-Ins	JA	NEIN
HFX Basic 3D-Übergänge (kostenlos)	80	80
HFX Volume 1	NEIN	NEIN
HFX Volume 2	NEIN	NEIN
HFX Volume 3	NEIN	NEIN
Drittanbieter-Übergänge	NEIN	NEIN
Extended templated based editing (IMG/Montage)	JA	JA
Extended Editing Themes		
IMG/Montage Themes	10	10
SmartMovie Styles		
Musikvideo – Dreamy	JA	NEIN

	Pinnacle Studio Plus 12	Pinnacle Studio 12
Musikvideo – Electra	JA	NEIN
Musikvideo – Schnelle Schritte	JA	JA
Musikvideo – Moody	JA	NEIN
Musikvideo – Noistalgia	JA	NEIN
Musikvideo – Alter Film	JA	NEIN
Musikvideo – Pop Star	JA	NEIN
Musikvideo – Einfach & Elegant	JA	JA
Musikvideo – Langsam & Romantisch	JA	NEIN
Musikvideo – Vaudeville	JA	NEIN
Musikvideo – Wild & Verrückt	JA	NEIN
Slideshow – Dreamy	JA	JA
Slideshow – Documentary	JA	JA
Slideshow – Elegant	JA	JA
Slideshow – Montage	JA	NEIN
Slideshow – Noistalgia	JA	NEIN
Slideshow – Presentation	JA	NEIN
Slideshow – Swing	JA	NEIN
RTFX-Video-Plug-Ins		
2D-Editor	JA	NEIN
Automatische Farbkorrektur	JA	JA
Schwarz/Weiß	JA	NEIN
Blur	JA	NEIN
Chroma Key	JA	NEIN
Farbkorrektion	JA	NEIN
Farbkarte	JA	NEIN
DreamGlow	JA (free with registration)	JA (free with registration)
Erdbeben	JA	NEIN
Emboss	JA	NEIN
HFX-Filter	JA	NEIN
Invertieren	JA	NEIN
Lens Flare	JA	NEIN
Lichtquellen	JA	NEIN
Luma Key	JA	NEIN
Vergrößern	JA	NEIN
Motion Blur	JA	NEIN
Geräuschreduktion	JA	JA

	Pinnacle Studio Plus 12	Pinnacle Studio 12
Alter Film	JA	NEIN
Pan und Zoom	JA	JA
Bild-in-Bild	JA	NEIN
Posterize	JA	NEIN
RGB-Farbbalance	JA	NEIN
RTFX Volume 1	26	26
RTFX Volume 2	NEIN	NEIN
Sepia	JA	NEIN
Soften	JA	NEIN
Geschwindigkeit	JA	JA
Stabilisieren	JA	JA
Stained Glass	JA	NEIN
Wassertropfen	JA	NEIN
Wasserwellen	JA	NEIN
White Balance	JA	NEIN
Titel		
Roll- und Kriechtitel	JA	NEIN
Standardtitel	30	30
Premium-Titel	NEIN	NEIN
Audio		
Audio Scrubbing	JA	JA
Audio-Video-Overlayspur	JA	NEIN
5.1 Discreet in der Vorschau	JA	NEIN
Teilen von A/V Edits (Sperren von Spuren)	JA	JA
Stereo Pan	JA	JA
Surround Pan	JA	NEIN
Audio-Plug-Ins		
Basic Sound FX (kostenlos)	165	165
ChannelTool	JA	NEIN
Chorus	JA	NEIN
deEsser	JA	NEIN
Equalizer	JA	NEIN
Grungelizer	JA	NEIN
Leveler	JA	NEIN
Geräuschreduktion	JA	JA
Premium Pack Volume 1 (Sound FX)	NEIN	NEIN
Premium Pack Volume 2 (Sound FX)	NEIN	NEIN

	Pinnacle Studio Plus 12	Pinnacle Studio 12
Reverb	JA	NEIN
Scorefitter	JA	JA
Scorefitter-Lieder	45	45
Speed	JA	JA
Stereo Echo	JA	NEIN
Stereo Spread	JA	NEIN
Drittanbieter-Audio-Plug-Ins		
Ausgabe		
HD erstellen	JA	NEIN
MPEG1 erstellen	JA	JA
MPEG 2 erstellen	JA	JA
MPEG 4 erstellen	JA	JA
DivX 5 erstellen	JA	JA
3GPP erstellen	JA	JA
Dolby Digital Audio 2 Ch	JA	JA
Dolby Digital Audio 5 Ch	JA	NEIN
Windows Media (WMV) erstellen	JA	JA
Web Publisher (YouTube, Yahoo)	JA	JA
MP3 erstellen	JA	JA
WAV erstellen	JA	JA
Flash FLV erstellen	JA	JA
Disc-Authoring		
VCD erstellen	JA	JA
SVCD erstellen	JA	JA
DVD erstellen	JA	JA
Unterstützt Dual Layer DVD	JA	JA
DVD-Authoring-Funktionen	Fortgeschritten	Standard
Standard-DVD-Menüs	42	42
Premium Pack Volume 1 (DVD-Menüs)	NEIN	NEIN
Premium Pack Volume 2 (DVD-Menüs)	NEIN	NEIN
HD-DVD-Authoring (nur standart DVD)	JA	NEIN
Blu-ray-Disc-Authoring (BD-MV)	JA	NEIN
AVCHD-Authoring	JA	NEIN

Tabelle A.2: Unterschiede Studio 12 und Studio 12 Plus

Ist Studio 12 kompatibel mit DirectX 10-Grafikkarten?

Ja, Studio 12 ist vollständig kompatibel mit DirectX 10-Grafikkarten.

B

Videotransfer für Computerspieler

Pinnacle Studio 12 kann im Zusammenhang mit dem Produkt Pinnacle Video Transfer dazu verwendet werden, Computerspiele-Szenarien auf Video aufzuzeichnen und direkt ins Internet zu laden. Tauschen Sie so interessante Szenarien mit anderen Gamern aus. Mit Video Transfer können Sie auch analoge Videos von Kameras, VHS- und DVD-Abspielgeräten, Überwachungskameras, Grafikkarten, Mikroskopen usw. übertragen.

Video Transfer

Video Transfer ist ein Gerät, mit dem ein beliebiges VHS- oder Super-VHS-Signal digitalisiert werden kann, ohne dass ein PC benötigt wird. Die Videodaten werden dabei auf eine externe angeschlossene USB-Festplatte oder einen USB-Stick gespeichert.

Abbildung B.1: Pinnacle Video Transfer

Auf der einen Seite des Geräts wird das Videosignal angeschlossen, auf der anderen Seite der USB-Stick bzw. eine USB-Festplatte.

Abbildung B.2: Video- und Audioeingänge von Video Transfer

Per Knopfdruck startet die Aufnahme und digitalisiert das Video im MPEG4-Format auf das Speichermedium. Diese Aufnahmen können dann später in Studio weiterverarbeitet werden. Ebenfalls können die Videos statt auf ein USB-Speichergerät direkt auf einen iPod Video oder die Sony-PSP übertragen werden.

Aufzeichnung von Bildschirminhalt

Wenn Sie einen Spieleverlauf eines Computerspiels oder Videospiels auf einer Game-Konsole aufzeichnen möchten, eignet sich Video Transfer sehr gut dazu. Sie müssen lediglich das Videoausgangssignal der Spiele-Konsole bzw. der Grafikkarte Ihres PCs mittels Cinch- oder Super-VHS-Kabel in Video Transfer leiten. Zusätzlich können Sie das Audiosignal vom Audioausgang der Spiele-Konsole bzw. der Soundkarte Ihres PCs mit einem Cinchkabel an Video Transfer verbinden. Die folgende Grafik zeigt eine Übersicht über die Verbindungsmöglichkeiten.

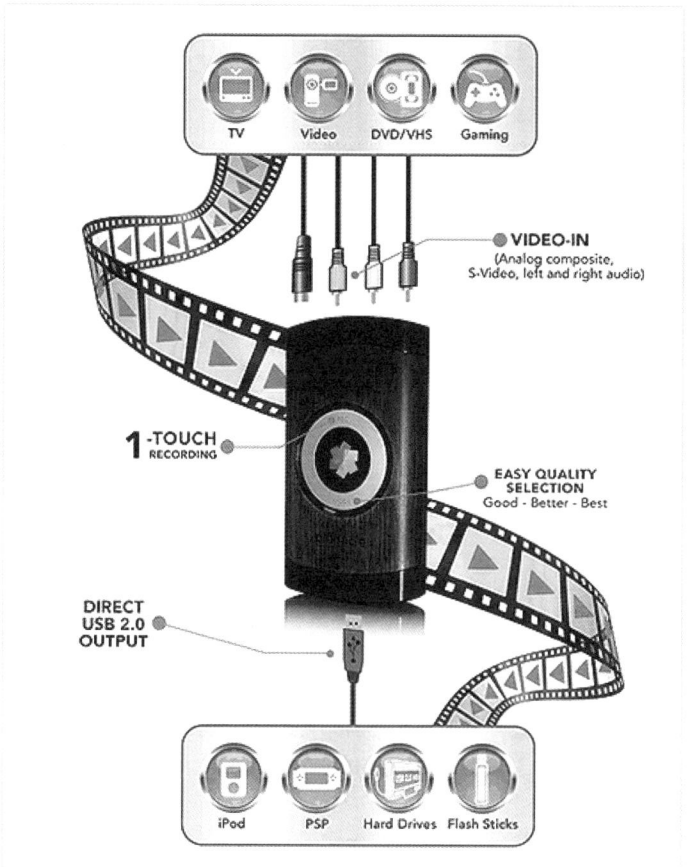

Abbildung B.3: Verbindungsmöglichkeit von Video Transfer

Die Aufnahmen können Sie nun auf Ihren Videoschnitt-PC übertragen. Schließen Sie dazu den USB-Stick bzw. die externe Festplatte an den PC. Laden Sie die Videos in Pinnacle Studio oder VideoSpin. Dort können Sie sie gegebenenfalls weiterverarbeiten.

Mit Studio und VideoSpin können Sie die Videos direkt auf Yahoo! Video oder YouTube hochladen.

Stichwort-verzeichnis

informit.de, Partner von
Markt+Technik, bietet aktuelles
Fachwissen rund um die Uhr.

www.informit.de

In Zusammenarbeit mit den Top-Autoren von
Markt+Technik, absoluten Spezialisten ihres
Fachgebiets, bieten wir Ihnen ständig
hochinteressante, brandaktuelle deutsch- und
englischsprachige Bücher, Softwareprodukte,
Video-Trainings sowie eBooks.

wenn Sie mehr wissen wollen ...

www.informit.de

Das große Standard-Nachschlagewerk

DIE Rettung beim täglichen Ärger mit dem Computer. Für PCs mit Windows Vista und für PCs mit Windows XP. Der einmalige „PROBLEMFINDER" lässt Sie schnell auf die richtigen Hilfe-Seiten zugreifen. Sofort finden Sie Ihr Problem, schlagen die Lösung nach und können sich im Handumdrehen selbst helfen.
In diesem Buch bekommen Sie Hilfe bei Windows-, Brenn- und Hardware-Problemen; bei Ärger mit dem Internet-Zugang, mit Browsern, mit Kamera-Anschlüssen, mit dem Arbeitsspeicher, und und und . . . einfach alles!

Günter Born
ISBN 978-3-8272-4306-5
22.00 EUR [D]

Mehr auf www.mut.de

Fotografieren wie ein Profi!

Wer viel mehr sein will als ein digitaler „Knipser", wer besser fotografieren und mehr wissen will über Aufhellblitzen, Perspektive, Nachtaufnahme, Available Light, Fine Art Print u.v.m. oder wer in sehr guten Workshops alle Genres der Fotografie zur Vollendung bringen will - der hat hier endlich SEIN Buch gefunden!

Michael Hennemann
ISBN 978-3-8272-4326-3
36.00 EUR [D]

Mehr auf www.mut.de

Der Nachschlageriese!

DAS GANZ GROßE MARKT + TECHNIK COMPUTER-LEXIKON 2009! Dieses beliebte Standardwerk gehört in jedes Haus. Ein Nachschlagewerk mit dem ganzen Computer-Wissen und der ganzen Markt+Technik Aktualität. Sonderteil mit vielen Extras und ein Speziallexikon „Digital Lifestyle".

Peter Winkler
ISBN 978-3-8272-4403-1
16.95 EUR [D]

Für jeden etwas! Zum sensationellen Preis!
Mehr auf www.mut.de